复旦博学
语言学系列

SERIES
OF
LINGUISTICS

古汉语语法讲义

杨剑桥　著

复旦大学出版社

目　　录

绪　　论

　　在我国清代初年以前极其漫长的历史时期中,汉族人民及其祖先所使用的语言可以称之为"古代汉语"。古代汉语的起源可能在几万年以前,可以说,当汉语从汉藏语系分化出来以后,古代汉语就开始产生了。古代汉语从汉族人民的标准语中彻底退出是在"五四"时期的白话文运动以后,但是实际上从曹雪芹的《红楼梦》开始,汉语就已经进入了现代汉语的阶段。从时间上说,古代汉语可以分为原始汉语、上古汉语、中古汉语和近代汉语等几个阶段。原始汉语阶段是指从汉藏语系分化出汉语开始,一直到公元前16世纪殷商时代为止;上古汉语阶段是指从公元前16世纪殷商时代开始,一直到公元3世纪五胡乱华以前为止;中古汉语阶段是指从公元3世纪五胡乱华开始,一直到公元12世纪南宋时代为止;近代汉语阶段是指从公元8世纪唐朝的敦煌变文开始,一直到小说《红楼梦》以前为止。从内容上说,古代汉语可以分为文言和古白话两个系统。文言是指以先秦两汉口语为基础

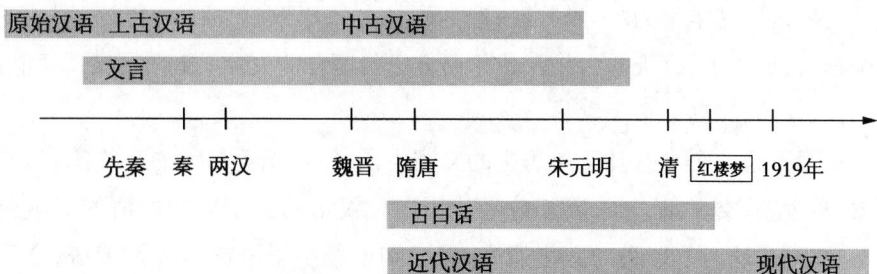

```
原始汉语 上古汉语        中古汉语

      文言

────┼──┼──┼────┼──┼────────┼────┼──┼──→

   先秦  秦  两汉     魏晋 隋唐      宋元明    清 红楼梦 1919年

                        古白话

                        近代汉语              现代汉语
```

的上古汉语书面语(例如《论语》、《孟子》、《史记》等),以及后代用这种书面语写成的文学语言①(例如韩愈、柳宗元等唐宋八大家的作品);古白话是指以隋唐以后口语为基础的近代汉语书面语(例如敦煌变文、唐诗宋词元曲、

----

① "文学语言",即标准语。例如普通话就是现代汉语文学语言,也就是现代汉语的标准语。

朱子语录,以及明清小说等)。历史上文言的使用从先秦两汉一直延续到清代末年,其语言特征主要是上古汉语的,但是中古以后新生的语言特征在后代的文言作品中不可能没有反映;而古白话的语言特征虽然主要是属于近代汉语的,但是古白话的源头却在魏晋南北朝时候的《世说新语》中已经发端。因此,古代汉语时间上的四个阶段和内容上的两个系统的划分不是矛盾的,可以把文言看作是上古汉语不断地向中古汉语,乃至近代汉语逐渐衰替的过程,而把古白话看作是近代汉语不断地从中古汉语中发生、发展的过程。

关于古代汉语的研究,在中国发生甚早,远在公元前 4 世纪至公元前 5 世纪的文献中,就有西周和春秋时人解释汉语和汉字的记载。如《国语·周语上》:"夫兽三为群,人三为众,女三为粲。"①又如《左传·宣公十二年》记载楚庄王说:"于文止戈为武。"②《宣公十五年》记载伯宗说:"故文反正为乏。"③由于古代汉语的词较少屈折形态变化,而有古今语、方言和文字的复杂变化,所以人们对于文字、音韵、训诂的研究甚早,而对于系统地研究语法则开展甚迟。又由于前人的语言文字学主要是为经学服务的,在很长时间中只是经学的附庸,所以这方面的研究又表现为重视上古,轻视中古和近代,重视文言,轻视白话,重视书面语,轻视口语,重视古代文献的诠释,轻视语言理论的建设。古代的制度,学童八岁入小学,而读书必先识字,所以汉代人称语言文字学为"小学"。一般的说法,"小学"包括文字、音韵、训诂三个学科,事实上,今天的古代汉语的研究已经区分为文字、音韵、训诂、词汇、语法、修辞、校勘等多个学科。

中国是一个具有几千年历史的文明古国,历代无数伟大的政治家、思想家、科学家、文学家、艺术家都曾经使用古代汉语写下了浩如烟海的文献典籍,要继承这一笔珍贵的文化遗产,保存和发扬中华民族的优秀传统,繁荣和发展现代科学文化事业,就必须掌握古代汉语。现代汉语是从古代汉语

---

① 这一句是解释"群"、"众"、"粲"三个词的词义,"兽三为群"意思是"有三个兽就成为群",馀类推。"粲",美丽的事物。

② 这一句的意思是"在文字写法上,'止'和'戈'合成'武'字"。

③ 这一句的意思是"在文字上,把'正'反过来就是'乏'字"。

发展演变而来的，要研究现代汉语的渊源、阐明现代汉语中的许多语言现象，推进汉语规范化和汉字改革工作，也必须掌握古代汉语。至于专以中国哲学史、中国古代史、中国文化史、中国思想史、中国经济史、中国古代文学史、中国科技史等等为学习和研究对象者，古代汉语的重要性更是不言而喻的。

语法学是研究语言中词句的构造及其变化的规则的科学。不同的语言有不同的语法规则，不同历史时期的同一种语言也可能有不同的语法规则。如现代汉语的宾语必须置于动词之后（如"我喝茶"，"茶"在"喝"后），现代日语的宾语则必须置于动词之前（如"私は茶を飲む"，"茶"在"飲む"前）。又如现代汉语的疑问代词宾语必须置于动词之后（如"我欺骗谁"，"谁"在"欺骗"后），但是上古汉语的疑问代词宾语则往往置于动词之前（如《论语·子罕》"吾谁欺"，"谁"在"欺"前）。因此，要了解或掌握某一种语言，就必须研究这种语言的语法，语法学也就应运而生。

汉语的语法研究早在周朝末年就已经开始了，例如《春秋·庄公十年》："三月，宋人迁宿。"《春秋·僖公元年》："夏六月，邢迁于夷仪。"《公羊传》："'迁'者何？其意也。'迁之'者何，非其意也。"《公羊传》的意思是，邢国是自己要迁徙，"邢迁"之"迁"是自动词；宿国是宋人逼它迁徙，等于是宋人迁徙宿国，所以"迁之（迁宿）"之"迁"是他动词。语法学上的许多术语也很早就产生了，如清代王念孙《读书杂志·墨子第二》："'昔者三苗大乱，天命殛之，日妖宵出，雨血三朝，龙生庙，大哭乎市。'念孙案，'龙生庙'当作'龙生于庙'，方合上下句法。《太平御览·礼仪部》十引此正作'龙生于庙。'"这段话中已经有了"句法"这一术语。但是由于汉语缺乏词的形态变化，词序也比较固定，人们一直感觉不到有建立语法学的必要，即使有一些语法学上的问题，也由训诂学加以解释，所以直到1898年才产生了第一部真正的语法学著作——《马氏文通》，比起汉语训诂学、音韵学、文字学来，晚了两千年左右。

不过，一百多年来，由于人们的重视和学科发展的需要，古代汉语语法学已经取得了很多成果，许多语法现象都已经有了很好的描写和解释，下面我们就准备系统地讲解、讨论和研究这方面的一些知识，希望大家能够因此而得出一个比较清楚、正确的认识。由于上古汉语是中古汉语和近代汉语的源头,以上古汉语为基础的文言系统又一直使用到清代末年,上古汉语在全部汉语史上有着极其重要的地位和影响,所以本书叙述、讨论的内容也基本上限于上古汉语的语法系统,而关于中古汉语和近代汉语的语法系统,读者可以在了解上古汉语语法系统的基础上阅读其他有关的论述。

第一章　词类（实词）

第一节　划分词类的依据

1.1　词类是根据词的语法功能划分出来的词的类别。词的语法功能主要是指词和词的结合能力、词在语法结构中充当结构成分的能力。举例来说，根据能够受数词、数量词的修饰（如《荀子·劝学》"蟹六跪而二螯"中的"跪"和"螯"，《史记·淮南衡山列传》"一尺布，尚可缝"中的"布"），不受程度副词的修饰（如没有 ＊"甚螯"、＊"极布"这样的说法[①]），以及主要充当主语、定语和宾语的语法功能，我们可以划分出普通名词这一个类；又根据能够带宾语（如《论语·颜渊》"子贡问政"中的"问"，《论语·述而》"饭疏食，饮水"中的"饭"和"饮"），以及主要充当谓语的语法功能，我们又可以划分出及物动词这一个类，等等[②]。

由于从语法功能划分出来的类在词汇意义上也有一定的共同点，所以词汇意义也可以作为一种不严密的，然而却是迅速地判定词类的依据。例如一般说来，名词是表示人和事物名称的词，因此"人"、"手"、"口"、"刀"、"鸡"、"犬"、"牛"、"羊"就是名词，动词是表示人和事物的动作行为、发展变化的词，因此"走"、"飞"、"追"、"跳"、"冲"、"杀"、"斩"、"获"就是动词，形容词是表示人和事物的性质和状态的词，因此"大"、"小"、"美"、"丑"、"多"、"少"、"优"、"劣"就是形容词，等等。但是，有一些词很难利用它的词汇意义来决定它所属的词类，例如"战"是打仗的意思，似乎应该属于动词，可是《穀梁传·僖公三十三年》"秦之为狄，自殽之战始也"中的"战"呢？似乎又是名

---

① 　星号 ＊ 表示后面所引的语句是不符合实际语言的，不合语法的，或杜撰的。
② 　参拙文《建立语法系统，辅以其他设施》，载《中国语文》1996 年第 3 期。

词。同时,虚词的词汇意义更是很少甚至没有,而只有语法意义,虚词更加难以利用词汇意义来决定它们所属的词类。由此可见,根据语法功能划分出来的词类是比较科学而严密的,而根据词汇意义划分出来的词类有时是不科学和不严密的。

传统的划分词类的依据是词汇意义,词汇意义不能从根本上解决问题已如上述,那么是不是可以采用"词汇意义 ＋ 语法功能"的办法呢①? 我们认为是行不通的,例如副词,从词汇意义看比较虚泛,可以归入虚词,但是从语法功能看,它能充当结构成分,则又应该归入实词。

1.2　从表面上看,词在语法结构中充当结构成分的能力,只能用来划分实词和虚词这两个大的词类,因为实词能够充当结构成分,虚词则不能,至于把实词再细分为名词、动词、形容词等,就基本上无法利用这个划分标准了,因为汉语的这些词类和结构成分之间并没有简单的一对一的对应关系,名词既可以充当主语、宾语,也可以充当谓语,动词既可以充当谓语(宾语的中心语),也可以充当主语。

我们认为,这里应当区分一般和特殊,虽然名词、动词和形容词等词类可以充当主语、谓语和宾语等各种结构成分,但是名词、动词和形容词等充当各种结构成分的概率是不同的,也就是说它们充当不同结构成分的能力是有差别的。名词主要充当主语和宾语,较少充当谓语,动词主要充当谓语(宾语的中心语),很少充当主语,形容词主要充当谓语和定语,很少充当主语和宾语,这就可以作为划分名词、动词和形容词的依据。

第二节　词 类 系 统

2.1　古代汉语的词首先可以根据能否单独充当语法结构中的成分而划分为实词和虚词两大类,其次,根据不同的语法功能,又可以把实词划分为名词、动词、形容词、代词、副词、数词和量词等七类,把虚词划分为介词、连词、助词和语气词等四类,此外还有一类叹词,我们暂时也把它放在虚词

---

① 有的学者主张用这种办法,如马忠《古代汉语语法》(山东教育出版社,1983 年)第三章说:"所谓词类是词在语法里的分类,是根据词的词汇意义和语法特点来划分的类。"

中。同类的词,因为语法功能略有区别,所以又可以分成不同的小类,如名词这一大类中,又可以划分出普通名词、时间名词和方位名词等,动词这一大类中,又可以划分出及物动词和不及物动词等。一个词类,如果范围很大,也可以按照词汇意义的不同,划分出不同的小类,如副词这一大类中,又可以划分出时间副词、情态副词、范围副词、谦敬副词等①。

这样,我们所划定的古代汉语词类系统就如下表所示:

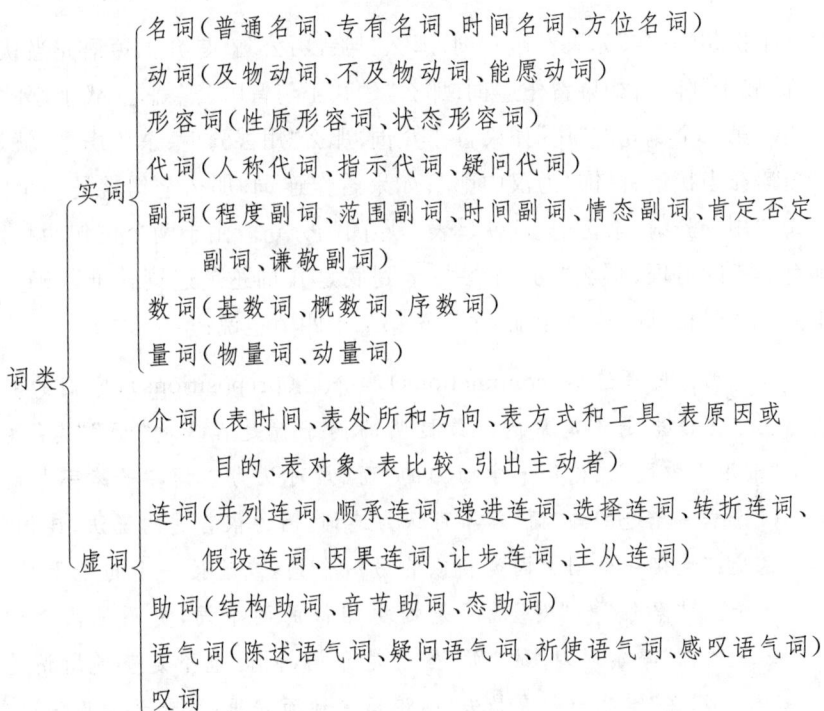

名词(普通名词、专有名词、时间名词、方位名词)

动词(及物动词、不及物动词、能愿动词)

形容词(性质形容词、状态形容词)

代词(人称代词、指示代词、疑问代词)

副词(程度副词、范围副词、时间副词、情态副词、肯定否定
　　副词、谦敬副词)

数词(基数词、概数词、序数词)

量词(物量词、动量词)

介词(表时间、表处所和方向、表方式和工具、表原因或
　　目的、表对象、表比较、引出主动者)

连词(并列连词、顺承连词、递进连词、选择连词、转折连词、
　　假设连词、因果连词、让步连词、主从连词)

助词(结构助词、音节助词、态助词)

语气词(陈述语气词、疑问语气词、祈使语气词、感叹语气词)

叹词

词类 — 实词 / 虚词

一般来说,一个词总有它固定的类,如"人"是名词,"鸣"是不及物动词等,但是在古汉语中,有的词有兼类的现象,如《论语·卫灵公》"子张书诸绅"的"诸"是"之"和"於"的合音,因此兼有代词和介词的作用。也有的词在句中会临时改变原有的语法功能和意义,而具有别的词类的语法功能和意义,如《论语·先进》"小子鸣鼓而攻之"中的"鸣"是不及物动词用作及物动词,这属于词类活用的现象,下面我们还将详细说。

---

① 当然副词的小类不全是根据词汇义划分出来的,也有根据语法功能的,详本章第七节。

2.2　　有的学者不分介词和连词,把这两类词合并为一个词类,称为"关系词"、"联结词"等等。这样处理的原因是古代汉语中有些地方很难判别究竟是介词还是连词,例如:

　　　　昔者楚共王与晋厉公战于鄢陵,楚师败,而王伤其目。(《韩非子·十过》)

　　　　用善骑射,杀首虏多,为汉中郎。(《史记·李将军列传》)

第一个例句的"与"如果看作介词,那么"与晋厉公"就是介词短语充当状语,修饰"战于鄢陵",如果看作连词,那么"楚共王与晋厉公"就是"战于鄢陵"的主语。第二个例句的"用"如果看作介词,那么"用善骑射,杀首虏多"就是介词短语充当状语,修饰"为汉中郎";如果看作连词,那么全句就是一个因果复句,"用善骑射,杀首虏多"就是表示原因的分句。由于两个例句两种处理都有一定的道理,那么"与"和"用"字到底是介词还是连词就难以确定了。王力《中国语法理论》①(上册)第三章第二十四节也说:

　　　　西洋所谓连词(conjunctions)和介词(prepositions),它们的界限,在中国语里是不清楚的。最显明的例子就是古代的"而""与"两字。"节用而爱民"(《论语·学而》)的"而"虽可认为连词,"子路率尔而对"(《论语·先进》)的"而"却不可认为连词,因为依普通的说法,连词的用途是:"连接一个词于词类相似的另一个词,或连接一个句子于另一个句子"。"率尔"和"对"既不是词类相似的两个词,更不是两个句子。……所以"率尔而对"的"而"虽不是介词,同时也不是普通所谓连词。"与"字,在"唯我与尔有是夫"(《论语·述而》)里,普通认为连词;在"诸君子皆与驩言"(《孟子·离娄下》)里,普通又认为介词。其实在中国人的心理,"与"字只表示某种行为(或属性)是两个以上的人或物所共有的,并不计及它所联结的是等立伪语主位,或是主语和关系位:在"我与尔有是"里,固然我和你都有这个;在"诸君子皆与驩言"里,何尝不是"诸君子"和"王驩"都说话? 依叶氏说:"and 和 with 所表的意义是差不多的,主要的分别只在于前者联结平等的两项,后者把从属部分联结于

----

① 商务印书馆,1944年(上册)、1945年(下册);中华书局,1954年。

主要部分罢了。"中国无论古今,and 和 with 都是不分的,这也可以证明中国人的"语像"里向来是没有"连""介"的分别的。

介词和连词分不清的情况即使在现代汉语中也是存在的,如"小王跟小张一起去北京","跟"字究竟是介词还是连词也难以确定。不过,这种情况毕竟是少数,在大多数情况下介词和连词还是区分得很清楚的。吕叔湘指出:"凡是连接小句和小句的,不论是并列关系还是主从关系,都是连词;至于连接词和词的,就得看是哪一种关系,表示并列关系的还是连词,只有表示词和词之间的主从关系的才是介词。四分天下而连词有其三,介词只有其一。"①这段话如果用图表来表示,就是②:

	并列关系	主从关系
连接小句	连词	连词
连接词	连词	介词

把介词和连词分开,是正确分析语言结构、准确理解文义所不可或缺的,所以我们还是把介词和连词作为两个词类③。

2.3 有的学者的语法系统中不设助词这一个词类,例如王力主编的《古代汉语》、马忠的《古代汉语语法》等,这是沿袭马建忠的做法。《马氏文通》虽有助词(马氏称为"助字"),但都是指语气词;一般学者所认为的结构

---

① 《汉语语法分析问题》(商务印书馆,1979 年)第 50 节。
② 金兆梓《国文法之研究》(商务印书馆,1922 年,1983 年新版)第三章 113 提出:"向来所谓介词是单表字与字的主从关系的,联词是表句与句联接的关系包括主从衡分的,而且又包括字与字衡分关系的。这里所列为介词,不论介字或介句,只要是表主从的关系,都叫他介词。例如《孟子》'杀人以梃与刃'的'以'是介词,就是介句的如《史记·魏公子列传》'赵王之所为客辄以报臣'的'以'亦列入介词。联句的如'泉甘而土肥'(《送李愿归盘谷序》)的'而'字是联词,联字的如《左传》'美而艳'的'而'字亦是联词。"对此吕叔湘《汉语语法分析问题》第 50 节评论说:金兆梓"认为应当撇开句和词的分别而着眼于并列和主从的分别,表示并列关系的是连词,表示主从关系的是介词。这个主张不切实际,因为汉语里边辨别小句或句子之间是并列关系还是主从关系既不容易,也无实用。"
③ "率尔而对"的"而"是连词,但表现的是主从关系,即"率尔"修饰"对",这是连词当中的特殊情况。另,如果"诸君子"和"王驩"都说话,古汉语正确的说法应该是"诸君子与王驩皆言",而不是"诸君子皆与驩言"。同时,据徐萧斧的调查,除了《诗经》、《尚书》和《左传》以外,在先秦文献中"与"字用作连词和介词,而"及"字只作连词,井然不紊,可见上古汉语连词和介词之分是确实的。参徐萧斧《古汉语中的"与"和"及"》(载《中国语文》1981 年第 5 期)。

助词"之",马氏归入介词(马氏称为"介字"),而助词"者"和"所",他又称为"接读代字",即归入代词系统。不过,我们认为有一种"之"无论如何也得承认是助词,那就是"顷之"、"居久之"、"填然鼓之"、"手之舞之足之蹈之"、"迩之事父,远之事君"、"小之名卑地削,大之国亡身危"的"之"。对于这个"之",有的学者发明了一个说法,叫做"虚指",把它归入指示代词。其实这是在不设助词以后,这些"之"无处可去而想出的一个遁词,远不如把它作为凑足音节的助词更加合适。与此相同的还有"者",如"今者"、"昔者"等。至于接读代字的"者"和"所",由于它们不能单独充当句子成分,在划分词类时一开始就会被确认为虚词,自然也是归助词为好。

　　有的学者在"助词"中立有"结构助词"和"语气助词"两个小类,也有的学者在"副词"中立有"语气副词"这一类,但是这只是不同的词类安排而已。一般来说,设立了"语气词"一类就不会再设立"语气助词"一类,设立了"语气助词"一类就不会再设立"语气词"一类,"语气词"和"语气助词"两者必有其一。而对于"语气副词",则有的学者一律归入"语气词"一类中,有的学者却把它与"语气词"或"语气助词"并列,这样处理是出于如下的考虑,即语气词或语气助词应该是放在句末的,如果放在句首和句中修饰谓语,则应该属于副词(如《左传·襄公二十九年》"国无主,其能久乎","其"表示反问语气;《左传·襄公十八年》"城上有乌,齐师其遁","其"表示推测语气;《左传·闵公元年》"难不已,将自毙,君其待之","其"表示劝勉语气)。而且作为"语气副词"的这些词,比起作为"语气助词"的这些词来,毕竟意义还实在些①。由此可见,设立"语气副词"一类也有一定的道理,而且语气词属于虚词范畴,副词属于实词范畴,在分析结构成分的时候,这种处理会造成不同的结果。

---

① 反过来说,"语气副词"比起其他副词来,又显得意义虚泛得很。王力《中国语法理论》(上册)第三章第二十三节说:"就意义上说,副词和语气词的界限是不很分明的。然而就词序上说,咱们仍旧可以把它们分开:副词的位置在谓词之前,语气词的位置在一句之末。'岂''宁''庸''讵'一类的字应该认为副词,因为它们的位置是在谓词之前的。然而'岂''宁''庸''讵'一类的字在性质上毕竟和'已''将''最''颇''稍''渐''皆''俱''各''每''屡''仍'一类的字大不相同,因为前者是完全缺乏实义,带着情绪的;后者是在时间,程度或范围上表示一种实义的,又是完全不带情绪的。二者之间的判别是这样大,我们不想让它们混同,所以把前者称为语气末品(emotional tertiaries),若就本身而论,则称为语气副词(emotional adverbs),使它和普通副词有分别。"

不过,这些词有的时候也很难说一定是修饰谓语,如《左传·庄公十年》"夫战,勇气也。一鼓作气,再而衰,三而竭"中的"夫",传统的说法是"发语词",又如《荀子·议兵》"虑必先事而申之以敬,慎终如始,终始如一,夫是之谓大吉"中的"夫",不像是放在句首作状语的副词,所以设立"语气副词"之后也有许多矛盾;同时,把这些词仍然作为语气词,不作为副词,无论在分析结构成分方面还是在理解文义方面都不会有大的问题,所以本书就只设一类"语气词",不再设"语气副词"了①。

2.4　叹词可以独立成句,独立成句就是充当了结构成分的,在这一点上它跟实词相同;但是叹词又只能独往独来,从来不跟其他词和词组结合,在这一点上它又跟虚词当中的语气词相当。本书姑且把它放在虚词一类中。

第三节　名　　词

3.1　能够受数词、数量词的修饰,能够进入介词短语,不能受程度副词修饰的实词叫"名词"。名词主要表示人和事物,在结构中经常充当主语、宾语和定语。名词可以划分为普通名词、专有名词、时间名词和方位名词四个小类。普通名词用以表示一般的人和事物的名称,专有名词用以表示特定的人、地、民族、国家、朝代等的名称,时间名词用以表示时间、年代等,方位名词用以表示方向、位置等。

（1）普通名词。例如:

青,取之于蓝而青于蓝;冰,水为之而寒于水。（《荀子·劝学》）
邻国相望,鸡狗之声相闻,民至老死不相往来。（《老子》八十章）
如今人方为刀俎,我为鱼肉,何辞为?（《史记·项羽本纪》）
风之积也不厚,则其负大翼也无力。（《庄子·逍遥游》）

---

① 能不能考虑把处于句首和句尾的归为"语气词"或"语气助词",而把处于句中主谓之间的归为"语气副词"? 这当然也是一种办法,不过也有令人棘手的地方,如《史记·老子韩非列传》"盖老子百有六十馀岁,或言二百馀岁",《史记·平原君虞卿列传》"诸子中胜最贤,喜宾客;宾客盖至者数千人",两个"盖"意义完全相同,很难说前者是语气词,后者是副词。

（2）专有名词。例如：

惠子相梁，庄子往见之。（《庄子·秋水》）

冬，晋文公卒。庚辰，将殡于曲沃。（《左传·僖公三十二年》）

殷因于夏礼，所损益，可知也；周因于殷礼，所损益，可知也。（《论语·为政》）

陈良之徒陈相与其弟辛，负耒耜而自宋之滕。（《孟子·滕文公上》）

（3）时间名词。例如：

朝不及夕，何以待君？（《左传·僖公七年》）

请损之，月攘一鸡，以待来年，然后已。（《孟子·滕文公下》）

昔者，吾友尝从事于斯矣。（《论语·泰伯》）

始吾于人也，听其言而信其行。（《论语·公冶长》）

初，郑武公娶于申，曰武姜，生庄公及公叔段。（《左传·隐公元年》）

鄉为身死而不受，今为宫室之美为之。（《孟子·告子上》）①

曏者，吾子辱使某见。（《仪礼·士相见礼》）②

病变而药不变，嚮之寿民，今为殇子矣。（《吕氏春秋·察今》）

寡人曩不知子，今知矣。（《韩非子·外储说左下》）

六月辛丑朔，日有食之。（《左传·文公十五年》）

（4）方位名词。例如：

韩厥梦子舆谓己曰："旦辟左右。"（《左传·成公二年》）

是其为人也，上不臣于王，下不治其家，中不索交诸侯。（《战国策·齐策》）

昔缪公求士，西取由余于戎，东得百里奚于宛。（李斯《谏逐客书》）

百万之众折于外，今又内围邯郸而不去。（《战国策·赵策》）

---

① "鄉"后来写作"嚮"，意为"先前，从前"。

② "曏"后来写作"嚮"，意为"先前，从前"。

吾为子先行,子随我后,观百兽之见我而敢不走乎?(《战国策·楚策》)

3.2　在上面的定义中,我们之所以把"不能受程度副词修饰"作为判定名词的条件之一,而不把"不能受副词修饰"作为判定的条件之一,这是因为在上古汉语中名词可以受范围副词的修饰,例如:

若难而弃之,何以事君? 执事之患,不唯一人。(《左传·哀公十一年》)

四海之内,皆兄弟也。(《论语·颜渊》)

徒善不足以为政,徒法不能以自行。(《孟子·离娄上》)①

凡法术之难行也,不独万乘,千乘亦然。(《韩非子·孤愤》)②

从语法功能看,时间名词和方位名词比起普通名词和专有名词来要活跃一些。如《左传·庄公十年》"十年春,齐师伐我"中,时间名词"十年春"用作状语,《左传·庄公十四年》"子仪在位十四年矣"中,时间名词"十四年"用作补语③,又如李斯《谏逐客书》"昔缪公求士,西取由余于戎,东得百里奚于宛"中,方位名词"西"和"东"用作状语,而普通名词和专有名词没有这种用法。

至于时间名词和方位名词、普通名词和专有名词之间,语法功能上的区别则比较少一些。比如时间名词可受数词、指示代词的修饰,方位名词则不能;时间名词可以单独用作补语,方位名词则一般要借助介词,才能做补语。又比如普通名词可以加指示代词和数词,专有名词一般就不会加指示代词和数词④。

---

① "不能以自行"意思是"法律不能自己加以推行"。

② "万乘",指有一万辆战车的国家,大国;"千乘",指有一千辆战车的国家,小国。

③ 严格地说,这里"十年春"的"十年"是时间名词,是指"鲁庄公十年"这一个年头;而"十年春"实际上是一个词组,不过它仍然是以时间名词即"春"为中心的词组。"在位十四年"中的"十四年"是数词"十四"修饰时间名词"年"(相当于"十四个年头"),它实际上是一个词组,不过它也是以时间名词为中心的词组。

④ 少数情况也有,如《诗经·大雅·大明》:"大任有身,生此文王。维此文王,小心翼翼。"《孟子·滕文公下》:"一薛居州,独如宋王何?"不过这些专有名词在句子中都含有比较特殊的意思。

3.3　关于名词的下位分类,马建忠《马氏文通》^①卷二云:

> 　　名字共分两宗,一以名同类之人物,曰公名。"禽"、"兽"二名,凡翼者皆名曰"禽",凡蹄者皆名曰"兽",故"禽"、"兽"名为公名。凡名之不止名一物者,皆此类也。一以名某人某物者,曰本名。曰"尧"曰"舜"者,古今来止一人为尧,一人为舜,故称曰本名。"嵩岳"、"泰岱"止一山之名,"江"、"淮"、"河"、"汉"止一水之名,皆曰本名。
>
> 　　公名别分为二:一曰群名,所以称人物之聚者。二千五百人为师,五百人为旅,又五家为邻,二十五家为里,万二千五百家为乡,五百家为党,故"师"、"旅"、"邻"、"里"、"乡"、"党"皆群名也。一曰通名,所以表事物之色相者,盖离乎体质以为言也。《论·学而》:"夫子温良恭俭让以得之。""温"、"良"、"恭"、"俭"、"让",皆夫子之德耳。又"恭"、"宽"、"信"、"敏"、"惠"与夫"刚"、"毅"、"木"、"讷"、"位"、"禄"、"名"、"寿"等字,皆通名也。^②

也就是说,他把名词分为普通名词(公名)、专有名词(本名)两大类,在普通名词下又分出集合名词(群名)和抽象名词(通名)两类^③。杨树达《高等国文法》^④则在名词下并列分为"独有名词"(如"诸葛亮"、"长沙"、"汉"、"开元"、"黄河"等)、"公共名词"(如"人"、"鸟"、"桥"、"屋"等)、"物质名词"(如"酒"、"水"、"空气"、"木"、"布帛"等)、"集合名词"(如"师"、"旅"、"民族"等)、"抽象名词"(如"道德"、"学问"、"是非"等)五个小类。此外,马忠《古代汉语语法》^⑤把名词分为普通名词、时间名词和方位名词三类,而杨伯峻、何乐士《古汉语语法及其发展》^⑥则把名词分为普通名词、抽象名词、专有名词和时地名

---

① 商务印书馆,1898年,1983年新版。
② 吕叔湘、王海棻《〈马氏文通〉读本》注云:"按《文通》体系,'温''良''恭''俭''让''恭''宽''信''敏''惠'等应为通名假借静字。"也就是说,是形容词活用为名词;所以马氏的举例不妥。
③ 吕叔湘、王海棻《〈马氏文通〉读本》注云:"这里'别分为二',不是'分为两类'的意思,是'又从里面分出两类'的意思。"也就是说,马氏的普通名词大概是分为集合名词、抽象名词和其他名词三类。
④ 商务印书馆,1930年,1984年新版。
⑤ 山东教育出版社,1983年。
⑥ 语文出版社,1992年。

词四大类。还有学者列有有生名词(指表示有生命能活动的事物的名词)和
无生名词、可数名词(指表示可以用数词来数的事物的名词)和不可数名词
等。这里有两个问题,一是这些分类是不是语法上的类? 比如公共名词和
物质名词的分立究竟由于是语法功能的不同还是仅仅在词义上有所不同?
而语法功能上的距离又是否大到足以把这两类区别开来? 比如集合名词前
面不能加个体量词(如＊"一个父母"),这确实是集合名词的一个语法特点,
但是除此之外,集合名词还有哪些语法特点呢? 二是所举的例子是否合适,
实质也就是其内涵是否正确? 比如所谓"集合名词",应该是指表示集合概
念的名词,指不能用个体量词修饰的名词,像"父母"、"嫔妃"、"士卒"、"牛
马"、"船只"、"纸张"等这些词才是集合名词,而"师"、"旅"、"乡"、"党"等都
是可以用个体量词修饰的,实际并不是集合名词。有鉴于此,我们的名词下
位分类跟马建忠、杨树达等有所不同。

3.4　有一些词从形式上看似乎兼有名词和动词两类,如《孟子·梁惠
王上》"王何必曰利? 亦有仁义而已矣"、《战国策·齐策》"此二士弗业,一女
不朝,何以王齐国、子万民乎",前句的"王"是名词,后句的"王"是动词。但
是传统的读音两者并不相同,前者读 wáng,后者读 wàng,两者语音形式不
同,应该视作两个不同的词,尽管它们是同源的。

与此相同,有些词从形式上看似乎兼有名词和形容词两类,如《诗经·
鲁颂·泮水》"既饮旨酒,永锡难老"、《礼记·曲礼上》"临财毋苟得,临难毋
苟免",前句的"难"是形容词,后句的"难"是名词;《孟子·滕文公上》"夫物
之不齐,物之情也"、《周礼·天官·亨人》"亨人掌共鼎镬,以给水火之齐",
前句的"齐"是形容词,后句的"齐"是名词。因为它们的读音不同,我们也认
为它们分别属于两个不同的词。

这里所举的例子,实际上就是古代汉语利用声调的转变来表示词义或
词性变化的现象,这种现象人们叫做"读破",又叫做"四声别义"。如宋代贾
昌朝《群经音辨》记载"王",于方切,平声,名词,义为"君也";于放切,去声,
动词,义为"君有天下"。又"女",尼吕切,上声,名词,义为"女未嫁之称也";
尼据切,去声,动词,义为"以女嫁人"。又"好",呼皓切,上声,形容词,义为
"善也";呼到切,去声,动词,义为"向所善"。其实四声别义不但表现了名

词、动词和形容词等词性的转变,而且表现了同一词类当中小的词类,如不及物动词和及物动词之间的转变。如"毁",况伪切,去声,不及物动词,义为"自坏";许委切,上声,及物动词,义为"坏他"。还表现了动词和使动用法、动作的不同方向之间的转变等等。如"從",疾容切,平声,动词,义为"随也";秦用切,去声,使动用法,义为"使之从";"乞",去讫切,入声,动作引向自身,义为"取于人";去既切,去声,动作推向旁人,义为"与之"。四声别义主要是去声别义,四声别义的词大多数是由平声、上声和入声变为去声,所以也有人称四声别义为"去声别义"。

3.5 有的学者认为"有夏"、"有殷"、"有梅"、"有北"等当中的"有"是助词,我们不这样看。"有夏"、"有殷"等本身就是名词,其中的"有"应该是加在国名、地名、部落名等前面的词头,这是构词法上的问题;如果把"有"看作助词,那就是把"有夏"、"有殷"作为句法现象来看了,这反而把问题复杂化了①。

除了"有"以外,上古汉语中的词头还有好几个,"有"也不只是名词的词头,它还是形容词的词头,如"有炜"、"有蕡"等。除了词头,上古汉语还有词尾和词嵌,如"婢子"、"眸子"、"婉如"、"斐然"等当中的"子"、"如"、"然"就是词尾,"孟施舍"、"介之推"等当中的"施"、"之"就是词嵌②。

---

① 有的学者认为"有"是一个音节助词,在每句四字或每句五字的上下句子中起一个足句的作用。如《尚书·盘庚上》"盘庚迁于殷,民不适有居"、《诗经·小雅·巷伯》"投畀有北,有北不受,投畀有昊"。(参潘允中《汉语语法史概要》,中州书画社,1982年)我们认为在上古典籍中,含有词头"有"并且显然没有这样一种足句作用的句子很多,如《尚书·汤誓》"夏王率遏众力,率割夏邑,有众率怠弗协"、《尚书·召诰》"有王虽小,元子哉,其丕能诚于小民"、《尚书·洛诰》"惟以在周工往新邑,伻向即有僚",所以这种说法难以成立。尽管上古典籍中,词头"有"在国名、地名、部落名前加不加比较随意,但是加上的时候就必定是词头。正如《木兰诗》:"军书十二卷,卷卷有爷名。……阿爷无大儿,木兰无长兄。""爷"字前有不加"阿"的,但是加了"阿",肯定是词头。也可能有人会说:"有"作为助词相当于"者"和"所","者"、"所"可以跟其他词结合起来,形成一个名词性词组,为什么"有"就不可以? 我们认为"有"和"者"、"所"不同,"者"、"所"是跟动词相结合,形成名词性词组,"有"是跟名词相结合,得到的组合仍然是名词性的,"者"、"所"具有指代性,"有"有无指代性还要证明。在汉藏语系亲属语言中,词头是很普遍的现象,上古汉语的词头"有"、"於"、"于"等应该是从原始汉藏语继承下来的。

② "介之推"也作"介推","介推"本身就是一个名词,不是词组,"之"就只能看作词嵌。

第四节　动　　词

4.1　能够受"未"、"毋"等否定副词修饰，在结构中主要充当谓语的实词叫"动词"。动词主要表示人和事物的动作、活动、存在和变化。动词可以划分为及物动词、不及物动词和能愿动词三个小类。能够带受事宾语的动词叫"及物动词"，也叫"他动词"、"外动词"；不能够带受事宾语的动词叫"不及物动词"，也叫"自动词"、"内动词"；表示可能、必要和愿望的动词叫"能愿动词"，能愿动词的主要语法特征是修饰动词和单说。

（1）及物动词。例如：

　　知我者，谓我心忧；不知我者，谓我何求？（《诗经·王风·黍离》）

　　季氏将伐颛臾。（《论语·季氏》）

　　齐王使使者问赵威后。（《战国策·齐策》）

　　已得履，乃曰："吾忘持度。"（《韩非子·外储说左上》）

（2）不及物动词。例如：

　　有朋自远方来，不亦乐乎？（《论语·学而》）

　　天行有常，不为尧存，不为桀亡。（《荀子·天论》）

　　襄王闻之，颜色变作，身体战栗。（《战国策·楚策》）

　　制，岩邑也，虢叔死焉。（《左传·隐公元年》）

（3）能愿动词。例如：

　　穆公是以不克逞志于我。（《左传·成公十三年》）

　　谁习计会能为文收责于薛者乎？（《战国策·齐策》）①

　　左师触詟愿见太后。（《战国策·赵策》）

　　今吾欲变法以治，更礼以教百姓。（《商君书·更法》）

　　两人自匿，不肯见公子。（《史记·信陵君列传》）

---

① "文"，田文，即孟尝君。"责"，同"债"。

民实瘠矣,君安得肥?(《国语·楚语上》)①

今大王亦宜斋戒五日。(《史记·廉颇蔺相如列传》)

天下事非若所当言也。(《史记·曹相国世家》)②

臣死且不避,卮酒安足辞!(《史记·项羽本纪》)

以位,则子,君也,我,臣也,何敢与君友?(《孟子·万章下》)

朽木不可雕也,粪土之墙不可杇也。(《论语·公冶长》)

此车一人殿之,可以集事。(《左传·成公二年》)

4.2　及物动词能够带宾语,这是古今汉语一致的,而在古代汉语中,不及物动词有时似乎也能带宾语。如《诗经·豳风·七月》"七月流火,九月授衣"中,"流"带了宾语"火",李斯《谏逐客书》"迎蹇叔于宋,来丕豹、公孙支于晋"中,"来"带了宾语"丕豹"、"公孙支",《史记·廉颇蔺相如列传》"今君乃亡赵走燕,燕畏赵,其势必不敢留君"中,"亡"带了宾语"赵","走"带了宾语"燕",有的学者因此认为古代汉语没有及物动词和不及物动词的区别③。但是不难发现,这里第一例中动词"流"所带的是施事宾语,第二例中动词"来"的意义已经有所改变,宾语则既是"来"的受事,又是"来"的施事,第三例中动词"亡"、"走"所带的是处所宾语(实际上是补语)。可见,根本的区别是及物动词能带受事宾语,而不及物动词能带非受事宾语,但是绝对不能带受事宾语,上述三个例子并不能作为不及物动词不带受事宾语的反证。

4.3　在上古汉语中,一部分趋向动词经常放在其他动词后,跟其他动词一起连用。例如:

鞭之见血,走出,遇贼于门。(《左传·庄公八年》)

杀晋君与逐出之,与以归之,与复之,孰利?(《国语·晋语》)

初,燕将攻下聊城,人或谗之。(《战国策·齐策》)

招进张汤、赵禹之属,条定法令。(《汉书·刑法志》)

---

① "君安得肥",意思是"你国君怎么能够肥胖呢"。

② "若",汝,你。

③ 如杨伯峻《文言语法》(北京大众出版社,1955 年)第六章说:"古人并没有什么及物动词(外动词)和不及物动词(内动词)的分别,所有动词,只要有宾语可加,都可以加上宾语。"

这些趋向动词和动词的组合，大部分还不能认为是动补结构，而只是动词的连用。具体可参第三章第二节 2.11。

此外，判断动词"是"实际上也已经开始出现。例如：

　　客人不知其是商君也。（《史记·商君列传》）

　　此必是豫让也。（《史记·刺客列传》）

　　蔡人不知其是陈君也，而杀之。（《穀梁传·桓公六年》）

　　何用见其是齐侯也？（《穀梁传·僖公元年》）

不过，这种判断动词的运用还是十分罕见的，是新兴的语法现象，我们不把它们作为古代汉语中独立的词类[1]。

　　4.4　有的学者在"动词"中立有"助动词"一个小类，所收的词主要就是能愿动词。所谓"助动词"，顾名思义就是辅助性的动词[2]，但是实际上这些词大多能够直接充当谓语动词和单说。例如：

　　非曰能之，愿学焉。（《论语·先进》）

　　朝闻道，夕死可矣。（《论语·里仁》）

　　夫子欲之，吾二臣者皆不欲也。（《论语·季氏》）

　　"若寡人者，可以保民乎哉？"曰："可。"（《孟子·梁惠王上》）

很难说这些词在"辅助动词"时的意义，跟它们在直接充当谓语动词时有什么不同，它们应该分别是同一个词，尤其是最后一例问句的"可以"和答句单

---

[1]　关于判断词"是"的产生，裘锡圭《谈谈古文字资料对古汉语研究的重要性》（载《中国语文》1979年第 6 期）一文根据长沙马王堆三号汉墓出土的帛书《天文气象杂占》中"是是帚彗"、"是是竹彗"、"是是蒿彗"、"是是苦彗"等句子，认为："这些句子里的第二个'是'字显然是系词。这幅占书是汉初人所抄录的。从内容看，原书大概是战国后期的楚国人所著。由此可见，系词'是'大概在战国后期就产生了。"梁冬青《出土文献"是是"句新解》（载《中国语文》2002 年第 2 期）则指出，如果这些"是"是系词，那么为什么全都只出现在"是是……"这样的句型中？因此这些"是"应该解作副词"寔"。我们的意见是，判断词"是"可能产生于西汉时候，但是到东汉时候才逐渐得到普遍运用。参第六章第一节。

[2]　吕叔湘《汉语语法分析问题》（商务印书馆，1979 年）第 47 节："助动词这个名称是从英语语法引进来的，原文的意思是'辅助性的动词'。很多人以为是'辅助动词的词'，那是误会。"英语"助动词"一词作 Auxiliary verb，由此可见，"助动词"应理解为"助—动词"，而不是"助动—词"，马建忠《马氏文通》卷四所谓"有不记行而惟言将动之势者，如'可''足''能''得'等字，则谓之助动，以其常助动字为功也"是错误的。

说的"可"显然是同义的,所以我们还是采用"能愿动词"的名称。至于有的学者在助动词中还收有"见"、"被"等表示被动的词,我们则把它们归入助词等其他词类中。

从意义的角度来看,能愿动词还可以进行下位分类,例如王力《中国语法理论》(上册)第二章第十节在"能愿式"下面又分出"可能式"和"意志式"两类,所谓"可能式"是指"话里参杂着说话人的意见,用'能''可''必''该'等字表示",所谓"意志式"是指"话里参杂着主事者的意志,用'要''欲''肯''敢'等字表示"。但是上古汉语能够进入能愿动词这个词类的,实际上还不止"可能式"和"意志式"这两类的词,例如"臣死且不避,卮酒安足辞"(《史记·项羽本纪》)的"足"。杨伯峻、何乐士《古汉语语法及其发展》在"助动词"下又分为"表示可能"、"表示意志"、"表示应该"和"表示逭暇"四类。

由于能愿动词经常处在动词前面,这就产生了它与副词的划界问题,因为副词也经常处在动词的前面。陈承泽《国文法草创》三认为:"至于助动字,就性质上,与副字殆不能区别。外国文中,助动字、副字,形式上可分为两类,不至相混,而国文则无此形式之界。今《马氏文通》以'可''足''能''得'入诸助动字之中,盖亦仿外国文而然。然'可''足'二字,在动字之前时,与'必''宜'之为副用者何异?不如一切径解之为副字,于说明为较便也。"①陈氏主张把助动词,即我们所说的能愿动词归入副词,但是能愿动词可以单用,副词则单用较少;能愿动词一般只修饰动词,副词则既修饰动词,也修饰形容词和名词;能愿动词只在动词前面,副词则既可在动词前面,也可在动词后面,所以能愿动词与副词的界限还是清楚的。当然还有另外一种处理方法,即如杨伯峻、何乐士《古汉语语法及其发展》一书把助动词从动词中独立出来,单独成为一类。这样处理的缺点,一是这个词类中的成员数量相当少,很难跟其他词类匹配,二是当它们单用的时候,语法性质和功能很难跟动词区别开来。

不过,有一些能愿动词确实另有动词的用法。例如《左传·闵公二年》"我,大史也,实掌其祭。不先,国不可得也"句中,"得"义为"得到",是动词;

---

① 陈承泽《国文法草创》,商务印书馆,1922年,1982年新版。

《左传·成公二年》"曰:'欲勇者贾余馀勇!'"句中①,"欲"义为"需要",是动词;《孟子·梁惠王上》"愿夫子辅吾志,明以教我"句中,"愿"义为"希望",是动词。也就是说,"得"、"欲"、"愿"等既是能愿动词,又是动词;当它们修饰动词时,就是能愿动词,否则就可能是动词。

此外,王力《汉语史稿》(中册)第五十一节说:"上古汉语的'以为'和'可以'并不等于现代汉语的'以为'和'可以'。现代汉语的'以为'和'可以'都是双音词(单词);上古的'以为'和'可以'都应该了解为两个词的结合,而'以'字后面还省略了一个宾语。"其脚注说:"汉代以后,'以为'和'可以'才逐渐凝固成为复音词。例如《史记·淮南王世家》:'乃复问被曰:"公以为吴兴兵,是邪非邪?"被曰:"以为非也。"'又如《史记·袁盎列传》:'司马引袁盎起,曰:"君可以去矣!"'"②王力的意见有部分是正确的,在上古汉语中,确实有相当多的"可以"应该认为是两个词,即能愿动词"可"和介词"以",但是作为能愿动词的复音词"可以"也很早就已经产生了③。例如:

> 温故而知新,可以为师矣。(《论语·为政》)
>
> 人有不为也,而后可以有为。(《孟子·离娄下》)
>
> 今天以吴予越,越可以无听天之命而听君之令乎?(《国语·越语上》)
>
> 君子曰:学不可以已。(《荀子·劝学》)

显然,以上这些例句中的"可以"都不宜看作"可"和"以"两个词。张显成《论简帛文献的语言研究价值》④一文也指出,马王堆汉墓帛书中有许多复音词"可以",例如:

> 要(腰)以(似)折,脾(髀)不可以运。(《阴阳十一脉灸经甲本》36)⑤
>
> 嗌痛,颔肿,不可以顾,肩以(似)脱,臑以(似)折。(同上48)

---

① "贾余馀勇",意思是"来买我剩余的勇气"。
② 王力《汉语史稿》,科学出版社,1958年;又中华书局,1980年。又王力在后来的《汉语语法史》(商务印书馆,1989年)第二十四章中看法相同。
③ 参刘利《从〈国语〉的用例看先秦汉语的"可以"》,载《中国语文》1994年第5期。
④ 载《简帛语言文字研究》(第一辑),巴蜀书社,2002年。
⑤ "髀不可以运",指股部上方的关节无法活动。

妇人则少腹肿,要(腰)痛不可以仰。(同上 59)

心与胁痛,不可以反则(侧)。(《阴阳十一脉灸经乙本》3)

此药已成,……□而干,不可以涂身。(《五十二病方》)

《阴阳十一脉灸经甲本》等书是春秋战国时期的作品,可见"可以"早就是独立的能愿动词了。

4.5　有些词从形式上看似乎兼有动词和形容词两类,如《论语·学而》"人不知而不愠,不亦君子乎"、《左传·文公二年》"臧文仲,其不仁者三,不知者三",前句"知"是动词,后句"知"是形容词;《礼记·大学》"如恶恶臭,如好好色",前一个"恶"和"好"是动词,后一个"恶"和"好"是形容词。但是因为它们的读音不同,分别是 zhī、zhì、wù、è、hào、hǎo①,所以我们认为它们分别属于两个不同的词。

有些词从形式上看似乎兼有一般用法和使动用法两类,如《战国策·齐策》"使人属孟尝君,愿寄食门下"、《战国策·齐策》"左右以君贱之也,食以草具",前句"食"是一般用法,后句"食"是使动用法;《论语·微子》"子路问曰:'子见夫子乎?'"、《论语·微子》"杀鸡为黍而食之,见其二子焉",前句"见"是一般用法,后句"见"是使动用法。但是它们的读音都不相同,我们也认为它们分别属于两个不同的词。

因为动词有一般用法和使动用法的区别,所以有的学者立有"使动词"这样一个小类。我们觉得,从理论上说任何动词都可以活用为使动用法,而大多数用作使动用法的词在语法功能上也并没有特殊到足以另立一个小类,因此我们还是把这种现象称之为"使动用法"。

4.6　有些词兼有及物动词和不及物动词两类,如《论语·微子》"子路拱而立"、《战国策·齐策》"愿请先王之祭器,立宗庙于薛",前句"立"是站立义,不能带宾语,为不及物动词,后句"立"是建立义,能带宾语,为及物动词;又如《左传·僖公四年》"师进,次于陉"、《史记·孙子吴起列传》"于是忌进孙子于威王"②,前句"进"是前进义,不能带宾语,为不及物动词,后句"进"是

---

①　为叙述方便起见,这里标注的是现代汉语普通话的读音,实际上这几个字最晚在东汉就已经有了不同的读音,而这种不同的读音应该与其不同的词性有关。

②　"忌",田忌。

推荐义,能带宾语,为及物动词。跟 4.5 的情况相似,这里实际上有两个"立"两个"进",即不及物动词的"立"和"进",及物动词的"立"和"进"。

4.7　从语义的角度看,动词也可以分为行为动词、心理动词、存现动词、使令动词等几类,这些不同的小类在语法上也有不同的特征。

行为动词,如"生"、"死"、"行"、"亡"、"食"、"闻"、"见"、"攻"、"杀"、"耕"、"获"、"遗"等,其中有的能带宾语,有的不能带宾语。

心理动词,如"爱"、"恶"、"厌"、"畏"、"恐"、"惧"、"思"、"恨"等,它们不但会带名词性宾语,还往往会带动词性宾语,如《史记·郦生陆贾列传》:"天子怜百姓新劳苦,故且休之。"动词性结构"百姓新劳苦"做心理动词"怜"的宾语。

存现动词,如"有"、"无"等,它们不但会带名词性宾语,还往往会形成兼语结构,如《汉书·扬雄传》:"时有好事者载酒肴从游学。""好事者"为兼语。

使令动词,如"使"、"命"、"令"、"遣"、"发"等,它们一般会形成兼语结构,如《晏子春秋·内篇杂下》:"得无楚之水土使民善盗耶?""民"为兼语。

第五节　形　容　词

5.1　能够受否定副词和程度副词修饰,在结构中主要作谓语、定语和补语,不能带宾语的实词叫"形容词"。形容词主要表示人和事物的性质和状态。形容词可以划分为性质形容词和状态形容词两个小类。性质形容词表示人和事物的属性,状态形容词表示人和事物的情态。

(1) 性质形容词。性质形容词包括大部分单音节形容词(如"大"、"小"、"黑"、"白"、"美"、"丑"、"细"、"厚"、"智"、"愚"、"刚"、"柔"、"清"、"浊"、"贫"、"富"、"直"、"曲"、"疏"、"茂"、"难"、"易"、"良"、"恶"等)和一部分双音节形容词(主要是复合词"艰难"、"宽绰"、"素朴"、"憔悴"、"困乏"等)。例如:

　　仰之弥高,钻之弥坚。(《论语·子罕》)
　　既富矣,又何加焉?(《论语·子路》)
　　以小易大,彼恶知之?(《孟子·梁惠王上》)

权,然后知轻重;度,然后知长短。(《孟子·梁惠王上》)①

清浊大小,短长疾徐,哀乐刚柔,迟速高下,出入周疏,以相济也。
(《左传·昭公二十年》)

是贵能威之,富能禄之,贱能事之,近能亲之,美能淫之也。(《管
子·任法》)

故与人善言,煖于布帛;伤人以言,深于矛戟。(《荀子·荣辱》)

险阻艰难,备尝之矣。(《左传·僖公二十八年》)

公府掾史率皆羸车小马,不上鲜明,而遵独极舆马衣服之好。(《汉
书·陈遵传》)②

(2) 状态形容词。状态形容词包括少部分单音节形容词(如"粲"、
"溥"、"汎"、"濛"、"毖"、"顾"、"姝"等)、一部分双音节形容词(主要是派生
词、叠音词、联绵词"沃若"、"婉如"、"菲菲"、"昭昭"、"冥冥"、"耿耿"、"参
差"、"滂沱"、"烂漫"、"婆娑"等)、多音节形容词("扬扬如"、"芒芒然"、"委委
佗佗"、"洋洋纚纚然"等)和象声词("呱"、"嘤嘤"、"喈喈"、"填然"、"铿尔"、
"呦呦"、"呱呱"、"嗷嗷"等)。例如:

溯游从之,宛在水中央。(《诗经·秦风·蒹葭》)

髧彼两髦,实维我仪。(《诗经·鄘风·柏舟》)③

天油然作云,沛然下雨,则苗浡然兴之矣。(《孟子·梁惠王上》)

怊乎若婴儿之失其母也,傥乎若行而失其道也。(《庄子·天地》)

一之日觱发,二之日栗烈。(《诗经·豳风·七月》)④

子之燕居,申申如也,夭夭如也。(《论语·述而》)⑤

言必信,行必果,硁硁然小人哉!(《论语·子路》)

始舍之,圉圉焉;少则洋洋焉,悠然而逝。(《孟子·万章上》)⑥

---

① "权",称量,称轻重。
② "上",通"尚",崇尚。
③ 这一句的意思是"披散那两边头发的男孩子,就是我的配偶"。
④ "觱发",刮大风的声音。"栗烈",凛冽,指寒冷。
⑤ "申申如",整饬貌。"夭夭如",和舒貌。
⑥ "圉圉焉",鱼在水中羸劣之貌。"洋洋焉",鱼在水中舒缓摇尾之貌。

剖之以为瓢,则瓠落无所容。非不呺然大也,吾为其无用而掊之。(《庄子·逍遥游》)

言语之美,穆穆皇皇;朝廷之美,济济鎗鎗。(《荀子·大略》)

关关雎鸠,在河之洲。(《诗经·周南·关雎》)

震来虩虩,笑言哑哑。(《易·震》)①

季彻局局然笑曰。(《庄子·天地》)

人且偃然寝于巨室,而我嗷嗷然随而哭之。(《庄子·至乐》)

5.2　从语法功能看,性质形容词和状态形容词有以下区别:

(1) 性质形容词能够受时间副词和程度副词的修饰,状态形容词则不能受时间副词和程度副词的修饰。如《韩非子·难三》:"夫六晋之时,知氏最强。"《晏子春秋·外篇第七》:"岁已寒矣,而役不罢,惙惙矣如之何?"②性质形容词"强"受程度副词"最"修饰,"寒"受时间副词"已"修饰。

(2) 性质形容词一般不能带词缀,状态形容词则能够带前缀或后缀。如《诗经·邶风·静女》:"彤管有炜,说怿女美。"《诗经·豳风·东山》:"我来自东,零雨其濛。"状态形容词"炜"、"濛"带有前缀"有"、"其"。又如《诗经·小雅·蓼萧》:"蓼彼萧斯,零露湑兮。"毛传:"湑湑然,萧上露貌。"状态形容词"湑湑"带后缀"然"。

(3) 性质形容词在结构中可以充当各种结构成分,状态形容词在结构中则主要充当谓语和状语,也能充当形容性定语。如《荀子·荣辱》:"故薄薄之地,不得履之。"《战国策·齐策六》:"安平君以惴惴之即墨,三里之城,五里之郭,敝卒七千,禽其司马,而反千里之齐。"状态形容词"薄薄"、"惴惴"是形容"地"、"即墨"的状貌和情态,而不是说明"地"、"即墨"的领属性③。

(4) 性质形容词可以活用为动词,状态形容词不可以活用为动词。如《庄子·秋水》:"且夫我尝闻少仲尼之闻而轻伯夷之义者,始吾弗信。"性质

---

① "虩虩",恐惧貌。"哑哑",笑声。

② "惙惙",忧伤貌。

③ 关于形容性定语、领属性定语,参第三章第一节。

形容词"少"、"轻"为意动用法①。

5.3　有些词从形式上看似乎兼有形容词和名词两类,或者兼有形容词和动词两类,实际上并不如此,参看第三节3.4和第四节4.4。

5.4　古汉语中有同义的形容词连用的现象,主要存在于《楚辞》之中。例如:

> 佩缤纷其繁饰兮,芳菲菲其弥章。(《离骚》)②
> 灵连蜷兮既留,烂昭昭兮未央。(《九歌·云中君》)③
> 穆眇眇之无垠兮,莽芒芒之无仪。(《九章·悲回风》)
> 君子坦荡荡,小人长戚戚。(《论语·述而》)
> 纷总总其离合兮,斑陆离其上下。(《离骚》)④
> 惨郁郁而不通兮,蹇侘傺而含慼。(《九章·哀郢》)⑤

王力《汉语语法史》⑥第九章认为"芳菲菲"等都是三音节的形容词,其中的叠字"菲菲"等是词尾。孙锡信觉得这应该是形容词连用的现象,因为(1)"纷总总"、"惨郁郁"跟"斑陆离"、"蹇侘傺"相对,既然"陆离"、"侘傺"是联绵词,那么"总总"、"郁郁"就应该是独立的叠音词;(2)在上古汉语中,"眇眇"、"总总"、"郁郁"等都有独立使用的,如《九章·悲回风》"路眇眇之默默"、《逸周书·大聚》"殷政总总若风草"、《史记·淮阴侯列传》"安能郁郁久居此乎";(3)这种现象不同于后代"红通通"、"慢腾腾"一类ABB式形容词,因为"通通"、"腾腾"等后代不存在独立使用的形式,同时"通通"没有红的意义、"腾腾"没有慢的意义,"通通"、"腾腾"等连语素都不是,它们只是"红"、"慢"等的后缀。当然"纷总总"、"惨郁郁"应该是后代ABB式三音节形容词的源

---

① 关于性质形容词和状态形容词的区别,参杨建国《先秦汉语的状态形容词》(载《中国语文》1979年第6期)。杨建国说,在先秦汉语中只发现一例似乎是状态形容词用作使动用法,即《左传·宣公二年》:"城者讴曰:'睅其目,皤其腹,弃甲而复,于思于思,弃甲复来!'"不过他认为,"睅其目"和"皤其腹"并没有"使其目睅"、"使其腹皤"的意思,只不过是嘲笑华元眼睛鼓鼓的、肚子挺挺的样儿罢了。

② "菲菲",芬香貌。"弥章",更加浓郁。

③ "灵",巫师。"连蜷",长曲貌。"昭昭",光明貌。"未央",无边无际。

④ "陆离",分散貌。

⑤ "侘傺",失志貌。

⑥ 商务印书馆,1989年。

头,ABB 式形容词的形成大概在五代到宋代①。洪诚《训诂学》②一书第三章也指出:"上古没有双音词尾的形容词。"我们同意这个意见。

第六节 代 词

6.1 不能受程度副词修饰,具有指示和称代作用的实词叫"代词"。代词可以划分为人称代词、指示代词和疑问代词三个小类。人称代词主要用于称代人或事物,指示代词主要用于指示人或事物,疑问代词主要用来表示未知和询问的称代或指示。

(1)人称代词。人称代词有第一人称代词、第二人称代词、第三人称代词以及己身代词之别。

a. 第一人称代词。第一人称代词主要用于称代说话人自己。例如:

> 我思古人,实获我心。(《诗经·邶风·绿衣》)
>
> 吾日三省吾身。(《论语·学而》)
>
> 王呼之曰:"余不食三日矣。"(《国语·吴语》)
>
> 予既烹而食之。(《孟子·万章上》)
>
> 帝高阳之苗裔兮,朕皇考曰伯庸。(《离骚》)③
>
> 人涉卬否,卬须我友。(《诗经·邶风·匏有苦叶》)④
>
> 非台小子,敢行称乱。(《尚书·汤誓》)

b. 第二人称代词。第二人称代词主要用于称代听话人。例如:

> 且尔言过矣。(《论语·季氏》)
>
> 三岁贯女,莫我肯顾。(《诗经·魏风·硕鼠》)
>
> 时日曷丧,予及汝皆亡。(《尚书·汤誓》)⑤

---

① 孙锡信《汉语历史语法要略》(复旦大学出版社,1992 年)第六章 6.2.3。南宋朱熹《楚辞集注》在"芳菲菲其弥章"下注曰:"菲菲,犹勃勃,芳香貌也。"看来朱熹也不认为"芳菲菲"是一个词。

② 江苏古籍出版社,1984 年。

③ "朕皇考",我的父亲。

④ "须",通"嬃",等待。

⑤ 这一句的意思是"这个太阳啊什么时候消亡,我和你一起死去吧"。"时",此。"日"喻指夏桀。

既使我与若辩矣,若胜我,我不若胜,若果是也,我果非也耶?(《庄子·齐物论》)

夫差,而忘越王之杀而父乎?(《左传·定公十四年》)

必欲亨乃翁,幸分我一盃羹。(《汉书·项籍传》)

迺公居马上而得之,安事《诗》《书》!(《史记·郦生陆贾列传》)①

戎虽小子,而式弘大。(《诗经·大雅·民劳》)②

c. 第三人称代词。第三人称代词主要用于称代说话人和听话人以外的第三者。例如:

公语之故,且告之悔。(《左传·隐公元年》)

臣请辟于赵,淹留以观之。(《战国策·楚策》)

先自度其足,而置之其坐。(《韩非子·外储说左上》)

厥父菑,厥子乃弗肯播。(《尚书·大诰》)

d. 己身代词。己身代词主要用于泛称自己。例如:

不患人之不己知,患不知人也。(《论语·学而》)

夫人必自侮,然后人侮之。(《孟子·离娄上》)

兔不可复得,而身为宋国笑。(《韩非子·五蠹》)

我躬不阅,遑恤我后!(《诗经·邶风·谷风》)③

(2) 指示代词。指示代词有近指代词、远指代词、无指代词、旁指代词、虚指代词和逐指代词之分。

a. 近指代词。近指代词用于指示近处的人或事物。例如:

王如知此,则无望民之多于邻国也。(《孟子·梁惠王上》)

是鸟也,海运则将徙于南冥。(《庄子·逍遥游》)

寔来者何?犹云是人来也。(《公羊传·桓公六年》)

逝者如斯夫,不舍昼夜。(《论语·子罕》)④

---

① "居马上而得之",坐在马背上而得到天下。

② 这一句的意思是"你虽然是年轻人,但是作用很广大"。

③ 这一句的意思是"我自身尚且不被丈夫所容,哪里能顾及我走后的事"。

④ 这一句的意思是"已经逝去的光阴如同这河水,日夜不停地奔流"。

受兹介福,于其王母。(《易·晋》)①

满招损,谦受益,时乃天道。(《尚书·大禹谟》)

之子于归,宜其室家。(《诗经·周南·桃夭》)

物皆然,心为甚。(《孟子·梁惠王上》)

b. 远指代词。远指代词用于指示远处的人或事物。例如:

彼君子兮,不素餐兮。(《诗经·魏风·伐檀》)

匪风发兮,匪车偈兮。(《诗经·桧风·匪风》)

微夫人之力不及此。(《左传·僖公三十年》)②

所谓伊人,在水一方。(《诗经·秦风·蒹葭》)

其人弗能应也。(《韩非子·难一》)

率时农夫,播厥百谷。(《诗经·周颂·噫嘻》)③

以若所为,求若所欲,犹缘木而求鱼也。(《孟子·梁惠王上》)

子贡曰:"夫子何善尔也?"(《礼记·檀弓上》)④

楚人谓夫旌子重之麾也,彼其子重也!(《左传·成公十六年》)⑤

c. 无指代词。无指代词用于指示不确定的对象。例如:

一夫不耕,或受之饥;一女不织,或受之寒。(贾谊《论积贮疏》)⑥

子曰:"莫我知也夫!"(《论语·宪问》)

d. 旁指代词。旁指代词用于指示一定范围以外的人或事物。例如:

王顾左右而言他。(《孟子·梁惠王下》)

它山之石,可以攻玉。(《诗经·小雅·鹤鸣》)

制,岩邑也,虢叔死焉。佗邑唯命。(《左传·隐公元年》)

e. 虚指代词。虚指代词用于指示不知道或不愿意说出的人或事物。

---

① "介福",大福。
② 这一句的意思是"没有那个人的力量,我到不了这地步"。
③ "时",此,这些。
④ "何善尔",意为"为什么称赞那个"。
⑤ 这一句的意思是"楚人说那面旗是子重的旗号,他恐怕就是子重啊"。
⑥ 这一句的意思是"一个农夫不耕田,有人就会因他而受饥;一个女子不织布,有人就会因她而受寒"。

例如：

　　　子告之曰："某在斯，某在斯。"(《论语·卫灵公》)

　　　介葛卢闻牛鸣，曰："是生三牺，皆用之矣。其音云。"(《左传·僖公二十九年》)①

　　　天子方招文学儒者，上曰："吾欲云云。"(《汉书·汲黯传》)

　　f. 逐指代词。逐指代词用于指示一定范围内的每一个人或事物。例如：

　　　子入太庙，每事问。(《论语·八佾》)

　　　颜渊、季路侍。子曰："盍各言尔志？"(《论语·公冶长》)

　　(3) 疑问代词。疑问代词可以分为问人，问事物、原因和处所等两种。

　　a. 问人。例如：

　　　遂古之初，谁传道之？(屈原《天问》)

　　　父与夫孰亲？(《左传·桓公十五年》)

　　　帝曰："畴，咨，若时登庸？"(《尚书·尧典》)②

　　　仪父者何？ 邾娄之君也。(《公羊传·隐公元年》)

　　　何人可使收债于薛者？(《史记·孟尝君列传》)

　　　辄者，曷为者也？ 蒯聘之子也。(《公羊传·哀公三年》)

　　b. 问事物、原因、处所、情状等。例如：

　　　子墨子曰："吾将上大行，驾骥与羊，子将谁驱？"耕柱子曰："将驱骥也。"(《墨子·耕柱》)

　　　礼与食孰重？(《孟子·告子下》)

　　　内省不疚，夫何忧何惧？(《论语·颜渊》)

　　　今罪无所，而民皆尽忠以死君命，又可以为京观乎？(《左传·宣公

---

①　"牺"，指用作祭祀的牺牲。"其音云"意为"它的叫声这样"。
②　帝尧这句话的意思是"啊，谁能够顺应四时的变化获得功绩呢"。"畴"，谁。"若"，顺。"登"，得。"庸"，功。

十二年》）①

害澣害否？归宁父母。（《诗经·周南·葛覃》）

譆，善哉！技盍至此乎？（《庄子·养生主》）

闿不起为寡人寿乎？（《管子·小称》）

即不幸有方二三千里之旱，国胡以相恤？（贾谊《论积贮疏》）②

许子奚为不自织？（《孟子·滕文公上》）

曷为久居此围城之中而不去也？（《战国策·赵策》）

学恶乎始？恶乎终？（《荀子·劝学》）③

然犹未能遍睹也，又乌足以言其外泽乎？（《汉书·司马相如传》）

夏罪其如台？（《尚书·汤誓》）

心乎爱矣，瑕不谓矣？（《礼记·表记》）

周王寿考，遐不作人！（《诗经·大雅·棫朴》）④

泰山其颓，则吾将安仰？（《礼记·檀弓上》）

焉得谖草？言树之背。（《诗经·卫风·伯兮》）

弊邑之师过大国之郊，曾无一介之使以存之乎？（《战国策·宋卫策》）⑤

三公子之徒将杀孺子，子将何如？（《国语·晋语》）

昭王曰："孟尝君之好人也，奚如？"（《战国策·齐策》）⑥

入子之事者，吾为子杀之亡之，胡如？（《战国策·魏策》）

景公问晏子曰："明王之教民何若？"（《晏子春秋·问上》）

夫子以为孟浪之言，而我以为妙道之行也，吾子以为奚若？（《庄子·齐物论》）

季子曰："般也存，君何忧焉？"公曰："庸得若是乎？"（《公羊传·庄

---

① "可"，同"何"，参王引之《经义述闻》卷十八"又可以为京观乎"条。"京观"，古代战争胜方为炫耀武功，堆积敌尸，封土而成的高冢。
② "即"，如果。"方"，方圆。
③ "恶乎始"，等于说"何于始"，也就是"始于何"。
④ 这一句的意思是"周王这样长寿，哪里不培养新人"。
⑤ 杨雄《方言》十："曾，何也。湘潭之原、荆之南鄙，谓'何'为'曾'。"
⑥ "好人"，意为"尊敬贤人"。

公三十二年》)①

　　且人有君而弑之,吾焉得死之? 而焉得亡之? 将庸何归?(《左传·襄公二十五年》)②

　　故居不隐者思不远,身不佚者志不广,女庸安知吾不得之桑落之下?(《荀子·宥坐》)

　　庸讵知吾所谓知之非不知邪? 庸讵知吾所谓不知之非知邪?(《庄子·齐物论》)③

问事物,意为"什么";问原因,意为"为什么"、"怎么";问处所,意为"哪里"、"在哪里";问情状,意为"怎么样"、"怎么办"等。

　　6.2　关于代词的分类,杨树达的《高等国文法》把出现在主语和宾语位置上的人称代词、指示代词、疑问代词称为"人称代名词"(如《论语·子罕》"吾有知乎哉? 无知也"中的"吾",《左传·僖公二十二年》"勍敌之人,隘而不列,天赞我也"④中的"我")、"指示代名词"(如《史记·淮阴侯列传》"信至国,召辱己之少年出胯下者,以为楚中尉。告诸将相曰:'此,壮士也。'"中的"此",《论语·述而》"子在齐闻韶,三月不知肉味。曰:'不图为乐之至于斯也。'"中的"斯")、疑问代名词(如《汉书·黥布传》"孰能为我使淮南,使之发兵背楚"中的"孰",《左传·昭公四年》"有是三者,何乡而不济"中的"何"),把出现在定语位置上的指示代词和疑问代词称为"指示形容词"(如《孟子·梁惠王上》"此心之所以合于王者,何也"中的"此",《论语·雍也》"斯人也而有斯疾也"中的"斯")、"疑问形容词"(《吕氏春秋·恃君》"孰王而可叛也"中的"孰",《孟子·万章上》"齐宣王问卿。孟子曰:'王何卿之问也?'"中的"何"),但是杨树达不把出现在定语位置上的人称代词称为"人称形容词",而仍称为"人称代名词"(如《史记·老子韩非子列传》"庄周终身不仕,以快吾志焉"中的"吾",《史记·大宛列传》"宛贵人以为,眛蔡善谀,使我国遇屠,乃相与杀眛蔡"中的"我"),这种分类在逻辑上有缺点,实际上还是"依句辨

---

① "公",鲁庄公。"般",鲁庄公的儿子子般。
② "将庸何归",意为"我将归向什么地方"。
③ 这里前面一句的意思是"怎么知道我所说的知道不是不知道呢"。
④ 这一句的意思是"强大的敌人因为天险而不能列兵布阵,这是上天帮助我们"。

品,离句无品",即按照词在句中的作用来确定词类①。循着相同的思路,陈承泽《国文法草创》甚至还把出现在状语位置上的指示代词、疑问代词称为指示副词、疑问副词。

《马氏文通》把代词区分为指名代字、接读代字、询问代字、指示代字四类,除了接读代字"其"、"所"、"者"是错误地模仿印欧语关系代词的产物,应该取消,以及某些词(如"皆"、"具"、"悉"、"诸"、"凡"、"大抵"、"一切")不应该归入代词范畴以外,他的分类基本上被后来的语法学界所接受,我们也沿用他的分类。

6.3　不过杨树达、陈承泽的做法也有一定的道理,也就是说,当指示代词和疑问代词出现在定语位置上时,它们的语法作用是跟形容词相似的,当指示代词和疑问代词出现在状语位置上时,它们的语法作用又是跟副词相似的,那么也可以直接把它们划归于形容词和副词之中,而人称代词在许多时候又跟名词的语法作用相似,那么似乎也可以把人称代词直接划归于名词,这样一来,代词作为一个词类被一刀横切出来有什么理由吗?

一般认为,代词被"横切"出来的理由是代词的代替作用,但这是不全面的,代词更重要的语法作用是它的指别功能。吕叔湘《汉语语法分析问题》第49节谈到代词时指出:"指别是这类词不同于他类词的主要特征,至于称代,反而不是这类词独有的功能,数量词组合也可以代替名词,的字短语也可以代替名词。"这些话虽然主要是针对现代汉语的,但是也适用于古代汉语。比如《庄子·达生》:"仲尼适楚,出于林中。见痀偻者承蜩,犹掇之也。仲尼曰:'子巧乎! 有道邪?'曰:'我有道也。……'"②如果说人称代词"我"是代替了"痀偻者","我有道也"等于说"痀偻者有道也",那么由于"痀偻者"具有自指(指孔子所遇见的承蜩的痀偻者)和泛指(指所有的痀偻者)两种可能,它就没有确定性,因此与其说"我"是代替了"痀偻者",还不如说"我"是指示了说话人。又如《论语·雍也》:"吾闻之也,君子周急不继富。"③指示代

---

① 参吕叔湘《汉语语法分析问题》(商务印书馆,1979 年)第49 节。

② "见痀偻者承蜩,犹掇之也",意思是"看到一个驼背老人在用竹竿粘取树上的知了,他的水平之高就好像从地上拾取东西一样"。

③ "周急不继富",只救人于穷迫,不赞助人富裕。

词"之"不但替代"君子周急不继富",而且指出"吾"听说的只是"君子周急不继富",而不是其他。又如《史记·萧相国世家》:"君即百岁后,谁可代君者?"疑问代词"谁"并不能说代替了什么,它只是指出所询问的是某一个未知的"可代君者"。又如《诗经·周南·桃夭》:"之子于归,宜其室家。"指示代词"之"更谈不上代替了什么,它只是指示了"这一个"。由此可见,代词的作用只是指出某人、某事、某性质状态、某动作行为,以便跟未加指出的人、事、性质状态、动作行为加以区别,指别功能是代词区别于其他词类的最重要的语法特点,代词可以单独成为一个词类。

此外,代词还有其他一些语法特点,例如代词作定语绝大多数不加"之",人称代词作定语肯定是领属性的,而不是形容性的[①]:

> 倾覆我社稷,帅我蠢贼,以来荡摇我边疆。(《左传·成公十三年》)
> 我张吾三军,而被吾甲兵。(《左传·桓公六年》)
> 自始合,而矢贯余手及肘,余折以御。(《左传·成公二年》)
> 尔何知? 中寿,尔墓之木拱矣。(《左传·僖公三十二年》)[②]
> 使西河之民疑汝于夫子,尔罪一也。丧尔亲,使民未有闻焉,尔罪二也。丧尔子,丧尔明,尔罪三也。(《礼记·檀弓上》)[③]
> 吾翁即若翁,必欲烹而翁,则幸分我一杯羹。(《史记·项羽本纪》)
> 天之生此民也,使先知觉后知,使先觉觉后觉。(《孟子·万章上》)
> 如之何其使斯民饥而死也。(《孟子·梁惠王上》)

又如代词一般不受其他词类的修饰,而如果代词与其他词类一起修饰名词,则代词往往处在最前面:

> 请东人之能与夫二三有司言者,吾与之先。(《左传·文公十

[①]　"谁"是一个例外,"谁"作定语大多加"之"。如《论语·季氏》:"虎兕出于柙,龟玉毁于椟中,是谁之过与?"《左传·宣公十二年》:"子为元帅,师不用命,谁之罪也?"《公羊传·隐公十年》:"因谁之力? 因宋人、蔡人、卫人之力也。"《国语·晋语》:"国,谁之国也?"不加"之"的,如《战国策·宋卫策》:"骖马,谁马也?"

[②]　"中寿,尔墓之木拱矣",按照中等的年寿,你坟上的树已经可以两手合抱了。

[③]　"疑汝于夫子",把你当作孔夫子。"尔亲",你的父母。"未有闻",没有听说你什么好的表现。"丧尔明",指因丧子而哭瞎了眼睛。

三年》）

秋，邾人伐我南鄙，使告于晋。（《左传·襄公十五年》）

其一二父兄惧队宗主，私族于谋，而立长亲。（《左传·昭公十九年》）①

指示代词"夫"和数词"二三"一起修饰"有司"，"夫"在最前面。馀可类推。

6.4　在上古汉语中，"言"好像也是第一人称代词。例如：

言告师氏，言告言归。（《诗经·周南·葛覃》）②

翘翘错薪，言刈其楚。之子于归，言秣其马。（《诗经·周南·汉广》）③

永言配命，自求多福。（《孟子·公孙丑上》）④

天地之行也，运物之泄也，言与之偕逝之谓也。（《庄子·山木》）

《诗经》的两个例子，毛传和郑笺释为："言，我也。"《尔雅·释诂》也有"言，我也"这样的解释；而且《诗经》中凡是句首有"言"字，就不会再出现其他主语，"言"和"我"上古声母又同是疑母，韵部为元歌对转，因此"言"有可能是第一人称代词。不过，"言"的这一解释恐怕只有在《诗经》部分例子中说得通，而在其他上古典籍中很难找到用例。上面《孟子》一例，赵岐释为"言，我也"，可是朱熹释为"言，犹念也"，而且"言"字不处在主语的位置上，所以不可能是第一人称代词；《庄子》一例，虽然《经典释文》释为"我"，但是这一句完全可能是"言……之谓也"的句式，跟《孟子·梁惠王下》"所谓故国者，非谓有乔木之谓也"的句式一样，因此"言"也不可能是第一人称代词。由此可见，上古"言"字是否为人称代词甚为可疑，尚待研究。

在上古汉语中，"亲"好像也是己身代词，《马氏文通》卷二就把它作为指名代字中的重指代字，他的例句有《论语·阳货》"亲于其身为不善者，君子

---

① "惧队宗主"，害怕断绝一宗之主。"队"，同"坠"。"私族于谋"，即"谋于私族"，族内的人私下商量。

② 这一句的意思是"告诉女师傅，我要归宁父母"。

③ "之子于归，言秣其马"，这个女子出嫁，我来替她喂马。

④ "永言配命"，长久配合天命。

不入也"①、《汉书·贾谊传》"陛下之与诸公,非亲角材而臣之也"②、《汉书·叔孙通传》"此陛下所亲见"、《汉书·张释之传》"此人亲惊吾马"、《公羊传·宣公六年》"亲弒君者,赵盾也"等。但是这些句子中的"亲"都可以解释为"亲自",而且解释为"亲自"在语义上更为妥帖,所以我们不把它作为己身代词。

　　跟"亲"相似的"身",我们则不得不把它作为己身代词了。虽然有一些"身"解释为"亲自"也是可以的,如《战国策·楚策》"秦王身问之:'子,孰谁也?'"、《孟子·滕文公下》"是何伤哉!彼身织屦、妻辟纑以易之也"、《汉书·灌夫传》"灌夫父死事,身荷戟驰入不测之吴军"、《汉书·贾谊传》"陛下之与诸公,非亲角材而臣之也,又非身封王之也"等,但是有一些"身"却只能解释为"自己",如《尚书·洪范》"女则从,龟从,筮从,卿士从,庶民从,是之谓大同。身其康强,子孙其逢吉"、《庄子·庚桑楚》"不仁则害人,仁则反愁我身;不义则伤彼,义则反愁我己"、《国语·周语下》"言信必及身,言仁必及人,言义必及利"、《韩非子·说林上》"鲁人身善织屦,妻善织缟,而欲徙于越"、《荀子·议兵》"身苟不狂惑戆陋,谁睹是而不改也哉"、《吕氏春秋·爱类》"神农之教曰:'士有当年而不耕者,则天下或受其饥矣;女有当年而不绩者,则天下或受其寒矣。'故身亲耕,妻亲绩,所以见致民利也"。《尔雅·释诂》:"卬、吾、台、予、朕、身、甫、余、言,我也。"郭璞注:"今人亦自呼为身。"可见,"身"作为己身代词来源甚早。

　　虚指代词"某",魏晋以后逐渐成为第一人称代词。但是,顾炎武《日知录》卷二十四"称某"条云:

　　　　经传称"某"有三义。《书·金縢》:"惟尔元孙某。"史文讳其君,不敢名也。《春秋·宣公六年·公羊传》:"于是使勇士某者往杀之。"传:"失其名也。"《礼记·曲礼》:"内事曰孝王某,外事曰嗣王某。"《仪礼·士冠礼》:"某有子某。"《论语》:"某在斯,某在斯。"通言之也。

杨树达《词诠》"某"字下也指出:

----

① 这一句的意思是"亲自做坏事的人那里,君子是不去的"。
② "非亲角材而臣之也",并不是亲自跟他们较量,而后使他们做臣下的。

按《汉书·高帝纪》云："始大人常以臣亡赖，不能治产业，不如仲
力。今某之业所就，孰与仲多？"《楚元王传》云："高祖曰：某非敢忘封之
也，为其母不长者。"又《王莽传》云："其一署曰：赤帝行玺某传予黄帝金
策书。"此三"某"字乃史家避高帝之讳改称，非人可自称曰"某"也。后
世如《朱子语类》常自称"某"，此亦朱子言时自称其名，而弟子记语者讳
之曰"某"。后人竟误以"某"为自称，乃是自讳其名矣，抑何可笑也！

这就是说，上古文献中的"某"，或者是因为避讳，不能直呼其名而用，或者是
因为不知道名字而使用，或者是作为泛称而使用，但是没有作为自称用的，
所以我们不把"某"归入人称代词。

无指代词"或"相当于"有的人"、"有的东西"，是肯定的无指；"莫"相当
于"没有人"、"没有什么东西"，是否定的无指。关于"莫"的词性，有人认为
属于指示代词，如马建忠称为"约指代字"，也有人认为属于否定副词。我们
是把它再区分为两类，当它相当于"没有人"、"没有什么东西"时是无指代
词，当它仅具否定作用时是否定副词。

有人提出，在上古汉语中"有"、"无"等有无指代词的用法。例如马汉麟
说，《孟子·滕文公下》"居於陵，三日不食，耳无闻，目无见也。井上有李，螬
食实者过半矣，匍匐往，将食之。三咽，然后耳有闻，目有见"中，如果把"无
闻"、"无见"、"有闻"、"有见"讲作"无所闻"、"无所见"、"有所闻"、"有所见"，
则缺少根据，如果把"闻"、"见"讲作听觉、视觉，则"闻"、"见"古代也无此词
义，因此"有"、"无"都应该是无指代词[1]。杨伯峻、何乐士《古汉语语法及其
发展》第三章第三节也说："'或'字和'有'字古音是平入对转，所以'有'字也
可以作'或'字用。……'有'作'或'用，多见于春秋以前书。"所举的例句如：
《孟子·梁惠王下》引《尚书》："天下曷敢有越厥志？"[2]《尚书·盘庚中》："乃
有不吉不迪，颠越不恭，暂遇奸宄，我乃劓殄灭之，无遗育。"[3]方有国《"有"
"无"代词用法再探讨》[4]一文更提出："'有'、'无'可以和'或'、'莫'、'谁'等

---

[1]　参解惠全《回忆恩师马汉麟》，载《纪念马汉麟先生论文集》，南开大学出版社，1998 年。

[2]　这一句的意思是"天下哪里敢有人超越他的本分"。

[3]　这一句的意思是"若有人行为不善，不走正道，狂妄不恭，伪诈奸邪，我就杀绝他们，不留孽种"。

[4]　载方有国《上古汉语语法研究》，巴蜀书社，2001 年。

词形成异文、互文或对文。'或'、'莫'、'谁'都是代词,相对的'有'、'无'也应是代词。"他举的例子有:

　　　　曹人或梦众君子立于社宫而谋亡曹。(《左传·襄公七年》,《史记·曹世家》"或"作"有",此为异文)

　　　　故有得神以兴,亦有以亡。(《左传·庄公三十二年》,《国语·周语上》"有"作"或",此为异文)

　　　　前也不惧,今也惧。或知是之非此也,有知是之不在此也。(《墨子·经说下》,"或"、"有"互文)

　　　　诸侯将入辕门,无不膝行而前,莫敢仰视。(《史记·项羽本纪》,"无"、"莫"互文)

　　　　小人之事君子也,恶之不敢远,好之不敢近,敬以待命,敢有贰心乎? 纵有共其外,莫共其内,臣请往也。(《左传·襄公二十六年》,"有"、"莫"对文)

　　　　无与同好,谁与同恶?(《史记·楚世家》,"无"、"谁"对文)

不过也有人反对这一说法。例如于富章《古代汉语语法新编》[①]第三章第八节指出,像下面这些句子中:

　　　　人有鬻矛与盾者,誉其盾之坚,物莫能陷也。(《韩非子·难势》)

　　　　楚人有涉江者,其剑自舟中坠于水,遽契其舟。(《吕氏春秋·察今》)

　　　　国人颇有知之者。(《史记·春申君列传》)

　　　　客有见髡于梁惠王,惠王屏左右,独坐而再见之,终无言也。(《史记·孟子荀卿列传》)[②]

　　　　士固有杀身以成名,惟义之所在。(《史记·范雎蔡泽列传》)

　　　　他国且有不听,不听,则知伯必加之兵。(《韩非子·十过》)

　　　　故言有召祸也,行有招辱也,君子慎其所立乎!(《荀子·劝学》)

前三例是"有……者",后四例是"有……",但实际上它们的语法意义是完全

---

① 东北师范大学出版社,1987 年。

② "见髡",使淳于髡。

一样的,那么"有……者"的"有"是动词,"有……"的"有"也应该是动词,而不是代词。同时,"有……"前还可以加"固"、"且"、"敢"等副词或能愿动词,也证明"有……"的"有"是动词,而不是代词。所谓无定代词"无"的情况与此类似。张文国、张文强《论先秦汉语的"有(无)＋VP"结构》①一文也指出,像下面的句子:

> 有能一日用其力于仁矣乎? 我未见力不足者。盖有之矣,我未之见也。(《论语·里仁》)②

"有能一日用其力于仁"和"有之"的结构是一样的,"之"就是指"能一日用其力于仁",那么"有之"的"有"是动词,"有能一日用其力于仁"的"有"也应该是动词。

我们同意这种看法。比如《吕氏春秋·离谓》:"齐人有淳于髡者,以从说魏王。魏王辩之,约车十乘,将使之荆。辞而行,有以横说魏王,魏王乃止其行。"③"有淳于髡者,以从说魏王"和"有以横说魏王"句型相似,前面一个"有"是动词,则后面一个"有"也应该是动词。而且如果承认"有"、"无"有无定代词的用法,那么其他"末"、"毋"、"罔"、"靡"、"蔑"等也将认作无定代词。例如:

> 说而不绎,从而不改,吾末如之何也已矣。(《论语·子罕》)④
> 尽十二月,郡中毋声,毋敢夜行。(《史记·酷吏列传》)
> 四方之民,罔不祗畏。(《尚书·金縢》)
> 靡不有初,鲜克有终。(《诗经·大雅·荡》)⑤
> 伯华谋之,中行伯、魏舒帅之,其蔑不济矣。(《左传·昭公五年》)

---

① 载《广西大学学报》1996 年第 3 期。
② 这一句的意思是"有能够一旦奋然用力于仁的人吗? 我从未见过力量不够的。奋然用力于仁的人大概是有的,但是我没见到过"。
③ "从",同"纵",即合纵连横之纵。"辩",认为有道理。
④ 这一句的意思是"盲目高兴而不分析,装作听从而不改正,对这种人我没有办法对付他啊"。
⑤ 这一句的意思是"没有人没有开始,但是很少能坚持到最后的"。"克",能。

这就未免有些扩大化了①。其中《诗经》一例,如果"靡"是无定代词,那么"鲜"势必也要认为是代词了。

又如古汉语中的"有以……"、"无以……",一般的看法都是"有东西(办法)用来……"、"没有东西(办法)用来……"这样的意思,如果承认"有"、"无"有无定代词的用法,则"有以……"、"无以……"的"有"、"无"势必也要认为是无定代词了,这与一般的认识未免相距太远。再看下面两例:

> 诸侯皆有以镇抚王室,晋独无有,何也?(《左传·昭公十五年》)②

> 王曰:"叟不远千里而来,亦将有以利吾国乎?"孟子对曰:"王何必曰利? 亦有仁义而已矣。……"(《孟子·梁惠王上》)

第一例中,如果承认"无有"的"有"是动词,那么"有以"的"有"也应该是动词。第二例,王问孟子:"有东西用来有利于我国吗?"孟子回答说:"只是有仁义罢了。""有仁义"的"有"是动词,那么"有以利吾国"的"有"也应该是动词。因此"有以……"、"无以……"的"有"、"无"都是动词,只是它们后面省略了宾语而已③。

6.5　上古汉语的"若何"、"如何"、"奈何"、"若之何"、"如之何"、"奈之何"等等,虽然都可以用现代汉语"怎么办、为什么"等来对译,好像分别可以看作一个疑问代词,但实际上它们都是由动词"若"、"如"、"奈"等跟疑问代

---

① 不过,于富章进而把"或"和"莫"的无定代词用法也给否定了,他认为这两个词也是动词,这却是我们不能同意的。于氏用作证据的"兵,民之残也,财用之蠹,小国之大菑也。将或弭之"(《左传·襄公二十七年》)、"死而利国,犹或为之,况琼玉乎"(《左传·僖公二十八年》)、"平丘之会,君寻旧盟曰:'无或失职!'"(《左传·昭公十九年》)、"陈良,楚产也,悦周公、仲尼之道,北学于中国;北方之学者,未能或之先也"(《孟子·滕文公上》)中的几个"或",虽然前面有副词和能愿动词"将"、"犹"、"无"、"能"等,但并不说明问题,这几个"或"其实都是副词,跟无定代词"或"无关。至于"主爵都尉汲黯是魏其。内史郑当时是魏其,后不敢坚对。馀皆莫敢对"(《史记·魏其武安侯列传》)、"一命而偻,再命而伛,三命而俯,循墙而走,亦莫余敢侮"(《左传·昭公七年》)、"与汝游者,又莫汝告也"(《庄子·列御寇》)中的几个"莫",虽然前面确有副词"皆"、"亦"、"又",却是并不妨碍无定代词"莫"的使用,例如"馀皆莫敢对"就是"其余全都没有人敢回答"。
② "诸侯皆有以镇抚王室",诸侯各国都有礼器进贡给周王室。
③ 需要注意的是,有时"无以"中的"无"通"毋","以"则是动词,"无以"就是"不用,用不着"的意思。例如《史记·卫将军骠骑列传》:"匈奴未灭,无以家为也。"("为"是语气词)《淮南子·道应训》:"翟人之所求者地,无以财物为也。"("为"是语气词)还有的时候,"无"和"以"不在一个层次上。例如《国语·晋语》:"盍杀我,无以一妾乱百姓。"("盍",何不)

词"何"组成的结构,本来的意思是"拿(它)……怎么办"(如《论语·八佾》:"人而不仁,如礼何? 人而不仁,如乐何?"《国语·鲁语下》:"虽可以免吾,其若诸侯之事何?"),后来"若之何"、"如之何"、"奈之何"当中的"之"逐渐虚化,失去指代作用(如《左传·成公二年》:"此车一人殿之,可以集事,若之何其以病败君之大事也?"①),于是"若何"、"如何"、"奈何"词汇化了②,意为"怎么办"(如《诗经·豳风·伐柯》:"伐柯如何? 匪斧不克。取妻如何? 匪媒不得。"《战国策·楚策》:"寡人不能用先生之言,今事至于此,为之奈何?"),又引申出"怎么、为什么"的意思(如《老子》七十四章:"民不畏死,奈何以死惧之?"《左传·僖公二十二年》:"伤未及死,如何勿重?"③),以及"怎么样"的意思(如《左传·僖公四年》:"岂不榖是为! 先君之好是继。与不榖同好,如何?"④《晏子春秋·内篇问下》:"吴王曰:'国如何则可处,如何则可去也?'"),最后跟疑问代词"何如"的用法逐渐取得一致。此外,"云何"、"云胡"用同"如何",如《史记·司马穰苴列传》:"召军正问曰:'军法,期而后至者云何?'对曰:'当斩。'"又《诗经·郑风·风雨》:"既见君子,云胡不夷?"⑤

　　上古汉语的"何以"、"何用"、"奚以"、"奚用"、"曷以"、"胡以"似乎也好像分别可以看作一个疑问代词,其实它们都是由疑问代词"何"、"奚"、"胡"、"曷"等跟介词"以"、"用"组成的结构。在实际运用中,"何以"等有两种意思。

　　(1) 相当于"用什么"、"怎么"。例如:

---

① 这一句的意思是"这辆战车只要有一个人在,就可以成事,为什么要因为受伤败坏国君的大事呢"。

② 参见罗贝、吴福祥《上古汉语疑问代词的发展与演变》,载《中国语文》2000 年第 4 期。

③ 这一句的意思是"敌人受伤还没死,为什么不能再一次击伤他呢"。

④ "岂不榖是为! 先君之好是继",意思是"难道是为了我吗,是为了继承先君的友好关系"。这里两个"是"都是帮助宾语提前的助词。

⑤ 蒲立本《古汉语语法纲要》(*Outline of Classical Chinese Grammar*,孙景涛译中文本,语文出版社,2006 年)第四章提出:"'若 X 何'和'如 X 何'的意思是'对 X 要做什么? 对 X 怎么办?'从句法上看,'若'和'如'与'谓'相似,就是说,它们必须理解为使动意义:'使 X[X 像什么]'→'使 X 像什么'。"这是一个很妙的解释。不过"若何"、"如何"也作"云何",而"云"是"说"的意思(如《论语·子张》:"子夏之门人问交于子张。子张曰:'子夏云何?'"《史记·外戚世家》:"其后帝闲居,问左右曰:'人言云何?'"),并没有"像"的意思,所以我们不取这种解释。蒲立本又说:"'奈'有可能是'若之'的合音。"由于实际使用中,有许多"奈之何"的用例(如《庄子·盗跖》:"若子不听父之诏,弟不受兄之教,虽今先生之辩,将奈之何哉?"),所以我们也不取这种解释。

王曰:"子归,何以报我?"(《左传·成公三年》)

单于问曰:"闻汉新拜丞相,何用得之?"(《汉书·车千秋传》)①

仲父病,不幸卒于大命,将奚以告寡人?(《韩非子·难一》)

桓公惕然太息曰:"吾曷以识此?"(《管子·轻重乙》)

即不幸有方二三千里之旱,国胡以相恤?(贾谊《论积贮疏》)②

(2) 相当于"为什么"。例如:

怒曰:"秦、晋匹也,何以卑我?"(《左传·僖公二十三年》)③

夫颛臾,昔者先王以为东蒙主,且在邦域之中矣,是社稷之臣也,何以伐为?(《论语·季氏》)④

国既卒斩,何用不监?(《诗经·小雅·节南山》)⑤

奚以之九万里而南为?(《庄子·逍遥游》)⑥

父有罪,何以召其子为?(《史记·楚世家》)

这里还需要注意的是,有的时候"何以"等跟上述用法不同,其中的"以"、"用"是动词,跟"何"、"奚"、"胡"等不在同一平面上。例如:

昔者子胥过,吾犹不取,今我何以子之千金剑为乎?(《吕氏春秋·异宝》)

大丈夫定诸侯,即为真王耳,何以假为!(《史记·淮阴侯列传》)

今夫齐亦君之海也,君长有齐,奚以薛为?(《韩非子·说林下》)

且使鬼神无知,又何用庙为!(《汉书·元后传》)

他日归,则有馈其兄生鹅者,己频顣曰:"恶用是鶃鶃者为哉?"(《孟子·滕文公下》)⑦

判别"何以"等当中的"以"、"用"是介词还是动词,一般来说,是看"以"、"用"

---

① 单于问话的意思是"车千秋凭什么得到丞相之职"。
② "即",如果。"方",方圆。
③ "匹",匹敌,对等。
④ "东蒙主",东蒙山祭祀的主持人。"在邦域之中",意为"在鲁国的境内",颛臾是国中之国。
⑤ 这一句的意思是"国运已经快要断绝了,为什么不去监察治理呢"。
⑥ 这一句的意思是"为什么要到九万里的高空才向南飞呢"。"之",往,到。"为",语气词。
⑦ "恶用是鶃鶃者为哉",意思是"为什么要这种呃呃叫的东西呢"。

后面有没有其他动词,如果没有其他动词,那么"以"就是动词。

6.6　在先秦汉语中,第一人称代词"我"可以作主语、定语、宾语,"吾"只作主语、定语,以及动词的前置宾语(如《论语·先进》"居则曰:不吾知也",宾语"吾"置于动词"知"的前面),而不能作动词和介词的后置宾语,后置宾语只能由"我"来充当(如《论语·阳货》"如有用我者,吾其为东周乎",宾语"我"置于动词"用"的后面;《庄子·齐物论》"今者吾丧我,汝知之乎",宾语"我"置于动词"丧"的后面;《韩非子·说林下》:"吾尝好音,此人遗我鸣琴;吾好佩,此人遗我玉环:是振我过者也。以求容于我者,吾恐其以我求容于人也。"[①]宾语"我"置于动词"遗"的后面和介词"于"、"以"的后面),因此"我"和"吾"可能反映了原始汉语中的某种格位关系,这种格位关系相当于英语的 I(主格)和 Me(宾格),只是到先秦汉语中只剩下了少数遗迹。"余"和"予"的古音完全相同,是一对古今字。跟"吾"和"我"的关系相似,"余(予)"大多用作主语,"朕"大多用作定语,它们也可能反映了原始汉语的某种格位关系。

在金文、《尚书》、《左传》等书中,第二人称代词"汝(女)"大多用作主语、宾语[②],"乃(而)"大多用作定语,在《诗经》、《论语》、《礼记》、屈赋、《墨子》等书中,"汝(女)"也大多只用作主语、宾语,其区别与第一人称代词"余(予)"和"朕"相似。

在上古汉语中,第三人称代词"其(厥)"大多用作定语,"之"大多用作宾语,它们也可能反映了原始汉语的某种格位关系。

关于"吾"、"我"等人称代词的关系,古人早有各种意见,如南宋朱熹《楚辞集注·九章》云:"此篇多以'余'、'吾'并称,详其文意,'余'平而'吾'倨也。"又赵悳《四书笺义》云:"'吾'、'我'二字,就己而言则曰'吾',因人而言则曰'我'。如'大宰知我乎'、'吾少贱'。""就己而言"是说施事,"因人而言"是说受事。又清陆敬安《冷庐杂识》云:"《尚书》辞义古质,而'予'、'台'、

---

① "振",宣扬。"以我求容于人",拿我来求悦于别人。

② 《左传·文公十八年》:"人夺女妻而不怒,一抶女,庸何伤?"杨伯峻《春秋左传注》说:"《左传》用'女'为对称代词者凡百馀次,用为领位者仅此一见耳。"其实此例"夺女妻"可能是双宾语结构,因此并非例外。参第三章第二节2.7。

'我'、'朕'等字往往并见。《论语》中'吾'、'我'、'予'等字亦复参互用之,如'二三子'节先言'我',后言'吾','吾有知乎哉'节先言'吾',后言'我','子疾病'节先言'吾',后言'予'。至《孟子》'好辩'章则先言'予',继言'吾',终言'我'。盖文家错综变化之法,已肇端于斯。"①

以后,马建忠则首创从格位来考虑问题,其《马氏文通》卷二云:"发语者'吾'字,按古籍中用于主次、偏次者其常,至外动后之宾次,惟弗辞之句则间用焉,以其先乎动字也。若介字后宾次,用者仅矣。……'我'、'予'两字,凡次皆用焉。……'余'字用于主次与动字后宾次者居多,若偏次,有间以'之'字者,而介字后宾次则罕见。……'之'字单用,宾次者其常。……'其'字指名有两用焉,一为读之起词而居主次,二以附名而居偏次。"从 1916 至 1918年胡适《尔汝篇》、《吾我篇》②也有相似的考虑,不过他更加上了"吾"、"我"等代词在数的表达上的考察。他的意见是:(1)"汝"、"尔"有格位的区别,"汝"不能用于领格(定语),"尔"则能用于领格;"汝"只能表示单数,"尔"则单数、复数都可以。(2)"吾"、"我"有格位的区别,"吾"用于主格(主语),"我"用于宾格(宾语);"吾"、"我"都能用于领格,但"吾"用于领格,单数为常,"我"用于领格,复数为常。

1920 年,瑞典学者高本汉发表《原始中国语为变化语说》③一文,正式提出"吾"和"我"的分用乃是早期上古汉语屈折形态变化在人称代词中的遗留。他说:

> 详细审查《论语》中第一位代名词,得一重要之结果:凡属此类之字,并不通用。其例固非绝对的,然其区别语格,界线甚明,不难知之。……据前引诸例,不难知"吾"字常用作主格,亦数用作从格,实际从未用作足格。……"我"字在《论语》之中,为用虽不及"吾"字之多;但可以证明"我"字在足格中为常见之代名词,在主格中为数见之代名词,在从

① 参郑奠、麦梅翘《古汉语语法学资料汇编》(中华书局,1964 年)"称代辞"部分。
② 载《胡适文存》第一集,亚东图书馆,1921 年;又载《胡适学术文集·语言文字研究》,中华书局,1993 年。
③ Le Proto-Chinois Langue flexionelle, *Journal Asiatique* (1920). 有冯承钧译文《原始中国语为变化语说》,载《东方杂志》第 26 卷第 5 号,1929 年。

格中为极少见之代名词。……

　　兹再引数语以证前说，此二字之分格，即见于同一语句之中。《雍也篇》云："如有复我者，则吾必在汶上矣。"《子罕篇》云："太宰知我乎？吾少也贱。"《先进篇》云："回也非助我者，于吾言无所不说。"《阳货篇》云："如有用我者，吾其为东周乎。"上引诸语，可以证明"吾"字为主格从格适用之字，"我"字为足格适用之字。……

　　兹再就发音学方面诠审之。近日中国官话，"吾"字读如 u，"我"字读如 uo，或读如 ngo，则就今音方面言，实无成绩可献。但如追溯其古音，此问题较为明了。吾人今日所能回复之发音，最古固不能逾纪元六世纪；然吾人在此处已脚踏实地。当时之"吾"字读如 nguo，"我"字读如 nga，据此古音，此二字之声母根据皆为 ng-。此二字声母一致，其具有一种狭义的实际语尾变化，盖为不可否认之事实。……

　　孔子之语言与法国语可以对照。原始中国语与拉丁语具有语格之变化者相同；中国语之发展与法国语之发展过程相同。先去其语尾变化，去之之后，有时间以助词助其变化（如拉丁语之 imperatoris，法国语作 de l'empereur，中国语作"帝之"之类），有时语格虽异，今遂不分（如主格足格法国语皆作 empereur，中国语皆作"帝"）。惟代名词中尚保存古迹，虽距多数世纪，尚能保存他处早已丧失之变化（如法国语主格之 je，tu，足格之 me，te，中国语主格之"吾"、"女"，足格之"我"、"尔"），俾吾人得知今日无变化之语言，其母语古时已具有变化之性质也。

对此，王力《汉语史稿》第三章第三十五节也指出："上古人称代词具有相当整齐的系统，各词都有对应关系：'吾'、'余'、'予'和'汝'相配；'我'和'尔'相配；'卬'和'若'相配；'台'和'而'相配；'朕'和'戎'相配。'乃'是'而'的变相，'厥'可能是'其'的变相。这样，我们能不能说上古汉语的人称代词有'变格'呢？这还是一个尚待解决的问题。……但是，如果在同一部书里，特别是在同一篇文章里，甚至在同一个句子里，同时用'吾'和'我'（或同时用'吾'和'予'等），或者同时用'汝'和'尔'，就不能归结于时代不同和作者不同。如果说毫无分别的两个人称代词在一种语言中（口语中）同时存在，并且经常同时出现，那是不能想象的。"尽管王力并不肯定这就是上古汉语人称代词的格位屈折变化,但是他仍然承认:"从殷代到西周,'朕'和'乃'(而)只限用于领格。……'吾'字用于主格和领格,'我'字用于主格和宾格。……'其'字用于领格,'之'字用于宾格。"并且在《汉语语法史》第四章中说:"用字不同,应该体现他们的语法作用不同。"

不过,由于高本汉的证据中例外较多,所以学术界质疑之声不断。于是有人设想"吾"、"我"分用乃是其他原因。比如金守拙、周法高等认为先秦汉语的"我"和"吾"是重读和非重读的关系[1]。当强调自己一方,或作为判断句主语后的停顿,或彼我两方对称,或加重语气时,就用"我",否则就用"吾",例如:

> 吴晋争先。吴人曰:"于周室,我为长。"晋人曰:"于姬姓,我为伯。"(《左传·哀公十三年》)
>
> 二人曰:"我,大史也,实掌其祭。不先,国不可得也。"(《左传·闵公二年》)
>
> 畴昔之羊,子为政;今日之事,我为政。(《左传·宣公二年》)
>
> 与其害于民,宁我独死。(《左传·定公十三年》)

郑张尚芳更把这一意见推广到其他代词中[2],如:

普通式	吾 ŋa	汝 nja	夫 pa	胡 ga	上古鱼部
强调式	我 ŋal	尔 njal	彼 pal	何 gal	上古歌部

又如周生亚认为上古汉语人称代词繁复的原因主要是方言,他说:"一是有些人称代词,如'余'(予)'朕''女'(汝)'乃',是先多后少,只有在个别文献(如《左传》)中才例外。二是有些人称代词,如'吾'(虘、敔),是先无后有或先少后多。三是有些人称代词,如'我''尔'基本是多的。先秦个别文献(如《荀子》),没有'尔',那是受文章内容所限。四是有些人称代词,如'卬''台'(辝)'而''戎'等,始终是少的。我认为这些现象只有用'方言说'

---

[1]　参金守拙《再论吾我》(载《中研院历史语言研究所集刊》第二十八本)、周法高《中国古代语法·称代编》(中研院历史语言研究所,1959 年)。

[2]　参郑张尚芳《上古韵母系统和四等、介音、声调的发源问题》(载《温州师范学院学报》1987 年第 4 期)。"尔"字应属上古脂部。

才能加以解释。"周氏根据人称代词出现的次数,把主要的人称代词分成三个系统:(1)余(予)、朕、女(汝)、乃,我;(2)我、尔;(3)吾、女(汝),我、尔。并说:"第一系统可能是殷方言的人称代词,代表文献是甲文、宗周金文和《尚书》。殷方言的人称代词的特点是第一、第二人称代词有形态变化,第一人称代词有单复数区别。""第二系统可能是洛邑方言的人称代词,代表文献是《诗经》。洛邑方言人称代词的特点是三格通用,没有格位和数的限制。""第三系统可能是鲁方言或其他某些北方方言,代表文献是《论语》、《左传》和《孟子》。该方言人称代词的显著特点就是'吾''女'(汝)和'我''尔'两系并存。"①

又如王力《汉语史稿》指出,上古第一人称代词有两个系统,而第二人称代词和第三人称代词则只有一个系统:

第一人称:ŋ 系　　　吾 ŋɑ　　　我 ŋa　　　卬 ŋɑŋ
　　　　　　d 系　　　余(予)dia　台 diə　　　朕 d'iəm
第二人称:n 系　　　汝 ȵia　　　尔 ȵia　　　若 ȵiak　　乃 nə
　　　　　　　　　　　而 ȵiə　　　戎 ȵiəm
第三人称:iə 系　　　其 giə　　　之 ȶiə

竟成《简论汉语人称代词》②一文提出:"上古汉语第一人称代词有两套,即 ŋ 系(我、吾)和 d 系(朕、余),而第二、第三人称却都只有一套,这是为什么?苗瑶语族中勉语、畲语等都有两套数词,一为固有词,另一为汉语借词……这一情况给了我们很大的启发。ŋ 类代词是古汉语固有词,与藏缅语同源,已成定论;而 d 系代词,我们认为应属于借词。""汉语借入侗台语复数人称代词形式,乃是为了表示自称(谦称?)。……'朕'与'我'的用法也不尽相同:称父考祖妣用'朕',称家邦国土用'我'。正是这种不同,使'朕'逐步成为王的专称,并延续了上千年。而'余'则成了一般人的自称。"

以上这些意见都很有启迪,但是能否用来解释全部上古用例,还是一个

---

① 《上古汉语人称代词繁复的原因》,载《中国语文》1980 年第 2 期。
② 载《古汉语研究》1996 年第 1 期。

问题,因此还需要继续研究①。

6.7　有一些"其"看上去很像主语,不像定语,如《孟子·告子下》"其为人也好善"。但是,实际上这句话等于说"乐正子之为人也好善","其"相当于"名词 ＋ 之(助词)",因此"其"还是定语。

"之"和"其"的互文,最足以证明"其"是定语。例如:

> 吾见师之出而不见其入也。(《左传·僖公三十三年》)
> 三代之得天下也以仁,其失天下也以不仁。(《孟子·离娄上》)
> 且夫水之积也不厚,则其负大舟也无力。(《庄子·逍遥游》)
> 人之少也发黑,其老也发白。(《论衡·道虚》)

第一句"其"相当于"师之",第二句"其"相当于"三代之",馀类推。不过,在上古汉语中确实也有少数"其"用作主语和宾语。例如:

> 郑袖曰:"其似恶闻君王之臭也。"(《战国策·楚策》)
> 上明见,人备之;其不明见,人惑之。(《韩非子·外储说右上》)
> 臣闻绛之志,有事不避难,有罪不避刑,其将来辞。(《国语·晋语》)
> 齐、荆、燕尝亡矣,宋、中山已亡矣,赵、魏、韩皆亡矣,其皆故国矣。(《吕氏春秋·安死》)
> 若出于陈郑之间,共其资粮扉屦。(《左传·僖公四年》)
> 与其射御,教吴乘车。(《左传·成公七年》)
> 人见其禽兽也,而以为未尝有才焉者,是岂人之情也哉?(《孟子·告子上》)
> 且人所急无如其身,不能自使其无死,安能使王长生哉!(《韩非子·外储说左下》)

这里前四例是用作主语,后四例是用作宾语。最后一例中加点的"其"是兼

---

① 关于这个问题,尚有洪诚《关于上古汉语人称代词形态问题的讨论》(载《南京大学学报》1962年第4期)、黄盛璋《古汉语的人身代词研究》(载《中国语文》1963年第6期)、廖序东《论屈赋中人称代词的用法》(载《中国语文》1964年第5期)、洪波《上古汉语第一人称代词"余(予)""我""朕"的分别》(载《语言研究》1996年第1期)、张玉金《论西周汉语第一人称代词句法功能问题》(载《古汉语研究》2004年第3期)、《西周汉语代词研究》(中华书局,2006年)等可参看。

语，即"其"是"使"的宾语、"无死"的主语（请比较"使王长生"），可见"其"确实能够作主语和宾语。"其"字作主语和宾语的现象到中古汉语就更加普遍了，应该说"其"的这种用法是逐步发展出来的。

6.8　表第三人称的"之"和"其"，有时实际上代表第一人称和第二人称。例如：

> 公子牟游于秦，且东，而辞应侯。应侯曰："公子将行矣，独无以教之乎？"（《战国策·赵策》）
>
> 臣乃市井鼓刀屠者，而公子亲数存之。（《史记·魏公子列传》）
>
> 今也父兄百官不我足也，恐其不能尽于大事。（《孟子·滕文公上》）①
>
> 虽然，臣愿悉言所闻，大王裁其罪。（《战国策·秦策》）
>
> 管仲曰："微君言，臣故将谒之。愿君去竖刁，除易牙，远卫公子开方。……"（《韩非子·难一》）
>
> 子不吾与，吾将杀子，直兵将推之，曲兵将勾之，唯子图之。（《新序·义勇》）②
>
> 吾不欲匹夫之勇也，欲其旅进旅退也。（《国语·越语上》）
>
> 天子发政于天下之百姓，言曰："闻善而不善，皆以告其上。"（《墨子·尚同上》）③

前四例实际上代表第一人称，后四例实际上代表第二人称。《战国策·赵策》云："寡人非疑胡服也，吾恐天下笑之。狂夫之乐，知者哀焉；愚者之笑，贤者戚焉。世有顺我者，则胡服之功未可知也。虽驱世以笑我，胡地中山吾必有之。"前面"天下笑之"和后面"驱世以笑我"语意相同，可见"之"确实是第三人称代词活用为第一人称代词。又《论语·雍也》云："子见南子，子路不说。夫子矢之曰：'予所否者，天厌之！天厌之！'"东汉王充《论衡·问孔篇》解释为："孔子解之曰：'我所为鄙陋者，天厌杀我。'"可见王充也认为

---

① "不我足"，意为"对我不满意"。"尽于大事"，指把丧事办得尽善尽美。
② "直兵将推之"，意为"用剑刺杀你"，"曲兵将勾之"，意为"用戟勾取你"。
③ "而"用作"与"。"告其上"，意为"报告你们的上司"。

"之"就是"我"。

　　那么为什么第三人称代词有时会活用为第一人称或第二人称呢？中外语言都有这样一种现象，即对人直接称呼"你"，既可以表示不尊重，也可以表示亲密、接近；对人称呼"您"，则既可以表示尊重，也可以表示疏远、不亲密。与此相似，在三个人称代词中，第一人称和第二人称是当面说话时所用的，说话人与所称说的人距离接近，而第三人称代词则是背称，说话人与所称说的人距离较远，因此在古代汉语中，当使用第三人称代词来代表第一人称时，则往往表示自谦和尊重对方；当使用第三人称代词来表示第二人称时，则往往表示跟对方亲密或不尊重对方①。

　　从第三人称代词最早只能用作定语和宾语，不能用作主语来看，上古汉语第三人称代词是发育很不完全的②。实际上，它们是从指示代词转变而来的，因而总是带有指示的意味。从汉藏语言比较来看，汉语和藏语等亲属语言的第一、第二人称代词具有同源关系，而第三人称代词则没有同源关系，可见汉藏语言的第三人称代词都是各语言分化以后分别产生的③。徐丹也指出，第三人称代词与指示代词的这种密切关系不是一种独立的语言现象，在其他语言里，指示代词在历史上也充任过第三人称代词，以致对第三人称代词的出现及形成起过作用。比如英语第三人称代词的复数形式来自指示代词，俄语的第三人称代词也来源于指示代词，法语第三人称代词来源于拉

---

① 对此，张玉金《西周汉语代词研究》(中华书局，2006 年)第三章有不同的解释。关于第三人称代词活用为第一人称的情况，张玉金认为，如同英语中的 this 和 that，该用 this 时用了 that，是表示感情上的接近，以及不客气、不尊重，该用 that 时用了 this，是表示感情上的疏远，以及客气、尊重；上古汉语第三人称代词都来源于远指代词，因此"在说话中用第三人称而不用第一人称称呼自己，就是表示情感的疏远、对听话人的尊重、对自我的谦恭"。关于第三人称代词活用为第二人称的情况，张玉金说古人用"执事"、"陛下"等词语来称呼天子、国君等，"面对国王、主人、先父、先母，不敢直接向他们讲话，而要向他们左右的人说，这样，那些尊者虽然是实际的听话人，却成了第三者"，于是要用第三人称代词来指代了。另外在说话人对听话人进行劝告、训诫时，为了舒缓语气，也用第三人称代词来指代听话人，"这样一来，仿佛对待、劝诫的是别人，而不是听话人"。

② 马忠《古代汉语语法》(山东教育出版社，1983 年)第二十四章说："从'之、其'的作用(即'之'只能作宾语，'其'只能作定语，都不能作主语)来看，从'之、其'不但指第三人称，也可以指第一人称和第二人称来看，'之、其'是发育不很完全的第三人称代词。"现在看来这一说法有缺陷，应该说第三人称代词活用为第一人称和第二人称是语用上的需要。

③ 参看李永燧《汉语藏缅语人称代词探源》，载《中国语言学报》第二期，商务印书馆，1985 年。

丁语的指示代词，直到今天蒙古语和朝鲜语的第三人称代词还是和指示代词完全同形，只有通过上下文才能明白到底是第三人称代词还是指示代词①。而在汉语中，直到魏晋以后"渠"、"伊"、"他"等出现，才有了真正的第三人称代词。

6.9 "彼"和"夫"有时看起来很像第三人称代词，例如：

> 彼，丈夫也；我，丈夫也，吾何畏彼哉？（《孟子·滕文公上》）
>
> 彼，君之雠也，天或者将弃彼矣！（《左传·襄公二十七年》）
>
> 昭子曰："夫非而雠乎？"（《左传·哀公五年》）
>
> 夫将为我危，故吾得与之俱安。（《汉书·贾谊传》）

但是，王力《汉语史稿》(中册)第三章第三十五节说："'彼'字的指示性很重，又往往带感情色彩，并不是一般的人称代词。……在多数史料中，整部书不见一个主语'彼'，如果它是一般的人称代词的话，决不会这样少见的。"我们同意这一意见。而且在上古汉语中，"彼"字很少用于宾语，"夫"字的宾语用例更绝无仅有。吕叔湘《中国文法要略》第十章 10.35 说：

> "彼"字是个确定指称词(通称指示代词)。虽然指人的时候无妨用"他"字来翻译，"彼"字的指示气味很浓。例如：
>
> > 彼，丈夫也；我，丈夫也，吾何畏彼哉？（孟·滕文公上）
> >
> > 彼可取而代也。（项羽）
> >
> > 彼必自负其材，故受辱而不羞。（史·季布传）
>
> 这些"彼"字的口气，除第一句第二"彼"字外，用白话来说，还是"那个人"比"他"更合式些。否则像下面的例句就大可利用"彼"字，无须把名词复述一遍了：
>
> > 京叛太叔段，段入于鄢。（左·隐元）
> >
> > 昔者有馈生鱼于郑子产，子产使校人畜之池。（孟·万章上）
>
> 当然，后世因为文言缺乏作主语的第三身称代词，常常用"彼"字来充数，读者也慢慢的不觉得他的语气重了。例如：
>
> > 我意彼必从是出，而彼竟不料我从此出也。（斗牛）

---

① 徐丹《第三人称代词的特点》，载《中国语文》1989 年第 4 期。

可是"彼"字作主语,是乘"其"和"之"两字力所不及,所以相当站住了,但用作止词就不能和"之"字竞争,如"爱共叔段,欲立之"不能改为"爱共叔段,欲立彼"。

王力《中国语法理论》(下册)第四章第二十六节也说:

上古时代的中国语里第一第二人称的主格代词虽然常见,第三人称的主格代词却是没有。"彼"字本是指示代词,和此字相对待。它虽也偶然借用为主格的人称代词,但仍有彼此比较之意。例如:

(A) 彼丈夫也,我丈夫也,吾何畏彼哉?(《孟子·滕文公上》)(彼与我相对,与"彼一时,此一时也"的"彼"字用途相似。)

(B) 彼夺其民时……彼陷溺其民,王往而征之,夫谁与王敌?(同上《梁惠王上》)(彼与王相对)

总之,"彼"字之以指示代词而兼主格人称代词之用,颇像拉丁语的"illum"以指示的性质而可用为受格的人称代词(梵语亦有同样情形)。然而它决不等于现在的"他"。

由此可见,"彼"和"夫"都不是第三人称代词,"彼"真正用作第三人称代词要到魏晋时代。

6.10　上古的人称代词中,"我"、"吾"、"尔"、"汝(女)"、"其(厥)"、"之"、"自"等既用于单数,也用于复数,但是它们在形式上没有区别,只能根据上下文来判别是单数还是复数。例如:

非我一人奉德不康宁。(《尚书·多士》)

我二人共贞。(《尚书·洛诰》)

子曰:"赐也! 尔爱其羊,我爱其礼。"(《论语·八佾》)

子路、曾皙、冉有、公西华待坐。子曰:"以吾一日长乎尔,毋吾以也。……"(《论语·先进》)①

诸侯、县公皆庆寡人,女独不庆寡人,何故?(《左传·宣公十一年》)

---

① "以吾一日长乎尔,毋吾以也",意思是"不要因为我比你们大一些,就只是我说话而已"。第二个"以",通"已"。

彼美,余惧其生龙蛇以祸女,女敝族也。(《左传·襄公二十一年》)①

其他人称代词,如"余(予)"、"朕"、"台"、"卬"、"己"则仅用于单数。

有时为了明确表示复数,古人在人称代词后面加上"侪"、"属"、"等"、"曹"等名词。例如:

吾侪小人,皆有阖庐,以辟燥湿寒暑。(《左传·襄公十七年》)

如我者侪小人,吾将左手拥格,右手梱心,立饿枯槁而死。(《晏子春秋·内篇谏下》)②

令公子裸而解发,直出门,吾属佯不见也。(《韩非子·内储说下》)

夺项王天下者必沛公也,吾属今为之虏矣!(《史记·项羽本纪》)

今吾三族皆以论死,岂以王易吾亲哉!顾为王实不反,独吾等为之。(《史记·张耳陈馀列传》)

谓左右曰:"如彼等者,无足与计天下事者。"(《汉书·黥布传》)

为公者必利,不为公者必害,吾曹何爱不为公?(《韩非子·外储说右上》)

上以若曹无益于县官,……今欲尽杀若曹。(《汉书·东方朔传》)

"侪"、"属"、"等"、"曹"等不是表复数的词缀,与现代汉语的"们"并不相当,其意义是"一批人、一帮人"。试比较《吕氏春秋·知度》"理义之士至矣,法则之用植矣,枉辟邪挠之人退矣,贪得伪诈之曹远矣"、《史记·留侯世家》"陛下起布衣,以此属取天下"、又《酷吏列传》"亡一姬,复一姬进,天下所少,宁贾姬等乎","贪得伪诈之曹"就是"贪得伪诈的一帮人","此属"就是"这一批人","贾姬等"就是"贾姬这样的人"。

6.11　在有的语言中,根据指代的远近,指示代词不但可以分成近指、远指两类,还可以加上中指,分成近指、中指、远指三类。王力《中国语法理论》(下册)说:"有些语言里,指示代词分为近指和远指两种,例如中国古语里的'此'和'彼',现代官话的'这'和'那'。另有些语言里,除了近指和远指

---

① "女敝族也",你们是衰败的家族。
② "如我者侪小人",文有讹误,当作"如我侪小人者"。

之外,还有第三种指示代词,就是非远非近、只指的是某一定的人物。例如现代苏州话(吴语区域准此),近指用'该',远指用'规',普通非远非近用'格'。"那么,上古汉语的指示代词究竟是二分的呢还是三分的呢? 小川环树《苏州方言的指示代词》一文引松下大三郎《标准汉文法》的意见:"汉文中之位置代名词有近称、中称和远称三种。'此、斯、兹'等字指近于己者,谓之近称;'彼'字指远于己者,谓之远称;'是'字则不定远近,单指某种事物,或指上文已述之人称而言,谓之中称。"并由此推测说:"远古汉语(即汉藏语系的共同母语)指示代词很可能本来是三分法,一些非汉族语言有保留的,而汉语方言(虽然极少数)也有保留的,这可能都同出一源。汉语的北方话大多已经失掉这三分法,或许是受了阿勒泰系语言的影响也未可知,因为蒙语和满语的指示词只有两种(近指和远指),是用两分法的。"①吕叔湘《近代汉语指代词》②也说:"古代多借指示代词为第三身代词,如'之'原来是近指代词,'其'原来是中指(较近的远指)代词,'彼'原来是远指代词。"

　　不过,现代苏州话是否存在中指尚且有疑问,上古汉语有无中指代词更是难以确定。比如松下大三郎和郭锡良把"是"作为中指代词③,但是吕叔湘则把"其"归为中指,其他大多数学者则把"是"归为近指,把"其"归为远指。张玉金认为把"是"、"其"、"若"作为中指是缺乏根据、难以信从的④。

　　6.12　上古汉语的几个近指代词之间、几个远指代词之间,有一定的语音联系,比如"此"、"斯"、"是"都是上古支部字,"兹"、"时"、"之"都是上古之部字,"伊"、"尔"都是脂部字,"若"、"夫"都是鱼部字。在近指代词和远指代词之间也有一定的语音联系,比如"之"、"其"都是上古之部字。而疑问代词"何"、"胡"、"奚"、"曷"、"盍"、"害"、"瑕"、"遐"又都是匣母字,"恶"、"安"、"焉"又都是影母字。同时,《尚书》多用"兹",《论语》用"斯"71 次,而不用"此",《礼记·檀弓》用"斯"53 次,而用"此"仅 1 次。上古代词系统用词如此之多,其中又有许多分用的现象,这当中的原因之一可能是原始汉语的代

①　小川环树文载《方言》1981 年第 4 期,文中说松下大三郎书 1927 年于东京出版。

②　学林出版社,1985 年。

③　郭锡良的意见见《试论上古汉语指示代词的体系》,载《语言文字学术论文集》,知识出版社,1989
　　年,又载《汉语史论集》,商务印书馆,2005 年。

④　张玉金《西周汉语代词研究》(中华书局,2006 年)第四章。

词在上古各方言中分化演变,形成了不同的变体,原因之二是时间的因素,即有一些代词随着时间的推移而此长彼消,相互取代。

6.13　上古汉语中有些现象看起来很像指示代词连用,例如:

彼其所殉仁义也,则俗谓之君子;其所殉货财也,则俗谓之小人。(《庄子·骈拇》)

天下之水,莫大于海,万川归之,不知何时止而不盈,尾闾泄之,不知何时已而不虚,春秋不变,水旱不知。此其过江河之流,不可为量数。(《庄子·秋水》)

以夫桀、跖之道,是其为相县也,几直夫刍豢稻粱之县糟糠尔哉!(《荀子·荣辱》)①

越在我,心腹之疾也,壤地同而有欲于我。夫其柔服,求济其欲也。(《左传·哀公十一年》)②

对于第一个例句,马建忠《马氏文通》卷二的看法是:"'彼其'二字相连,而第二句则'彼'字不用,惟用'其'字。是则'彼其'二字名为主次而非一语也明矣。然则'此其'与'是其'亦当然矣。"对于第二个例句,马建忠说:"'其'顶接'此'字,'此',代字也,今为前词。'其过江河之流'为读,'不可为量数'为句,而'此其'二字连用,似成一语,细按之,则各为句、读之主次。"我们同意马建忠关于"彼其"、"此其"、"是其"、"夫其"都应该分别分析为两个词的看法,不过不认为"彼"和"其"分别充当句和读的主次。我们认为这里的"彼"、"此"、"是"、"夫"更像句首语气词和插入语,相当于现代汉语的"那个……、那就是说、这个……、这就是说",虽然在语法上仍然可以认为是指示代词,但是其意义已经十分空泛,在句法分析时也不宜作为一个结构成分。而这里的"其"则应该是人称代词,相当于现代汉语的"它的、他们的"等等,在"读"中做定语。

不过,也有一些"彼其"应该看作双音节的远指代词,例如:

---

① 这一句的意思是"用桀、跖之道来相比,那它跟先王之道岂止是米饭猪肉跟糟糠的区别啊"。"县",同"悬",相距。"几"通"岂"。

② "夫其柔服,求济其欲也",意思是"他们柔顺驯服,是想要达到他们的欲望啊"。

彼其之子,不与我戍申。(《诗经·王风·扬之水》)

彼其于世,未数数然也。(《庄子·逍遥游》)①

彼其人者,生乎今之世而志乎古之道。(《荀子·君道》)

及见贾生吊之,又怪屈原以彼其材游诸侯,何国不容?而自令若是!(《史记·屈原列传》)

上古音"彼"和"夫"音近,"彼其"也写作"夫其",例如:

华元曰:"去之! 夫其口众,我寡。"(《左传·宣公二年》)

对于《诗经》一例,郑笺:"'其',或作'记',或作'己',读声相似。"②陆德明《经典释文》也说:"'其',音'记'。《诗》内皆仿此。"因此,这里的"彼其"的"其"跟上文所说的"彼其"的"其"读音不同,并不是同一个词。从《荀子》和《史记》的例子看,"彼其"也不应该是两个词。

6.14 古汉语中还有一种兼词,常常是代词跟介词、语气词等的合音,例如:

狄人代廧咎如,获其二女叔隗、季隗,纳诸公子。(《左传·僖公二十三年》)

文王之囿方七十里,有诸?(《孟子·梁惠王下》)

天其殃之也,其将聚而歼旃。(《左传·襄公二十八年》)

时日曷丧? 予及汝偕亡!(《尚书·汤誓》)

盍各言尔志?(《论语·公冶长》)

牛则有皮,犀兕尚多,弃甲则那?(《左传·宣公二年》)

所欲与之聚之,所恶勿施,尔也。(《孟子·离娄上》)

昔者吾舅死于虎,吾夫又死焉,今吾子又死焉。(《礼记·檀弓下》)

这里第一句的"诸"等于"之於"的合音,第二句的"诸"等于"之乎"的合音,以

---

① 这一句的意思是"他对于世事的态度,并不是汲汲以求的"。

② 马瑞辰《毛诗传笺通释》卷七:"彼其之子,笺:'其,或作记,或作己,读声相似。'瑞辰按:《崧高》笺:'�,声如彼记之子之记。'《叔于田》笺:'忌,读如彼己之子之己。'《表记》引《候人》云:'彼记之子,不称其服。'《释文》:'记,本亦作己。'《史记》、《韩诗外传》、颜师古《汉书注》、李善《文选》俱引《诗》'彼己之子',是笺'或作记,或作己'之证。其又读姬,姬通作居,束皙《补亡诗》'彼居之子'即《诗》'彼其之子'也。"

下"旃"等于"之焉"的合音,"曷"、"盍"是"何不"的合音,"那"是"奈何"的合音,"尔"是"如此"的合音,"焉"是"於其间"的合音①。兼词实际上是一种合音字,并不是一个词②。这种合音词,无论在意义上或在语法上解释时,都应分析为两个或三个词。

第七节　副　　词

7.1　不能受数量词的修饰、在结构中主要充当状语以修饰动词、形容词的实词叫"副词"。副词可以依据语法功能和词汇意义划分为程度副词、范围副词、时间副词、情态副词、肯定否定副词、谦敬副词等六个小类。程度副词表示事物性质和动作行为的程度,范围副词表示事物性质和动作行为的范围,时间副词表示动作发生的时间和动作发生的快慢、久暂,情态副词表示动作行为的情貌和状态,肯定否定副词表示谓语的肯定和否定,谦敬副词表示自谦和对他人的恭敬。

(1)程度副词。程度副词大致可分为表示程度之高、表示程度之低、表示程度之加强三种。

a. 表程度之高。例如:

载玄载黄,我朱孔阳,为公子裳。(《诗经·豳风·七月》)

老臣贱息舒祺,最少,不肖。(《战国策·赵策》)

卓王孙大怒曰:"女至不材,我不忍杀,不分一钱也。"(《史记·司马相如列传》)

志意致修,德行致厚,智虑致明。(《荀子·荣辱》)

李广军极简易。(《史记·李将军列传》)

夫人之情,目欲綦色,耳欲綦声,口欲綦味,鼻欲綦臭,心欲綦佚。

---

① 一般认为"焉"相当于"于是,于此",这里采用先师张世禄的说法。

② 合音字中还有一些是由实词和实词合并而成的,如沈括《梦溪笔谈》认为"不可"为"叵"、"何不"为"盍"、"如是"为"尔",顾炎武《音学五书》认为"蒺藜"为"茨"、"瓠芦"为"壶"、"丁宁"为"钲"、"僻倪"为"陴"、"奈何"为"那"等等。

(《荀子·王霸》)①

　　秦女绝美，王可自取，而更为太子取妇。(《史记·伍子胥列传》)

　　老臣今者殊不欲食。(《战国策·赵策》)

　　君美甚，徐公何能及君也？(《战国策·齐策》)

　　三月无君则吊，不以急乎？(《孟子·滕文公下》)

　　天则不雨，而望之愚妇人，于以求之，毋乃已疏乎？(《礼记·檀弓下》)

　　臣愚以为陛下法太明，赏太轻，罚太重。(《史记·张释之冯唐列传》)

　　b. 表程度之低。例如：

　　于是项梁乃教籍兵法，籍大喜，略知其意，又不肯竟学。(《史记·项羽本纪》)

　　太后之色少解。(《战国策·赵策》)

　　其为人也，小有才，未闻君子之大道也。(《孟子·尽心下》)

　　上怒稍解，因上书请朝。(《史记·梁孝王世家》)

　　臣愿颇采古礼与秦仪杂就之。(《史记·刘敬叔孙通列传》)

　　故王者敬日，霸者敬时，仅存之国危而后戚之。(《荀子·强国》)

　　c. 表程度之加强。例如：

　　秦所以尤追燕急者，以太子丹故也。(《史记·刺客列传》)

　　此数者愈善，而离楚愈远耳！(《战国策·魏策》)

　　此所以欲荣而逾辱也，欲安而逾危也。(《吕氏春秋·务大》)②

　　得地而权弥重，兼人而兵俞强：是以德兼人者也。(《荀子·议兵》)③

　　吾三相楚而心瘉卑，每益禄而施瘉博，位滋甚而礼瘉恭。(《荀子·

---

① "臭"，气味。"佚"，通"逸"，安逸。

② "逾"，通"愈"，更加。

③ "俞"，通"愈"，更加。

尧问》）①

　　　若是，则弟子之惑滋甚。（《孟子·公孙丑上》）

　　　大营坟墓，赋敛兹重。（《汉书·五行志》）②

　　　邻国之民不加少，寡人之民不加多，何也？（《孟子·梁惠王上》）

　　　后朝，上益壮，丞相益畏。（《史记·袁盎晁错列传》）

　　　仰之弥高，钻之弥坚。（《论语·子罕》）

　　（2）范围副词。范围副词大致可分为表示全部、局部、共同和互相三种。

　　a. 表全部。例如：

　　　使吏召诸民当偿者，悉来合券。（《战国策·齐策》）

　　　尔之教矣，民胥效矣。（《诗经·小雅·角弓》）

　　　进谋者率以为是，固不可解也，亡具甚矣。（贾谊《治安策》）③

　　　不违农时，谷不可胜食也。（《孟子·梁惠王上》）

　　　佥曰："於！鲧哉！"（《尚书·尧典》）

　　　是故有天下七十一圣，其法皆不同。（《吕氏春秋·察今》）

　　　其妻问所与饮食者，则尽富贵也。（《孟子·离娄下》）

　　　百姓闻王钟鼓之声，管籥之音，举欣欣然有喜色而相告。（《孟子·梁惠王下》）

　　　允釐百工，庶绩咸熙。（《尚书·尧典》）④

　　　是以富商大贾周流天下，交易之物莫不通得其所欲。（《史记·货殖列传》）

　　　吾不欲匹夫之勇也，欲其旅进旅退。（《国语·越语上》）

　　　惟戊午，王次于河朔，群后以师毕会。（《尚书·泰誓中》）

　　　险阻艰难，备尝之矣。（《左传·僖公二十八年》）

　　　范蠡徧游天下，由余去戎入秦。（《汉书·李广苏建传》）

---

① "瘉"，通"愈"，更加。
② "兹"，通"滋"，更加。
③ "亡具甚矣"，缺乏治理的办法太严重了。
④ 这一句的意思是"于是治理百官，各种事情全都兴盛起来"。"釐"，治。"百工"，百官。"熙"，兴。

陈胜王，凡六月。(《史记·陈涉世家》)

《诗》三百篇，大抵圣贤发愤之所为作也。(《史记·太史公自序》)

今反虏无虑三万人，法当倍，用六万人。(《汉书·冯奉世传》)

b. 表局部。例如：

不唯许国之为，亦聊以固吾圉也。(《左传·隐公十一年》)

惟明主爱权重信，而不以私害法。(《商君书·修权》)

终鲜兄弟，维予与女。(《诗经·郑风·扬之水》)

狡兔有三窟，仅得免其死耳。(《战国策·齐策》)

徒善不足以为政，徒法不能以自行。(《孟子·离娄上》)①

大夫不均，我从事独贤。(《诗经·小雅·北山》)

直不百步耳，是亦走也。(《孟子·梁惠王上》)

此特群盗鼠窃狗盗耳，何足置之齿牙间。(《史记·刘敬叔孙通列传》)

匈奴匿其壮士肥牛马，但见老弱及羸畜。(《史记·刘敬叔孙通列传》)

晋未可灭，而杀其君，祗以成恶。(《左传·僖公十五年》)

人虽欲自绝，其何伤于日月乎？多见其不知量也。(《论语·子张》)

此在兵法，顾诸君不察耳。(《史记·淮阴侯列传》)

阴阳于人，不啻于父母。(《庄子·大宗师》)

取食之重者与礼之轻者而比之，奚翅食重？(《孟子·告子下》)

寡人蛮夷僻处，虽大男子，裁如婴儿。(《史记·张仪列传》)②

c. 共同和互相。例如：

籍丘子鉏击之，与一人俱毙。(《左传·定公八年》)

灵公问其笑故，具告灵公。(《史记·郑世家》)

周郑交质。(《左传·隐公三年》)

---

① "徒法不能以自行"，光有法律，法律不能自己加以推行。

② "蛮夷僻处"，像蛮夷一样身处僻地。

其母曰:"能如是乎? 与女偕隐。"(《左传·僖公二十四年》)

山东豪杰並起而亡秦族矣。(贾谊《过秦论》)

有能助寡人谋而退吴者,吾与之共知越国之政。(《国语·越语上》)

穷则独善其身,达则兼善天下。(《孟子·尽心上》)

邻国相望,鸡犬之声相闻,民至老死不相往来。(《老子》八十章)

群狗相与居,皆静无争;投以炙鸡,则相与争矣。(《吕氏春秋·为欲》)

不令兄弟,交相为瘉。(《诗经·小雅·角弓》)①

(3) 时间副词。时间副词大致可分为表示已然、将然、正在进行、开始和最末、长久和短暂五种。

a. 表示已然。例如:

譬如蓑笠,时雨既至,必求之。(《国语·越语上》)

会天大雨,道不通,度已失期。(《史记·陈涉世家》)

公输盘曰:"不可,吾既已言之王矣。"(《墨子·公输》)

吾尝终日而思矣,不如须臾之所学也。(《荀子·劝学》)

梁王以此怨盎,曾使人刺盎。(《史记·袁盎晁错列传》)

良业为取履,因长跪履之。(《史记·留侯世家》)

夫士业已屈首受书,而不能以取尊荣,虽多,亦奚以为?(《史记·苏秦列传》)

b. 表示将然。例如:

其为人也,发愤忘食,乐以忘忧,不知老之将至云尔。(《论语·述而》)

且秦无已而帝,则且变易诸侯之大臣。(《战国策·赵策》)

南方老人用龟支床足,行二十餘岁。(《史记·龟策列传》)

周公方且膺之,子是之学,亦为不善变矣。(《孟子·滕文公上》)②

---

① 这一句的意思是"不好的兄弟,互相为害"。"瘉",病,这里指危害。
② "周公方且膺之,子是之学",意为"对于楚国,周公尚且要攻击它,你却向它学习"。

c. 表示正在进行。例如：

蚌方出曝，而鹬啄其肉，蚌合而拑其喙。(《战国策·燕策》)

象鄂不怿，曰："我思舜正郁陶。"(《史记·五帝纪》)①

天子春秋鼎盛，行义未过，德泽有加焉。(《汉书·贾谊传》)②

d. 表示开始和最末。例如：

惟三月，哉生魄。(《尚书·康诰》)③

则笃其庆，载锡之光。(《诗经·大雅·皇矣》)④

胡臭亶时，后稷肇祀。(《诗经·大雅·生民》)⑤

虹始见，萍始生。(《礼记·月令》)

帝曰："弃，黎民阻饥，汝后稷，播时百谷。"(《尚书·舜典》)

今歌唫之声未绝，伤痍者甫起，而唫欲摇动天下。(《汉书·匈奴传》)

然韩非知说之难，为《说难》书甚具，终死于秦，不能自脱。(《史记·老子韩非列传》)

陈涉虽已死，其所置遣侯王将相竟亡秦。(《史记·陈涉世家》)⑥

于是怀石，遂自投汨罗以死。(《史记·屈原贾生列传》)⑦

曷为与人俱称帝王，卒就脯醢之地也？(《战国策·赵策》)

晋侯在外十九年矣，而果得晋国。(《左传·僖公二十八年》)

e. 表示长久和短暂。例如：

君长有齐，奚以薛为？(《战国策·齐策》)

吾亦欲东耳，安能郁郁久居此乎？(《汉书·韩信传》)

---

① "我思舜正郁陶"，意为"我想念你舜，正在苦恼啊"。"郁陶"，忧思积聚貌。
② "春秋鼎盛"，等于说"富于春秋"，指年轻力壮。
③ "哉生魄"，指每当月初开始生出月光。"哉"，通"才"，开始。"魄"，也作"霸"。
④ 这一句的意思是"就增厚他的幸福，才赐给他光荣"。"载"，通"才"。"锡"，同"赐"。
⑤ 这一句的意思是"浓郁的香气正得其时，后稷开始祭祀"。
⑥ "竟亡秦"，意思是"最后终于灭亡了秦朝"。
⑦ "遂"的意思也是"最后，终于"，因为前面已有"于是"，这里不可能再来一个"于是"，且原文此句前有大段叙述，最后才归结到这一句子。

眉寿万年,永受胡福。(《仪礼·士冠礼》)

武夫力而拘诸原,妇人暂而免诸国。(《左传·僖公三十三年》)①

俄则束乎有司,而戮乎大市,莫不呼天啼哭,苦伤其今。(《荀子·非相》)②

赵襄主学御于王于期,俄而与于期逐,三易马而三后。(《韩非子·喻老》)

道也者,不可须臾离也。(《礼记·中庸》)

礼、乐,不可斯须去身。(《礼记·祭义》)

楚成王以商臣为太子,既而又欲置公子职。(《韩非子·内储说下》)

李园求事春申君,为舍人,已而谒归。(《战国策·楚策》)

我闻忠善以损怨,不闻作威以防怨,岂不遽止?(《左传·襄公三十一年》)

沛公至军,立诛杀曹无伤。(《史记·项羽本纪》)

田荣即引兵归,逐其王假。(《史记·项羽本纪》)

若乃夫没人,则未尝见舟而便操之也。(《庄子·达生》)③

今举事壹不当,而全躯保妻子之臣随而媒孽其短。(《汉书·司马迁传》)

有一人徙之,辄予五十金,以明不欺。(《史记·商君列传》)

臣意往,饮以莨菪药一撮,以酒饮之,旋乳。(《史记·扁鹊仓公列传》)④

(4) 情态副词。情态副词大致可分为表示素常、疾徐、适逢、频数、权宜、故意或意外、其他七种。

a. 表示素常。例如:

吴广素爱人,士卒多为用者。(《史记·陈涉世家》)

---

① "暂而免诸国",意思是"很短的时间中(把他们)从国内赦免"。
② "束乎有司",被官员逮捕。"俄",不久。
③ "没人",会潜水的人。"操之",指驾舟。
④ "旋乳",意思是"不久就生下了孩子"。

雍齿雅不欲属沛公,及魏招之,即反为魏守丰。(《史记·高祖本纪》)

邺三老、廷掾常岁赋敛百姓,收取其钱得数百万。(《史记·滑稽列传》)

存亡之道,恒由是兴。(《左传·昭公十三年》)

b. 表示疾徐。例如:

自我为汝家妇,未尝闻汝先古之有贵者,今暴得大名,不祥。(《史记·项羽本纪》)

贾姬如厕,野彘卒入厕。(《史记·酷吏列传》)

今人乍见孺子将入于井,皆有怵惕恻隐之心。(《孟子·公孙丑上》)

若不趣降汉,汉今虏若。(《史记·项羽本纪》)

人乃以妪为不诚,欲苦之,妪因忽不见。(《汉书·高帝纪》)

荷衣兮蕙带,儵而来兮忽而逝。(《楚辞·九歌·少司命》)

天子业出兵诛宛,宛小国而不能下,则大夏之属渐轻汉。(《汉书·李广利传》)

浸假而化予之左臂以为鸡,予因以求时夜。(《庄子·大宗师》)[1]

项王乃疑范增与汉有私,稍夺之权。(《史记·项羽本纪》)

无有名山大川之限,稍稍蚕食之。(《战国策·赵策》)

故盗贼寖多,上下相为匿,以文辞避法焉。(《史记·酷吏列传》)

c. 表示适逢。例如:

我高祖少皞挚之立也,凤鸟适至。(《左传·昭公十七年》)

会天大雨,道不通。(《史记·陈涉世家》)

下臣不幸,属当戎行。(《左传·成公二年》)

d. 表示频数。例如:

---

[1] “假”,假如。“时夜”,司夜,报晓。

屡顾尔仆，不输尔载。（《诗经·小雅·正月》）①

忌不自信，复问其妾。（《战国策·齐策》）

是岁，晋又饥，秦伯又饩之粟。（《左传·僖公十五年》）

子路有闻，未之能行，唯恐有闻。（《论语·公冶长》）

君子不重伤，不禽二毛。（《左传·僖公二十二年》）②

冬，晋荐饥，使乞籴于秦。（《左传·僖公十三年》）

擅废帝更立，又比杀三王。（《史记·吕太后本纪》）

吾数谏王，王不用，吾今见吴之亡矣。（《史记·伍子胥列传》）

爱公叔段，欲立之，亟请于武公。（《左传·隐公元年》）

虞舜侧微，尧闻之聪明，历试诸难。（《尚书·序》）

赵宣子为政，骤谏而不入。（《左传·宣公元年》）

晋仍无道而鲜胄，其将失之矣。（《国语·周语下》）

e. 表示权宜。例如：

余姑翦灭此而朝食。（《左传·成公二年》）

民劳，未可，且待之。（《史记·伍子胥列传》）

优哉游哉，聊以卒岁。（《左传·襄公二十一年》）

f. 表示故意或意外。例如：

将尉醉，广故数言欲亡，忿恚尉。（《史记·陈涉世家》）

有一老父，衣褐，至良所，直堕其履圯下。（《史记·留侯世家》）

及索，儿竟无声。（《史记·赵世家》）

谁谓河广？曾不容刀。（《诗经·卫风·河广》）③

先生不羞，乃有意欲为收责于薛乎？（《战国策·齐策》）

须贾意哀之，留与坐饮食，曰："范叔一寒如此哉！"（《史记·范雎蔡泽列传》）

足反居上，首顾居下，倒悬如此，莫之能解。（《汉书·贾谊传》）

---

① 这一句的意思是"屡次照看你的仆人，不毁坏你车上所装载的东西"。

② 这一句的意思是"君子不重复伤害对方，不捉拿头发斑白的敌人"。

③ 这一句的意思是"谁说黄河宽广，竟然还容不下一条小船"。"刀"，通"舠"。

g. 其他。例如：

> 禹拜稽首，固辞。（《尚书·大禹谟》）
> 夫子步，亦步；夫子趋，亦趋。（《庄子·田子方》）
> 君第重射，臣能令君胜。（《史记·孙子吴起列传》）
> 若内竖言疾，则世子亲齐，玄而养。（《礼记·文王世子》)）①
> 今世殊死者相枕也。（《庄子·在宥》)）②

(5) 肯定否定副词。肯定否定副词大致可以分为表示肯定、否定、疑似、禁止、估量五种。

a. 表示肯定。例如：

> 民死亡者，非其父兄，即其子弟。（《左传·襄公十四年》）
> 吕公女乃吕后也。（《史记·高祖本纪》）
> 宋卫实难，郑何能为？遂不许。（《左传·隐公六年》）
> 川雍而溃，伤人必多。（《国语·周语上》）
> 臣诚知不如徐公美。（《战国策·齐策》）
> 信能行此五者，则邻国之民仰之若父母矣。（《孟子·公孙丑上》）
> 岂无居人？不如叔也，洵美且仁。（《诗经·郑风·叔于田》）
> 诸将皆以为赵氏孤儿良已死，皆喜。（《史记·赵世家》）
> 百工之事，固不可耕且为也。（《孟子·滕文公上》）

b. 表示否定。例如：

> 不及黄泉，无相见也。（《左传·隐公元年》）
> 一箪食，一豆羹，得之则生，弗得则死。（《孟子·告子上》）
> 晋人侵郑，以观其可攻与否。（《左传·僖公三十年》）
> 子绝四：毋意，毋必，毋固，毋我。（《论语·子罕》）
> 使百里奚虽贤，无得缪公，必无此名也。（《吕氏春秋·慎人》）
> 客曰："鄙臣不敢以死为戏。"君曰："亡，更言之。"（《战国策·齐策》）

---

① 这一句的意思是"如果小臣报告说王病了，太子就亲自斋戒，穿上玄冠、玄服来服侍"。
② "死者相枕"，意为"一个死人枕在另一个死人身上"，这是递相，不是互相。

罔罪尔众，尔无共怒。(《尚书·盘庚下》)①

微独赵，诸侯有在者乎？(《战国策·赵策》)

立心勿恒，凶。(《易·益》)

由也，升堂矣，未入于室也。(《论语·先进》)

左右或莫敢射，冒顿立斩之。(《汉书·匈奴传》)

宁事齐楚，有亡而已，蔑从晋矣。(《左传·成公十六年》)

靡神不举，靡爱斯牲。(《诗经·大雅·云汉》)②

登高而招，臂非加长也，而见者远。(《荀子·劝学》)

我心匪席，不可卷也。(《诗经·邶风·柏舟》)

c. 表示疑似。例如：

吾闻圣人不相，殆先生乎？(《史记·范雎蔡泽列传》)

残贼公行，莫之或止。(贾谊《论积贮疏》)

昔者辞以疾，今日吊，或者不可乎？(《孟子·公孙丑下》)

师劳力竭，远主备之，无乃不可乎？(《左传·僖公三十二年》)

天则不雨，而望之愚妇人，于以求之，毋乃已疏乎？(《礼记·檀弓下》)

今民生长于齐不盗，入楚则盗，得无楚之水土使民善盗耶？(《晏子春秋·内篇杂下》)

袁盎顾之曰："我所谓袁将军者也，公得毋误乎？"(《史记·梁孝王世家》)

堂下得微有疾臣者乎？(《韩非子·内储说下》)

d. 表示禁止。例如：

己所不欲，勿施于人。(《论语·卫灵公》)

梁掩其口曰："毋妄言，族矣！"(《史记·项羽本纪》)

无友不如己者。(《论语·学而》)

罔违道以干百姓之誉。(《尚书·大禹谟》)

---

① 这一句的意思是"我不惩罚你们，你们不要心怀不满"。

② 这一句的意思是"没有哪个神不曾祭过，不吝啬这些牺牲"。

秦惠王车裂商君以徇,曰:"莫如商鞅反者!"(《史记·商君列传》)

曾子闻之,曰:"微与! 其嗟也可去,其谢也可食。"(《礼记·檀弓下》)①

e. 表示估量。例如:

古之献茧者,其率用此与?(《礼记·祭义》)

大宛在匈奴西南,在汉正西,去汉可万里。(《史记·大宛列传》)

凶年饥岁,君之民老弱转乎沟壑,壮者散而之四方者,几千人矣。
(《孟子·梁惠王下》)

公所事者且十主,皆面谀以得亲贵。(《史记·刘敬叔孙通列传》)

今滕绝长补短,将五十里也。(《孟子·滕文公上》)

胜好勇而阴求死士,殆有私乎!(《史记·伍子胥列传》)

君姑修政而亲兄弟之国,庶免于难。(《左传·襄公二十六年》)

吾王庶几无疾病与,何以能鼓乐也?(《孟子·梁惠王下》)

(6) 谦敬副词。谦敬副词大致可以分为自谦、恭敬两种。

a. 表示自谦。例如:

颍考叔曰:"敢问何谓也?"(《左传·隐公元年》)

伏惟圣主之恩,不可胜量。(《汉书·杨恽传》)

今日臣窃闻贵臣之计:举兵将伐韩。(《韩非子·存韩》)

君不忘先君之好,辱吊群臣,又重恤之。(《左传·襄公十四年》)

b. 表示恭敬。例如:

楚王曰:"善哉! 吾请无攻宋矣。"(《墨子·公输》)

秦王跪而请曰:"先生何以幸教寡人?"(《战国策·楚策》)

寡人闻之,敬以国从。(《战国策·楚策》)

今君欲一天下,安诸侯,存危国,寡人谨奉社稷以从。(《战国策·
楚策》)

将子无怒,秋以为期。(《诗经·卫风·氓》)

子惠思我,褰裳涉溱。(《诗经·郑风·褰裳》)

---

① "微与",不要这样啊。"与",同"欤"。

7.2　以上副词内部的分类,其界限并不是绝对分明的,往往有交叉的现象。例如表示疾徐的情态副词,有的又可以归入时间副词;而表示长久和短暂的时间副词,有的又可以归入情态副词。造成这种现象的原因是,副词内部的分类并非全部依据语法功能,有的是依据意义加以区别的,而意义的分类就不免见仁见智,各有不同。

副词内部的分类,有一些具有语法功能上的依据。比如能够跟名词结合的,主要是范围副词和肯定否定副词,其他副词很少。

有些副词跟其他词类也有较为相似的,例如时间副词和时间名词。不过,时间名词可以充当主语,时间副词只能充当状语。

7.3　作为副词,"相"有互相和递相两种用法,例如:

不及黄泉,无相见也。(《左传·隐公元年》)

鸡鸣狗吠相闻,而达乎四境,而齐有其民矣。(《孟子·公孙丑上》)

四人相视而笑,莫逆于心。(《庄子·大宗师》)

长短相形,高下相盈,音声相和,前后相随。(《老子》二章)

父子相传,以持王公,是三代虽亡,治法犹存。(《荀子·荣辱》)

此二人相与,天下至欢也,然而卒相禽者何也?(《史记·淮阴侯列传》)①

这里,前三例是互相,后三例是递相。"卒相禽"是张耳擒陈馀,而陈馀未尝擒张耳。"相"另有助词用法,详第二章。

7.4　王力《中国语法理论》(上册)第三章第十八节说:

我们在《中国现代语法》第十八节里,把"无""非""未"等字叫做兼性否定词,把"不""别"等字叫做外附否定词,这为的是易于了解。其实,如果说的更妥当些,该把"无""非""未"等字叫做综合性否定词(synthetic negative words),"不""别"等字叫做分析性否定词(analytic negative words)。所谓综合性否定词,是把两种观念综合在一个词里,例如"无"字是"有"的观念和否定的观念综合的,"非"字是"是"的观念

---

①　"相与",意为"交朋友"。"卒相禽",意为"最后,一个抓住了另一个"。

和否定的观念综合的①,"未"字是"曾"(或"已")的观念和否定的观念综
合的。

这就是说,从上古汉语主要的用法来看,"无"是关于存在的否定,相当
于现代汉语的"没有","非"是关于判断的否定,相当于现代汉语的"不是",
"未"是关于时间的否定,相当于现代汉语的"不曾"。

古汉语的"未",有时也可以直接用"没有"来对译,比如《孟子·公孙丑
下》:"或问曰:'劝齐伐燕,有诸?'曰:'未也。'"②但是,用"未"否定的句子有
宾语前置现象(如《孟子·梁惠王上》:"七十者衣帛食肉,黎民不饥不寒,然
而不王者,未之有也。"),用"无"否定的句子却没有因为"无"而宾语前置的
现象③,所以"无"是动词,而"未"是副词。

7.5 丁声树《释否定词"弗""不"》一文曾指出:否定副词"弗"只用在省
略宾语的他动词之前或省略宾语的介词之前,而自动词、带有宾语的他动词
和带有宾语的介词的前面只用"不"不用"弗",因此,"弗"应该是一个含有代
词性宾语的否定词,略与"不之"二字相当,"不"则是一个单纯的否定词。以
后吕叔湘《论毋与勿》一文引申此说,指出否定副词"勿"和"毋"的分别相当
于"弗"和"不"④。试比较以下各句中加点的部分和划线的部分:

> 然则国乱将弗治与? 曰:国乱而治之者,非案乱而治之之谓也,去
> 乱而被之以治。(《荀子·不苟》)⑤
>
> 子路问事君。子曰:"勿欺也,而犯之。"(《论语·宪问》)⑥

---

① 这里的"是"应该是判断词,相应的,中古以后的"非"也有判断词的性质。上古没有判断词"是",
  上古的判断句不用判断词,因此,上古用作判断的"非"虽然在语义上相当于后代的"不是",但是
  仍然属于副词。
② "劝齐伐燕",您劝齐国攻打燕国。
③ 《左传·宣公十五年》"我无尔诈,尔无我虞"这样的"无"不是动词,而是副词。这样的"无",实际
  上是"毋"的通假字。
④ 丁声树文载《庆祝蔡元培先生六十五岁论文集》(下册),中央研究院历史语言研究所 1933—
  1935 年。吕叔湘文载《华西协和大学中国文化研究所集刊》一卷四期,1940 年,又载《汉语语法
  论文集》,商务印书馆,1984 年。
⑤ "国乱而治之者,非案乱而治之",意思是"国家乱了而去治好它,并不是说按照原来的乱把它治
  好"。
⑥ "欺",欺骗。"犯",触犯。

　　　　齐侯将许之。管仲……对曰："……君其勿许。"(《左传·僖公七
年》)

第一例,从"国乱而治之"看,"国乱将弗治"应是"国乱将弗治之",因为用了
"弗",所以"治"后面就不用"之"。第二、三例可类推。如果是一句之中"弗"
和"不"并用,或"勿"和"毋"并用,更足以证明它们的分别:

　　　　虽有嘉肴,弗食不知其旨也。(《礼记·学记》)
　　　　无友不如己者,过则勿惮改。(《论语·学而》)[1]
　　　　又曰:"君子胜不逐奔,掩函弗射,施则助之胥车。"应之曰:"……胜
　　将因用儒术令士卒曰:'毋逐奔,掩函勿射,施则助之胥车。'……"(《墨
　　子·非儒下》)
　　　　公孙戍曰:"……臣戍愿君勿受。"孟尝君……曰:"子教文无受象
　　床,甚善。……"(《战国策·齐策》)

第三例,"不逐"后面带宾语"奔","弗射"后面不带宾语"奔",同样"毋逐"后
面也带宾语"奔","勿射"后面也不带宾语"奔"。第四例"勿受"后面不带宾
语"象床","无受"(毋受)后面则带宾语"象床"。

　　上古汉语之所以有这样的语法现象,梅祖麟的解释,是因为"弗"是"不
之"的合音,"勿"是"毋之"的合音[2],即:

　　　　弗＝不 ＋ 之　　　　piət＝piəg ＋ tiəg
　　　　勿＝毋 ＋ 之　　　　miət＝miag ＋ tiəg

如果用 V 来代表动词,那么根据古汉语否定句代词宾语前置的规律,

　　　　不 ＋ V ＋ 之 ＞ 不 ＋ 之 ＋ V ＞ 弗 ＋ V
　　　　毋 ＋ V ＋ 之 ＞ 毋 ＋ 之 ＋ V ＞ 勿 ＋ V

我们认为这一解释是很有说服力的。需要指出的是,"弗"和"勿"的这一语
法特点并不存在于整个上古汉语,在甲金文和《尚书》中违反此例的很多,而

---

[1]　"无",通"毋"。
[2]　参梅祖麟《跟见系字谐声的照三系字》,载《中国语言学报》第一期,商务印书馆,1983 年。

汉魏以后"弗"和"不"、"勿"和"毋"的区别也逐渐消失了。

关于"弗"和"不"的区别,1958 年黄景欣《秦汉以前古汉语中的否定词"弗""不"研究》①一文表示反对,认为"在汉以前的古籍中,用否定词'弗'加在及物动词之上时,和用'不'字的情况同样,动词都可以带有宾语","介词前面加'弗'字时,后面照样可以带有宾语"。他所举的例子如:

> 始吾敬子,今子,鲁囚也,吾弗敬子矣。(《左传·庄公十一年》)
>
> 鲍先入晋地,士鲂御之,少秦师而弗设备。(《左传·襄公十一年》)
>
> 子晳,上大夫。女,嬖大夫,而弗下之,不尊贵也。(《左传·昭公元年》)
>
> 岁在豕韦,弗过此矣,楚将有之。(《左传·昭公十一年》)
>
> 故其好之也一,其弗好之也一。(《庄子·大宗师》)
>
> 背叛之人,贤主弗内之于朝,君子不与交友。(《吕氏春秋·尊师》)
>
> 知之者,同于义而异于俗;弗知之者,异于义而同于俗。(《韩非子·奸劫弑臣》)
>
> 故君子顷步而弗敢忘孝也。(《礼记·祭义》)
>
> 回之为人也,择乎中庸,得一善,则拳拳服膺而弗失之矣。(《礼记·中庸》)
>
> 虽与之俱学,弗若之矣。(《孟子·告子上》)
>
> 天时不作,弗为人客;人事不起,弗为之始。(《国语·越语下》)
>
> 能弃之弗能用之,能死之弗能弃之,此人之大过也。(《战国策·魏策》)
>
> 秦王以公孙郝为党于公而弗之听,甘茂不善于公而弗为公言。(《战国策·韩策》)

其结论是:"汉以前古籍中的'弗'和'不'两个否定词继承了殷代的甲骨文和周代的金文的用法,在作为否定副词方面具有相同的特点,并没有什么区别。""在'不'字句和'弗'字句中及物动词不带宾语,特别是不带代名词的宾

---

① 载《语言研究》第 3 期,科学出版社,1958 年。

语'之'字,乃是秦汉以前古汉语中常见的事,是'弗'字句和'不'字句所共有的现象,这和否定词'弗'字或'不'字本身并没有什么关系。"以后,何乐士《〈左传〉否定副词"不"与"弗"的比较》①也指出:"在古汉语中,后续句的宾语若已在上文出现过,则在肯定句中常用代词'之'等代替,在'不'、'弗'否定句中,宾语若不被强调,常承前省去。……并不是'弗'这个词等于'不'加'之',而是作为后续句的'弗'否定句一般都承前省略了宾语。"

　　不过针对黄景欣的说法,日本大西克也《关于上古汉语的否定词"弗"、"不"的分用问题》②指出,在湖南马王堆出土的帛书《老子》、《战国纵横家书》等当中,"弗"后面他动词不带宾语的有 116 例,带宾语的只有 10例,两者相比差距甚大。而即使带宾语的 10 例,也有一些是属于双宾语的情况,例如:

　　　　万物归焉而弗为主,则恒无欲也,可名于小。万物归焉而弗为主,可命(名)于大。(《老子》)

　　　　是故上道高而不可察也,深而不可则(测)也。显明弗能为名,广大弗能为刑(形)。(《道原》)

这里"弗为主"应该看作"不为之主"(＞"不之为主"),"弗能为名"应该看作"不能为之名"(＞"不之能为名"),它们仍然符合丁声树的观点。而魏德胜统计湖北云梦出土的睡虎地秦墓竹简中的情况与此类似,"弗"共出现 104例,后面动词带宾语的只有 8 例,"勿"共出现 84 例,后面动词带宾语的只有4 例,而其中 3 例可以带双宾语,却只带了直接宾语③。同时,黄景欣所依据的古代典籍中有许多"不"字其实本来是"弗"字,只是因为避汉昭帝刘弗陵讳而被改动了,例如今本《老子》有 36 个"不"、1 个"莫"在马王堆帛书《老

① 载《第一届国际先秦汉语语法研讨会论文集》,岳麓书社,1994 年。
② 原文题为《上古中國語の否定詞"弗""不"の使い分けについて》,载《日本中國學會報》第四十集,1988 年。
③ 见魏德胜《〈睡虎地秦墓竹简〉语法研究》(首都师范大学出版社,2000 年)第三章第一节。

子》中写作"弗",可见丁声树的观点不但不误,而且更加符合古籍的原貌①。针对何乐士的说法,董琨的《郭店楚简〈老子〉异文的语法学考察》②指出:在楚简《老子》中,"不"出现49次,"弗"出现17次,"'弗'后面的动词都不带宾语"。而像下面这样的句子:

> 知之者弗言,言之者弗知。
>
> 恬淡为上,弗美也,美之,是乐杀人。

"弗言"在"言之"前,"弗美"在"美之"前,"弗"后面的宾语都没有在上文出现

---

① 举例来说,今本《老子》四章"道冲而用之,或不盈",马王堆帛书《老子》作"道冲而用之,又弗盈也",《淮南子·道应训》引作"道冲而用之,又弗盈也";今本《老子》六十六章"是以圣人处上而人不重,处前而人不害,是以天下乐推而不厌",马王堆帛书《老子》作"故居前而民弗害也,居上而民弗重也,天下乐推而弗厌也",《淮南子·原道训》引作"是以处上而民弗重,居前而众弗害"。又如今本《论语·为政》"知之为知之,不知为不知,是知也",定州汉墓竹简《论语》作"智之为智之,弗智为弗智,是智也";今本《论语·述而》"暴虎冯河,死而无悔者,吾不与也",定州汉墓竹简《论语》作"暴虎冯河,……吾弗与也";又"盖有不知而作之者,我无是也",定州汉墓竹简《论语》作"盖有弗智也而作之者,我无是";今本《论语·先进》"弑父与君,亦不从也",定州汉墓竹简《论语》作"杀父与君,弗从也";今本《论语·卫灵公》"知柳下惠之贤而不与立也",定州汉墓竹简《论语》作"知柳下惠之贤而弗与立也";又"知及之,仁不能守之",定州汉墓竹简《论语》作"知及之,仁弗能守";今本《论语·微子》"天下有道,丘不与易也",定州汉墓竹简《论语》作"天下有道,□弗与易也"。又如今本《论语·述而》"举一隅不以三隅反,则不复也",《史记·孔子世家》引作"举一隅不以三隅反,则弗复也";今本《论语·宪问》"仁则吾不知也",《史记·仲尼弟子列传》引作"仁则吾弗知也";又"夫子不答",《史记·仲尼弟子列传》作"孔子弗答";今本《论语·阳货》"故不为也",《史记·仲尼弟子列传》引作"故弗为也";今本《论语·微子》"吾老矣,不能用也",《史记·孔子世家》引作"吾老矣,弗能用也",又"不得与之言",《史记·孔子世家》作"弗得与之言"。又如今本《战国策·魏策》"攻而不能拔,秦兵必罢,阴必亡,则前功必弃矣",长沙马王堆汉墓《战国纵横家书》作"攻而弗拔,秦兵必罢,陶愁亡,则前功有必弃矣";又"绝韩之上党而攻强赵,则是复阏与之事也,秦必不为也",长沙马王堆汉墓《战国纵横家书》作"(绝)韩上党而攻强赵,氏复阏於於之事也,秦必弗为也";又今本《战国策·赵策》"老妇不闻也",长沙马王堆汉墓《战国纵横家书》作"老妇弗闻";又今本《战国策·燕策》"夫一齐之强,而燕犹不能支也",长沙马王堆汉墓《战国纵横家书》作"夫一齐之强,燕犹弗能支";又"夫去尊宁而就卑危,知者不为也",长沙马王堆汉墓《战国纵横家书》作"夫去尊安,取卑危,知者弗为"。而黄景欣文中所举的《战国策·魏策》一例,南宋姚宏指出有的版本并无"之"字。因此,我们相信马王堆帛书《老子》、定州汉墓竹简《论语》、长沙马王堆汉墓《战国纵横家书》,以及《史记》、《淮南子》的这些句子是保留了古书的原貌。
② 载《中国语文》2001年第4期。

过，但是也省略了。因此，丁声树的结论仍然是不可动摇的①。

至于"弗"等于"不 ＋ 之"、"勿"等于"毋 ＋ 之"为什么不适用于甲金文，对此，梅祖麟的解释是甲金文时代的"之"有复辅音声母，读作 krjəg，而不是 tiəg，那么它当然无法跟"不"合音成"弗"了。

7.6　谦敬副词"敢"、"伏"、"窃"、"请"、"幸"、"敬"等原来都有比较实在的意义，如"敢"是"大胆地"、"伏"是"伏在地上"、"敬"是"尊敬地"，但是长期用于表示谦敬后，实义渐渐不明显乃至消失，语法化为副词。

鉴于这样的考虑，我们认为像下面这样的句子：

> 寡人窃闻赵王好音，请奏瑟。（《史记·廉颇蔺相如列传》）
> 璧不入，臣请完璧归赵。（《史记·廉颇蔺相如列传》）

前一句的"请"是动词，"请求"义，后一句的"请"是副词，表示敬意。虽然这两个"请"都可以理解为动词，"请奏瑟"是"请您（赵王）奏瑟"，"请完璧归赵"是"请您允许我完璧归赵"。

第八节　数　　词

8.1　不能受程度副词修饰，在结构中主要充当定语和补语以修饰名词和动词的实词叫"数词"。数词主要表示数量，可以分为基数词、概数词、序数词三个小类。基数词是表示基本数目的数词，概数词是表示不确定的数量的数词，序数词是表示次序先后的数词②。

(1) 基数词。例如：

---

① 很有意思的是，蒲立本《古汉语语法纲要》第十一章认为："弗（put）""可以跟英语中用 not（not 是由 nought 演变而来）替换 ne 以及法语中简单地以 ne…pas 或者 pas 替换 ne 进行比较。"（*Outline of Classical Chinese Grammar*，孙景涛译中文本，语文出版社，2006 年）中文本译者按："not 源自中古英语中的 nought。nought 则源自上古英语中的 nāwiht：其中 nā 是 no，与 ne 同源，'不'的意思；wiht 等于现代英语中的 thing，'东西'的意思。由此我们可以清楚地看到现代英语中 not 的发展轨迹：nā ＋ with（否定词 ＋ 名词）→nought（合音）→not（紧缩）。not 后来成了最常用的否定词。……蒲立本举英语之例旨在说明'弗'乃'不之'合音的假设是有例可循的，并非仅仅是基于语音形式上的相合。举法语例子也是出于同样的考虑。"

② 关于数词的具体用法，参第六章第三节。

素丝组之,良马五之。(《诗经·鄘风·干旄》)

夫子欲之,吾二臣者皆不欲也。(《论语·季氏》)

天子棺椁七重,诸侯五重,大夫三重,士再重。(《庄子·天下》)

晋侯在外十九年矣。(《左传·僖公二十八年》)

割地而朝者三十有六国。(《韩非子·五蠹》)

京兆尹,元始二年户十九万五千七百二,口六十八万二千四百六十八。(《汉书·地理志》)

今夫差衣水犀之甲者亿有三千。(《国语·越语下》)①

予临兆民,懔乎若朽索之驭六马。(《尚书·五子之歌》)②

丰年多黍多稌,亦有高廪,万亿及秭。(《诗经·周颂·丰年》)③

既至,受赏,赐及有功之士。是岁费凡百余巨万。(《史记·平准书》)④

奈何独私养外亲与幸臣董贤,多赏赐以大万数。(《汉书·鲍宣传》)⑤

晋侯以乐之半赐魏绛。(《左传·襄公十一年》)

(2) 概数词。例如:

子来几日矣?(《孟子·离娄上》)

问乡之良家其所牧养者几何人矣。(《管子·问》)

数问其家金馀尚有几所。(《汉书·疏广传》)

堂高数仞,榱题数尺,我得志弗为也。(《孟子·尽心下》)

问天子之年,对曰:闻之始服衣若干尺矣。(《礼记·曲礼下》)

人之所以异于禽兽者几希。(《孟子·离娄下》)

韩事秦三十馀年,出则为捍蔽,入则为席荐。(《韩非子·存韩》)

十八日所而病愈。(《史记·扁鹊仓公列传》)

---

① "水犀之甲",用水牛皮和犀牛皮做成的盔甲。"亿",十万。"有",通"又"。

② "兆",十亿。

③ "秭",一万亿。

④ "巨万",万万。

⑤ "大万",万万。"以大万数",意思是"要用万万来数"。

(3) 序数词。例如：

七月流火,九月授衣。(《诗经·豳风·七月》)

不祀,一也;耆酒,二也;弃仲章而夺黎氏地,三也;虐我伯姬,四也;伤其君目,五也。(《左传·宣公十五年》)[①]

故政不可不慎也,务三而已:一曰择人,二曰因民,三曰从时。(《左传·昭公七年》)

白起率数万之师,以与楚战,一战举鄢、郢,再战烧夷陵,南并蜀、汉。(《战国策·秦策》)

初一曰五行,次二曰敬用事,次三曰农用八政,次四曰协用五纪……(《尚书·洪范》)

初命曰:"诛不孝,无易树子,无以妾为妻。"再命曰:"尊贤育才,以彰有德。"三命曰:……四命曰:……(《孟子·告子下》)

生而知之者,上也;学而知之者,次也;困而学之,又其次也;困而不学,民斯为下矣。(《论语·季氏》)

太上不辱先,其次不辱身,其次不辱理色,其次不辱辞令,其次诎体受辱,其次易服受辱,其次关木索被箠楚受辱,最下腐刑极矣。(司马迁《报任安书》)

作《五帝本纪》第一。……作《夏本纪》第二。……作《殷本纪》第三。……作《周本纪》第四……(《史记·太史公自序》)

岁课甲科四十人为郎中,乙科二十人为太子舍人,丙科四十人补文学掌故云。(《汉书·儒林传》)

8.2　在上古汉语中,序数词与基数词在形式上往往没有分别,《论语·述而》"三月不知肉味"的"三月"(三个月),跟《诗经·豳风·七月》"七月流火"的"七月"(七月份)在形式上并无二致。

因为序数词和基数词的形式相同,所以有时就会产生歧义甚至误解。《论语·述而》:"加我数年,五十以学《易》,可以无大过矣。"三国魏国何晏注:"《易》穷理尽性以至于命。年五十而知天命,以知命之年读至命之书,故

---

① "耆",通"嗜"。

可以无大过。"这是以"五十"为序数词,意思是"到五十岁的时候来学习《易》"。程树德《论语集释》引龚元玠《十三经客难》:"先儒句读未明。当'五'一读,'十'一读,言或五或十,以所加年言。"①龚氏是把"五"和"十"作为基数词,意思是"加给我几年,或五年,或十年,来学习《易》"。可以说,这两种理解都有道理。

《庄子·达生》:"五六月累丸二而不坠,则失者锱铢。""五六月",陆德明《经典释文》引司马彪云:"黏蝉时也。"这是以"五"、"六"为序数词。成玄英疏:"初学承蜩,时经半岁,运手停审,故所失不多。"这是以"五"、"六"为基数词。司马彪说五六月为黏蝉之时,可是已经到了黏蝉的时令才练习"累丸"的技术,不是太晚了吗?何况周朝的五六月,相当于夏朝的三四月,又并非黏蝉的时候。可见这里的"五"、"六"应该是基数词,司马彪是错把基数词当作序数词了。

8.3　现代汉语的概数词"三四"、"三五"、"千万"等,在古汉语中也有说成"四三"、"五三"、"万千"的,这叫做"大数冠小数"。例如:

> 或十年,或七八年,或五六年,或四三年。(《尚书·无逸》)
> 受有臣亿万,惟亿万心;予有臣三千,惟一心。(《尚书·泰誓上》)②
> 人民之众兆亿,侯盈厥泽陵。(《墨子·明鬼下》)
> 庄蹻起,楚分而为四参。是岂无坚革利兵哉?(《史记·礼书》)③
> 以人民往观之者三二千人。(《史记·滑稽列传》)
> 且诸君独以身从我,多者三两人;萧何举宗数十人皆随我,功不可
> 忘也!(《汉书·萧何传》)

概数词"数"与数词的组合,也有与后代词序不同者。例如:

> 其可以为舟者旁十数。(《庄子·人间世》)
> 古有万国,今有十数焉。(《荀子·富国》)

---

① 程树德《论语集释》,中华书局,1990 年。
② "受",通"纣",商纣王。"予",周武王自称。
③ 这一句《荀子·议兵》作:"庄蹻起,楚分而为三四。是岂无坚甲利兵也哉?"可见《史记》原文当作"分而为四参","三"古作"参"。司马贞索隐不知古书大数冠小数之例,误以"参"字属下,释为:"参者,验也。言验是,楚岂无利兵哉。"牵强不可从。

此十数人者，皆世之仁贤忠良有道术之士也。（《韩非子·难言》）

各历二三期，功未就，费亦各巨万十数。（《史记·平准书》）

每居海上从蜻游，蜻之至者百数而不止。（《吕氏春秋·精喻》）

今虽亡曹参等百数，何缺于汉？（《史记·萧相国世家》）

民人抵罪，多者一县百数。（《汉书·食货志》）

网罗天下异能之士，至者前后千数，皆令记说廷中。（《汉书·王莽传上》）

士卒之逃事状匿，附托有威之门以避徭赋，而上不得者万数。（《韩非子·诡使》）

初，汉两将大出围单于，所杀虏八九万，而汉士物故者亦万数。（《汉书·匈奴传上》）

这里所谓"十数"，按后代词序应是"数十"，因而并不是"十馀，十多"的意思。"百数"、"千数"、"万数"与此同①。

第九节　量　　词

9.1　不能受程度副词修饰，经常跟数词结合起来，在结构中充当定语和补语以修饰名词和动词的实词叫"量词"。量词主要表示事物数量和动作行为数量的单位，可以分为物量词、动量词两个小类。物量词，也叫"名量词"、"单位词"，主要表示人和事物的数量的单位，动量词主要表示动作行为的数量的单位②。

（1）物量词。根据所修饰的对象，物量词可以分为个体量词、集合量词、度量量词三个小类。

a. 个体量词。个体量词是人们依照修饰对象的形状、特征等所确定的

---

① 参周法高《中国古代语法·称代编》第六章。不过，也不是所有的"数词 ＋'数'"都等于是"'数'＋数词"。例如《史记·魏其武安侯列传》："于是灌夫被甲持戟募军中壮士所善愿从者数十人。及出壁门，莫敢前。独二人及从奴十数骑驰入吴军，至吴麾下，所杀伤数十人。"这里有前后两个"数十"和中间一个"十数"，它们应该是有区别的，大概"十数"确实是"十馀，十多"的意思。

② 关于量词的具体用法，参第六章第三节。

量词。例如：

　　　　俘人万三千八十一人。（小盂鼎）

　　　　操十二石之弩，负服矢五十箇。（《荀子·议兵》）①

　　　　枪二十枚，周置二步中。（《墨子·备城门》）

　　　　子产以幄幕九张行，子大叔以四十，既而悔之。（《左传·昭公十三年》）

　　　　于是为长安君约车百乘质于齐。（《战国策·赵策》）

　　　　塞之斥也，唯桥姚已致马千匹，牛倍之，羊万头。（《史记·货殖列传》）

　　　　安邑千树枣，燕、秦千树栗，蜀、汉、江陵千树橘。（同上）

　　　　太古薄葬，棺厚三寸，衣衾三领。（《荀子·正论》）

　　　　天子棺椁七重，诸侯五重，大夫三重，士再重。（《庄子·天下》）

　　　　击匈奴，得首虏前后万九千馀级。（《汉书·匈奴传上》）②

　　　　大凡书，六略三十八种，五百九十六家，万二千二百六十九卷。（《汉书·艺文志》）

　　b. 集合量词。集合量词也叫"集体量词"，是表示成对、成组或成群的事物的量词。例如：

　　　　葛屦五两，冠緌双止。（《诗经·齐风·南山》）③

　　　　既见君子，锡我百朋。（《诗经·小雅·菁菁者莪》）④

　　　　不稼不穑，胡取禾三百廛兮。（《诗经·魏风·伐檀》）

　　　　王飨醴，命之宥，皆赐玉五瑴，马三匹。（《左传·庄公十八年》）⑤

　　　　我持白璧一双，欲献项王，玉斗一双，欲与亚父。（《史记·项羽本纪》）

————————

① "负服"，身负箭袋。"服"，通"箙"，箭袋。

② "首虏"，即"虏首"，敌虏的首级。

③ "五两"，五双。"冠緌"，帽子的系带。"止"，语气词。

④ 郑笺："古者货贝，五贝为朋。"王国维《观堂集林·说珏朋》说五贝为一系，二系为一朋，则一朋有十贝。

⑤ 晋杜预注："双玉为瑴。""瑴"相当于现代汉语的"对，双"。

乃赐奔戎佩玉一隻。（《穆天子传》卷三）①

凡兵车百乘，歌钟二肆。（《左传·襄公十一年》）②

马十五匹，黄金二十斤，钱二十万，衣被七十七袭。（《汉书·匈奴传下》）

公享之，展庄叔执币，射者三耦。（《左传·襄公二十九年》）③

有田一成，有众一旅。（《左传·哀公元年》）④

及齐，齐桓公妻之，有马二十乘。（《左传·僖公二十三年》）⑤

始皇之末，班壹避墬于楼烦，致马牛羊数千群。（《汉书·叙传上》）⑥

若非其左右及他伍捕告者，封之二千家之邑。（《墨子·号令》）

晋侯赏桓子狄臣千室。（《左传·宣公十五年》）⑦

卫人使屠伯馈叔向羹与一箧锦。（《左传·昭公十三年》）

使者往十馀辈，辄死，若何以能得王？（《史记·张耳陈馀列传》）

c. 度量量词⑧。度量量词也叫"标准量词"，是计算长度、容量、重量和时量⑨，具有规定的量值的量词。例如：

夫尺有所短，寸有所长。（屈原《卜居》）

诸侯之地，封疆方四百里。（《周礼·地官·大司徒》）

齐旧四量：豆、区、釜、钟，四升为豆，各自其四，以登于釜，釜十则钟。（《左传·昭公三年》）

---

① "一隻"，一对，一双。

② 晋杜预注："肆，列也。县钟十六为一肆。二肆，三十二枚。"但是从出土文物看，有二钟为一肆、四钟为一肆、十四钟甚至更多的钟为一肆者。参杨伯峻《春秋左传注》（中华书局，1981 年）本传注文。

③ 晋杜预注："二人为耦。""耦"相当于现代汉语的"对"。

④ 晋杜预注："方十里为成，五百人为旅。"

⑤ 晋杜预注："四马为乘，八十四也。"

⑥ "班壹"，《汉书》作者班固的祖先。"墬"，古"地"字。

⑦ "狄臣"，狄族奴隶。"室"，相当于现代汉语的"家"。

⑧ "度量量词"，原来称为"度量衡量词"，考虑到这当中我们增加了时量量词这一小类，改称现名，而"度量"的含义也只是指"衡量，量度"罢了。

⑨ "时量"，指表示时间的量。

不费斗粮,未烦一兵,未战一士,未绝一弦,未折一矢。(《战国策·秦策》)

臣侍君宴,过三爵,非礼也。(《左传·宣公二年》)

今之为仁者,犹以一杯水救一车薪之火也。(《孟子·告子上》)

当秦之隆,黄金万镒为用。(《战国策·秦策》)

吾力足以举百钧,而不足以举一羽。(《孟子·梁惠王上》)

大王诚能出捐数万斤金,行反间,间其君臣。(《史记·陈丞相世家》)

乃诏从官令车载一石鲍鱼,以乱其臭。(《史记·秦始皇本纪》)

绥和元年正月辛未,有流星从东南入北斗,长数十丈,二刻所息。(《汉书·天文志》)

(2) 动量词。例如:

出坞上苣火一通,元延二年七月辛未。(《居延汉简释文合校》39.20)

言候击敝数十下,胁痛不耐言。(《居延汉简释文合校》123.58)

画地三周,宿其中寇。(《居延新简》EPT59.137)

第八隧攻候郭君与主官谭等格射各十余发。(《居延新简》EPF16:47)

9.2　汉语的量词是后起现象。物量词在先秦时代已有,但是还很不发达,到魏晋时代才有大批出现;动量词最早在西汉中期开始萌芽,只是一直到东汉末期,一直处在十分缓慢的发展过程中,等到魏晋以后才有了比较大的改观。由于以上原因,在上古汉语中数词直接修饰名词和动词的现象十分普遍。例如《左传·成公二年》"此车一人殿之,可以集事"中"一"直接修饰"人"、《荀子·劝学》"骐骥一跃,不能十步"中"一"直接修饰"跃"。而在量词产生之初,量词也不是非使用不可的,往往有使用量词与未使用量词同在一句之中的现象,以及"一量对多名",即一个量词可以使用于不同的事物名词的现象。例如《尚书·文侯之命》:"用赍尔秬鬯一卣,彤弓一,彤矢百,卢矢百,马四匹。"秬鬯和马都使用量词来称说,彤弓等则无量词。又如《左传·襄公二年》:"莱人使正舆子赂夙沙卫以索马牛皆百匹。"马应称"匹",牛应称"头",这里却混淆不分。

　　由于上古汉语中量词的运用并不显著,因此在建立词类系统时,有的学者把量词作为一个附类,归属到名词中去。

　　9.3　根据来源的不同,量词还可以分为天然量词和人为量词。所谓"天然量词"是指表示天然的个体的量词,如表示个体的马的"匹"、表示个体的牛羊的"头"、表示个体的帷幕的"张"和表示个体的车辆的"乘"等。所谓"人为量词"是指人为确定计算单位的量词,如度量量词,以及"室"、"家"、"旅"等集合量词等①。

　　在集合量词中,还可以分出定数的和不定数的两个小类。比如"葛屦五两"的"两"、"赐玉五瑴"的"瑴"、"马二十乘"的"乘"都是定数的,它们所包含的量值是确定的。而像"禾三百廛"的"廛"、"二千家"的"家",它们所包含的量值是不确定的,一廛中的禾可多可少,一家中的人可以是一个,也可以是十几个。

　　9.4　值得注意的是,有的量词有同名异实的情况。例如:

　　　　葬之于翼东门之外,以车一乘。(《左传·成公十八年》)
　　　　陈文子有马十乘。(《论语·公冶长》)
　　　　且鲁赋八百乘,君之贰也!(《左传·哀公七年》)

　　第一例"乘"是车辆的计算单位,相当于现代汉语的"辆";第二例"乘"是马匹的计算单位,四匹马为一乘;第三例"乘"是赋税单位,是一甸土地所出的军赋,包括战车、甲士和步卒。此外,"乘"还有数词用法,有以四为乘者,如《孟子·离娄下》"发乘矢而后反",也有以二为乘者,如刘向《列女传·魏曲沃负》:"夫雎鸠之鸟,犹未尝见乘居而匹处也。"

　　同时,集合量词有时也与个体量词难以分清。刘世儒《魏晋南北朝量词研究》第三章曾说到,庾信《晚秋》诗"可怜数行雁,点点远空排"、《小园赋》诗"榆柳两三行,梨桃百馀树",这里的雁、树都是由个体排列成行的,所以量词

━━━━━━━━━━

① 王力《中国现代语法》第四章第三十二节把使用于天然成对的眼睛、耳朵,以及必须成对的鞋子、筷子等的"双"、"对"作为集体量词,并说:"集体并不是天然的个体,只是人所认为的单位。"可见王力并不认为"双"、"对"是天然量词。但是杨伯峻、何乐士《古汉语语法及其发展》第六章第三节则把"队"、"行"、"瑴"、"耦"等作为天然量词。可能王力的处理好一些。

"行"的集体性比较明显;但是陶弘景《和约法师临友人》诗"我有数行泪,不落十馀年"、庾信《寄王琳》诗"独下千行泪,开君万里书"中,"泪成行就连成一线,组成它的'个体'(如'滴')就不清楚了。在这里,'行'已经同'个体量词'不容易截然划开了"①。又如:

> 晋赵鞅谓邯郸午曰:"归我卫贡五百家,吾舍诸晋阳。"(《左传·定公十三年》)
> 河内失火,延烧千馀家。(《史记·汲郑列传》)

第一例,当赵鞅要求把五百家人家归还给他的时候,他看中的应该是这五百家的人口和财产,所以这个"家"应该是集合量词;而在第二例中,叙述火灾烧毁的人家,其中着眼点应该只在于多少"家",而不在于"家"中的人口和财产,所以这个"家"应该是个体量词。

此外,在《史记》、《汉书》中又有双量词的现象。例如:

> 马蹄蹴千,牛千足,羊彘千双,僮手指千。(《史记·货殖列传》)②
> 陆地牧马二百蹄,牛千蹄角,千足羊。(《汉书·货殖传》)

第一例,牛有四只脚,所以"牛千足"就是二百五十头牛,"足"是单个量词;马有四蹄一口,合起来为五,则"马蹄蹴千"就是二百四马,"蹄"和"蹴"为双量词。第二例,牛有四足二角,则"牛千蹄角"就是一百六七十头牛③,"蹄"和"角"为双量词。这种双量词反映了量词产生之初的不规范情况。但是双量词不利于交际理解,所以古汉语中并不多见,存续的时间也不长。

9.5　古汉语的数量词系统大都是十进位的,但是也有其他一些位值系统的遗留。例如:

> 齐旧四量:豆、区、釜、钟。四升为豆,各自其四,以登于釜,釜十则

---

① 刘世儒《魏晋南北朝量词研究》,中华书局,1965年。
② "马蹄蹴千",《汉书·货殖传》作"马蹴嗷千",颜师古注:"嗷,口也。蹄与口共千,则为马二百也。""僮手指千",一个人有十个手指,这一句是说有一百个奴婢。
③ 《汉书·货殖传》"牛千蹄角",孟康注:"百六十七头也。"颜师古注:"百六十七头牛,则为蹄与角凡一千二也。言千者,举成数也。"

钟。(《左传·昭公三年》)①

九夫为井,四井为邑,四邑为丘,四丘为甸,四甸为县,四县为都。(《周礼·地官·小司徒》)

三十斤为钧,四钧为石。(《汉书·律历志》)

钧四谓之石,石四谓之鼓。(《小尔雅·广衡》)

殳长寻有四尺,……酋矛常有四尺。(《周礼·考工记》)②

四尺谓之仞,倍仞谓之寻,寻,舒两肱也,倍寻谓之常。(《小尔雅·广度》)

五尺谓之墨,倍墨谓之丈,倍丈谓之端,倍端谓之两,倍两谓之匹。(《小尔雅·广度》)

五人为伍,五伍为两,四两为卒,五卒为旅,五旅为师,五师为军。(《周礼·地官·小司徒》)

十二粟而当一分,十二分而当一铢,十二铢而当半两。(《淮南子·天文训》)

以上,从升到豆、从豆到区、从区到釜是四进位,从钧到石、从石到鼓也是四进位。从仞到寻、从寻到常,则是二进位。从墨到丈、从丈到端、从端到两、从两到匹也是二进位。从人到伍、从伍到两、从卒到旅、从旅到师、从师到军是五进位,其中只夹着从两到卒是四进位。而从粟到分、从分到铢则又是十二进位了。

9.6　关于动量词的产生时代,杨伯峻、何乐士《古汉语语法及其发展》,叶桂郴、罗智丰《汉语动量词形成的原因》等认为汉语动量词早在先秦时代就已经产生了③。他们所举的例句有:

使伯嘉谍之,三巡数之。(《左传·桓公十二年》)

孔子游于匡,卫人围之数匝,而弦歌不辍。(《庄子·秋水》)

---

① “量”,指容积单位和量具。“各自其四”,指四升为豆,四豆为区,四区为釜。一区为一斗六升,一釜为六斗四升,一钟则为六斛四斗。

② 郑玄注:“八尺曰寻,倍寻曰常。”

③ 杨伯峻、何乐士《古汉语语法及其发展》,语文出版社,1992 年。叶桂郴、罗智丰《汉语动量词形成的原因》,载《古汉语研究》2007 年第 3 期。

先具大金斗。代君至,酒酣,反斗而击之,一成,脑涂地。(《吕氏春秋·长攻》)

婿授绥,御轮三周。(《礼记·昏义》)

工入,升歌三终。主人献之,笙入三终。主人献之,间歌三终,合乐三终,工告乐备。(《礼记·乡饮酒义》)

不过,我们认为这些例句都有一些问题。首先是核对原文。第一例"三巡数之",晋杜预注:"巡,徧也。"唐孔颖达疏:"谓巡绕徧行之。"沈玉成《左传译文》翻译为:"三次遍数了楚军的人数。"可见"巡"应当是"数"的状语,并不是与"三"结合的动量词。第三例,陈奇猷《吕氏春秋校释》注:"一成即一击。"由此可见,"一成"的"成"也不像是动量词①。第五例,唐孔颖达疏:"工入升歌三终者,谓升堂歌《鹿鸣》、《四牡》、《皇皇者华》,每一篇而一终也。主人献之笙入三终者,谓吹笙之人入于堂下,奏《南陔》、《白华》、《华黍》,每一篇一终也。主人献之者,谓献笙入也。间歌三终者,间,代也,谓笙歌已竟,而堂上与堂下更代而作也。堂上人先歌《鱼丽》,则堂下笙《由庚》,此为一终;又堂上歌《南有嘉鱼》,则堂下笙《崇丘》,此为二终也;又堂上歌《南山有台》,则堂下笙《由仪》,此为三终也。……合乐三终者,谓堂上下歌、瑟及笙并作也。若工歌《关雎》,则笙吹《鹊巢》合之;若工歌《葛覃》,则笙吹《采蘩》合之;若工歌《卷耳》,则笙吹《采蘋》合之。"宋李如圭《仪礼集释》云:"歌与笙,每篇为一终。间歌,每间为一终。合乐,《鹊巢》合《关雎》、《采蘩》合《葛覃》、《采蘋》合《卷耳》,每合为一终。"对于这一例,杨天宇《礼记译注》的翻译是:"乐工进来,升堂唱三首歌,然后主人向他们献酒;接着笙工进来,(在堂下)吹奏三支乐曲,然后主人向他们献酒;接着歌唱和吹笙交替进行,唱三首歌、吹三支曲;最后歌唱和乐器合作,(把《周南》和《召南》中的诗各)演唱了三首。乐正向宾报告乐歌演唱完毕。"由此可知,"三终"之"终"并不等于现代汉语的"遍、次、回"。而清李光地《榕村语录》卷二云:"古乐有四节,每节

---

① 洪诚《王力〈汉语史稿〉语法部分商榷》(载《中国语文》1964 年第 3 期)说:"动量词的起源当在东汉。……高诱《吕氏春秋·长攻》'反斗而击之,一成,脑涂地'注:'一成,一下也。'(高诱用口语词作注,并非以'下'解'成',也并非以'下'解'击'。如果认为'下'是动词,那是误解。倘若用动词作注,当作'一成,一击也'。注文的意思是'一成,击一下也',省'击'字。)"

有三终。大抵每终皆有翕纯皦绎，不必三终、四节既而始具也。"这就是说，"终"是"节"的下位概念，可译为"小节"，四节共十二终，就是四节共十二小节。既然如此，那么"演奏了四节"的"节"不是动量词，"演奏了三终"的"终"当然也不是动量词。

其次，如果说第一例的"三巡"是数量词，那么又引出了一个问题，就是先秦有没有数词加动量词放在动词前面的句型？洪诚《王力〈汉语史稿〉语法部分商榷》[①]一文指出："动量词一般是放在动词后面，东汉有放在动词前面的，如前引桓谭《新论》'当十遍读'，那只能算萌芽时期的偶然现象。唐代动量词前置，虽不是个别的现象，确不太多。"连唐代都不多、东汉都是偶然的句型，我们很难想象《左传》中已经存在。

再次，我们还必须把字形相同的物量词和动量词严格区分开来。在现代汉语中，"刮起一阵狂风"的"阵"和"在家瞎忙一阵"的"阵"，"一顿晚餐"的"顿"和"一起去吃一顿"的"顿"，"看了一场电影"的"场"和"大吵了一场"的"场"，"有这么一回事"的"回"和"才去了一回"的"回"，分别是物量词和动量词。这样，第二例的"卫人围之数匝"就是包围了好几层的意思，并不是说包围了好几次，可见这里的"匝"应是物量词[②]。

关于第四例，我们觉得《礼记》一书由汉人戴圣收集整理，有可能混入汉代语言现象，所以此例的"御轮三周"是可疑的。退一步说，即使这个句子确实是先秦已有的，也还有讨论的余地。刘世儒《魏晋南北朝量词研究》在引到《左传·定公九年》"坐引者，以师哭之，亲推之三"、杜预注"齐侯自推丧车轮三转"时说："'推轮三转'如同说'推轮使之转三周'。这虽然还不能说就是正规的动量词，但是，后来正规动量词的用法显然也就是从这里发展出来的（例如'镇上走一转，……'）。"刘世儒认为杜预注"推轮三转"的"转"还不是正规的动量词，那么"御轮三周"的"周"也应该不是正规的动量词，也就是说，这个"周"还具有动词性。

---

① 载《中国语文》1964 年第 3 期。

② 曹操《短歌行》："月明星稀，乌鹊南飞。绕树三匝，何枝可依？""绕树三匝"是说乌鹊环绕着树飞了三遍，这才有下文"何枝可依"的问题产生，这个"匝"才是动量词，但是这一例王力等学者都承认是动量词，时代也已经是汉魏时候了。

此外,何乐士《〈左传〉的数量词》①一文也提出一例:

> 必使先射,射三发,皆远许为。(《左传·哀公十六年》)

又郑桦《动量词的来源》②一文认为《墨子》中已有动量词"徧":

> 居版上,而凿其一徧,已而移版,凿一徧。(《墨子·备穴》)
>
> 㓥其两端,以束轮,徧徧涂其上。(《墨子·备娥傅》)

对于第一例,何乐士本人并不完全肯定,文中说:"'发'在这里可以理解作动词,也可理解作量词。'射三发'究应如何认识,可以讨论。'发'在《左传》里,除此例外都用为动词,这个'发'可能也是动词,以后逐步成为动量词;也可能当时已具有动量词的性质。"我们的意见,这个"发"还是动词。第二、三两例都出于《墨子》。《墨子》一书经汉末和魏晋兵乱,已经散佚不全,南朝梁阮孝绪《七录序》评论说:"惠怀之乱,其书略尽。江左草创,十不一存。后虽鸠集,淆乱已甚。"可见此书的语言很有问题,很难说是《墨子》原文。更何况,对于第二例"凿其一徧",孙诒让《墨子间诂》注曰:"'徧'之借字,……下同。"就是说,"徧"当理解为"偏",并不是"遍"。而对于第三例,孙氏注曰:"苏云:'徧字误重。'诒让案:下徧字疑当作编,上云'以麻索编之,染其索涂中'。"这就是说,所谓"徧徧涂其上"原来只有一个"徧"字,而且这个"徧"字还可能是"编"的通假字。退一万步说,我们即使承认原文是"徧徧"(意为一遍一遍),也还得问一下,先秦时代究竟有没有量词重叠这种句型?柳士镇《魏晋南北朝历史语法》第十六章说:"此期 AA 式量词重叠表示逐指的语法意义,主要限于名量词,尚未出现动量词的重叠。"③魏晋时期尚未出现的句型,如何能在先秦的文献中出现呢? 由此可见,汉语的动量词绝不可能产生于先秦时代。

那么汉语的动量词有没有可能产生于西汉时代呢? 陈练军《试析〈居延新简〉中的动量词》④一文指出,居延汉简中已有动量词"下"、"通",例如:

---

① 载《语言文字学术论文集》,上海知识出版社,1989 年。

② 载《宁夏大学学报》2005 年第 2 期。

③ 《魏晋南北朝历史语法》,南京大学出版社,1992 年。

④ 载《龙岩师专学报》2002 年第 5 期。

言候击敝数十下,胁痛不耐言。(《居延汉简释文合校》123.58)

出坞上苣火一通,元延二年七月辛未。(《居延汉简释文合校》
39.20)

夜人定时苣火三通,己酉日。(《居延汉简释文合校》332.5)

而在居延新简中则有动量词"下"、"周"、"通"、"发",例如:

所掀起胡桐木丈从后墨击意项三下,以辜一旬内立死。(《居延新
简》EPF22.326)

画地三周,宿其中寇。(《居延新简》EPT59.137)

虏犯入塞随河下行,夜举火二通。(《居延新简》EPF22.392)

第八隧攻候郭君与主官谭等格射各十余发。(《居延新简》
EPF16.47)

我们认为,这些例子中的动量词是确实的。不过,该文也指出:"动量词作为
汉语词类中的一个分支,在汉代尚处于发展的初始阶段,还没有形成一个完
整的体系。"其主要表现是,动量词数量非常少,使用范围不广;能与之搭配
的动词不仅数量很少,而且选择的范围很小;动量词的语法功能单一,只能
与数词结合后构成数量短语放在动词或动词宾语之后,充当句子的补语,尚
未出现充当状语的用例。

另据魏德胜《〈睡虎地秦墓竹简〉语法研究》①的调查,在湖北云梦出土的
秦墓竹简中,汉语的动量词还没有产生,动量的表示仍限于"动词 + 数词"
或"数词 + 动词"。张俊之、张显成《帛书〈五十二病方〉数量词研究》②一文
也说:"在马王堆汉墓帛书《五十二病方》中都用数词直接放在动词前面或后
面表动作行为的数量,而没有动量词。"陈练军《〈尹湾汉墓简牍〉数量词研
究》③则说,江苏连云港尹湾村约为西汉晚期成帝时期的六号汉墓简牍,以及
约为新莽时期的二号汉墓简牍中也没有出现动量词。何丽敏《〈长沙走马楼

---

① 首都师范大学出版社,2000年。
② 载《简帛语言文字研究》第一辑,巴蜀书社,2002年。
③ 载《简帛语言文字研究》第一辑,巴蜀书社,2002年。

三国吴简·竹简(壹)〉中的数量词》①也说:"在《竹简(壹)》中并没有发现确定无疑的动量词。"睡虎地秦墓竹简写于秦始皇三十年(公元前 217)前,帛书《五十二病方》是公元前 3 世纪的写本。居延汉简和居延新简的写作年代大致在公元前 86 年至公元 32 年,正是西汉中期和东汉初年。由此可见,汉语的动量词在西汉中期确实已经开始萌芽,只是一直到东汉末期,动量词的发展一直处在十分缓慢的过程中,等到魏晋以后,这种情况才有了比较大的改观②。

① 载《简帛语言文字研究》第二辑,巴蜀书社,2006 年。
② 参拙文《汉语动量词不产生于先秦说》,载《语言研究》2009 年第 2 期。

第二章 词类(虚词)

第一节 介 词

1.1 不能充当结构成分,经常跟名词或动词、形容词等组成介词短语,作为状语或补语来修饰动词、形容词的虚词叫"介词"。介词一般不能单独充当结构成分;在介词短语中,介词一般处于介词宾语的前面[①]。从意义的角度,介词可以分为表示时间、表示处所和方向、表示方式和工具、表示原因、表示目的、表示对象、表示比较、引出主动者等多个小类。

(1) 表示时间,如"自"、"从"、"由"、"于"、"於"、"以"、"为"、"及"、"方"、"当"、"比"等:

> 自古皆有死,民无信不立。(《论语·颜渊》)
> 臣从君周旋天下,过亦多矣。臣犹知之,况于君乎?请从此去矣。
> (《史记·晋世家》)
> 有穷由是遂亡,失人故也。(《左传·襄公四年》)
> 匈奴繇是恐,不能出兵。(《汉书·匈奴传上》)
> 自我不见,于今三年。(《诗经·豳风·东山》)
> 子於是日哭,则不歌。(《论语·述而》)
> 悔纳文公,谋作乱,将以己丑焚公宫。(《国语·晋语》)
> 为其来也,臣请缚一人过王而行。(《晏子春秋·内篇杂下》)
> 彼众我寡,及其未既济也,请击之。(《左传·僖公二十二年》)

---

① 在某些情况下,介词宾语会处于介词的前面。例如《论语·里仁》:"君子去仁,恶乎成名?""恶"在"乎"的前面,这是疑问句疑问代词宾语前置。又如《论语·为政》:"诗三百,一言以蔽之,曰:'思无邪。'""一言"在"以"的前面,这是"以"的宾语经常提前。

逮吴之未定,君其取分焉!(《左传·定公四年》)

摽有梅,其实七兮。求我庶士,迨其吉兮。(《诗经·召南·摽有梅》)①

方此时也,尧安在?(《韩非子·难一》)

当是时,项羽兵四十万。(《史记·项羽本纪》)

比其反也,则冻馁其妻子,则如之何?(《孟子·梁惠王下》)

武子不听,卒立之。比及葬,三易衰,衰祍如故衰。(《左传·襄公三十一年》)②

及至秦之季世,焚诗书,坑术士。(《史记·儒林列传》)

(2) 表示处所和方向,如"於"、"于"、"乎"、"自"、"由"、"繇"、"道"、"从"、"以"、"在"、"並"、"因"、"向"、"鄉"等:

申之以孝悌之义,颁白者不负戴於道路矣。(《孟子·梁惠王上》)

北戎伐齐,齐使乞师于郑。(《左传·桓公六年》)

楚人生乎楚,长乎楚,而楚言,不知其所受之。(《吕氏春秋·用众》)

吾自卫反鲁,然后乐正,《雅》《颂》各得其所。(《论语·子罕》)

君子阳阳,左执簧,右招我由房。(《诗经·王风·君子阳阳》)

其所繇来者渐矣。(《易·坤》)

君何年之少而弃国之蚤,奚道至于此乎?(《晏子春秋·杂篇》)

舟止,从其所契者入水求之。(《吕氏春秋·察今》)

今以长沙豫章往,水道多,绝难行。(《汉书·西南夷传》)

子在齐闻《韶》,三月不知肉味。(《论语·述而》)

还过吴,从江乘渡。並海上,北至琅邪。(《史记·秦始皇本纪》)

然后践华为城,因河为池。(贾谊《过秦论》)

东面而视,不见水端,于是焉河伯始旋其面目,望洋向若而叹。

---

① 这一句的意思是"树上的梅子正在掉落,只剩下十分之七。追求我的小伙子,要趁着好日子(早点提亲)"。

② "三易衰,衰祍如故衰",意思是"三次更换丧服,结果丧服的衣襟好像旧的一样",指季武子所立新国君不懂事,如儿童一般衣服易脏。

(《庄子·秋水》)[1]

(3) 表示方式、工具和处置,如"以"、"用"、"将"、"因"、"藉"、"循"、"缘"、"依"等:

　　　富与贵是人之所欲也,不以其道得之,不处也。(《论语·里仁》)

　　　天子不能以天下与人。(《孟子·万章上》)

　　　是直用管闚天,用锥指地也,不亦小乎?(《庄子·秋水》)

　　　赵襄子最怨知伯,而将其头以为饮器。(《战国策·赵策》)

　　　善战者因其势而利导之。(《史记·孙子吴起列传》)

　　　故王者以赏禁,以刑劝,求过不求善,藉刑以去刑。(《商君书·开塞》)

　　　范增欲害沛公,赖张良、樊哙得免。(《汉书·陈胜项籍传》)

　　　故凡举事必循法以动。(《吕氏春秋·察今》)

　　　余至大行礼官,观三代损益,乃知缘人情而知礼,依人性而作仪。(《史记·礼书》)

　　　明王之治天下也,缘法而治,按功而赏。(《商君书·君臣》)

第一例的"以"表示工具,第二例的"以"表示处置[2]。

(4) 表示原因或目的,如"用"、"因"、"以"、"为"、"由"、"坐"、"与"等:

　　　鲁人皆以儒教,而朱家用侠闻。(《汉书·游侠传》)

　　　因前使绝国功,封骞博望侯。(《史记·卫将军骠骑列传》)

　　　君子不以言举人,不以人废言。(《论语·卫灵公》)

　　　天行有常,不为尧存,不为桀亡。(《荀子·天论》)

　　　子华由是得罪于郑。(《左传·僖公七年》)

　　　古者大臣有坐不廉而废者。(《汉书·贾谊传》)

　　　岂非计长久,为子孙相继为王也哉!(《史记·赵世家》)

　　　今子与我取之,而不与我治之,与我置之,而不与我祀之,焉可?

----

① 　"望洋向若",脸朝上,向着海神若。"望洋",仰视貌。"若",海神名。

② 　关于"以"的工具语用法和处置式用法,参1.7。

(《韩非子·外储说左上》)①

(5) 表示对象,如"为"、"与"、"及"、"以"等:

夫道,窅然难言哉!将为汝言其崖略。(《庄子·知北游》)

吾将与楚人战,彼众我寡,为之奈何?(《韩非子·难一》)

德音莫违,及尔同死。(《诗经·邶风·谷风》)

可以乐成,不可与虑始。(《史记·滑稽列传》)②

(6) 表示比较,如"于"、"於"、"乎"等:

古我先王,将多于前功。(《尚书·盘庚下》)③

季氏富於周公。(《论语·先进》)

城之大者,莫大乎天下矣。(《庄子·盗跖》)

(7) 引出主动者,如"于"、"於"、"乎"、"为"等:

困于酒食。(《易·困》)

劳心者治人,劳力者治於人;治於人者食人,治人者食於人。(《孟子·滕文公上》)

王痍者何?伤乎矢。(《公羊传·成公十六年》)

然则今有美尧、舜、鲧、禹、汤、武之道于当今之世者,必为新圣笑矣。(《韩非子·五蠹》)

1.2 对于介词这一词类,高名凯《汉语语法论》称为"准动词",吕叔湘、朱德熙《语法修辞讲话》称为"副动词"。但是,介词一般不能单独充当结构成分,单用的可能性很小,所以应该归入虚词范畴,而在名称上也最好跟动词离得远一点儿,以免误解。

1.3 介词大多来源于动词,因此许多介词又有动词的用法,如战国屈原《涉江》"忠不必用兮,贤不必以"中的"以"就是动词,《左传·僖公二十八年》"原轸将中军,胥臣佐下军"中的"将"也是动词,这是同一个字兼有介词

---

① 这里四个"与"都是"为,替"的意思。

② "可以乐成",等于说"可与之乐成"。

③ 这一句的意思是"古时候我的先王成汤,他的功劳应是大大超过前人"。

和动词两个词类①。

由于介词基本上来源于动词,所以就有一个介词和动词的划界问题。例如介词"将",现今学术界一般的看法是最早出现于南北朝,而此前的"将"都是动词②。我们认为,像"无将大车"(《诗经·小雅·无将大车》)、"郑伯将王自圉门入"(《左传·庄公二十一年》)中的"将"确实还是动词,但是像"苏秦始将连横说秦王"(《战国策·秦策》)、"赵襄子最怨知伯,而将其头以为饮器"(《战国策·赵策》)这样的句子,"将连横"跟"说秦王"之间显然是状语和中心语的关系,并不能看成是连动结构,"将其头"跟"以为饮器"之间也一样,那么介词"将"至少在西汉刘向整理《战国策》的时候就已经产生了③。又如"在"和"向",王力《汉语语法史》第十章认为它们虚化为介词"大约在晋代以后才完成",此前它们仍然是动词。关于"在",郭锡良《介词"于"的起源和发展》④一文说:

> 汉代以后,"在"字开始虚化成介词,它是介词"于"的主要替代者。一般认为"在"字在先秦就是介词,甚至把甲骨文中的"在"字也看作介词,这是以今律古的作法,很不妥当。论证先秦的"在"字是介词最典型的资料有下面几个例子:
>
> (77) 鱼在在藻。(《诗经·小雅·鱼藻》)
>
> (78) 子在齐闻韶,三月不知肉味。(《论语·述而》)
>
> (79) 子在川上曰。(《论语·子罕》)

---

① 在先秦两汉典籍中,"于"的动词用法很少(《诗经·周南·桃夭》"之子于归"的"于"是动词词头),但是在甲骨文、金文中却很多。杨树达《积微居甲文说·释于》云:《书契前编》卷肆云:'贞卿事于寮北宗,不遘大雨?'按古音事与同,卿事即卿士也。于当训往,于寮北宗,谓往寮祭于北宗也。他辞云:'辛丑卜,行贞,王步,自则于雇,亡灾?'(《殷契类纂》)自则于雇者,自则往雇也。《甲编》贰壹捌片云:'□未卜,令雀先于□。'先于□者,先往□也。""于寮"之"于"还有动词词头的嫌疑,但"于雇、于□"之"于"肯定是动词。"於"字后出,"於"的动词用法更少,《韩非子·存韩》"边鄙残,国固守,鼓铎之声於耳,而乃用臣斯之计,晚矣"中的"於",杨树达《词诠》认为是动词。

② 参王力《汉语语法史》(商务印书馆,1989 年)第二十章、柳士镇《魏晋南北历史语法》(南京大学出版社,1992 年)第十八章、吴福祥《再论处置式的来源》(载《语言研究》总第 52 期,2003 年)。

③ 孙锡信《汉语历史语法要略》(复旦大学出版社,1992 年)第十七章认为:"将"虚化为介出支配对象的介词,"表示'用'、'以'义,即表示行为的凭借,借此引出工具语。这种用法在汉时已产生,南北朝时期已习用,唐以后承用下来。"孙先生的意见跟我们的看法接近。他的证据是《古诗源·上山采蘼芜》"将缣来比素,新人不如故"、《乐府诗集·车遥遥》"愿将微影随君身"等。

④ 载《中国语文》1997 年第 2 期,又载《汉语史论集》,商务印书馆,2005 年。

　　其实,它们都是连动结构,也可以将它们点断作:"鱼在,在藻。"、
"子在齐,闻韶。"、"子在川上,曰。"真正的介词"在"到汉代才产生,《史
记》中有少数例子。

我们并不否认,在上古汉语中有许多"在"确实是动词,比如"父在,观其志;
父没,观其行"(《论语·学而》)、"孔子在陈,何思鲁之狂士"(《孟子·尽心
下》),实际上不要说上古汉语,即使是现代汉语,也有许多"在"是动词。但
是,在甲骨文中早就有许多"在"字用作介词了,特别是把它们跟介词"于"进
行对比之后,"在"的介词性质更是不容否认的。例如:

　　其求在父甲,王受佑?(《甲骨文合集》27370)/贞,求于上甲,授我
佑?(《甲骨文合集》1171)

　　乙丑卜,其告在毓祖丁,王受佑?(《甲骨文合集》27320)/……翌乙
未……告于毓祖乙?(《甲骨文合集》23161)

　　其用在父甲,王受佑?(《小屯南地甲骨》4396)/乙巳卜,宾贞,三羌
用于祖乙?(《甲骨文合集》379)

　　其求年在毓,王受年?于祖乙求,王受年?吉。于大甲求,王受年?
吉。(《甲骨文合集》28274)①

而在上古典籍中,像下面这些句子中的"在",我们也很难否认它们是介词:

　　庶群自酒腥闻在上,故天降丧于殷。(《尚书·酒诰》)②

　　丕显文武,克慎明德,昭升于上,敷闻在下。(《尚书·文侯之命》)③

　　在礼,卿不会公侯,会伯子男可也。(《左传·僖公二十九年》)④

　　明日,以表尸之,皆重获在木下。(《左传·宣公十二年》)⑤

　　夫赏,国之典也,藏在盟府,子其受之!(《左传·襄公十一年》)

---

① 参喻遂生《甲骨文"在"字介词用法例证》,载《甲金语言文字研究论集》,巴蜀书社,2002年。

② "自酒腥闻在上",意思是"使酒肉的腥味让上帝闻到了"。"闻在上"等于说"闻于上"。

③ "文武",文王和武王。"克慎明德",意思是"能够谨慎于政事和德教"。"昭"指美德,"闻"指声
望。

④ "在礼",意思是"于礼"、"按照礼制"。

⑤ "以表尸之",意思是"根据前一天所做的标识,收取两个儿子的尸体"。

　　越在我,心腹之疾也。(《左传·哀公十一年》)①

　　郑在天子,兄弟也。(《国语·周语中》)②

　　在虞、夏、商为汪芒氏,于周为长狄,今为大人。(《国语·鲁语下》)

　　子傁有承国之业,又有母在中。今子无母于中,外托于不可知之国。(《战国策·秦策》)

　　韩之在我,心腹之疾。(《战国策·赵策》)

这里值得注意的是,第二例"于上"和"在下"互文,第八例"在虞、夏、商"和"于周"互文,第九例"在中"和"于中"互文,第五例"藏在盟府"也有"藏于盟府"(《左传·僖公五年》)的异文,我们如果承认"于"为介词,那就不能不承认"在"也是介词③。

　　1.4　"于"和"於"有无区别? 上古音"于"是匣母鱼部字,"於"是影母鱼部字,两字并不完全同音。高本汉《左传真伪考》④一文统计了《左传》一书用"于"和"於"的情况:(1)置于人名之前,表示动作所向的人,如"公问於众仲"(《隐公四年》),则用"於"581 次,用"于"85 次;(2)置于地名之前,表示行为所在之地,如"败宋师于黄"(《隐公元年》),则用"於"97 次,用"于"501 次;(3)表示地位所在或动作所止,但后面不是地名,如"杀孟阳于床"(《庄公八年》)、"授兵於大宫"(《隐公十一年》),则用"於"197 次,用"于"182 次。其结论是"於"和"于"有分用的趋势,"於"多用于人名之前,"于"多用于地名之前。

　　其实甲骨文只有"于",没有"於",春秋末期的金文才出现"於",而且先是用作叹词,后来才用作介词;在上古典籍中,"于"见于《尚书》、《诗经》等,"於"则见于《论语》、《孟子》、《墨子》、《庄子》等⑤。所以《说文解字》"于"字

---

①　"越在我",等于说"越之于我"。《十三经注疏》(中华书局,1980 年)标点为"越在,我心腹之疾也",误。

②　"郑在天子",等于说"郑之于周天子"。

③　"向"也应该有介词的用法,此处不赘。

④　On the Authenticity and Nature of the Tso-Chuan,1926,中译文载《北大国学门月刊》第六、七、八号,1927 年。

⑤　钱大昕《十驾斋养新录》卷一"于於"条云:"'于'、'於'两字义同而音稍异,《尚书》、《毛诗》例用'于'字,唯《金縢》'为坛於南方北面'、'乃流言於国'、'公将不利於孺子'、《酒诰》'人无於水监,当於民监',《邶风》'俟我於城隅',《齐风》'俟我於著乎而'、'俟我於堂乎而'、'俟我於庭乎而',《秦风》'於我乎夏屋渠渠'、'於我乎每食四簋',《曹风》'於女归处'、'於女归息'、'於女归说',《豳风》'於女信处'、'於女信宿',《大雅》'於万斯年'仍用'於'。《大雅》'不实于亶',宋本间有作'於'者,误也。《论语》例用'於'字,唯引《诗》、《书》作'于',而'乘桴浮于海'、'饿于首阳之下'仍用'于'。"

下,段玉裁注:"《释诂》、毛传皆曰:'于,於也。'凡《诗》、《书》用'于'字,凡《论语》用'於'字,盖'于'、'於'二字在周时为古今字。故《释诂》、毛传以今字释古字也。"可见,介词"于"产生在先,介词"於"产生在后,它们可能是同一个词的方言变异,在语法功能上并没有本质的区别。至于《左传》"于"、"於"杂用,应该是后人改写未尽造成的①。

当然,"于"在上古另有动词的用法,义为"前往,到达",如"惟三月,周公初于新邑,用告商王士"(《尚书·多士》),这是"於"基本上没有的②;而"於"在春秋末期又产生"对于"义,如"寡人之於国也"(《孟子·梁惠王上》),则又是"于"所不具备的。

介词"乎"的用法看起来跟"于"、"於"相同,但是"乎"只能用于补语,"于"、"於"则既能用于补语,也能用于状语。

1.5   有人认为,在上古汉语中,"於"和"乎"也是表示原因的介词③。其例句有:

> 余必使尔罢於奔命以死。(《左传·成公七年》)
>
> 夫四荒之外不安其生,封畿之内勤劳不处,二者之咎,皆自於朕之德薄而不能远达也。(《史记·孝文本纪》)
>
> 陈而后战,兵法之常。运用之妙,存乎一心。(《宋史·岳飞传》)
>
> 黎民得离战国之苦,君臣俱欲休息乎无为。(《史记·吕太后本纪》)

我们认为,在上古汉语中,介词"於"的主要作用是表示处所。第一例固然可以译为"我一定要让你们由于奔波,疲累而死","於"好像是表原因,但是古人的原意应该是:"我一定要让你们在到处奔走、执行命令这件事上疲惫不堪,从而死去。"因此"於"仍然是表示处所。第二例"自於"不等于"由于",古人的原意应该是"源于",也就是"源头在于",所以"於"也是表示处所。第三例的"乎"并未引进原因,玩味古人"运用之妙,存乎一心"的原意,是说:"巧

---

①   参闻宥《"于""於"新论》,载《中国语言学报》第二期,商务印书馆,1985年。

②   参本书95页注①。

③   参杨伯峻、何乐士《古汉语语法及其发展》(语文出版社,1992年)第九章第六节。

妙运用的关键，就在一颗善于思考的心之中。"因此，"乎"的用法仍然是引进
处所。同时，"罢於奔命"大致可以转换成"因奔命而罢"，而"存乎一心"却根
本不能转换成"因一心而存"。第四例的"乎"也不是引进原因，"君臣俱欲休
息乎无为"的意思并不是"君臣都希望因为无为之治而休息"，而是"君臣都
希望在无为之治的环境中休息"，把"於"和"乎"看成表示原因的介词，许多
时候是说不通的。

　　1.6　关于介词"缘"，杨伯峻、何乐士的《古汉语语法及其发展》有引进
动作行为的原因一种用法，解释为"由于"，其例句是"赵穿缘民众不说，起弑
灵公"（《公羊传·宣公六年》）。其实这一例句较早时候是杨树达《高等国文
法》第七章中引用的①。杨树达认为介词"缘"具有"因字之义"和"随字之义"
两种用法，在"因字之义"下，他除了上述《公羊传》的例句以外，还有其他几
个例句，如"曷为为季子讳杀？季子之遏恶也，不以为国狱，缘季子之心而为
之讳"（《公羊传·庄公三十二年》）、"成帝即位，缘先帝意，厚遇异于他王"
（《汉书·宣元六王传》）。但是杨树达所谓的"因字之义"，既可以理解为"因
为"，也可以理解为"因循，依照"，如果是前者，那就应该是表示原因，如果是
后者，那就应该是表示方式。不过我们看了杨树达所列的例句，并检查了上
古文献中的其他用例，能勉强解释为"因为"的，只有《公羊传》这一例，其他
用例都只能解释为"因循，依照"。因此我们认为，"缘"在上古并不是表示原
因的介词，表因介词"缘"的产生，应该是在近代汉语时代。杨伯峻、何乐士
的书中第二个例句引宋代苏轼的"不识庐山真面目，只缘身在此山中"，这就
对了，不过商务印书馆版《古汉语常用字字典》引杜甫"花径不曾缘客扫"为
例，从出处的时间上来说似乎更好。

　　1.7　在汉语语法史上，处置式是一种重要的语法形式。什么是"处置
式"？王力《中国现代语法》说：

　　　　在普通的结构里，目的位是放在叙述词的后面的，例如"我烧了那
　　一封信"。有时候，咱们也可把目的位放在叙述词的前面，只须在叙述

---

① 参杨树达《高等国文法》（商务印书馆，1930 年，1984 年新版）第七章、《词诠》（中华书局，1954
年，1972 年新版）"缘"字下。

词的原来位置加上一个助动词"把"或"将"字,例如"我把那一封信烧了"。

　　但是,这两种叙述并不是完全同意义的。前者是普通的叙述,后者是在叙述之中,同时表示这行为是一种处置或支配。因此,像"我把那一封信烧了"一类的句子可称为处置式。①

由此可见,所谓"处置式",就是用介词把宾语提到动词的前面,以表示处置意义的一种句式。在现代汉语中,处置式主要是"把"字句。王力《汉语史稿》(中册)第三章第四十七节指出:"在上古时期和中古的上半期——即七世纪以前,汉语里还没有处置式的存在。……处置式的产生大约在第七世纪到第八世纪之间。"后来《汉语语法史》一书看法相同。王力认为在历史上处置式最早产生于唐代,常见的是"将"字句,也有"把"字句②,例如:

　　已用当时法,谁将此义陈?(杜甫《寄李十二白》)
　　见酒须相忆,将诗莫浪传。(杜甫《泛江送魏十八》)
　　念我常能数字至,将诗不必万人传。(杜甫《公安送韦二少府匡赞》)
　　莫言鲁国书生懦,莫把杭州刺史欺。(白居易《戏醉客》)
　　悠然散吾兴,欲把青天摸。(皮日休《初夏游楞伽精舍》)

　　不过,太田辰夫《中国语历史文法》③第二部17.12则认为:"处置句在古代汉语中也有,是用'以'来代替'把'的。"例如④:

　　天子不能以天下与人。(《孟子·万章上》)
　　齐侯以许让公。(《左传·隐公十一年》)⑤

---

① 《中国现代语法》(商务印书馆,1943—1944年,1985年新版)第二章第十二节。
② 《汉语语法史》(商务印书馆,1989年)第二十章。
③ 日本江南书院,1958年。蒋绍愚、徐昌华中译本,北京大学出版社,1987年。
④ 太田辰夫把处置式分为六种,与上古汉语有关的是前两种。第一种是"有两个宾语(直接,间接)的",以下三个例句属于这一种。第二种是"表示认为、充当的",例如《孟子·滕文公上》:"尧以不得舜为己忧。"又:"吾必以仲子为巨擘焉。"《史记·张释之冯唐列传》:"景帝立,以唐为楚相。"这里第二种不符合上面我们给出的处置式定义,故未列出。
⑤ "以许让公",把许国让给鲁隐公。

因以文绣千匹,好女百人,遗义渠君。(《战国策·秦策》)

以后,陈初生《早期处置式略论》①一文进一步证明了"以"字句是最早的处置式。他说:

处置式是汉语表达施受关系的方法之一。汉语施受关系的表达方法,可以用主动句(包括单宾语句和双宾语句),也可以用被动句。主动句与被动句可互相转换而施受关系不变。一般的单宾语或双宾语句与处置式也可以互换而施受关系不变,如:"如将月窟写(泻),似把天河扑。"(皮日休诗)可以转换为:"如写(泻)月窟,似扑天河。"同样,"以"字句也可以这样和单宾语或双宾语句互相转换,如:"秦亦不以城予赵,赵亦终不予秦璧。"(《史记·廉颇蔺相如列传》)可以转换为:"秦亦不予赵城,赵亦终不以璧予秦。"……

但是,工具语是不能这样转换的。如:"以戈逐子犯。"(《左传·僖公二十三年》)不能转换为"逐子犯戈"或"逐戈子犯"。

由此可见,"以"字句有处置式和工具语两个类别,"以"字句应该是汉语最早的处置式②。

此外,由于上古汉语中"用"字和"以"字有许多平行的用法,既然"以"字可以组成处置式,那么"用"字应该也可以组成处置式。例如:

单于既得翕侯,以为自次王,用其姊妻之,与谋汉。(《史记·匈奴列传》)

渠成而用溉注填阏之水,溉舄卤之地四万余顷,收皆亩一钟。(《汉书·沟洫志》)③

光以为群臣奏事东宫,太后省政,宜知经术,白令胜用《尚书》授太后。(《汉书·夏侯胜传》)

顾谓群臣曰:"嗟乎! 以北山石为椁,用纻絮斮陈漆其间,岂可动

---

① 载《中国语文》1983 年第 3 期。
② 关于汉语处置式的来源,学术界有不同意见,可参蒋绍愚、曹广顺《近代汉语语法史研究综述》(商务印书馆,2005 年)第十一章。
③ 唐颜师古注:"言引淤浊之水灌咸卤之田,更令肥美,故一亩之收至六斛四斗。"

哉！"（《汉书·刘向传》）①

第二节　连　　词

2.1　用于连接词、结构、分句和句子，表示一定的语法关系的虚词叫"连词"。连词可以根据所表示的语法关系分为并列连词、顺承连词、递进连词、选择连词、转折连词、假设连词、因果连词、让步连词、主从连词等多个小类。

(1) 并列连词。并列连词是表示词、结构、分句、句子之间是并列关系的连词。例如：

> 强本而节用，则天不能贫。（《荀子·天论》）
> 彼美孟姜，洵美且都。（《诗经·郑风·有女同车》）
> 夫子之言性与道，不可得而闻也。（《论语·公冶长》）
> 时日曷丧？予及汝皆亡。（《尚书·汤誓》）
> 咨，汝羲暨和。（《尚书·尧典》）
> 必深其爪，出其目，作其鳞之而。（《周礼·考工记·梓人》）②
> 天大雷电以风，禾尽偃。（《尚书·金縢》）
> 终温且惠，淑慎其身。（《诗经·邶风·燕燕》）
> 既东封郑，又欲肆其西封。（《左传·僖公三十年》）③
> 三军既惑且疑，则诸侯之难至矣。（《孙子·谋攻》）
> 居一二日，何来谒上，上且喜且怒。（《史记·淮阴侯列传》）

"终……且……"、"既……又……"、"既……且……"、"既……终……"、"且……且……"等都是联合使用的连词。

(2) 顺承连词。顺承连词是表示词、结构、分句、句子在时间上先后相承或在事理上前后相关的连词。例如：

---

① "用纻絮斫陈漆其间"，唐颜师古注："纻絮者，可以纻衣之絮也。斫而陈其间，又从而漆之也。"
② "作其鳞之而"，意思是"雕刻龙的鳞片和须毛"。"之"，用同"与"。
③ 这一句的意思是"晋国既想把郑国作为它东部的边界，又想扩展它西部的边界"。

是故质的张而弓矢至焉,林木茂而斧斤至焉。(《荀子·劝学》)

侯生视公子色终不变,乃谢客就车。(《史记·魏公子列传》)

陆生自度不能争之,迺病免家居。(《史记·郦生陆贾列传》)

吴王夫差无敌于天下,轻诸侯,凌齐晋,遂以杀身亡国。(《战国策·秦策》)

水懦弱,民狎而玩之,则多死焉。(《左传·昭公二十年》)

三十四十之间而无蓺,即无蓺矣;五十而不以善闻,则无闻矣。(《大戴礼·曾子立事》)

仁远乎哉? 我欲仁,斯仁至矣。(《论语·述而》)

秦与韩为上交,秦祸安移於梁矣。(《战国策·赵策》)

权谋倾覆之人退,则贤良知圣之士案自进矣。(《荀子·王制》)

人皆失丧之,我按起而治之。(《荀子·富国》)

必知乱之所自起,焉能治之;不知乱之所自起,则不能治。(《墨子·兼爱》)

至攘人犬豕鸡豚者,其不义又甚入人园圃窃桃李。(《墨子·非攻上》)

曩者霸上荆门军若儿戏耳,其将固可袭而虏也。至于亚夫,可得而犯耶?(《史记·周勃世家》)

诸将易得耳,至如信者,国士无双。(《史记·淮阴侯列传》)

求也为之,比及三年,可使足民。如其礼乐,以俟君子。(《论语·先进》)

若民,则无恒产,因无恒心。(《孟子·梁惠王上》)

若夫平原易地,轻车突骑,则匈奴之众易挠乱也。(《汉书·晁错传》)

若乃论政事之得失,察天下之息耗,此大臣辅佐之职,三公九卿之任,非臣仲舒所能及也。(《汉书·董仲舒传》)

简子如晋阳,见垒,怒曰:"必杀铎也而后入!"(《国语·晋语》)

(3) 递进连词。递进连词是表示词、结构、分句、句子之间语意加强、意义更进一层的连词。例如:

侯，自我得之，自我捐之，无所恨；且终不令灌仲儒独死，婴独生！（《史记·魏其武安侯列传》）

吾未闻枉己而正人者也，况辱己以正天下者乎？（《孟子·万章上》）

臣之壮也，犹不如人；今老矣，无能为也已。（《左传·僖公三十年》）

民不乐生，尚不避死，安能避罪？（《汉书·董仲舒传》）

蔓草犹不可除，况君之宠弟乎？（《左传·隐公元年》）

死马且买之五百金，况生马乎？（《战国策·燕策》）

臣以为布衣之交尚不相欺，况大国乎？（《史记·廉颇蔺相如列传》）

君子以倍叛之心接臧穀，犹且羞之，而况以事其所隆亲乎？（《荀子·礼论》）①

非独此五国为然而已也，天下之亡国皆然矣。（《战国策·魏策》）

非徒无益，而又害之。（《孟子·公孙丑上》）

微独赵，诸侯有在者乎？（《战国策·赵策》）

"犹……况……"、"且……况……"、"尚……况……"、"犹且……而况……"、"非徒……而……"等都是联合使用的连词。

（4）选择连词。选择连词是表示词、结构、分句、句子之间具有两者选一的语法关系的连词。例如：

王以天下为尊秦乎，且尊齐乎？（《战国策·齐策》）

先生老悖乎，将以为楚国袄祥乎？（《战国策·齐策》）

不知天之弃鲁邪，抑鲁君有罪于鬼神，故及此也？（《左传·昭公二十六年》）

子之义将匿耶，意将以告人乎？（《墨子·耕柱》）

吾宁斗智，不能斗力。（《史记·项羽本纪》）

---

① "臧"，奴仆。"穀"，小孩。"隆"，指国君。"亲"，指父母。

士于君所言大夫,没矣则称谥若字。(《礼记·玉藻》)①

安见方六七十如五六十而非邦也者?(《论语·先进》)

其神或岁不至,或岁数来。(《史记·封禅书》)

赵孰与秦大?(《战国策·秦策》)

夫胜一臣之严焉,孰若胜天下之威大耶?(《战国策·中山策》)

意者臣愚而不概于王心邪,亡其言臣者贱而不可用乎?(《史记·范雎蔡泽列传》)②

不识三国之憎秦而爱怀邪,忘其憎怀而爱秦邪?(《战国策·赵策》)③

吾宁悃悃款款朴以忠乎,将送往劳来斯无穷乎?(屈原《卜居》)

与吾得革车千乘,不如闻行人烛过之一言也。(《韩非子·难二》)

我与其处而待之见攻,不如先伐之。(《战国策·秦策》)

丧礼,与其哀不足而礼有馀也,不若礼不足而哀有馀也。(《礼记·檀弓上》)

且而与其从辟人之士也,岂若从辟世之士哉?(《论语·微子》)④

与其害于民,宁我独死。(《左传·定公十三年》)

喟然叹曰:"与人刃我,宁自刃。"(《史记·鲁仲连邹阳列传》)

且予与其死于臣之手也,无宁死于二三子之手乎?(《论语·子罕》)

此龟者,宁其死为留骨而贵乎,宁其生而曳尾于涂中乎?(《庄子·秋水》)

宁为鸡口,无为牛后。(《史记·苏秦列传》)

"宁……将……"、"与……不如……"、"与其……不若……"、"与其……岂若……"、"与其……宁……"、"与……宁……"、"与其……无宁……"、"宁……宁……"等都是联合使用的连词。

---

① 这一句的意思是"士在国君面前谈到大夫,如果大夫已死就称他的谥号或表字"。
② "不概于王心",不符合大王的心意。"亡",音 wú。
③ "秦",秦国。"怀",地名。"忘",音 wú。
④ "而",你。"辟人",躲避坏人。

(5) 转折连词。转折连词是表示词、结构、分句、句子之间的语义具有转折或反转的连词。例如：

先生独未见夫仆乎？十人而从一人者，宁力不胜、智不若耶？（《战国策·赵策》）

不见子都，乃见狂且。（《诗经·郑风·山有扶苏》）

周勃厚重少文，然安刘氏者必勃也。（《史记·高祖本纪》）

此三臣者岂不忠哉？然而不免于死。（《史记·李斯列传》）

荆轲虽游于酒人乎，然其为人沉深好书。（《史记·刺客列传》）

若圣与仁，则吾岂敢？抑为之不厌，诲人不倦，则可谓云尔已矣。（《论语·述而》）

且天下锐精持锋，欲为陛下所为者甚众，顾力不能耳。（《史记·淮阴侯列传》）

这里“虽”是让步连词，与“然”联合使用，形成“虽……然……”的结构。一般认为前面几例表示语意较重的转折，称为“重转”，最后二例“抑”、“顾”是轻微的转折，称为“轻转”。

(6) 假设连词。假设连词是表示词、结构、分句、句子之间具有在某种条件下就会产生某种结果这样的语义的连词。例如：

如可赎兮，人百其身。（《诗经·秦风·黄鸟》）

若使烛之武见秦君，师必退。（《左传·僖公三十年》）

伯氏苟出而图吾君，申生受死以至于死，虽死何悔？（《国语·晋语》）

使武安侯在者，族矣！（《史记·魏其武安侯列传》）

今我在也，而人皆藉吾弟；令我百岁后，皆鱼肉之矣！（《史记·魏其武安侯列传》）

此特帝在即录录，设百岁后，是属宁有可信者乎？（《史记·魏其武安侯列传》）

王甚喜人之掩口也，为近王，必掩口。（《韩非子·内储说下》）

先祖当贤，后子孙必显行。（《荀子·君子》）

党皆法其君,奚若?(《墨子·法仪》)①

晋侯使叔向告刘献公曰:"抑齐人不盟,若之何?"(《左传·昭公十三年》)

今大王与吴西乡,弟令事成,两主分争,患乃始结。(《史记·吴王濞列传》)②

百里子与蹇叔子送其子而戒之曰:"尔即死,必于殽崤岩。"(《公羊传·僖公三十三年》)

我决起而飞,抢榆枋,时则不至,而控于地而已矣。(《庄子·逍遥游》)

唯圣人能外内无患,自非圣人,外宁必有内忧。(《左传·成公十六年》)

且唯圣人能无外患,又无内忧;讵非圣人,必偏而后可。(《国语·晋语》)

夫子矢之曰:"予所否者,天厌之,天厌之!"(《论语·雍也》)

向使婴有庸主之才,仅得中佐,山东虽乱,秦之地可全而有。(《史记·秦始皇本纪》)

借使秦王计上世之事,并殷周之迹,以制御其政,后虽有淫骄之主而未有倾危之患也。(《史记·秦始皇本纪》)

假设陛下居齐桓之处,将不合诸侯而匡天下乎?(《汉书·贾谊传》)

假令仆伏法受诛,若九牛亡一毛,与蝼蚁何以异?(司马迁《报任安书》)

如令子当高帝时,万户侯岂足道哉!(《史记·李将军列传》)

如使予欲富,辞十万而受万,是为欲富乎?(《孟子·公孙丑下》)

有如痤死,赵不予王地,则王将奈何?(《史记·魏世家》)

王若隐其无罪而就死地,则牛羊何择焉?(《孟子·梁惠王上》)

---

① "党",同"傥",倘若。
② "弟"和"令"是两个假设连词连用。

当使虎豹失其爪牙,则人必制之矣。(《韩非子·人主》)①

　　这里,假设连词"有如"、"若"、"当使"等跟顺承连词"则"联合使用,形成"有如……则……"、"若……则……"、"当使……则……"等结构类型。

　　(7) 因果连词。因果连词是表示词、结构、分句、句子之间具有原因和结果关系的连词。例如:

　　以吾从大夫之后,不敢不告也。(《论语·宪问》)②

　　用善骑射,杀首虏多,为汉中郎。(《史记·李将军列传》)

　　然则一羽之不举,为不用力焉。(《孟子·梁惠王上》)

　　鬼侯有子而好,故入之于纣。(《战国策·赵策》)

　　仲尼之徒无道桓文之事者,是以后世无传焉。(《孟子·梁惠王上》)

　　伯夷、叔齐不念旧恶,怨是用希。(《论语·公冶长》)

　　为国以礼,其言不让,是故哂之。(《论语·先进》)

　　汉败楚,楚以故不能过荥阳而西。(《史记·项羽本纪》)

　　然公子遇臣厚,公子往而臣不送,以是知公子恨之复返也。(《史记·魏公子列传》)

　　前时某丧,使公主某事,不能办,以此不任用公。(《史记·项羽本纪》)

　　夫子制于中都,四寸之棺,五寸之椁,以斯知不欲速朽也。(《礼记·檀弓上》)③

　　秦以往者数易君,君臣乖乱,故晋复强,夺秦河西地。(《史记·秦本纪》)④

　　我欲杀之,为其功多,故不忍。(《史记·留侯世家》)

　　"以……故……"、"为……故……"等是联合使用的连词。

---

① "当",同"傥",倘若。"当"和"使"是两个假设连词连用。
② "以吾从大夫之后",意为"因为我忝列为大夫"。
③ 这一句的意思是"孔子在中都时规定,棺厚四寸,椁厚五寸,因此知道他不想让人死后迅速腐烂"。
④ "往者数易君",意为"以前多次变换国君"。

(8) 让步连词。让步连词是表示词、结构、分句、句子之间具有先行退让,后又转折加强的争辩色彩关系的连词。例如:

灌婴虽少,然数力战,乃拜灌婴为中大夫。(《史记·樊郦滕灌列传》)

美则美矣,抑臣亦有惧矣。(《国语·晋语》)

虽有嘉肴,弗食不知其旨也。(《礼记·学记》)

从有其皮,丹漆若何?(《左传·宣公二年》)

纵我不往,子宁不来?(《诗经·郑风·子衿》)

公子即合符,而晋鄙不授公子兵,而复请之,事必危矣。(《史记·魏公子列传》)

今律令烦多而不约,自典文者不能分明。(《汉书·刑法志》)

日月星宿,亦积气中之有光耀者,只使坠,亦不能有所中伤。(《列子·天瑞》)

这里,第一、二两例是承认已有情况或事实的让步,相当于现代汉语的"虽然……",其他例子都是提出假设情况的让步,相当于现代汉语的"即使……"。

(9) 主从连词。主从连词是表示状语和中心语、整数和零数的关系的连词。例如:

子路率尔而对曰。(《论语·先进》)

于是大风从西北而起,折木发屋,扬沙石。(《史记·项羽本纪》)

夫子之文章,可得而闻也;夫子之言性与天道,不可得而闻也。(《论语·公冶长》)

魏惠王兵数破于齐、秦,国内空,日以削。(《史记·商君列传》)

春蒐、夏苗、秋狝、冬狩,皆于农隙以讲事也。(《左传·隐公五年》)

夫耕之用力也劳,而民为之者,曰:可得以富也。(《韩非子·五蠹》)

民年七十以上若不满十岁有罪当刑者,皆免之。(《汉书·惠帝纪》)①

---

① "若",意为"或者"。

　　　　　自董卓已来，豪杰并起，跨州连郡者不可胜数。(《三国志·蜀志·
　　诸葛亮传》)

　　　　　割地而朝者三十有六国。(《韩非子·五蠹》)①

前八例是连接状语和中心语，其中第三、六两例是连接能愿动词和中心语。
最后一例是连接整数和零数。

　　2.2　作为并列连词，"而"和"且"主要连接动词和动词性结构、形容词
和形容词性结构，"与"和"及"主要连接名词和名词性结构②。而"而"和"且"
之间，"而"既可以用于顺接，也可以用于逆接，"且"则只能用于顺接；"而"可
以用作主从连词，"且"不可以用作主从连词；"而"不可以叠用，"且"则有"且
……且……"的叠用形式。至于"与"和"及"，虽然都有相当于现代汉语连词
"和"的用法，但"及"另有相当于现代汉语"以及"的用法，如《史记·大宛列
传》："骞因分遣副使使大宛、康居、大月氏、大夏、安息、身毒、于寘、扜罙及诸
旁国。"

　　《马氏文通》卷三在谈到连词"与"和"及"的时候，列举了《论语》、《左
传》、《庄子》、《史记》、《汉书》等许多例句，并说："由是观之，凡记事之文，概
以'及'为连，故《左传》、《史》、《汉》辄用之；而论事之文，概用'与'字。"意思
是凡是记叙文，并列连词就用"及"，凡是议论文，并列连词就用"与"。不过，
这种说法例外太多，难于成立。徐萧斧《古汉语中的"与"和"及"》则提出，在
上古文献中，作为介词和连词的"与"和"及"有分用的现象③。兹转录他所归
纳的表格如下：

---

①　"有"，意为"又"，读作 yòu。
②　"与"似乎有连接动词和动词性结构、形容词和形容词性结构的用法，如《孙子兵法·谋攻》："知
　　可以战与不可以战者胜。"《左传·僖公二十三年》："行也！怀与安，实败名。"《史记·老子韩非
　　列传》："去子之骄气与多欲，态色与淫志，是皆无益于子之身。"《史记·李斯列传》："且夫臣人与
　　见臣于人，制人与见制于人，岂可同日而道哉？"但是不难看出，作为"知"的宾语，"可以战与不可
　　以战"已经名物化；"怀与安"作为一个判断句的主题，也有名物化的意味。馀可类推。
③　载《中国语文》1981 年第 5 期。

书　名	与		及	
	介词	连词	介词	连词
《易·系辞》	+	+		
《论语》	+	+		
《檀弓》	+	+		
《孟子》	+	+		
《庄子》	+	+		
《屈原赋》	+	+		
《春秋》			+	+
《吕氏春秋》	+	+		+
《战国策》	+	+		+
《左传》	+	+	+	+

这就是说,《论语》、《孟子》、《庄子》、《屈原赋》等介词和连词只用"与",不用"及",为第一种类型,而《春秋》介词和连词只用"及",不用"与",为第二种类型,《吕氏春秋》和《战国策》则介词和连词用"与",连词也用"及",为第三种类型,《左传》则介词连词"与"和"及"混用。徐氏的意见是:"上述用法的参差,原因在于时代或地域的歧异。"另外,《公羊传》和《穀梁传》的用法本质上属于第一种类型,《国语》的用法则属于第三种类型。以后,大西克也《并列连词"及""与"在出土文献中分布及上古汉语方言语法》①一文通过考察湖北云梦睡虎地秦简、湖北荆门包山楚简等,进一步提出:"睡虎地秦简并列连词基本上都用'及',其出现频率超过 95%。……包山楚简并列连词无一例外地用'与'字,未见一个连词'及',同秦简形成了鲜明对比。……并列连词秦简用'及'楚简用'与',应是两地方言的反映,不可能是时间、文章体裁、个人嗜好等其他因素所导致的。……并列连词用'及'是秦国方言的显著特点。秦语连词只用'及',介词只用'与','及''与'二字分别部居不相杂厕,这是其他先秦文献中所未见到的重要语法现象。"不过,周守晋《出土战国文献语法研究》②一书第三章第四节指出:"传世文献中除了《论语》、《孟子》和《庄

① 载郭锡良主编《古汉语语法论集》,语文出版社,1998 年。
② 北京大学出版社,2005 年。

子》外,其他典籍并列连词几乎没有不用'及'的。要说这些用'及'的文献都是用秦语写成的,恐怕难以使人信服。"同时,睡虎地秦简"虽然并列连词主要用'及',但也有用'与'的"。周氏的结论是:"'与'和'及'都是由动词虚化、发展为介词、连词的。由于动词的意义并不相同,所以不同时代、地域的文献里,'与'和'及'在动词的用法上并行不悖,这是我们不赞成方言说的主要原因。'与'首先开始语法化的过程,所以时代较早的文献里,'与'的动词、介词和连词用法都可以见到。到了战国晚期,'及'的虚化已经完成,……由于'与'负担过多的功能,所以'及'得以在连词用法上占据优势,形成介词用'与'和连词用'及'的局面。"目前这一研究尚未有定论,值得继续探讨。

连词"以"和"而"的意义、用法比较接近,它们在上古经常通用,如《易·系辞》"上古结绳而治",《论衡·齐世》作"上古结绳以治",《左传·襄公十一年》"和诸戎狄以正诸华",《国语·晋语》作"和诸戎狄而正诸华",又经常作为互文,如屈原《离骚》"济沅湘以南征兮,就重华而陈词"、《礼记·聘义》"温润而泽,仁也;缜密以栗,知也"。但是连词"以"主要表示在时间上一先一后的两种动作行为的联系,其中后一个动作行为往往是前一个动作行为的目的或结果。

2.3　关于"而",《马氏文通》卷八说:"'而'字之为连字,不惟用以承接,而用为推转者亦习见焉,然此皆上下文义为之。不知'而'字不变之例,惟用以为动、静诸字之过递耳,是犹'与'、'及'等字之用以联名、代诸字也。"马建忠的意思是"而"只是一个专门连接动词或专门连接形容词的连词,"而"不能再分析为并列连词和转折连词,理由是这种情况下的并列和转折是由上下文语义造成的,而不是由"而"造成的。马忠《古代汉语语法》第二十八章也说:"我们说'而'字表示顺接或逆接,并不是说'而'字本身有表示顺接或逆接的作用。'而'字所表示的顺接和逆接是由'而'字所连接的前后两个动词或形容词所表示的意思是一致的或不一致的决定的。如前面所举的'子温而厉,威而不猛,恭而安',前两个'而'字是逆接,后一个'而'字是顺接。这三个'而'字所连接的前后都是形容词,形式上是毫无区别的。区别就在于前后两个形容词所表示的意思是一致的或不一致的。"①

我们认为,如果因为上下文义表现出并列,就认为并列连词不含有并列义,上下文义表现出转折,就认为转折连词不含有转折义,上下文义表现出因果,就认为因果连词不含有因果义,这是没有道理的。事实上,有一些句子如果去掉"而"字,它们的转折意味就会丧失很多,例如《孟子·梁惠王下》"礼义由贤者出,而孟子之后丧逾前丧"②、《史记·魏公子列传》"公子往而嬴不送,以是知公子恨之复返也"等句子中,"而"字都是不可省略的。同时,我们也不能认为某一连词前后所连接的内容在形式上没有区别,就认为该连词不能再进一步作下位区分。比如《史记·商君列传》"王即不听用鞅,必杀之,无令出境"和《史记·魏公子列传》"公子即合符,而晋鄙不授公子兵,而复请之",两句中的"即"前面都是名词,后面都是动词短语,形式上没有区别,但是前者应是假设连词,后者应是让步连词。

这里的关键,在于我们所说的并列连词、转折连词、因果连词等的意义是语法意义,而不是词汇意义。虚词的词汇意义很少甚至没有,而只有语法意义,同时古汉语的许多连词往往是死语词,现代汉语已经不用,其语法意义只能从上下文看出来,所以人们会误以为顺接和逆接等意义是由上下文语义所造成的。有鉴于此,我们认为表示顺接和逆接的"而"还是应该分为并列连词和转折连词。

在有一些语法书,比如杨树达的《词诠》中,"而"还有假设连词的用法,其例句有:

> 且先君而有知也,毋宁夫人,而焉用老臣?(《左传·襄公二十九年》)
>
> 子产而死,谁其嗣之?(《左传·襄公三十年》)
>
> 晏子曰:"后世若少惰,陈氏而不亡,则国其国也已。"(《左传·昭公二十六年》)
>
> 尧崩,三年之丧毕,舜避尧之子于南河之南。天下诸侯朝觐者不之

---

① 王力《汉语史稿》第三章第三十九节、《汉语语法史》第十章也有相同的看法。

② 这句话的意思是"礼义应该由贤者表现出来,可是孟子办母亲的丧事超过了办父亲的丧事"。

尧之子而之舜，讼狱者不之尧之子而之舜，讴歌者不讴歌尧之子而讴歌舜，故曰天也。夫然后之中国，践天子位焉。而居尧之官，逼尧之子，是篡也。（《孟子·万章上》）

对此，《马氏文通》卷八早就有云：

有谓《左襄二十九》"且先君而有知也，毋宁夫人，而焉用老臣"，又《昭二十六》"后世若少惰，陈氏而不亡，则国其国也已"，"先君"与"陈氏"皆自为上截所接，"而"字当作"若"字解，且以本文相比，则《襄公二十九年》一节，其前文有"先君若有知也"一句、《昭公二十六年》一节上文"后世若少惰"，接云"陈氏而不亡"，是"而"、"若"两字互用之明证。夫"而"字解如"若"字之义亦通，然将两上截重读，接以"而"字，其虚神仍在，如云"且先君虽死而或有知也"，又如云"陈氏之为陈氏，至后日而仍未亡也"。是将馀味曲包之字补出，则"而"字仍不失为动静诸字之过递也。而况"若……"、"而……"句者，经史往往而有，如执以"而"、"若"两字互用为解，遇有"而"字而无"若"字处者，又将何以自解也？《论语·述而》云"富而可求也"句，必将"富"字重顿，而云"富之为富而可求也"，则下句"虽"字已跃然矣。《左传·宣公十二年》云"且君而逃臣，若社稷何"，犹云"且为一国之君而逃臣"云，如是上截顿足，则下截跌进更有力。若惟云"君若逃臣"云云者，则无馀音矣。……

《左传·僖二十三年》云："有人而校，罪莫大焉。"又云："得志于诸侯而诛无礼，曹其首也。"又《僖二十八年》云："战而捷，必得诸侯。"……《史记·赵世家》云："今媪尊长安君之位而封之以膏腴之地，多与之重器，而不及今令有功于国。一旦山陵崩，长安君何以自托于赵？"所引诸句内，其以"而"字为转者，皆有假设之辞气也。……又《孟子·万章下》云"而居尧之官，逼尧之子，是篡也"一节，经生家以"而"字作"如"字解。《左传·襄公三十年》云"子产而死"一句，则以"而"字解作"若"字，又杂引他句，"而"字解作"乃"字。不知"而"字之解"若"、"如"等字者，非其本字，乃上下截之辞气使然耳。

我们同意马建忠的看法，这里有一些"而"字可以归入转折连词，如"有人而校"、"而不及今令有功于国"等，而像"且君而逃臣，若社稷何"等句子中的"而",如果解作假设连词,确实会大大损害原文的强烈语气。

关于"而"字的主从连词用法,马建忠有不同的看法,《马氏文通》卷八云:

> 不特此也,"而"字亦可用为状字与动静诸字之过递者。状字原以肖动静之貌,与静字无别。古人于静字状字,统以静字名之。今以两者为用不一,故特别焉。《孟·万上》:"始舍之,圉圉焉,少则洋洋焉,攸然而逝。""攸然",状字,所以肖将逝之容。下接"而"字,以连"逝"字者,则"攸然"非"逝"时之容,乃"逝"前之容也。又:"虽然,欲常常而见之,故源源而起。"如是,"常常"两字不直状"见"字,盖犹云"欲见之常常"也。"源源而来"者,犹云"故其来之源源"也。夫然,《庄·知北游》:"使我欣欣然而乐与,与未毕也,哀又继之。"《史·匈奴列传》:"往往而聚者,百有余戎。"《礼·中庸》:"故君子之道,闇然而日章;小人之道,的然而日亡。"《论·先进》:"子路率尔而对曰。"《庄·德充符》:"我怫然而怒,而适先生之所,则废然而反。"《史·日者列传》:"宋忠、贾谊瞿然而悟,猎缨正襟危坐曰。"韩《通解》:"若然者,天下之人促促然而争,循循然而俟,浑浑然而偷,其何惧而不为哉!"所引句内,状字后以"而"字承之者,明其与下截诸动字判为两事也。

上述例句,马氏认为"而"字前后"判为两事",在"攸然而逝"中,先是"攸然",然后才"逝",这种看法显然是不对的。所以吕叔湘、王海棻编《〈马氏文通〉读本》8.2.1.3脚注说:"马氏强调'而'之前后两项'判为两事',意在表明前者不状后者。实则不然,所引诸例'而'前成分多可视为'而'后成分之状语。"①

2.4　王念孙认为,"今"也有假设连词的用法。王引之《经传释词》卷五

---

①　金王若虚《滹南遗老集》卷十八云:"《史记》用'而'字多不安,今略举甚者。《齐世家》云:'郤克使于齐,齐使夫人帷中而观之。'《晋世家》云:'襄公之六年,而赵衰卒。''景公时,而赵盾卒。''平公十二年,而赵武为正卿。'《荀卿传》云:'齐襄王时,而荀卿最为老师。'《鲁仲连传》云:'赵孝成王时,而秦王使白起破长平之军。'《伍子胥传》云:'吴国内空,而公子光乃令专诸袭刺吴王僚。'又云:'吴与越平,其后五年,而吴王闻齐景公死,而大臣争宠,新君弱。'多上一'而'字。……"王氏所举例子中,多有"而"的主从连词用法,《史记》并不误。

曰:"家大人曰:'今'犹'若'也。《礼记·曾子问》曰:'下殇,土周葬于园。遂
舆机而往,途迩故也。今墓远,则其葬也如之何?'今墓远,若墓远也。《管
子·法法篇》曰:'君不私国,臣不诬能,正民之经也。今以诬能之臣,事私国
之君,而能济功名者,古今无之。'今以,若以也。"裴学海《古书虚字集释》也
同此看法,除上述例句以外,其他例句尚有:

> 上古之世,人民少而禽兽众,人民不胜禽兽虫蛇。……今有搆木钻
> 燧于夏后氏之世者,必为鲧禹笑矣。(《韩非子·五蠹》)

> 今王鼓乐于此,百姓闻王钟鼓之声,管之音,举欣欣然有喜色而相
> 告……今王与百姓同乐,则王矣。(《孟子·梁惠王下》)

> 有人于此,力不能胜一匹雏,则为无力人矣;今日举百钧,则为有力
> 人矣。(《孟子·告子下》)

> 鹦鹉能言,不离飞鸟;猩猩能言,不离禽兽。今人而无礼,虽能言,
> 不亦禽兽之心乎?(《礼记·曲礼上》)

> 汤之致旱以过乎?是不与天地同德也。今不以过致旱乎?自责祷
> 谢,亦无益也。(《论衡·感虚》)①

对此,杨树达《词诠》则认为:"此乃说一事竟,改说他端时用之。王氏训
为'若',乃从上下文之关系得之,疑'今'字仍是本义,非其本身有'若'字之
义也。"杨树达的意见是正确的,"今"在这里仍然是"现在"之意,至于句子所
含有的假设意味,乃是上下文"意合"的结果,并非"今"本身含有假设的
意思。

2.5　与"而"相似,马建忠认为"然"也不是转折连词。他说:

> 转换连字中,"然"字最习用。"然"字义本状字,状字之"然",用以
> 落句,口然之而意亦然也。连字之"然",用以起句,口虽然而势已转也。
> 将飞者翼伏,将跃者足缩,将转者先诺,同一理也。故"然"字非转也,未
> 转而姑然之,则掉转之势已成。此"然"字之所以为转语辞也。……

---

① 这一句的意思是"商汤王遭到旱灾是因为自己有过错吗?(如果是,)那么就是圣人商汤王居然
也不跟天地同德。现在(是说)不是因为过错而导致旱灾吗?(不是因为过错,)那么即使自责、
祷告、谢罪也是无益的"。

《孟·万下》："然终于此而已矣。""然"字一顿，以应上文平公之待
亥唐如是也。下乃挺转，决其终于如此而已矣。《史·高帝纪》："问其
次。上曰：'王陵可。然陵少戆，陈平可以助之。陈平智有馀，然难以独
任。周勃重厚少文，然安刘氏者必勃也。'"三"然"字皆转词。《汉·陆
贾传》："足下位为上相，食三万户侯，可谓极富贵无欲矣。然有忧念，不
过患诸吕少主耳。"《史·匈奴传》："匈奴人众，不能当汉之一郡。然所
以强者，以衣食异，无仰于汉也。"《汉·霍光传》："然光不学亡术，闇于
大理。"《史·秦始皇本纪》："然秦以区区之地，千乘之权，招八州而朝同
列，百有馀年矣。"韩《杂说》："然龙弗得云，无以神其灵矣。"所引"然"
字，皆冠句首，可作一顿，下文则挺转矣。周秦之书，单用"然"字为转者
不数见。

　　"然"字承上一顿，下文反转而欲作势者，则加"而"字。《孟·公
上》："然而文王犹方百里起，是以难也。""然"者，然上文所云殷之难变
与夫土地人民之众，"而"字则转言文王以百里而能兴，正与上文相
反。……

　　"然"字承上一顿，下文由是而另推事理者，则加"则"字。《孟·公
下》："然则子之失伍也亦多矣。""然"者，然其所云失伍之士之当去也，
"则"者，由士之失伍推及其人之失伍也。……

　　"然"字一顿以承上文，由是而继以他事者，则加"后"字。《孟·告
下》："然后知生于忧患而死于安乐也。""然后"者，明继事之词也。……

　　总之，"然"字非转语词也，不过一顿，借以取势。至下文如何转接，
则以续加之字为定。（《马氏文通》卷八）

马建忠指出作为连词的"然"来源于状字的"然"①，其语法化的语义基础是表
示然诺和确认，形式标记是位于句首，这是正确的。马建忠指出上古汉语中
许多"然而"、"然则"、"然后"应该拆读，是"然"（如此，这样）和"而"（却，但
是）、"则"（那么）、"后"（以后）的组合，这也是正确的。但是马建忠认为上古
汉语的"然"全都不是转折连词，则是不正确的。我们认为像下面这些句子

---

① 　马建忠的状字相当于现在所说的副词，我们认为表示确认的"然"（这样，如此）应该是指示代词。

中的"然"应该是转折连词：

吾不能早用子，今急而求子，是寡人之过也。然郑亡，子亦有不利焉。(《左传·僖公三十年》)

不穀不德而贪，以遇大敌，不穀之罪也。然楚不克，君之羞也。(《左传·宣公十二年》)

自始合，苟有险，余必下推车，子岂识之？然子病矣！(《左传·成公二年》)①

今吾子之言，乱之道也，不可以为法。然吾子，主也，至敢不从？(《左传·成公十二年》)

君以为雄，谁敢不雄？然臣不敏，平阴之役，先二子鸣。(《左传·襄公二十一年》)②

吾亦愿之。然吾观国人，其父兄之食粗而衣恶者犹多矣，吾是以不敢。(《国语·鲁语上》)

子舆之为我谋，忠矣。然吾闻之，为人子者，患不从，不患无名，为人臣者，患不勤，不患无禄。今我不才而得勤与从，又何求焉？(《国语·晋语》)

昔吾之不纳公子重耳而纳晋君，是吾不置德而置服也。然公子重耳实不肯，吾又奚言哉？(《国语·晋语》)

子虽兄弟于晋，然蔡吾甥也，二国孰贤？(《国语·楚语上》)

夫虽无四方之忧，然谋臣与爪牙之士，不可不养而择也。(《国语·越语上》)

晋平公之于亥唐也，入云则入，坐云则坐，食云则食。虽疏食菜羹，未尝不饱，盖不敢不饱也。然终于此而已矣。(《孟子·万章下》)③

公中曰："善。然吾使者已行矣。"(《战国策·西周策》)

---

① "识"，知道。"病"，指伤重。
② "以为雄"，认为是雄鸡(喻指勇士)。"不雄"，不认为是雄鸡(勇士)。"先二子鸣"，意为"先于殖绰、郭最二人鸣叫"，指先于二人作战。
③ "入云则入，坐云则坐，食云则食"，意思是"亥唐叫他进去就进去，叫他坐就坐，叫他吃饭就吃饭"。

臣非有所畏而不敢言也，知今日言之于前，而明日伏诛于后，然臣弗敢畏也。（《战国策·秦策》）

臣邻人之女，设为不嫁，行年三十而有七子，不嫁则不嫁，然嫁过毕矣。今先生设为不宦，訾养千锺，徒百人，不宦则然矣，而富过毕也。（《战国策·齐策》）①

齐人饰身修行得为益，然臣羞而不学也。（《战国策·楚策》）

殷纣之国，左孟门而右漳、釜，前带河，后被山。有此险也，然为政不善，而武王伐之。（《战国策·魏策》）

跖与曾、史，行义有间矣，然其失性均也。（《庄子·天地》）②

吾学先王之道，修先君之业；吾敬鬼尊贤，亲而行之，无须臾离居；然不免于患，吾是以忧。（《庄子·山木》）

夫大备矣，莫若天地。然奚求焉？而大备矣。（《庄子·徐无鬼》）③

夫三旌之位，吾知其贵于屠羊之肆也；万锺之禄，吾知其富于屠羊之利也；然岂可以贪爵禄而使吾君有妄施之名乎？（《庄子·让王》）

子胥沉江，比干剖心。此二子者，世谓忠臣也，然卒为天下笑。（《庄子·盗跖》）

齐桓公闺门之内，县乐奢泰游抏之修，于天下不见谓修，然九合诸侯，一匡天下，为五伯长。（《荀子·王霸》）④

巧匠目意中绳，然必先以规矩为度；上智捷举中事，必以先王之法为比。（《韩非子·有度》）

夫龙之为虫也，柔可狎而骑也，然其喉下有逆鳞径尺，若人有婴之者则必杀人。（《韩非子·说难》）⑤

木之折也必通蠹，墙之坏也必通隙。然木虽蠹，无疾风不折；墙虽隙，无大雨不坏。（《韩非子·亡徵》）

夫杨，横树之即生，倒树之即生，折而树之又生。然使十人树之而

---

① "嫁过毕矣"，意思是"已经超过嫁人了"。"富过毕也"，意思是"已经超过富裕了"。

② "跖"，盗跖；"曾"，曾参；"史"，史鳅。"有间"，有区别。

③ "然奚求焉？而大备矣"，意思是"但是他追求了什么呢？却已经巨大而完备了"。

④ "县乐奢泰游抏之修，于天下不见谓修"，意思是"只修治器乐游玩之物，不修治天下之事"。

⑤ "婴"，通"撄"，触犯。

一人拔之，则毋生杨矣。（《韩非子·说林上》）

且父母之于子也，产男则相贺，产女则杀之。此俱出父母之怀衽，然男子受贺，女子杀之者，虑其后便、计之长利也。（《韩非子·六反》）

以上这些"然"，很难说它们不是转折连词①。尤其是《国语》第五例和《韩非子》第三例，"虽"与"然"前后呼应，已经与后代的"虽然……但是……"完全一致了。而且这样的"然"数量颇为可观，马氏所谓"周秦之书，单用'然'字为转者不数见"也不符合事实②。

2.6 上面已经提到，上古汉语的"然而"往往不能看作一个词，如《孟子·梁惠王上》"老者衣帛食肉，黎民不饥不寒，然而不王者，未之有也"，这里"然而"的意思是"这样却"，其中的"然"是指示代词，"而"是转折连词。这样的例子还有很多，例如：

今君起百姓以自封也，民外不得其利，而内恶其贪，则上下既有判矣，然而又生男，其天道也？（《国语·晋语》）③

昔智伯瑶攻范、中行氏，杀其君，灭其国，又西围晋阳，吞兼二国，而忧一主，此用兵之盛也。然而智伯卒身死国亡，为天下笑者，何谓也？（《战国策·齐策》）④

故虽上世之圣王，岂能使五谷常收而水旱不至哉？然而无冻饿之民者，何也？（《墨子·七患》）

夫藏舟于壑，藏山于泽，谓之固矣。然而夜半有力者负之而走，昧者不知也。（《庄子·大宗师》）

汝颖以为险，江汉以为池，限之以邓林，缘之以方城，然而秦师至而

① 参朱诚《试论转折连词"然"的形成》，载《古汉语研究》2007 年第 3 期。
② 杨树达《词诠》"然"字转接连词用法下，所举 12 个例句全都见于《史记》。看来杨树达在这个问题上是同意马建忠的意见的。王力《汉语语法史》（商务印书馆，1989 年）第十章也说："直到汉代以后，'然'字才单独用作转捩连词。"王力而且在脚注中否定了《孟子·万章下》"然终于此而已矣"一例，说："《马氏文通》举此为例，似乎'然'字单独用作转捩连词，来源颇早。但这是孤证，不足凭信。"这样，王力就比马建忠走得更远了。
③ "自封"，自厚。"上下"，君上和下民。"判"，分离。"又生男"，指骊姬生男子，可能会争夺太子之位。
④ "忧一主"意思是"使赵襄子发愁"，"一主"指赵襄子。

鄗郚举,若振槁然。(《荀子·议兵》)

　　楚不用吴起而削乱,秦行商君法而富强,二子之言也已当矣,然而枝解吴起而车裂商君者何也?(《韩非子·和氏》)

　　以骄主使罢民,然而不亡者,天下少矣。(《吕氏春秋·适威》)

但是,如果认为上古汉语的"然而"都应该拆读,都不是一个词,这却是不正确的①。应该说作为转折连词的"然而"在先秦两汉已经产生,例如:

　　子游曰:"吾友张也,为难能也。然而未仁。"(《论语·子张》)②

　　臣岂不欲吴?然而前知其为人之异也。吴在蔡,蔡必速飞。去吴,所以鞠其翼也。(《左传·昭公十五年》)③

　　文公学读书于白季,三日,曰:"吾不能行也咫,闻则多矣。"对曰:"然而多闻以待能者,不犹愈也?"(《国语·晋语》)④

　　"……主其许之先,无以待危,然而不可徒许也。"赵鞅许诺。(《国语·吴语》)⑤

　　天下强国无过齐者,大臣父兄殷众富乐,无过齐者。然而为大王计者,皆为一时说而不顾万世之利。(《战国策·齐策》)

　　夫玉生于山,制则破焉,非弗宝贵矣,然大璞不完。士生乎鄙野,推选则禄焉,非不得尊遂也,然而形神不全。(《战国策·齐策》)

　　性也者,吾所不能为也,然而可化也。积也者,非吾所有也,然而可为也。(《荀子·儒效》)

　　德虽未至也,义虽未济也,然而天下之理略奏矣。(《荀子·王霸》)

　　将为胠箧、探囊、发匮之盗而为守备,则必摄缄縢、固扃鐍,此世俗之所谓知也。然而巨盗至,则负匮、揭箧、担囊而趋,唯恐缄縢、扃鐍之不固也。(《庄子·胠箧》)

_____

① 《马氏文通》全书没有一处提到作为一个词的转捩连词(转折连词)"然而",他所举的"然而"的例,全都认为应该拆读。

② "张"指子张。

③ "吴"指朝吴,蔡国大夫。"速飞"意谓迅速强大。

④ "吾不能行也咫,闻则多矣",意思是"我不能亲身实行啊,见闻倒增长了"。"咫",句末语气词。"能者",有能力的人。

⑤ "许",答应和解。"不可徒许",不可以白白地答应。

　　今使天下书铭于君之前,书之言曰:"左手攫之则右手废,右手攫之则左手废,然而攫之者必有天下。"君能攫之乎?(《庄子·让王》)

　　今夫水之胜火亦明矣,然而釜鬵间之,水煎沸竭尽其上,而火得炽盛焚其下,水失其所以胜者矣。(《韩非子·备内》)

　　夫市之无虎也明矣,然而三人言而成虎。(《韩非子·内储说上》)

这里的"然而"没有一个含有先行确认上文的意思,它们的意义和用法跟现代汉语的"但是"完全一样,尤其是上面《荀子》第二例"虽"与"然而"前后呼应,"然"字不可能是对上文的确认,《战国策》第二例"然而"和"然"互文,"然而"应该看作是一个词,因此我们认为这些"然而"已经语法化为纯粹的转折连词①。

　　2.7　有一些连词,如"既……又……",在其他语法书中可能是划归为副词的,我们的看法是,"既"用作"已经"等意义时,确实是副词,但是用作"既……又……"这样的结构类型时,它含有的实义已经大大减弱了,所以已经虚化为连词了。

　　"终……且……"、"终……又……"相当于"既……又……",王引之《经传释词》卷九云:

　　《诗·终风》曰:"终风且暴。"毛传曰:"终日风为终风。"《韩诗》曰:"终风,西风也。"此皆缘词生训,非经文本义。"终",犹"既"也,言既风且暴也。《燕燕》曰:"终温且惠,淑慎其身。"言既温且惠也。《北门》曰:"终窭且贫,莫知我艰。"言既窭且贫也。《伐木》曰:"神之听之,终和且平。"言既和且平也。《甫田》曰:"禾易长亩,终善且有。"言既善且有也。《正月》曰:"终其永怀,又窘阴雨。"言既长忧伤,又仍阴雨也。"终"与"既"同义,故或上言"终"而下言"且",或上言"终"而下言"又",说者皆以"终"为"终竟"之"终",而经文上下相因之指,遂不可寻矣。……《载驰》曰:"许人尤之,众穉且狂。""众"读为"终"。"终","既"也;"穉",骄也。此承上文而言。女子善怀,亦各有道,是我之欲归,未必非也;而许人偏见,辄以相尤,则既骄且妄矣。盖自以为是,骄也;以是为非,妄也。

---

① 参刘利《上古汉语的双音节连词"然而"》,载《中国语文》2005 年第 2 期。

毛公不知"众"之为"终"，而云"是乃众幼稚且狂"，许之大夫岂必人人皆幼邪？

王氏的意见是正确的。

2.8　在上古汉语中，"所以"不是因果连词。杨伯峻指出上古的"所以"是一个短语，有两种用法：(1)"以"字当"用"字讲，就是"……的方法"的意思（如《墨子·公输》："吾知所以距子矣，吾不言。"）；(2)"以"字当"因"讲，就是"……的原因"、"……的道理"的意思（如《晏子春秋·内篇问上》："请终问天下之所以存亡。"）。至于作为像现代汉语一样的表果连词，只是后起的现象。不过刘冠群认为，像现代汉语一样的"所以"在先秦的著作中已见其例，如《荀子·议兵》："礼者，治辨之极也，强国之本也，威行之道也，功名之总也。王公由之，所以得天下也；不由，所以陨社稷也。"①我们认为，就上古汉语中"所以"一般的用法而言，杨氏的意见当然是正确的，但是刘氏的意见也有一定的真理成分。如：

哀公问："寡人问舜冠於子，何以不言也？"孔子对曰："古之王者有务而拘领者矣，其政好生而恶杀焉。是以凤在列树，麟在郊野，乌鹊之巢可俯而窥也。君不此问，而问舜冠，所以不对也。"（《荀子·哀公》）

这里问句用"何以"（为什么），答句"所以"就相当于现代汉语的连词"所以、因此"。同时，在上古汉语中"所以"又有异文"是以"的，如：

吾闻卫世子不肖，所以泣也。（《韩诗外传》卷二）

《太平御览》卷四百六十九引此句"所以"作"是以"，显然这里"所以"的作用与"是以"同，也相当于后世的连词"所以"。只是这里两个例句，如果理解为"……的原因"也是可以的，因此，要说这里的"所以"已经是如同现代汉语"所以"一样的连词，还缺乏坚强的证据，我们不妨把它们看作是后世真正的表果连词"所以"的滥觞。

---

① 参杨伯峻《论"所以"的上古用法》（载《中国语文》1957 年第 3 期）、《答〈再说"所以"的上古用法〉和其它》（载《中国语文》1957 年第 6 期）、刘冠群《说"所以"》（载《中国语文》1957 年第 1 期）、《再说"所以"的上古用法》（载《中国语文》1957 年第 6 期）、《论先秦"所以"为连词的因果叙述句》（载《中国语文》1980 第 6 期）。

　　一般认为,只有当"所以"之后跟有主谓结构时,"所以"才是真正的连词①。连词"所以"的产生最早当在南北朝时期,例如:

　　　　崇之为洛阳令,常得入奏是非,所以朝贵敛手,无敢干政。(《魏书·高谦之传》)

当然,说"所以"之后跟有主谓结构,这只是判断连词"所以"是否已经产生的一个标准,当连词"所以"真正产生之后,如果句子的表因部分和表果部分主语相同,"所以"后面的主语仍然可以省略不说的。

　　2.9　关于主从连词"而",王力早年曾经说:"'节用而爱民'(《论语·学而》)的'而'虽可认为连词,'子路率尔而对'(《论语·先进》)的'而'却不可认为连词,因为依普通的说法,连词的用途是:'连接一个词于词类相似的另一个词,或连接一个句子于另一个句子'。'率尔'和'对'既不是词类相似的两个词,更不是两个句子。……所以'率尔而对'的'而'虽不是介词,同时也不是普通所谓连词。"②以后他在《汉语史稿》(中册)第三十九节进一步把这种情况下的"而"完全划归介词,他说:

　　　　"而"字在上古兼连介两性。……

　　　　在两种情况下,"而"字是介词性的。第一种是"而"字把连绵字或其他副词介绍给动词。例如:

　　　　启呱呱而泣。(《书经·益稷》)

　　　　欲常常而见之,故源源而来。(《孟子·万章》)

　　　　始舍之,圉圉焉,少则洋洋焉,悠然而逝。(同上)

　　　　夫子莞尔而笑。(《论语·阳货》)

　　　　第二种是"而"字把谓语形式状语介绍给动词。例如:

　　　　因其所大而大之,则万物莫不大。(《庄子·秋水》)

　　　　此龟者,宁其死为留骨而贵乎? 宁其生而曳尾于涂中乎? (同上)

以后他的《汉语语法史》第十章"连词兼介词"一节中仍然认为这种情况下的"而"是介词,不过又补充说:"其实'而'字只有一种语法功能,那只能是连

───────────────

①　参王力《汉语史稿》第三章第三十九节。

②　《中国语法理论》(上册)第三章第二十四节。

接。至于是顺接,是逆接,还是把状语连接于谓词,那只是受上下文的影响罢了。"则似乎以为"而"的介词性只是语境造成的,并不是它本身的语法属性了。

　　我们的看法是,在这种情况下的"而"本身当然也具有词性。鉴于除了"以"字和宾语前置的情况以外,介词全都处在介词宾语之前,而连词则大多处在所连接的成分当中,我们仍然把这种情况下的"而"划分为连词。

第三节　助　　词

　　3.1　在结构中用来协调音节、组成名词性结构、标志特殊词序、标志时态的虚词叫"助词"。助词可以分为结构助词、音节助词和态助词三个小类。
　　(1) 结构助词。结构助词用以组成名词性结构和标志特殊词序,例如:

　　　　夫子之文章,可得而闻也。(《论语·公冶长》)

　　　　智者千虑,必有一失。(《史记·淮阴侯列传》)

　　　　赐我南都之田,狐狸所居,豺狼所嗥。(《左传·襄公十四年》)

　　　　谚所谓"辅车相依,唇亡齿寒"者,其虞、虢之谓也?(《左传·僖公五年》)

　　　　鸡鸣而食,唯命是听。(《左传·成公十六年》)

　　　　今王播弃黎老,而孩童焉比谋。(《国语·吴语》)

　　　　陈侯曰:"宋卫实难,郑何能为?"(《左传·隐公六年》)①

　　　　显允方叔,征伐玁狁,荆蛮来威。(《诗经·小雅·采芑》)

　　　　朋酒斯飨,曰杀羔羊。(《诗经·豳风·七月》)

　　　　四国于蕃,四方于宣。(《诗经·大雅·崧高》)

　　　　王贪而无信,唯蔡於感。(《左传·昭公十一年》)②

　　　　有皇上帝,伊谁云憎?(《诗经·小雅·正月》)

这里前三例是组成名词性结构,后九例是标志宾语提前的特殊词序。

---

① "宋卫实难",意思是"(我们陈国)惧怕宋国和卫国"。
② "唯蔡於感",意思是"只憎恨蔡国"。"感"通"憾"。

（2）音节助词。音节助词用来协调音节,例如：

久之,荆卿未有行意。(《战国策·燕策》)

顷之,上行出中渭桥,有一人从桥下走出,乘舆马惊。(《史记·张释之冯唐列传》)

失齐,虽隆薛之城到于天,犹之无益也。(《战国策·齐策》)

战于长勺,公将鼓之。(《左传·庄公十年》)

迩之事父,远之事君。(《论语·阳货》)

生则恶可已也,恶可已,则不知足之蹈之,手之舞之。(《孟子·离娄上》)

今者项庄拔剑舞,其意常在沛公也。(《史记·项羽本纪》)

昔者,瓠巴鼓瑟而沉鱼出听,伯牙鼓琴而六马仰秣。(《荀子·劝学》)

顷者,足下离旧土,临安定。(《汉书·杨恽传》)

不者,若属皆且为所虏。(《史记·项羽本纪》)

是以大者国亡身死,小者地削主卑。(《韩非子·奸劫弑臣》)

殷因于夏礼,所损益,可知也。(《论语·为政》)

己则无礼,而讨于有礼者。(《左传·文公十五年》)

（3）态助词。态助词用来标志被动态和受动态。标志被动态的,例如：

梁父即楚将项燕,为秦将王翦所戮者也。(《史记·项羽本纪》)

卫太子为江充所败。(《汉书·霍光传》)

故弥子之行未变于初也,而以前之所以见贤,而后获罪者,爱憎之变也。(《韩非子·说难》)

且夫臣人与见臣于人,制人与见制于人,岂可同日道哉？(《史记·李斯列传》)

今兄弟被侵,必攻者,廉也;知友被辱,随仇者,贞也。(《韩非子·五蠹》)

国一日被攻,虽欲事秦,不可得也。(《战国策·齐策》)

第三例"见贤"意为被别人认为贤,第四例"见臣"意为被别人作为臣,"见制"

意为被别人制约。

标志受动态的,例如:

> 有小蛇谓大蛇曰:"子行而我随之,人以为蛇之行者耳,必有杀子者。子不如相衔,负我以行,人必以我为神君也。"(《韩非子·说林上》)
>
> 始吾与公为刎颈交,今王与耳旦暮且死,而公拥兵数万,不肯相救。(《史记·张耳陈馀列传》)
>
> 曩者辱赐书,教以慎于接物,推贤进士为务。意气勤勤恳恳,若望仆不相师,而用流俗人之言。(司马迁《报任安书》)
>
> 又念十金法重,不忍相暴章,故密以手书相晓,欲君自图进退。(《汉书·薛宣传》)①
>
> 长卿故倦游,虽贫,其人材足依也,且又令客,独奈何相辱如此?(《史记·司马相如列传》)②
>
> 关东流民饥寒疾疫,已诏吏转漕,虚仓廪开府臧相振救。(《汉书·于定国传》)③
>
> 从许子之道,相率而为伪者也,恶能治国家?(《孟子·滕文公上》)
>
> 寡人得寄僻陋蛮夷之乡,希见教君子之行,请私而无为罪。(《晏子春秋·外篇第七》)
>
> 鄙人固陋,不知忌讳,乃今日见教,谨受命矣。(《汉书·司马相如传》)
>
> 初,苏秦至燕,贷人以百钱,及得富贵,以百金偿之,徧报诸所尝见德者。(《史记·苏秦列传》)

受动有指第一人称的,如第一例"相衔"是指大蛇衔小蛇,可以说受动者是"我",第八、第九例"见教",可以说受动者是"我",第二例"相救"是指救赵王歇和张耳,可以说受动者是"我们"。也有指第二人称的,如第三例"相师"是说师法任安,可以说受动者是"你",第四例受动者也是"你"。也有指第三人

---

① "念十金法重",意为"顾念到贪赃十金犯法严重"。"相暴章",意为"揭发你"。

② "故倦游",意为"本来就厌倦于游说做官"。"令客",意为"县令的客人"。

③ "府臧",同"府藏"。

称的,如第五例"相辱"是指侮辱司马长卿,可以说受动者是"他",第六例"相振救"是指振救流民,可以说受动者是"他们"①。还有属于泛指的,如第七例"相率"是说率领众人,可以说受动者是"大家"。最后一例"见德"是指有德于苏秦,可以说受动者是"他"。

3.2 关于"之"的词性,王力《汉语史稿》和王力主编的《古代汉语》认为是介词,郭锡良等的《古代汉语》则把它归入连词②。这两种意见都是把"之"跟现代汉语的结构助词"的"相比较以后得出的,即现代汉语的"的"可以跟它前面的词或词组结合成名词性词组,如"我的"、"红的"、"看戏的"、"人民的"、"群众拥护的",并可以作句子中的各种句法成分,不限于定语,而古代汉语的这个"之"则只能跟它前面的词或词组一起作定语,"之"的后面必须有中心语,由此可见,"之"和"的"并不相同,既然"的"是结构助词,那么"之"就不应该是结构助词。

我们认为,除了少数前上古现象,如介词"以"经常后置于它的宾语以外,古代汉语的介词都是前置的,都前置于介词宾语,"之"的表现显然与此不同,"之"不应该是介词。同时,"之"有时还能与其他介词连用,如"寡人之于国也"(《孟子·梁惠王上》),如果把"之"看作介词,则"之于"就变成两个介词连用,这是较难让人接受的。又,连词形成的结构都是向心结构,而由"之"形成的结构则可能是离心结构,或跟原来不同的向心结构③,"之"的这种表现恰恰跟"者"、"所"以及现代汉语的"的"相同。有鉴于此,我们认为"之"应当是助词。

---

① 《左传·昭公二十年》:"父不可弃,名不可废,尔其勉之,相从为愈。"唐孔颖达疏:"'勉'谓努力。尔其勉之,今勉力报仇,比于相从俱死为愈也。病差谓之愈,言其胜共死也。服虔云'相从愈于共死',则服意'相从'使员从其言也。语法,两人交互乃得称'相',独使员从己语,不得为相从也。"《左传》这句话是伍尚对其弟伍员说的。孔颖达不知"相"有受动用法,他的解释反而不如东汉的服虔。
② 参王力《汉语史稿》(中华书局,1980年新版)中册第三十九节、王力主编《古代汉语》(中华书局,1984年第2版)古汉语通论十三、郭锡良等《古代汉语》(北京出版社,1981年)古代汉语常识十一。
③ 例如"秦之围邯郸,赵使平原君求救,合从于楚"(《史记·平原君列传》),"秦之围邯郸"意为"秦围赵都邯郸的时候",在句中作状语,跟"秦"和"围邯郸"的语法功能都不同。又如"魏王怒公子之盗其兵符,矫杀晋鄙"(《史记·魏公子列传》),"盗其兵符"在"公子之盗其兵符"中是名词性的,而在"公子盗其兵符"中则是动词性的。

3.3　在古汉语中,也经常把结构助词"之"放在主语和谓语之间,从而形成一种偏正结构。例如:

　　君子之爱人也以德,细人之爱人也以姑息。(《礼记·檀弓上》)

　　且王者之不作,未有疏于此时者也;民之憔悴于虐政,未有甚于此时者也。(《孟子·公孙丑上》)

　　北方之畏昭奚恤也,其实畏王之甲兵也。(《战国策·楚策》)

　　汝忘君之为孺子牛而折其齿乎?(《左传·哀公六年》)①

　　岁寒,然后知松柏之后凋也。(《论语·子罕》)

　　鲁句践已闻荆轲之刺秦王。(《史记·刺客列传》)

　　晋公子重耳之及于难也,晋人伐诸蒲城。(《左传·僖公二十三年》)

　　媪之送燕后也,持其踵为之泣。(《战国策·赵策》)

　　秦之围邯郸,赵使平原君求救,合从于楚。(《史记·平原君列传》)

　　皮之不存,毛将安傅?(《左传·僖公十四年》)

　　父母之爱子,则为之计深远。(《战国策·赵策》)

　　虽我之死,有子存焉。(《列子·汤问》)

第一、二、三例是这种偏正结构作主语,第四、五、六例是这种偏正结构作宾语,第七、八、九例是这种偏正结构作状语,第十、十一、十二例是这种偏正结构作复句的一个分句。古人为什么要使用这种语法结构?传统的解释是,"取消句子的独立性"②,也就是说,"君子爱人",主谓已经具备,已经是句子形式了,但是为了使它成为句子中的一个成分,以便对这个成分再加以表述,所以要在主谓之间加一个"之",取消它的句子性质。我们认为句子的形成,不在于是否主谓具备,只要具备语调,即使单纯一个名词性结构或动词

---

① "为孺子牛而折其齿",指齐景公衔绳装作牛,让自己的孩子牵着走,结果跌落了牙齿。
② 参王力《汉语史稿》(中华书局,1980年新版)中册第四十五节。

性结构,也可以成为句子,因此传统的解释是有缺陷的①。古人所以要使用这种语法结构,还是为了在表达上突出和强调时间、状态、原因、情感等。例如第一例如果没有"之",那么"君子"是主语,"爱人"是谓语的主要部分,"以德"是谓语的次要部分;加上"之"以后,"爱人"是主语的主要部分,"以德"提升为谓语。第五例如果没有"之",那么"松柏后凋"整体作为"知"的宾语;加上"之"以后,"松柏"是宾语的次要部分,"后凋"则成为宾语的主要部分。第九例如果没有"之",那么"秦围邯郸"和"赵使平原君求救……"就是一个顺承复句,两个分句语意平衡;加上"之"以后,"秦之围邯郸"就是"秦围赵都邯郸的时候"的意思,"赵使平原君求救……"就变成主要语意所在。最后一句如果没有"之",则也还是表示假设,但是加上"之"以后,假设的意味加强了。

这种偏正结构还有下面这样的变体:

> 民之于仁也,甚于水火。(《论语·卫灵公》)
>
> 寡人之于国也,尽心焉耳矣。(《孟子·梁惠王上》)
>
> 二子之于法术,皆未尽善也。(《韩非子·定法》)
>
> 韩之在我,心腹之疾。(《战国策·赵策》)
>
> 荆之地方五千里,宋之地方五百里,此犹文轩之与敝舆也。(《墨子·公输》)

由于介词"于"、"於"、"与"来源于动词,因此这种结构可能是"于"、"於"、"与"动词用法的一种遗迹。"之于(於)"在古汉语中经常写成合音字"诸",但是在偏正结构中的"之于(於)"从来不写成"诸",这可能跟"之"在语义上

---

① 例如《礼记·檀弓上》:"曾子哭,子夏亦哭,曰:'天乎!予之无罪也!'"又《荀子·哀公》:"定公问于颜渊,曰:'东野毕之善驭乎?'"又《韩非子·内储说上》:"由是观之,誉之足以杀人矣!"又《史记·廉颇蔺相如列传》:"公之视廉将军孰与秦王?"主谓结构中加了"之",似乎丧失了句子的独立性,但是照样独立成句。

的强调作用,并因此在结构中是重读有关①。

3.4 有一些"其",杨树达《词诠》认为是"句中助词",相当于我们这里的音节助词。例如:

> 何其处也? 必有与也。何其久也? 必有以也。(《诗经·邶风·旄丘》)②
>
> 悠悠苍天,曷其有所? (《诗经·唐风·鸨羽》)
>
> 谁其尸之? 有齐季女。(《诗经·召南·采𬞟》)③

不过,"何其久也"就是"其久也何","谁其尸之"就是"其尸之(者)谁","其"应该是人称代词或指示代词,不能认为是音节助词④。

有一些"之",王力《汉语语法史》第十章认为是用来"足句"的语助词,也就是这里所说的音节助词。例如:

> 晋侯赏从亡者,介之推不言禄,禄亦弗及。(《左传·僖公二十四年》)
>
> 庚公之斯学射于尹公之他。(《孟子·离娄下》)
>
> 藐姑射之山,有神人居焉。(《庄子·逍遥游》)

因为"介之推"、"庚公之斯"、"姑射之山"都是专有名词,本身就是单独的词,所以我们把其中的"之"看作是构词的词嵌,即中缀,而不认为是音节助词。

3.5 助词"所"原来是表示处所的名词,如《诗经·郑风·大叔于田》"襢裼暴虎,献于公所"中的"所",以后虚化为带有指称作用的助词,表示动

---

① 吕叔湘《中国文法要略》第八章"组合式词语的利用"一节在谈到例句"夫天之爱人,甚矣"时说:"这句话,平平淡淡地说,是'天甚爱人'。'甚'是动词'爱'的加语,加语照例在句子里不占重要位置。现在我们要着重这个字,只有把它改成谓语,把其余的部分由一个句子缩成一个组合词结,做句子的主语,就成了例句的形式。"在谈到例句"寡人之于国也,尽心焉耳矣"时,又说:"有时,我们把谓语里的补词提出,用'之'字和主语合成组合式词结,这也是强调谓语的主要部分的一种方法。"可见吕氏认为这一类句型的作用是强调变形以后的谓语,不过我们的意见则认为在强调变形以后的谓语的同时,变形以后的主语中心语,甚至宾语中心语也获得了一定的强调。

② 这一句的意思是"为什么安居不动? 一定要有帮助。为什么长久不来? 一定是有原因"。

③ 这一句的意思是"谁是主持祭祀的人? 是那漂亮的少女"。

④ "何其"另有副词的用法,如《史记·樊郦滕灌列传》:"陛下与臣等起丰沛,定天下,何其壮也! 今天下已定,又何惫也!"不过这是比较后起的用法。

作行为发生的地方。例如：

> 舟车所至，人力所通，天之所覆，地之所载，日月所照，霜露所队，凡有血气者，莫不尊亲。（《礼记·中庸》）
>
> 其北陵，文王之所辟风雨也。（《左传·僖公三十二年》）

又引申为动作行为的对象。例如：

> 鱼，我所欲也，熊掌亦我所欲也。（《孟子·告子上》）
>
> 始臣之解牛之时，所见无非牛者。（《庄子·养生主》）
>
> 和氏璧，天下所共传宝也。（《史记·廉颇蔺相如列传》）

有时也表示动作行为的原因和方式。例如：

> 臣不任受怨，君亦不任受德，无怨无德，不知所报。（《左传·成公三年》）
>
> 他日，子夏、子张、子游以有若似圣人，欲以所事孔子事之。（《孟子·滕文公上》）

由于"所"带有指称作用，但是又不能独立运用，所以有的学者把它叫做"特殊的代词"。我们认为"所"不能独立运用，也不能独立充当结构成分，把它归入助词似乎更合适一些。

助词"所"还经常跟介词"以"、"从"、"由"、"自"、"为"、"与"、助词"者"等结合，置于动词之前，表示动作行为的处所、对象、原因、方式和工具等。

（1）表示处所。例如：

> 楚人有涉江者，其剑自舟中坠于水，遽契其舟，曰："是吾剑之所从坠。"（《吕氏春秋·察今》）
>
> 吾知其所由来矣，姑少待我。（《左传·僖公七年》）
>
> 兵所自来者久矣。（《吕氏春秋·荡兵》）

（2）表示对象。例如：

> 圣人非所与熙也，寡人反取病焉。（《晏子春秋·内篇杂下》）
>
> 其妻问所与饮食者，则尽富贵也。（《孟子·离娄下》）
>
> 其所善者，吾则行之；其所恶者，吾则改之。（《左传·襄公三十

一年》)

(3) 表示原因。例如:

> 梁乃召故所知豪吏,论以所为起大事。(《史记·项羽本纪》)
>
> 儒以文乱法,侠以武犯禁,而人主兼礼之,此所以乱也。(《韩非子·五蠹》)
>
> 古之人所以大过人者,无他焉,善推其所为而已矣。(《孟子·梁惠王上》)
>
> 所为见将军者,欲以助赵也。(《战国策·赵策》)

(4) 方式和工具。例如:

> 吾知所以距子矣,吾不言。(《墨子·公输》)
>
> 君子不以其所以养人者害人。(《孟子·梁惠王下》)

此外,有的学者认为,有些"所+动词"实际上是"所+介词+动词"的省略。例如:

> 衣食所安,弗敢专也,必以分人。(《左传·庄公十年》)
>
> 冀北之土,马之所生,无兴国焉。(《左传·昭公四年》)
>
> 然则是弃已之所安强,而争已之所以危弱也。(《荀子·强国》)
>
> 足以喻治之所悖,乱之所由起而已矣。(《吕氏春秋·正名》)

对于第一句,唐孔颖达正义:"衣食二者,虽所以安身,然亦不敢专已有之,必以之分人。"因此它的意思是"衣食这些所用来安身的东西",并不是"衣食所安放的地方"。第二句,冀北土地不能是马所生出来的,"马之所生"应该是"马之所由生"。后两句,"所安强"相对于"所以危弱","所悖"相对于"所由起",分别省略介词"以"和"由"①。

我们认为这一现象是由于词语的多义性而产生的,"所+动词"不必看作"所+介词+动词"的省略。"衣食所安"固然可以解释为"衣食所安放的地方"("安"解释为"安放、安置"),也可以解释为"衣食这些安身的东西"

---

① 参王克仲《关于先秦"所"字词性的调查报告》,载《古汉语研究论文集》,北京出版社,1982 年。

（"安"解释为"安身"、"安家"）；"马之所生"固然可以解释为"马所生出来的地方"（"生"解释为"生养、生育"），也可以解释为"马所生长的地方"（"生"解释为"生长、出生"）。所以，除了少数表示对象的句子，词语的多义性受到约束以外，大多数"所"字句这两种形式都可以用，比如"其北陵，文王之所辟风雨也"也可以说成"其北陵，文王之所以辟风雨也"。

还有学者认为，像"夙兴夜寐，无忝尔所生"（《诗经·小雅·小宛》）、"大官大邑，身之所庇"（《左传·襄公三十一年》）中，"所"字后面的动词"生"、"庇"带有被动性，即"所生"就是"被生养的人"、"所庇"就是"被庇护的地方"[①]。其实这也是词语的多义性引起的，我们不必为此设立"所"字的另外一种用法。

3.6 助词"者"原来是具有指称作用的代词，《说文》云："者，别事词也。"在它由代词虚化为助词之后，仍然带有指称作用，指称的对象是位于它前面的人或事物，意义相当于"……的人"、"……的东西"。例如：

仁者安仁，知者利仁。（《论语·里仁》）

晋悼夫人食舆人之城杞者。（《左传·襄公三十年》）

益者三乐，损者三乐。（《论语·季氏》）[②]

一夫作难而七庙堕，身死人手，为天下笑者，何也？（贾谊《过秦论》）

有颜回者好学，不迁怒，不贰过。（《论语·雍也》）

"者"字又用于判断句中，以及数词、状态形容词等的后面，其指称意义显然更少一些了。例如：

楚左尹项伯者，项羽季父也。（《史记·项羽本纪》）

老而无妻曰鳏，老而无夫曰寡，老而无子曰独，幼而无父曰孤，此四者，天下之穷民而无告者。（《孟子·梁惠王下》）

皇皇者华，于彼原隰。（《诗经·小雅·皇皇者华》）

"者"字继续虚化，用于时间名词、副词等后面，其指称意义就完全消失了，这

---

① 参刘景农《汉语文言语法》（中华书局，1994年）第五章第二节。
② 这一句的意思是"有益的三种快乐，有害的三种快乐"。

就变成了音节助词。例如:

今者臣来,过易水,蚌方出曝。(《战国策·燕策》)

伍奢有二子,不杀者,为楚国患。(《史记·楚世家》)

3.7　在上古汉语中,"相"原来是情态副词,表示互相和递相,后又由递相虚化为受动态助词的用法。由于受动者可以确定,所以许多人认为这个"相"是指代性副词,具有指代动作行为的对象的作用,如吕叔湘《相字偏指释例》[1],而王力《汉语语法史》第四章则直接认作代词。我们的意见,如果这个"相"是副词,那么在这个副词和后面的动词之间应该还可以插入其他副词、能愿动词等,例如《战国策·赵策》"老臣今者殊不欲食,乃自强步,日三四里","殊欲"之间插入"不",《战国策·魏策》"夫奸臣固皆欲以地事秦","固事秦"之间插入"皆"、"欲"和"以地",但是表示受动的"相"字却始终紧贴后面的动词,当中不能插入其他成分,可见这个"相"不是副词。同时,代词都能充当主语、谓语、宾语等,"相"却没有这样的功能,所以"相"也不应该是代词。

在上古汉语中,"见"既有表示被动的用法,也有表示受动的用法。马建忠在论述"见"字表被动时,对韩愈《进学解》"然而圣主不加诛,宰臣不见斥,非其幸欤"一句感到不能理解。他说:"其意盖谓'不为宰臣所斥'也,则'见斥'二字反用矣,未解。"[2]其实这个"见"只是表示受动,意为"宰臣不斥退我",受动者是"我"。不过,表示受动的"见"只是到汉代才开始出现,主要是中古汉语的现象,所以马氏有此误解,亦属情有可原[3]。

当"见"表示被动时,少数学者认为它是介词,较多学者认为它是副词,如李新魁《汉语文言语法》第十五章,也有一些学者认为它是助动词,如王力《汉语语法史》第二十一章,杨伯峻、何乐士《古汉语语法及其发展》第三章。我们的看法,"见"肯定不是介词。表示被动的"为"可以引出主动者,表示被动的"见"却不能引出主动者,所以"为"是介词,"见"不是介词。同时,与上

---

①　载《中国文化研究会刊》第二卷,1942年,又载《汉语语法论文集》,商务印书馆,1984年。

②　《马氏文通》卷四。

③　正是因为如此,所以我们认为,《韩非子·五蠹》"人之情性莫先於父母,父母皆见爱而未必治也"句中的"见"并不是受动态,而应解释为"现"。

面"相"字相似,如果"见"是副词,那么这个副词和后面的动词之间应该还可以插入其他副词、能愿动词等,但是表示被动的"见"字却始终紧贴后面的动词,当中不能插入其他成分,可见这个"见"也不是副词。而助动词(我们称为"能愿动词")是可以独立充当谓语动词和单说的,但是表示被动的"见"显然没有这种功能,所以"见"也不应该是助动词。我们觉得,表示被动的"见"其实只是一个语法标记,标记的是被动态,所以把它叫做"态助词"。

当"见"表示受动时,一些学者认为这个"见"是指代性副词,具有指代动作行为的对象的作用,而王力《汉语语法史》第二十一章,杨伯峻、何乐士《古汉语语法及其发展》第三章则认为是动词词头。我们的意见,"见"不是副词,理由和表示被动的"见"相似。而上古汉语虽然动词词头较多,但是秦汉以降逐渐衰替湮灭,更不应出现新的动词词头,所以我们也不同意动词词头说。

也有学者认为表示受动的"见"其实就是一个表示显示义的动词,"见+动词"是语法功能相当于单个动词的动宾结构①。不过他所举的例子,有一些"见"本来就是显示或看见义的动词,例如《韩非子·喻老》:"庄王不为小害善,故有大名;不蚤见示,故有大功。""见"就是后来的"现"。又如《战国策·赵策》:"寡人以王子为子任,欲子之厚爱之,无所见丑。"②元吴师道注:"毋使见丑事。"则"见"也是"现"。还有一些则另有解释,例如《战国策·韩策》:"韩,小国也。韩甚疏秦,然而见亲秦,计之,非金无以也。"南宋鲍彪说"见亲秦"是"为秦所亲",元吴师道也说:"谓见亲于秦之计,非金无以为亲。"则此句应是被动句。由于这些原因,我们很难接受这一意见。

关于"被",王力《汉语史稿》第三章第四十八节说:"到了汉代'被'字句就普遍应用起来了。这种'被'字的作用大致和'见'字相当;当时的'被'字句还不容许有关系语(施事者)出现,只是简单地把'被'字放在动词的前面。"正因为如此,所以我们认为上古表示受动的"被"还只是一个助词,并不是介词。而到东汉以后,"被"后面就开始出现施事者,例如:

---

① 姚振武《古汉语"见 V"结构再研究》,载《中国语文》1988 年第 2 期。
② "以王子为子任",意为"把王子托付给您",这里第二个"子"指被托付者周绍。

五月二十日,臣被尚书召问。(蔡邕《被收时表》)

祢衡被魏武谪为鼓吏,正月半试鼓。(《世说新语·言语》)

举体如被刀刺,叫呼而终。(《颜氏家训·归心》)

士有被其容接者,名为登龙门。(《后汉书·李膺传》)

这个时候的"被"就应该是介词了。

第四节　语　气　词

4.1　一般来说,古汉语的句子可以分为陈述句、疑问句、祈使句和感叹句四种类型,专门用在这些句子中帮助表达陈述、疑问、祈使、感叹等语气的虚词叫做"语气词"。语气词可以根据所处句中的位置的不同,分为句首语气词、句中语气词和句末语气词。

(1)句首语气词。例如:

夫得言不可以不察,数传而白为黑,黑为白。(《吕氏春秋·察传》)

摄提贞于孟陬兮,惟庚寅吾以降。(屈原《离骚》)[1]

盖均无贫,和无寡,安无倾。(《论语·季氏》)

且夫水之积也不厚,则其负大舟也无力。(《庄子·逍遥游》)

"善不可失,恶不可长",其陈桓公之谓乎?(《左传·隐公六年》)

(2)句中语气词。例如:

卫懿公唯不去其旗,是以败于荧。(《左传·成公十六年》)

及至江之津也,不放舟不避风则不可涉也,非维下流水多邪?(《荀子·子道》)

今由与求也,相夫子,远人不服,而不能来也。(《论语·季氏》)

汉之广矣,不可泳思;江之永矣,不可方思。(《诗经·周南·汉广》)

彼秦者,弃礼义而上首功之国也。(《战国策·赵策》)

---

[1]　这一句的意思是"在寅年寅月寅日我降生"。"摄提",摄提格,寅年的别名。"贞",正当。"陬",正月,夏历正月为寅月。"庚寅",庚寅日,

君为政焉,勿卤莽;治民焉,勿灭裂!(《庄子·则阳》)

王之好乐甚,则齐国其庶几乎?(《孟子·梁惠王下》)

曩者使女狗白而往,黑而来,子岂能毋怪哉!(《韩非子·说林下》)

余登箕山,其上盖有许由冢云。(《史记·伯夷列传》)

(3) 句末语气词。例如:

都城过百雉,国之害也。(《左传·隐公元年》)

秦晋围郑,郑既知亡矣。(《左传·僖公三十年》)

将有西师过轶我,击之,必大捷焉。(《左传·僖公三十二年》)

子曰:"二三子! 偃之言是也,前言戏之耳。"(《论语·阳货》)

景公问政于师旷曰:"太师将奚以教寡人?"师旷曰:"君必惠民而已。"(《韩非子·外储说右上》)

子路问曰:"子见夫子乎?"(《论语·微子》)

虎兕出于柙,龟玉毁于椟中,是谁之过与?(《论语·季氏》)

天之苍苍,其正色邪?(《庄子·逍遥游》)

君子质而已矣,何以文为?(《论语·颜渊》)

群居终日,言不及义,好行小慧,难矣哉!(《论语·卫灵公》)

用之则行,舍之则藏,唯我与尔有是夫!(《论语·述而》)

语气词也可以根据所表示的语气不同,分为陈述语气词、疑问语气词、祈使语气词和感叹语气词,而分别用在陈述句、疑问句、祈使句和感叹句中。

(1) 陈述句。陈述句用于一般的叙述、议论和判断,无论肯定与否都不带有特殊的感情色彩。陈述句可以不使用陈述语气词,例如:

多行不义必自毙,子姑待之。(《左传·隐公元年》)

学而不思则罔,思而不学则殆。(《论语·为政》)

也可以使用陈述语气词,例如:

谓之"君子"而射之,非礼也。(《左传·成公二年》)

平原君曰:"胜已泄之矣。"(《战国策·赵策》)

古布衣之侠,靡得而闻已。(《史记·游侠列传》)

从此道至吾军,不过二十里耳。(《史记·项羽本纪》)

叶公子高入据楚,诛白公,定楚国,如反手尔。(《荀子·非相》)

归休乎君! 予无所用天下为。(《庄子·逍遥游》)

人尽夫也,父一而已,胡可比也! (《左传·桓公十五年》)

勇士入其大门,则无人门焉。(《公羊传·宣公六年》)

君子病无能焉,不病人之不己知也。(《论语·卫灵公》)

(2) 疑问句。疑问句用于提出怀疑、询问和反问,可以分为是非问、特指问、选择问、正反问和反问等。

a. 是非问。所谓是非问,是指把一件事情全都说出来,要求听者作简单的肯定或否定回答。是非问一般都使用疑问语气词,例如:

壮士,能复饮乎? (《史记·项羽本纪》)

王之所大欲可得闻与? (《孟子·梁惠王上》)

王闻燕太子丹入质秦欤? (《史记·樗里子甘茂列传》)

治乱,天邪? (《荀子·天论》)

岁亦无恙耶? 民亦无恙耶? 王亦无恙耶? (《战国策·齐策》)

b. 特指问。所谓特指问,是指要求听者回答何人、何物、何时、何地、何原因、何状态等。特指问不能用简单的肯定或否定来回答。特指问可以不使用疑问语气词,例如:

哀公问:"弟子孰为好学?"(《论语·雍也》)

公曰:"何贵何贱?"(《左传·昭公三年》)

也可以使用疑问语气词,例如:

彼人是哉,子曰何其? (《诗经·魏风·园有桃》)

有頍者弁,实为何期? (《诗经·小雅·頍弁》)①

衡父不忍数年之不宴,以弃鲁国,国将若之何? 谁居? (《左传·成公二年》)②

虎兕出于柙,龟玉毁于椟中,是谁之过与? (《论语·季氏》)

---

① 这一句的意思是"戴着高高的皮帽子,这是为什么啊"。郑笺:"期,辞也。"

② "不忍数年之不宴",不能忍耐几年的不安宁。"谁居",意思是"谁来承当祸患呢"。

谁习计会,能为文收责于薛者乎?(《战国策·齐策》)

君何不从容为上言邪?(《史记·季布栾布列传》)

奚以之九万里而南为?(《庄子·逍遥游》)

c. 选择问。所谓选择问,是指提出几项并列的内容,要求听者选择其中一项来回答。选择问一般都使用语气词,例如:

滕,小国也,间于齐楚。事齐乎,事楚乎?(《孟子·梁惠王下》)

公以为吴兴兵,是邪,非邪?(《史记·淮南衡山列传》)

三君之心一耶?夫子之心三也?(《晏子春秋·外篇第七》)

为肥甘不足于口与,轻暖不足于体与,抑为采色不足视于目与,声音不足听于耳与,便嬖不足使令于前与?(《孟子·梁惠王上》)

d. 正反问。所谓正反问,是指提出一个内容的正反两个方面,要求听者选择其中一个方面回答[1]。凡是正反问,句子中必定有否定副词"不(否)"、"未"、"非"、"无"、"毋"等。正反问可以不使用疑问语气词,例如:

居如大神,动如天帝,持老养衰,犹有善于是者与不?(《荀子·正论》)

吾三战而三胜,声威天下,欲为大事,亦吉否?(《战国策·齐策》)

秦王以十五城请易寡人之璧,可予不?(《史记·廉颇蔺相如列传》)

君除吏已尽未?吾亦欲除吏!(《史记·魏其武安侯列传》)

诏问故太仓长臣意:"方伎所长,及所能治病者?有其书无有?皆安受学?……"(《史记·扁鹊仓公列传》)[2]

也可以使用疑问语气词,例如:

---

[1] "正反问"也叫"反复问"、"正反选择问"。正反问也可以作为选择问当中的一种。

[2] 刘子瑜《汉语反复问句的历史发展》(载郭锡良主编《古汉语语法论集》,语文出版社,1998年)一文说:"古汉语中的反复问句式可以归结为两种形式:'VPNeg(PRT)'和'VPNegVP'('Neg':否定词,'PRT':语气词)。从所能见到的历史文献看,唐以前,我们只在秦墓竹简中发现有'VPNegVP',其他文献中还不见其踪影。因此,在很长的一段历史时期内,'VPNeg(PRT)'是所见文献中唯一的反复问句式。"文章所举《睡虎地秦墓竹简》例句有:"任人为丞,丞已免,后为令,今初任者有罪,令当免不当?"从这里《史记》和下面《庄子》的例句看,刘说不确。

子之持戟之士一日而三失伍,则去之否乎?(《孟子·公孙丑下》)

若伯夷、叔齐可谓善人者非邪?(《史记·伯夷列传》)

然则夷吾将受鲁之政乎,其否也?(《管子·大匡》)

君取之代乎,其不与?(《吕氏春秋·爱类》)①

秦数使反间,伪贺公子:"得立为魏王未也?"(《史记·魏公子列传》)

天下有至乐无有哉? 有可以活身者无有哉?(《庄子·至乐》)

e. 反问。所谓反问,是指不疑而问、不要求听者一定作出回答,而只是强烈要求听者同意问者看法。反问可以不使用疑问语气词,例如:

亦君之力也,臣何力之有?(《韩非子·难二》)

周不受鼎,郑安敢爱田?(《史记·楚世家》)

也可以使用疑问语气词,例如:

求剑若此,不亦惑乎?(《吕氏春秋·察今》)

今子欲以子之梁国而嚇我邪?(《庄子·秋水》)

故有问舍本而问末者耶?(《战国策·齐策》)②

君子质而已矣,何以文为?(《论语·颜渊》)

今言王若易然,则文王不足法与?(《孟子·公孙丑上》)

若阙地及泉,隧而相见,其谁曰不然?(《左传·隐公元年》)

沛公不先破关中,公岂敢入乎?(《史记·项羽本纪》)

其父虽善游,其子岂遽善游哉?(《吕氏春秋·察今》)

此天所置,庸可杀乎?(《史记·晋世家》)

庸讵知吾所谓知之非不知耶? 庸讵知吾所谓不知之非知耶?(《庄子·齐物论》)

今吾虽欲正身而待物,庸遽知世之所自窥我者乎?(《淮南子·齐俗训》)

王侯将相宁有种乎?(《史记·陈涉世家》)

---

① "取之代",拿石头代替。"与",同"欤"。
② 这一句的意思是"所以有提问只问末节而舍去根本的吗"。

(3) 祈使句。祈使句用于表示请求、命令、劝阻和禁止。祈使句可以不使用祈使语气词,例如:

> 戒其子曰:"我死,尔闻公孙强为政,必去之!"(《左传·哀公七年》)
>
> 及今闻君子之言,乃今闻细人之行,愿请受为弟子。(《战国策·齐策》)
>
> 梁掩其口曰:"毋妄言! 族矣。"(《史记·项羽本纪》)

也可以使用祈使语气词,例如:

> 若晋君朝以入,则婢子夕以死,夕以入,则朝以死,唯君裁之。(《左传·僖公十五年》)
>
> 先王无流连之乐、荒亡之行,惟君所行也。(《孟子·梁惠王下》)[1]
>
> 光昭先君之令德,可不务乎。吾子其无废先君之功!(《左传·隐公三年》)
>
> 无若殷王受之迷乱酗于酒德哉!(《尚书·无逸》)[2]
>
> 虽然,若必有以也。尝以语我来!(《庄子·人间世》)

(4) 感叹句。感叹句用于抒发强烈的感情。感叹句可以不使用感叹语气词,如《论语·先进》:"颜渊死,子曰:'噫! 天丧予! 天丧予!'"但以使用感叹语气词为常。感叹句可以分为表示惊奇、欢乐、赞叹和表示悲伤、厌恶、愤恨两种。

a. 表示惊奇、欢乐、赞叹等。例如:

> 子曰:"参乎! 吾道一以贯之。"(《论语·里仁》)
>
> 佥曰:"於! 鲧哉!"(《尚书·尧典》)
>
> 逝者如斯夫! 不舍昼夜。(《论语·子罕》)

b. 表示悲伤、厌恶、愤恨等。例如:

> 泰山其颓乎! 梁木其坏乎! 哲人其萎乎!(《礼记·檀弓上》)
>
> 惜哉! 其不讲于刺剑之术也。(《史记·刺客列传》)

---

① "先王",指从前的贤明君王。"荒"指不知疲倦地打猎;"亡"指毫无节制地喝酒。

② 这一句意思是"不要像商纣王那样昏乱酗酒啊"。"受"通"纣"。

操行之不得，悲夫！（《史记·楚世家》）

4.2　句首语气词"夫"表示将要发表议论，"盖"表示陈述原因和理由，或表示测度。

句首或句中语气词"唯（惟、维）"，以及句末语气词"为"，它们都表示强调语气。

句末语气词"也"表示事态的本然，是一种静态的判断和确认，"矣"表示事态的已然，是一种动态的判断和确认。"矣"所表示的已然不仅包括过去和现在已经实现的事态，而且包括将来要实现的事态，如《左传·宣公二年》："君能补过，衮不废矣。"此外，用在句末的"已"用同句末语气词"矣"。

句末语气词"耳"是"而已"合音词，表示事态的仅然，"尔"用同"耳"。"而已"本来是连词"而"和动词"已"的连接，意思是"……就罢了，……就可以了"，例如《论语·宪问》："子路问君子。子曰：'修己以敬。'曰：'如斯而已乎？'曰：'脩己以安人。'"由于长期结合用于句末，虚化而成为语气词，表示限止的语气。"乎"主要是表示疑问语气，兼表感叹语气。"与"和"欤"是一对古今字。"哉"是纯粹表示感叹的语气词。

《公羊传·宣公六年》"勇士入其大门，则无人门焉"的"焉"是合音词，除表示判断语气外，又含有一个补语的作用，相当于"于是、于此"；而《论语·卫灵公》"君子病无能焉，不病人之不己知也"的"焉"是从合音词"焉"发展而来的，但已经是纯粹的语气词了。

4.3　一般来说，表示陈述的语气词有"也"、"矣"、"已"、"耳"、"尔"、"焉"等，表示疑问的语气词有"乎"、"与（欤）"、"邪（耶）"、"为"、"其"等，表示祈使的语气词有"唯（惟）"、"其"等，表示感叹的语气词有"乎"、"哉"、"夫"等，表示同一类语气的语气词有多个，这一方面当然是因为即使是同一类语气，其中也有轻重强弱、不同语境等的区别，因而需要有不同的语气词来表示，另一方面也是因为有时代和方言等因素在内。例如关于疑问语气词"邪"和"与（欤）"，杨伯峻指出："'邪'字在《诗经·鲁颂》、《论语》、《孟子》、《礼记·檀弓》都未见用，这类书可说是鲁地作品，用'与'（欤）不用'邪'，是不是有地方方言关系，待考。'与'和'邪'古音同部，唯声纽不同，其实亦相近,分别如此谨严,颇值得研究。"①

　　陈述、疑问、祈使、感叹四类语气词基本上是分用的,但是某些语气词有的时候也会用来表示自身范围以外的语气。例如:

　　　　不患人之不己知,患不知人也。(《论语·学而》)
　　　　寡人非此二姬,食不甘味,愿勿斩也!(《史记·孙子吴起列传》)
　　　　于是高帝曰:"吾乃今日知为皇帝之贵也!"(《史记·刘敬叔孙通列传》)
　　　　晋侯在外十九年矣。(《左传·僖公二十八年》)
　　　　椒也知政,乃速行矣,无及于难。(《左传·宣公四年》)
　　　　《诗》云:"如切如磋,如琢如磨。"其斯之谓与?(《论语·学而》)
　　　　子在陈,曰:"归与!归与!……"(《论语·公冶长》)
　　　　太仁,太不忍人,非善名邪?(《韩非子·内储说上》)
　　　　一呼而不闻,再呼而不闻,于是三呼邪,则必以恶声随之。(《庄子·山木》)

第一例"也"是陈述语气,第二、三两例"也"则分别是祈使语气和感叹语气。第四例"矣"是陈述语气,第五例"矣"则是祈使语气。第六例"与"是疑问语气,第七例"与"则是祈使语气。第八例"邪"是疑问语气,第九例"邪"则是陈述语气。之所以出现这种情况,可能是因为语言演变,或者临时借用,也可能是方言用字不同,还可能是后人传抄讹误所致②。

　　陈述、疑问、祈使、感叹四类语气词基本上是分用的,但是有些学者则往

---

① 见杨伯峻《古汉语虚词》(中华书局,1981 年)"邪"字下。另《马氏文通》卷九云:"'邪'字在四书、《左传》不多见,自《语》《策》诸子始用之。'邪'系楚音,此战国时南学渐北之证。"则马建忠认为"邪"来自楚地方言。附带说明一下,俞樾《古书疑义举例》卷四"也邪通用例"云:"《论语》中以'也'为'邪'者甚多,'子张问十世可知也?''井有人焉,其从之也?''岂若匹夫匹妇之为谅也?'诸'也'字必读为'邪',方得当日语气。以本字读之,则神味为之索然矣。"根据《论语》疑问语气词用"与"不用"邪"的规律,这里应该说"也与通用"、"也"读为"与"才对。上古音"也"和"与(欤)"同是喻四声母鱼部字。
② 例如今本《论语·为政》:"子张问:'十世可知也?'"定州汉墓竹简《论语》作:"子张(问):'十世可智与?'"今本《论语·雍也》:"仁者,虽告之曰:'井有仁焉。'其从之也?"皇侃本作:"仁者,虽告之曰:'井有仁者焉。'其从之与?"今本《论语·阳货》:"赐也亦有恶乎?"定州汉墓竹简《论语》作:"赐也□□恶也?"

往认为同一个语气词有多种功能。例如在杨树达的《高等国文法》中，"也"字既有"助句，表决定"的用法，又有"助句，表命令"、"助句，表感叹"的用法，还有"助句，表疑问"的用法，也就是说，"也"字既是陈述语气词，又是祈使语气词、感叹语气词，还是疑问语气词。"矣"、"焉"、"乎"、"尔"、"者"等与此类似。那么上古汉语的"也"、"矣"等果真具有多种功能吗？《马氏文通》卷九曾指出："经学家见经史中询问之句，有助以'也'字、'焉'字者，则谓'也'、'焉'两字同乎'乎'字。不知询问之句助以'也'字者，寓有论断口气。"王力《汉语史稿》中册第三章第五十节脚注也说："有人以为'也''矣'也用于疑问语气，其实并非'也''矣'本身能表示疑问，而是因为前面有了疑问副词。即使没有疑问副词，也不必把'也''矣'曲解为疑问语气词，因为语调本身就能表示疑问。"确实在上古汉语中，当疑问句句末使用"也"字时，一般总有其他疑问词存在，极少例外，因此我们同意马建忠和王力的意见，即"也"字并没有表示多种语气的功能，它并没有疑问语气词的用法，疑问句中的"也"和陈述句中的"也"同样是表示判断和确认①。同时，"也"字用于感叹句的例子也很少，用于感叹句的"也"同样只是表示判断和确认，并不表示感叹语气②。

　　与此相同，用于疑问句的"矣"和"哉"，一般也总是另有疑问词存在。例如：

---

① 王力《汉语语法史》第二十三章说："有的语法家以为'也'字也表示疑问，那是误解。'也'字一般要在句中已有疑问词时，才能表示疑问。在这种情况下，'也'字表示疑问的语调。……偶然也有一些'也'字前面没有疑问词而仍能表示疑问句，那也只是凭语调而不是凭词汇意义表示疑问。"这一段话有漏洞。语气和语调是紧密相连的，语气词当然也表示语调，说"也"字在疑问句里不表示疑问语气，只是表示疑问语调，这是没有道理的。

② 何容《中国文法论》（独立出版社，1942年，商务印书馆，1985年新版）的意见可作参考，其书第八部分说："至于有助词的语句，那竟由助词把语气表示出来的，固然不成问题的是去掉助词便无语气；那仅是用助词来帮助表示语气的，当然还有个被这个助词帮助而表示语气的东西；那么我们研究这个助词的作用的时候，也就难免把这个被帮助的东西所生的作用，一并当作那个帮助它的助词所能生的作用。这是我们研究助词的作用的时候应该注意的。假设这个被帮助的东西，没有助词帮助也能单独表示语气，而所表示的语气又和有助词帮助它的时候是一致的，那么这个帮助它的助词就仅是加强它的作用；把它所生的作用，一并当作这个助词所能生的作用，倒还没有什么大关系；假如这个被帮助的东西没有助词帮助便不能表示语气，或是能表示而和有助词帮助的时候所表示的不一致，那就更不可以把它所生的作用一并当作这个助词所能生的作用了；因为要是这样，就不免把这个助词所没有的作用也当成它的作用，把一个作用很单纯的助词当成作用很复杂的，而永远弄不清楚。"何容所说的"助词"就是语气词。

子路问曰:"何如斯可谓之士矣?"(《论语·子路》)

危而不持,颠而不扶,则将焉用彼相矣?(《论语·季氏》)

子来几日矣?(《孟子·离娄上》)

寡人万岁千秋之后,谁与乐此矣?(《战国策·楚策》)

默而识之,学而不厌,诲人不倦,何有于我哉?(《论语·述而》)

吾之不遇鲁侯,天也。臧氏之子焉能使予不遇哉?(《孟子·梁惠王下》)

吾岂知纣之善否哉?(《国语·晋语》)

足下何以得此声于梁楚间哉?(《史记·季布栾布列传》)

可以认为,这些疑问语气主要是由句中的疑问词来承担的,"矣"、"哉"并不表示疑问语气,它们在句中所起的作用是语气的补足和加强①。

4.4　上面我们指出,语气词有句首的,句中的,也有句末的,现在的问题是,这些语气词的语气覆盖了句子的哪些部分?

马建忠在《马氏文通》卷九中分析语气词"也"字的用法时说:

一、"也"字助句,大抵助论断之辞气耳。而句之有待于论断者,以表词之句为最。助以"也"字,所以断起词与表词之为是为非也。断其为是者,断词可省。

……

《左成十六》:"古之曰:'姬姓,日也;异姓,月也,必楚王也。'"又《僖九》:"'何谓忠贞?'对曰:'公家之利,知无不为,忠也;送往事居,耦俱无猜,贞也。'"所引皆名字为表词,煞以"也"字,而无断词参焉者也。……

二、"也"字助读。其为用也,反乎其助句也。助句以结上文,而助读则以起下文。其起下文也,所为顿宕取势也。盖读、句相续而成文,患其冗也,助以"也"字,则辞气为之舒展矣。夫读之为式,至不一矣,而

---

① 王力《汉语史稿》(中册)第三章说:"'哉'字和'乎'字的最大分别是:'乎'字不靠疑问代词或疑问副词的帮助,它本身可以表示疑问;'哉'字永远不能表示纯粹的疑问,而且要靠疑问代词或反诘副词的帮助,才能表示反诘。"可见,"哉"并不是一个纯粹的疑问语气词。不过,王力还是把"哉"列入了疑问语气词之中。关于这几个语气词,还可参见郭锡良《先秦语气词新探》(载《古汉语研究》1988年创刊号、1989年第1期,又载《汉语史论集》,商务印书馆,2005年)。

其可衬"也"字者,约计有四:

其一,读之为起词也,有助以"也"字者。《孟·滕上》:"且天之生物也,使之一本,而夷子二本故也。"①"天之生物"一读,而为下文之起词,"也"字助之,而辞气一宕。……

其二,读之记时记处也,有助"也"字者。《孟·公下》:"及其更也,民皆仰之。"②"及其更也",记时之读也。

其三,读之为悬设也,有助"也"字者。《孟·万上》:"非其义也,非其道也,禄之以天下,弗顾也,系马千驷,弗视也。非其义也,非其道也,一介不以与人,一介不以取诸人。"③"非义"、"非道"皆悬设之辞。……

其四,读之承动字也,有助"也"字者。……《孟·公下》:"丑见王之敬子也,未见所以敬王也。""见"者,目所司也。"王之敬子"者,"见"字之承读也。助以"也"字者,决言所见之诚然也。……

三、"也"字助实字。凡实字之注意者,借助"也"字,则辞气不直下,而其字有若特为之揭出矣。助字中之助实字者惟"也"字,馀只助句、助读而已。而实字借助于"也"字者,不一其类。

公名有助以"也"字者。《孟·公下》:"夫士也亦无王命而私受之于子,则可乎?""士"公名,而助以"也"字一顿,以指注意之所在。……

本名有助以"也"字者。《论·公冶》:"赐也非尔所及也。"……

马建忠的话是有启迪意义的,他认为语气词"也"有助句的,助读的,还有助字的,也就是说,"也"的覆盖范围有覆盖整个句子的,也有覆盖一个短语的,还有只覆盖一个词的。除"也"字以外,马建忠还阐述了"矣"、"焉"、"者"等字的助句、助读和助字作用。全面考察语气词的使用情况,我们认为,一般来说,句首语气词的语气应该覆盖后面的结构或句子;句中语气词,有覆盖它前面的结构或句子的,也有覆盖其后面的结构或句子的;句末语气词的覆

---

① 这一句的意思是"天生万物,只有一个根源(都只有一双父母),夷子却认为有两个根源(自己的父母和别人的父母)",孟子认为自己的父母和别人的父母是有差别的,夷子则以为一样的。

② "更",指君子改正错误。

③ "非其义也,非其道也",意思是"如果不符合义,如果不符合道";"禄之以天下",意思是"把天下的财富都作为俸禄给他";"一介不以与人",意思是"一点儿也不给人家"。

盖范围则是它前面的结构或句子。例如：

> 夫君子之居丧，食旨不甘，闻乐不乐，居处不安，故不为也。（《论
> 语·阳货》）
>
> 虽疏食菜羹，未尝不饱，盖不敢不饱也。（《孟子·万章下》）
>
> 吾恐季孙之忧，不在颛臾，而在萧墙之内也。（《论语·季氏》）
>
> 晋公子重耳之及于难也，晋人伐诸蒲城。（《左传·僖公二十三
> 年》）
>
> 大事奸义，必有大咎。晋不失诸侯，魏子其不免乎？（《左传·定公
> 元年》）
>
> 昔者齐桓公九合诸侯，一匡天下，不识臣之力也，君之力也？（《韩
> 非子·难二》）

第一例句首语气词"夫"表示就"君子之居丧"发起议论，所以其语气往后覆
盖到"居丧"为止。第二例句首语气词"盖"应该覆盖其后面的整个句子，表
示测度语气。第三例句末语气词"也"表示对"季孙之忧"所在的判断，应该
往前覆盖到"不在"为止。第四例句中语气词"也"表示句中停顿和提起下
文，其语气往前覆盖到"晋公子重耳"为止。第五例句中语气词"其"表示推
测语气，其语气往后覆盖到"不免"为止，而句末语气词"乎"表示疑问，应该
往前覆盖到"魏子"为止。最后一例"不识"之后是选择问句，第一个"也"覆
盖"臣之力"，第二个"也"覆盖"君之力"①。

　　4.5　关于疑问句句尾的"为"，学术界有不同的解释。王引之《经传释
词》认为是语气词（他称为"语助"），杨树达《词诠》、杨伯峻《文言语法》和王
力《古代汉语》②等也主此说；马建忠《马氏文通》卷三则认为是表示决断口气

---

① 关于句末语气词连用时的语气覆盖范围，参 4.6。
② 这是指 1962 年版的王力《古代汉语》，此书 1981 年版"古汉语通论（十）"则认为"为"是动词，文
　章说："这种句子，实际上是动词'为'的疑问代词宾语'何'放在作状语的介词结构前面了，意思
　是'用……做什么'。"不过，在此书文选的注释中则仍认为"为"是语气词，如《论语·颜渊》"何以
　文为"，注："为，句末语气词，经常与'何以'相应。"《论语·季氏》"何以伐为"，注："为，语气词。"
　《庄子·北冥有鱼》"奚以之九万里而南为"，注："奚以，哪里用得着。……为，表疑问的句末语气
　词。"

的"断词"，卷七又以为是介词，跟疑问代词"何"等首尾分置①。目前多数学者同意王引之的意见，理由是②：

(1) 有一些"何……为"无法理解为"……为何"，如：

《墨子·公输》："公输盘曰：'夫子何命焉为？'"（"何命焉为"就是"何命焉"[墨先生有什么见教]，如果理解成"命焉为何"[为什么见教]，则不合文意）

《穀梁传·定公十年》："两君合好，夷狄之民何为来为？"（"何为来为"就是"何为来"[为什么来]，如果理解成"为来为何"，则句意不明）

《论语·子路》："诵《诗》三百，授之以政，不达；使于四方，不能专对；虽多，亦奚以为？"（"奚以为"就是"奚以"，即"何以"[何用]，如果理解成"为奚以"，即"为何以"[为什么用]，则不合文意）

(2) 有一些句末的"为"字去掉以后，句意基本不变，如：

奚以之九万里而南为？（《庄子·逍遥游》）

何故怀瑾握瑜而自令见放为？（《史记·屈原贾生列传》）

骏明欲毁乡校，子产曰："何以毁为？"（《孔子家语·正论解》）

吾得一人，而一国盗为尽矣，奚用多为？（《列子·说符》）

(3) 句末的"为"跟疑问代词"何"等之间并没有必然的联系，如：

子路入，及门，公孙敢门焉，曰："无入为也！"（《左传·哀公十五年》）

---

① 《马氏文通》卷三："凡以表决断口气，概以'是'、'非'、'为'、'即'、'乃'诸字，参于起、表两词之间，故诸字名断辞。……《孟·离上》：'事孰为大？事亲为大。守孰为大？守身为大。'四句各为问答，皆有起、表两词，且各参以'为'字，所以断之也。……《汉·贡禹传》：'何以孝弟为？财多而光荣。何以礼义为？史书而仕宦。'犹云'以孝弟为何'、'以礼义为何'也，'何'字先置，询问代字也。"又卷七："《孟子·万章上》云：'我何以汤之聘币为哉？'又《滕文公下》云：'恶用是鶃鶃者为哉？'与《庄子·逍遥游》云：'奚以之九万里而南为？'《楚辞·渔父篇》云：'何故深思高举，自令放为？'以及《左传·僖公三十三年》云：'秦则无礼，何施之为？'又《昭公十三年》云：'国不竞亦陵，何国之为？'诸句内'何'、'为'两字，或首尾拆置，或间以'之'字。然'为'字有解作语助不为义者，有解作'有'字者，至解作断词，则见询问代字节。今皆解作介字，亦通。"

② 参《中国语文》1979 年第 6 期朱运申《关于疑问句尾的"为"》，1980 年第 5 期廖振佑《也谈疑问句尾"为"》，洪成玉、廖祖桂《句末的"为"应该是语气词》，王克仲《略说疑问句尾"为"字的词性》。

归休乎君,予无所用天下为!(《庄子·逍遥游》)

愿与汉王挑战决雌雄,毋徒苦天下之民父子为也。(《史记·项羽本纪》)

帝曰:"今故告之,反怒为,殊不可晓也!"(《汉书·外戚传》)

(4) 古人的语感表明"为"是语气词,如:

《论语·季氏》:"是社稷之臣也,何以伐为?"西汉孔安国注:"已属鲁为社稷之臣,何用灭之为?"(以"何用"释"何以","灭之"释"伐","为"仍用作结尾)

《论语·颜渊》:"君子质而已矣,何以文为?"南朝皇侃疏:"何必用于文华乎?"(以"何必"释"何","用"释"以","文华"释"文","乎"释"为")

《汉书·张汤传》:"何多以对为?"唐代颜师古注:"言何用多对?"(以"何用"释"何","多对"释"多以对",不释"为")

《史记·酷吏列传》:"汤为天子大臣,被污恶言而死,何厚葬乎?"《汉书·张汤传》改写为:"汤为天子大臣,被恶言而死,何厚葬为?"(以"为"代"乎")

《史记·吴王濞列传》:"天下同宗,死长安即葬长安,何必来葬为!"《汉书·荆燕吴传》改写为:"天下一宗,死长安即葬长安,何必来葬!"(不用"为")

不过,确实也有少数疑问句末的"为"应该是动词,例如:

余发如此种种,余奚能为?(《左传·昭公三年》)①

可无劳师而得城,子何不为?(《国语·晋语》)

若让之以一矢,祸之大者,其何福之为?(《国语·楚语上》)②

本节中涉及到"何以"、"奚以"等的用法,请参第一章 6.5 节。

4.6　古代汉语常有语气词连用的现象,这种连用的语气词大多分别表

---

① 这一句的意思是"我的头发这样短,已经衰老了,我哪里能为害呢"。
② "让之以一矢",意为"用一枝箭来款待人家"。"为"通"有"。

明了不同层次的不同语气,而其重点在最后一个语气词,表明全句的语气。如《论语·阳货》:"礼云礼云,玉帛云乎哉? 乐云乐云,钟鼓云乎哉?"①"乎"表示疑问,"哉"则是借用感叹语气词加强反问的语气。又如《左传·僖公三十年》:"臣之壮也,犹不如人;今老矣,无能为也已。""也"表示事态的本然,放在"无能为"的后面,指明该层次的语气;句末的"已"用同"矣",表示事态的已然,指明全句"无能为也"总的语气。又如《孟子·梁惠王上》:"寡人之于国也,尽心焉耳矣。"这里"焉"、"耳"、"矣"三个语气词连用,是指明三个层次。最内层用"焉",断定事态发生的所在,意思是"在那里尽我的心";第二层用"耳",表明事态的仅然,意思是"真是在那里尽我的心罢了";最外层用"矣",表示事态的已然,意思是"真是在那里尽了我的心罢了啊"。语气词的连用也有一些是相似语气的连用,例如《孟子·万章下》:"集大成也者,金声而玉振之也。""也者"是陈述语气词"也"和"者"的连用,"也"表示句中停顿,"者"表示句中停顿并提起下文。这是一个判断句,本来只要一个"者"就可以了,"者"前再加一个"也",是加强句中停顿语气。又如《吕氏春秋·诚廉》:"嘻,异乎哉! 此非吾所谓道也。"感叹语气词"乎"和"哉"连用。

《马氏文通》又把语气词分为"传信"和"传疑"两类,所谓"传信"是指示肯定的语气词,所谓"传疑"是指疑问语气词和感叹语气词②。他的意见是,传信语气词连用,总是"已"、"矣"等处于句子最后,他说:"合助之式不一,有惟以传信助字双合以助句者,如是则'矣'、'已'两字为殿者其常,'耳'、'尔'两字亦间用焉。""有以传信助字参合以助句者,则惟以'矣'字为殿。凡以传信助字为殿者,从未见有参以传疑助字者。"③例如:

---

① 这一句的意思是"礼啊礼啊,难道仅仅是说玉帛吗? 乐啊乐啊,难道仅仅是指钟鼓吗"。
② 马建忠"传疑助字"这个名称起得不好,容易使人误解为只包括疑问语气词。如王力《汉语史稿》(中册)第三章第五十节说:"《马氏文通》所谓传信助字就是陈述语气;所谓传疑助字就是疑问语气。"又如《古汉语知识详解辞典》(中华书局,1996 年)"传疑助字"条说:"即'疑问助词'。与'传信助字'对言。""传信助字"条说:"语气助词的一种。与'传疑助字'对言。帮助判断、陈述等语气的助词。……凡非表疑问语气者,皆包括在内。"事实上,《马氏文通》卷九云:"传疑助字六:'乎'、'哉'、'耶'、'与'、'夫'、'诸'是也。其为用有三:一则有疑而用以设问者;一则无疑而用以拟议者;一则不疑而用以咏叹者。三者用义虽有不同,要以'传疑'二字称焉。"所谓"不疑而用以咏叹者"应该是指感叹语气词。
③ 《马氏文通》卷九。

子曰:"赐也始可与言《诗》已矣。"(《论语·学而》)

就有道而正焉,可谓好学也已。(《论语·学而》)

人之易其言也,无责耳矣。(《孟子·离娄上》)

唯祭祀之礼,主人自尽焉尔。(《礼记·檀弓下》)

嗜酤酒,好讴歌,巷游而乡居者乎,吾无望焉耳。(《大戴礼记·曾子立事》)

周之德,其可谓至德也已矣!(《论语·泰伯》)

丧三日而殡,凡附于身者,必诚必信,勿之有悔焉耳矣。(《礼记·檀弓上》)[①]

我们认为,马氏的说法是有道理的,不过"传信"、"传疑"的分类尚欠明确,也不实用。最好还是从陈述、疑问、祈使、感叹这四个分类进行考察。从马氏所举的这些例子看,其实都是陈述语气词和陈述语气词的连用,那么我们还可以补充的是:表示事态已然的语气词必然置于表示事态本然的语气词之后。

同时,马氏认为如果是传信语气词和传疑语气词连用,则总是传信语气词在前,传疑语气词在后,其文云:"其以传信助字与传疑助字双合为助者,则惟传疑者殿句,殿以'乎'、'哉'两字者其常,殿以'与'、'夫'两字者有焉,而殿以'邪'字者仅矣。"例如:

饱食终日,无所用心,难矣哉!《论语·阳货》

子綦曰:"此何木也哉? 此必有异材夫。"(《庄子·人间世》)

有能一日用其力于仁矣乎? (《论语·里仁》)

晋师归,范文子后入。武子曰:"无为吾望尔也乎?"(《左传·成公二年》)[②]

道之将行也与? 命也。道之将废也与? 命也。(《论语·宪问》)[③]

君子博学于文,约之以礼,亦可以弗畔矣夫! (《论语·雍也》)[④]

莫我知也夫! (《论语·宪问》)

---

① "附于身者",给死者所穿的衣被等。"勿之有悔",不要给自己留下遗憾。

② "无为吾望尔也乎",意思是"你不认为我在盼望你吧"。

③ "道",指孔子的主张。"命也",意思是"听从命运吧"。

④ "约之以礼",用礼来约束自己。"弗畔",不离经叛道。"畔",通"叛"。

　　使予也而有用,且得有此大也邪?(《庄子·人间世》)①

　　为仁由己,而由人乎哉?(《论语·颜渊》)

　　郤至曰:"然则王者多忧乎?"文子曰:"我王者也乎哉?"(《国语·晋语》)②

　　鄙夫可与事君也与哉?(《论语·阳货》)③

　　子游为武城宰。子曰:"女得人焉耳乎?"(《论语·雍也》)

　　上述例句大多数符合马建忠的意见,即传信助字在前,传疑助字在后。马建忠的传疑助字中包括疑问语气词和感叹语气词,如果把这两类分开考察的话,那么关于陈述语气词、疑问语气词和感叹语气词之间的连用,我们的结论就是:疑问语气词必然置于陈述语气词之后,感叹语气词必然置于陈述语气词之后,感叹语气词必然置于疑问语气词之后,也就是——陈述语气词>疑问语气词>感叹语气词④。从这里也可以看出,感叹语气要强于疑问语气,疑问语气又要强于陈述语气。

　　4.7　关于选择问句,杨伯峻、何乐士《古汉语语法及其发展》第十二章第二节分为范围选择问句和分项选择问句两类,所谓"分项选择问句",就是我们上文所说的疑问句中的选择问,所谓"范围选择问句",则是指"在句首提供选择的范围,问从其中选择哪一个"这样的疑问句。其所收范围选择问句的例句如:

　　必不得已而去,于斯三者何先?(《论语·颜渊》)

　　主孰有道? 将孰有能? 天地孰得? 法令孰行? 兵众孰强?(《孙子兵法·计篇》)

　　今使子有二臣于此,其一人者见子从事,不见子则不从事;其一人者见子亦从事,不见子亦从事。子谁贵于此二人?(《墨子·耕柱》)⑤

———————————

① 这一句的意思是"假使我真的有用,能够长得这么高大吗"。
② "我王者也乎哉",意思是"我们晋国难道是王者吗"。
③ "鄙夫",指粗野的人。"可与","与"后省略"之",指鄙夫。
④ 杨永龙《先秦汉语语气词同现的结构层次》(载《古汉语研究》2000年第4期)认为在先秦汉语中语气词连用的次序大致是:焉>而已>耳>也>矣>乎/邪/与>哉/夫(陈述语气词>疑问语气词>反问/感叹语气词)。这和我们的观点基本相同。
⑤ 这一句是在句末提供选择的范围。"谁贵",贵谁,看重谁。

天下谁最爱我者乎？（《史记·佞幸列传》）

然则儒、墨、杨、秉四，与夫子为五，果孰是邪？（《庄子·徐无鬼》）

子以齐、楚为孰胜哉？（《战国策·齐策》）

这一类句子我们基本上把它们归入疑问句中的特指问一类中。

第五节　叹　　词

往往游离于句子之外，不跟其他句子成分发生语法关系，用来表示感叹、痛呼、呼唤和应答的词叫"叹词"。叹词大致可以分为三种：一种表示惊奇、欢乐、赞叹；另一种表示悲伤、厌恶、愤恨；还有一种表示呼唤和应答。

（1）表示惊奇、欢乐、赞叹。例如：

咨！四岳！朕在位七十载，汝能庸命，巽朕位。（《尚书·尧典》）

佥曰："於！鲧哉！"（《尚书·尧典》）

尧观乎华，华封人曰："嘻！圣人！请祝圣人。"（《庄子·天地》）

哑！是非君人者之言也。（《韩非子·难一》）

吁！君何见之晚也？（《史记·范雎蔡泽列传》）

武帝大笑曰："於呼！安得长者之语而称之！"（《史记·滑稽列传》）

麟凤在郊薮，河洛出图书。呜虖！何施而臻此与！（《汉书·武帝纪》）

於戏！小子闳，受兹青社！（《史记·三王世家》）

（2）表示悲伤、厌恶、愤恨。例如：

嘻！亦太甚矣，先生之言也。（《战国策·赵策》）

噫！天丧予，天丧予！（《论语·先进》）

唉！竖子不足与谋。（《史记·项羽本纪》）

呼！役夫！宜君王之欲杀女而立职也。（《左传·文公元年》）

"然则夫子既圣矣乎？"曰："恶！是何言也？"（《孟子·公孙丑上》）

已！我安逃此而安？（《庄子·庚桑楚》）

而已反其真，而我犹为人，猗！（《庄子·大宗师》）

嗟呼！燕雀安知鸿鹄之志哉？（《史记·陈涉世家》）

叱嗟！而母，婢也。（《战国策·赵策》）

咄！老女子，何不疾行！（《史记·滑稽列传》）

呜呼！无坠天之降宝命。（《尚书·金縢》）

於乎哀哉！不得成也。（《荀子·乐论》）

嗟兹乎！圣人之言长乎哉！（《管子·小称》）

(3) 表示呼唤和应答。例如：

黔敖左奉食，右执饮，曰："嗟！来食！"（《礼记·檀弓下》）

师锡帝曰："有鳏在下，曰虞舜。"帝曰："俞。予闻，如何？"（《尚书·尧典》）①

子曰："参乎！吾道一以贯之。"曾子曰："唯。"（《论语·里仁》）

太后曰："诺，恣君之所使之。"（《战国策·赵策》）

第一例是呼唤，相当于现代汉语的"喂"，其他几例是应答，相当于现代汉语的"是"、"好的"。

---

① "师锡帝曰"，众人对尧帝说。"鳏"，鳏夫，这里指虞舜。

第三章 结构成分和结构类型

第一节 结构和结构成分

1.1 实词和实词依据一定的语法关系结合起来,就形成了结构,处在结构中的实词都充当一定的结构成分。例如《战国策·齐策》"于是入朝见威王",在结构"见威王"中,实词"见"和"威王"依据动宾关系形成动宾结构,"见"是述语,"威王"是宾语。有时,结构需要借助介词、连词、助词等虚词才能建立,但是介词、连词、助词等虚词不能单独充当结构成分。例如《论语·公冶长》"愿闻子之志",在结构"子之志"中,实词"子"和"志"依据修饰关系并借助助词"之"形成偏正结构,"子"是定语,"志"是中心语,但是助词"之"不充当结构成分。

由于处在结构中的实词都充当一定的结构成分,所以实际上结构是由结构成分组成的。结构成分可以由一个实词充当,也可以由另一个结构来充当,例如《战国策·齐策》"愿请先王之祭器","请先王之祭器"是一个动宾结构,这个动宾结构中的宾语"先王之祭器"本身又是一个偏正结构。经常用来充当结构成分的结构,往往是动宾结构、并列结构和偏正结构,因为动宾结构的语法功能相当于该结构中的动词,并列结构的语法功能相当于该结构中的名词、动词或形容词,偏正结构的语法功能相当于该结构中被修饰的名词、动词或形容词(有时是相当于被补充说明的动词、形容词)。

结构的构造规则和句子的构造规则基本上是一致的,不过结构和句子仍有本质的区别,句子的最大特征是具有语调,结构则没有语调。在结构转变为句子的过程中,语调起着决定性的作用,只要一个结构,甚至一个词,具备了完整的语调,那么这个结构就转变成了完整的句子,这个词也就转变成了独词句①。

1.2 古汉语的结构成分有八种:主语、谓语、宾语、定语、状语、补语、中心语和并列语。

(1)主语。主语是谓语叙述和说明的对象,一般位于谓语之前。除副词以外的一切实词都能充当主语。例如:

> 人无远虑,必有近忧。(《论语·卫灵公》)
>
> 生,好物也;死,恶物也。(《左传·昭公二十五年》)
>
> 俭,德之共也;侈,恶之大也。(《左传·庄公二十四年》)
>
> 三十斤为钧,四钧为石。(《汉书·律历志》)
>
> 公曰:"何为忠贞?"(《左传·僖公九年》)

这五个例句,分别是名词、动词、形容词、数量词和代词充当主语。动词和形容词充当主语,我们不认为是动词和形容词活用为名词。

上面说过,结构成分可以由一个实词充当,也可以由另一个结构来充当,所以主语也可以由结构来充当。例如:

> 邻国之民不加少,寡人之民不加多,何也?(《孟子·梁惠王上》)
>
> 责善,朋友之道也。(《孟子·离娄下》)
>
> 颜渊、季路侍。(《论语·公冶长》)
>
> 都城过百雉,国之害也。(《左传·隐公元年》)

以上四个例句加点的部分分别是偏正结构、动宾结构、并列结构和主谓结构充当主语。

根据主语和谓语(包括宾语)的语义关系,主语可以分为施事主语、受事主语、存现主语和起事主语等几种。

所谓"施事主语",是指主语是谓语动词所表现的动作行为的施行者。

---

① 我们这里所说的句子是指语法学上的句子,与一般的概念有所不同。一般所谓的句子,只是指说话中可以用停顿来划分的单位,例如人们认为四言诗是四字一句,五言诗是五字一句,七言诗是七字一句。也有人认为句子的定义是"表达一个完整的意思",但是意思完整与否,要看所处的语言环境,往往在此处不以为完整,彼处却加以完整。还有人认为主谓结构才是句子,但这是西方语法的观念,并不合于古汉语的实际,古汉语中存在着大量非主谓结构的句子。我们认为古汉语语法学上的句子应该根据语调的完整与否来加以判别。

如《左传·僖公四年》:"齐侯以诸侯之师侵蔡。"主语"齐侯"是谓语动词"侵"所表现的动作行为的施行者。又如《庄子·秋水》:"秋水时至。"主语"秋水"是谓语动词"至"所表现的动作行为的施行者。

所谓"受事主语",是指主语是谓语动词所表现的动作行为的接受者。如《孟子·告子下》:"傅说举于版筑之间,膠鬲举于鱼盐之中,管夷吾举于士,孙叔敖举于海,百里奚举于市。"主语"傅说"、"膠鬲"、"管夷吾"、"孙叔敖"、"百里奚"分别是谓语动词"举"所表现的动作行为的接受者。又如《左传·隐公元年》:"蔓草犹不可除,况君之宠弟乎?"主语"蔓草"是谓语动词"除"所表现的动作行为的接受者。又如《史记·项羽本纪》:"先破秦入咸阳者王之。"宾语"之"指代主语,主语"先破秦入咸阳者"是谓语动词"王"所表现的动作行为的接受者。又如《左传·襄公二十八年》:"善人富谓之赏,淫人富谓之殃。"①宾语"之"指代主语,主语"善人富"、"淫人富"分别是谓语动词"谓"所表现的动作行为的接受者。

所谓"存现主语",是指存现句的主语,而所谓"存现句",是说明某处存在、不存在、出现、消失某些人或事物的句子。如《庄子·逍遥游》:"北冥有鱼,其名为鲲。"主语"北冥"表示处所,谓语动词"有"表示存在。又如《左传·庄公二十八年》:"宗邑无主则民不威,疆場无主则启戎心。"主语"宗邑"、"疆場"表示处所,谓语动词"无"表示不存在。

所谓"起事主语",是指在判断句、形容词谓语句、某些动词谓语句和名词谓语句中,主语是谓语所描写或判断的对象。如《史记·刺客列传》:"风萧萧兮易水寒,壮士一去兮不复还!"主语"风"、"易水"是形容词谓语"萧萧"、"寒"的描写对象。又如《左传·隐公四年》:"夫兵,犹火也,弗戢,将自焚也。"主语"兵"是动宾结构谓语"犹火"的描写对象。又如《左传·僖公三十三年》:"秦师轻而无礼,必败。"主语"秦师"是形容词"轻"和动宾结构"无礼"联合而成的谓语的描写对象。又如《左传·宣公四年》:"是子也,熊虎之状而豺狼之声,弗杀,必灭若敖氏矣。"主语"是子"是名词谓语"熊虎之状而豺狼之声"的描写对象。又如《吕氏春秋·论威》:"凡兵,天下之凶器也。"主

---

① 这一句的意思是"好人富有叫做奖赏,坏人富有叫做灾殃"。

语"兵"是谓语"天下之凶器"的判断对象。

古代汉语中,主语还不止施事主语、受事主语、存现主语和起事主语四种,例如在使动用法、意动用法等当中,主语就不是简单的施事。

(2)谓语。谓语是对主语的叙述和说明,一般位于主语之后。一切实词都能充当谓语。例如:

> 荀卿,赵人。(《史记·孟子荀卿列传》)
>
> 邢人溃。(《左传·僖公元年》)
>
> 大隧之中,其乐也融融。(《左传·隐公元年》)
>
> 夫子之墙数仞。(《论语·子张》)
>
> 春者何? 岁之始也。(《公羊传·隐公元年》)
>
> 甚矣,汝之不惠!(《列子·汤问》)

这里六个例句加点的部分分别是名词、动词、形容词、数量词、代词和副词充当谓语。名词、数量词和代词充当谓语,只限于名词谓语句。在古汉语中,副词也能充当谓语①。副词充当谓语,主要是程度副词、时间副词、范围副词、情态副词和肯定否定副词。例如:

> 王之好乐甚,则齐国其庶几乎!(《孟子·梁惠王下》)
>
> 久矣,吾不复梦见周公!(《论语·述而》)
>
> 太傅之计,旷日弥久,心惛然,恐不能须臾。(《史记·刺客列传》)
>
> 子固非鱼也,子之不知鱼之乐,全矣!(《庄子·秋水》)
>
> 王之问臣也卒,而患之所从生者微。(《战国策·齐策》)②
>
> 夫召我者,而岂徒哉?(《论语·阳货》)③
>
> 固也,不如此,天子不尊,宗庙不安。(《史记·袁盎晁错列传》)

---

① 也有学者不同意古汉语中有副词谓语式,例如胡力文《文言文法讲义》(常德师范专科学校,1981年)第二章第三节说:有人把《邹忌讽齐王纳谏》"由此观之,王之蔽甚矣"、《赤壁之战》"与刘豫州协规同力,破操军必矣"两个例句"认作副词谓语句","我们认为这里的'甚''必'是形容词,上举两句是形容词谓语句。"但是,如同我们这里所举的"王之好乐甚,则齐国其庶几乎"、"宛王杀汉使者,头县北阙;朝鲜杀汉使者,即时诛灭。独匈奴未耳"两句中的"庶几"、"未",总无法否认是副词吧。

② "卒",同"猝",仓促。"患",祸患。"微",不显著。

③ "召我者",召唤我的人。"徒",白白地,没有用意的。

好恶在所见,臣下之饰奸物以愚其君,必也。(《韩非子·难三》)

宛王杀汉使者,头县北阙;朝鲜杀汉使者,即时诛灭。独匈奴未耳。
(《汉书·苏武传》)

上面说过,结构成分可以由一个实词充当,也可以由另一个结构来充当,所以谓语也可以由结构来充当。例如:

虢,虞之表也。(《左传·僖公五年》)

若是,则弟子之惑滋甚。(《孟子·公孙丑上》)

高渐离击筑。(《史记·刺客列传》)

知伯贪而愎。(《左传·哀公二十七年》)

公子颜色愈和。(《史记·魏公子列传》)

以上第一、二两例加点的部分是偏正结构充当谓语,第三、四、五例加点的部分分别是动宾结构、并列结构和主谓结构充当谓语。

(3) 宾语。宾语是动词性中心语(即述语)支配的对象,一般位于动词性中心语之后①。除副词以外的一切实词都能充当宾语。例如:

新沐者必弹冠,新浴者必振衣。(《史记·屈原贾生列传》)

擐甲执兵,固即死也。(《左传·成公二年》)

温故知新,可以为师矣。(《论语·为政》)

吾力足以举百钧。(《孟子·梁惠王上》)

子无敢食我也。(《战国策·齐策》)

这里五个例句,分别是名词、动词、形容词、数量词和代词充当宾语。动词和形容词充当宾语,主要是在表心理活动、表停止开始和进行的动词性中心语之后。动词和形容词充当宾语,我们也不认为是活用为名词。

宾语也可以由结构来充当。例如:

嗟呼,燕雀安知鸿鹄之志哉!(《史记·陈涉世家》)

子张学干禄。(《论语·为政》)

子不语怪、力、乱、神。(《论语·述而》)

---

① 动宾结构中支配宾语的动词,和动补结构中受补语说明的动词又称为"述语"。

　　　　市人皆观公子执辔。(《史记·魏公子列传》)

以上加点的部分分别是偏正结构、动宾结构、并列结构和主谓结构充当宾语。

　　根据动词跟宾语的语义关系,宾语主要分为受事宾语、施事宾语、存现宾语和止事宾语四种。

　　所谓"受事宾语",是指动作行为的接受者充当的宾语。如《韩非子·有度》:"魏安釐王攻赵救燕。"受事宾语"赵"和"燕"是动作行为"攻"和"救"的接受者。又如《战国策·赵策》:"丈夫亦爱怜其少子乎?"受事宾语"其少子"是动作行为"爱怜"的接受者。又如《左传·僖公四年》:"四年春,齐侯以诸侯之师侵蔡。"受事宾语"蔡"是动作行为"侵"的接受者。

　　所谓"施事宾语",是指由动作行为的发出者充当的宾语。如《史记·项羽本纪》:"项伯杀人,臣活之。"施事宾语"之"是动作行为"活"的发出者,"臣活之"的意思是"我使他活","活"的发出者是"之",即项伯。又如李斯《谏逐客书》:"昔缪公求士,西取由余于戎,东得百里奚于宛,迎蹇叔于宋,来丕豹、公孙支于晋。"施事宾语"丕豹"和"公孙支"是动作行为"来"的发出者,"来丕豹、公孙支"的意思是"使丕豹、公孙支来","来"的发出者是丕豹和公孙支。可以发现,古汉语的施事宾语主要出现在使动用法中。

　　所谓"存现宾语",是指存现句的宾语。如《战国策·秦策》:"种树不处者,人必害之;家有不宜之财,则伤本。"[①]主语"家"表示处所,述语"有"表示存在,"不宜之财"是存现宾语。又如《国语·周语中》:"野场若弃,泽不陂障,川无舟梁。"主语"川"表示处所,述语"无"表示不存在,"舟梁"是存现宾语。

　　所谓"止事宾语",是指在判断句、形容词谓语句、某些动词谓语句中,描写或判断主语的谓语当中的宾语。如《诗经·小雅·小旻》:"战战兢兢,如临深渊,如履薄冰。""临深渊"和"履薄冰"是描写主语的谓语"如临深渊"和"如履薄冰"当中的宾语。又如《韩非子·外储说左上》:"问人曰:'此是何种

---

①　"不处",意思是"不是地方",指不该种树之处。"伤本",伤害根本。

也?'""何种"是判断主语的谓语"是何种"当中的宾语①。

在古代汉语中,宾语还不止受事宾语、施事宾语、存现宾语和止事宾语四种,例如《史记·滑稽列传》:"马病肥死。"②宾语"肥"很难说是谓语动词"病"的施事或受事,大概可以说是原因宾语。

此外,跟在介词后面,用来组成介词短语的名词、动词和形容词等,人们习惯上把它们叫做"介词宾语"。如《荀子·天论》"天行有常,不为尧存,不为桀亡"中的"为尧"和"为桀"是介词短语,名词"尧"和"桀"分别是介词"为"的宾语(在语义上可称为原因宾语)。又《荀子·天论》"应之以治则吉,应之以乱则凶"中的"以治"和"以乱"是介词短语,形容词"治"和"乱"分别是介词"以"的宾语(在语义上可称为工具宾语)。又《左传·文公二年》"晋人以公不朝来讨,公如晋"中的"以公不朝"是介词短语,主谓结构"公不朝"是介词"以"的宾语(在语义上可称为原因宾语)。又《左传·桓公二年》"武王克商,迁九鼎于洛邑"中的"于洛邑"是介词短语,名词"洛邑"是介词"于"的宾语(在语义上可称为处所宾语)。

(4)定语。定语是名词性中心语的修饰语,以及处在主语、宾语位置上的动词性中心语、形容词性中心语的名词、代词等修饰语,一般位于中心语的前面。除副词以外的一切实词都能充当定语。例如:

> 鸟兽之肉,不登于俎。(《左传·隐公五年》)
> 楚兵呼声动天。(《史记·项羽本纪》)
> 富岁,子弟多赖;凶岁,子弟多暴。(《孟子·告子上》)
> 五亩之宅,树之以桑,五十者可以衣帛矣。(《孟子·梁惠王上》)
> 不患人之不己知,患其不能也。(《论语·宪问》)

这里五个例句,分别是名词、动词、形容词、数量词和代词充当定语。最后一例代词"其"做处在宾语位置上的动词性中心语"不能"的定语。

定语也可以由结构来充当。例如:

---

① 上古汉语的判断句大多不用判断词"是",其结构成分主要是主语和谓语,没有宾语,这样的判断句就只有起事主语,而没有止事宾语,其止事应该是谓语。如《左传·隐公元年》:"颍考叔,纯孝也。""颍考叔"是起事主语,"纯孝"是止事谓语。
② 这一句的意思是"马因为太肥而病死"。

吕太后者,高祖微时妃也。(《史记·吕太后本纪》)

为人臣者,聚带剑之客,养必死之士,以彰其威。(《韩非子·八奸》)

有席卷天下、包举宇内、囊括四海之意。(《史记·秦始皇本纪》)

楚襄王为太子之时,质于齐。(《战国策·楚策》)

以上加点的部分分别是偏正结构、动宾结构、并列结构和主谓结构充当定语。

值得注意的是,处在谓语位置上的名词性中心语的副词修饰语应该是状语,而不是定语。如《论语·宪问》"管仲非仁者与",名词性中心语"仁者"的修饰语"非"否定的是它后面的整个谓语,因此是状语①。

根据修饰语和中心语之间的语义关系,可以把定语分为形容性定语、领属性定语和同一性定语三种。

所谓"形容性定语",是指表示性质、状态、数量、时地、指示等的定语。如《史记·屈原列传》:"秦,虎狼之国,不可信。""虎狼"作为"国"的定语,是表示性质。又如《诗经·周南·关雎》:"窈窕淑女,君子好逑。""窈窕"作为"淑女"的定语,是表示状态。又如《孟子·告子上》:"今之为仁者,犹以一杯水救一车薪之火也。""一杯"和"一车"作为"水"和"薪"的定语,是表示数量。又如《史记·项羽本纪》:"今日之事何如?""今日"作为"事"的定语,是表示时间。又如《论语·雍也》:"斯人也而有斯疾!"指示代词"斯"作为"人"和"疾"的定语,是表示指示。

所谓"领属性定语",是指表示领有关系的定语。如《左传·僖公三十二年》:"中寿,尔墓之木拱矣。""尔"作为"墓"的定语,是表示领有,"尔墓"作为"木"的定语,也是表示领有。又如《战国策·齐策》:"宫妇左右莫不私王,朝廷之臣莫不畏王。""朝廷"作为"臣"的定语,是表示领有。

---

① 正由于"非"否定的是它后面的整个谓语,所以尽管"非"也是一个否定副词,但是它后面的动词的代词宾语从来不前置,而并不像其他否定副词"不"、"未"、"毋"、"莫"那样,后面的代词宾语会前置。例如《左传·文公七年》:"吾与之同罪,非义之也,将何见焉?"(我跟他相同罪过,并不是认为他有道义才跟他来的,为什么要见面呢?)根据否定句代词宾语前置的规律,"非义之也"应该说成"非之义也",但是实际上并没有前置。

所谓"同一性定语",是指跟中心语属于同一内容或有总名、别名之分的定语。如《庄子·至乐》:"夫子贪生失理而为此乎?将子有亡国之事、斧钺之诛而为此乎?""亡国"就是"事","事"就是"亡国",定语和中心语属于同一内容。又如《战国策·楚策》:"庄辛去之赵,留五月,秦果举鄢、郢、巫、上蔡、陈之地。""鄢、郢、巫、上蔡、陈"是别名,"地"是总名,定语和中心语有总名和别名之分。又如《左传·僖公五年》:"桓、庄之族何罪,而以为戮?""桓、庄"就是两个家族,定语"桓、庄"和中心语"族"有别名、总名之分。又如《孟子·梁惠王上》:"谨庠序之教,申之以孝悌之义。""孝悌"就是"义",不过孝悌是义的一种,定语和中心语是别名和总名之分。

(5)状语。状语是动词性中心语、形容词性中心语、副词性中心语的修饰语,以及处在谓语位置上的名词性中心语的副词修饰语,一般位于中心语之前,有时位于句首,成为全句的修饰语。除普通名词、专有名词以外的一切实词都能充当状语。例如:

初,郑武公娶于申。(《左传·隐公元年》)

南游乎高坡,北陵乎巫山,饮茹溪之流,食湘波之鱼。(《战国策·楚策》)

遍国中无与立谈者。(《孟子·离娄下》)

过而能改,善莫大焉。(《左传·宣公二年》)

少师谓随侯曰:"必速战。"(《左传·桓公八年》)

公输盘九设攻城之机变,子墨子九距之。(《墨子·公输》)

先生又恶能使秦王烹醢梁王?(《战国策·赵策》)

人皆有兄弟,我独无。(《论语·颜渊》)

子非鱼,安知鱼之乐。(《庄子·秋水》)

这里前八个例句,分别是时间名词、方位名词、不及物动词、能愿动词、形容词、数词、代词和副词充当状语。第九例"鱼"是处在谓语位置上的名词,修饰语副词"非"是状语。时间名词可作状语,直到现代汉语仍然如此。方位名词作状语是古汉语的普遍现象,我们不认为是词类活用。动词作状语主要是能愿动词,代词作状语限于疑问代词。

状语也可以由结构来充当。例如:

五月丙戌,地动,其蚤食时复动。(《史记·孝景本纪》)

泽雉十步一啄,百步一饮,不蕲畜乎樊中。(《庄子·养生主》)

千人之聚,起于大泽,奋臂大呼而天下响应。(《史记·淮南衡山列传》)

吾欲刺腹绞颈而死。(《史记·滑稽列传》)

鸡鸣而起,孳孳为善者,舜之徒也。(《孟子·尽心上》)

以上第一、二两例加点的部分是偏正结构充当状语,以下三例加点的部分是分别是动宾结构、并列结构、主谓结构充当状语。

在古汉语中,大量的状语又用介词短语来充当。例如:

不义而富且贵,于我如浮云。(《论语·述而》)

荆卿好读书击剑,以术说卫元君。(《史记·刺客列传》)

诸将亡者以十数,公无所追,追信诈也。(《史记·淮阴侯列传》)①

而魏往年大破于齐,诸侯畔之,可因此时伐魏。(《史记·商君列传》)

为其来也,臣请缚一人过王而行。(《晏子春秋·杂篇下》)

嗟呼,寡人得见此人与之游,死不恨矣!(《史记·老子韩非列传》)

陈馀亦怨羽独不王己,从田荣藉助兵,以击常山王张耳。(《汉书·高帝纪》)

值得注意的是,处在主语和宾语位置上的动词性中心语、形容词性中心语的名词、代词等修饰语应该是定语,而不是状语。如《左传·文公六年》"秦穆公之不为盟主也,宜哉",动词性中心语"不为盟主"处在主语的位置上,它的修饰语名词"秦穆公"是定语。又《孟子·梁惠王下》"百姓闻王车马之音,见羽毛之美",形容词性中心语"美"处在宾语的位置上,它的修饰语名词"羽毛"是定语②。

---

① "以十数",意思是"用十来数",即数十人。"信",韩信。

② 处在主语和宾语位置上的动词性中心语、形容词性中心语的修饰语如果是副词等,则这些修饰语仍是状语。如《论语·学而》"不患人之不己知,患不知人也",前一个"人"是名词做"不己知"的修饰语,因此是定语,而后一个"不"是副词做"知人"的修饰语,因此仍是状语。

(6) 补语。补语是对于动词性中心语(即述语)和形容词性中心语的补充说明,一般位于中心语之后。一切实词都能充当补语。例如:

> 胥后令邯郸。(《史记·廉颇蔺相如列传》)①
> 荆轲坐定,太子避席顿首曰。(《战国策·燕策》)
> 父母之爱子,则为之计深远。(《战国策·赵策》)
> 有敢去柳下季垄五十步而樵采者,死不赦。(《战国策·齐策》)
> 君子成人之美,不成人之恶。小人反是。(《论语·颜渊》)②
> 君美甚,徐公何能及君?(《战国策·齐策》)

这里五个例句加点的部分分别是名词、动词、形容词、数量词、代词和副词充当补语。

补语也可以由结构来充当。例如:

> 今晋人鸩卫侯不死,亦不讨其使者,讳而恶杀之也。(《国语·鲁语上》)
> 南,战雒阳东,军不利。(《汉书·高帝纪》)
> 蔡为人在下中,名声出广下甚远。(《史记·李将军列传》)

以上分别是定语式偏正结构、状语式偏正结构充当补语。

在古汉语中,介词短语充当补语的现象也很多。例如:

> 我入自外,室人交徧摧我。(《诗经·邶风·北门》)
> 明日,绞人争出,驱楚役徒于山中。(《左传·桓公十二年》)
> 晋侯梦大厉,被发及地。(《左传·成公十年》)
> 楚人生乎楚,长乎楚,而楚言,不知其所受之。(《吕氏春秋·用众》)
> 近幸臣妾从死者多至数十百人。(《汉书·匈奴传上》)
> 何不试之以足?(《韩非子·外储说左上》)

根据补语和中心语的语义关系,补语可以分为结果补语、程度补语、趋

---

① 这一句的意思是"在邯郸等待后面的命令"。
② "反是"等于说"反于是",意思是"跟这相反"。

向补语、数量补语、状态补语、时间补语、处所补语和原因补语等。

所谓"结果补语",是指表示动作行为和事物变化的结果的补语。如《战国策·燕策》"荆轲坐定,太子避席顿首曰"中的"定",是中心语"坐"的结果补语。又《史记·田敬仲完世家》"淳于髡说毕,趋出"中的"毕",是中心语"说"的结果补语。

所谓"程度补语",是指表示动作行为和事物性状的程度的补语。如《战国策·齐策一》"君美甚,徐公何能及君"中的"甚",是中心语"美"的程度补语。又《史记·淮南衡山列传》"尉佗知中国劳极,止王不来"中的"极",是中心语"劳"的程度补语。

所谓"趋向补语",是指表示动作行为的趋向的补语。如许慎《说文解字·隹部》:"瞿,覆鸟,令不飞走也"中的"走",是中心语"飞"的趋向补语。又《欠部》"欼,有所吹起也"中的"起",是中心语"吹"的趋向补语。

所谓"数量补语",是指表示谓语所涉及的人或物的数量的补语。如《史记·魏其武安侯列传》"于是灌夫被甲执戟,募军中壮士所善愿从者数十人"中的"数十人",是中心语"募军中壮士所善愿从者"的数量补语。又《汉书·匈奴传上》"度辽将军出塞千二百余里"中的"千二百余里",是中心语"出塞"的数量补语。

所谓"状态补语",是指表示动作行为和事物变化的状态的补语。如《墨子·法仪》"百工为方以矩,为圆以规"中的介词短语"以矩"、"以规"分别是中心语"为方"、"为圆"的状态补语。又如《战国策·燕策》"死马且买之五百金"中的"五百金",是中心语"买之"的状态补语。

所谓"时间补语",是指表示动作行为所发生的时间的补语。如《史记·廉颇蔺相如列传》"于是赵王乃斋戒五日"中的"五日",是中心语"斋戒"的时间补语。又如《汉书·窦婴传》"婴与夫人益市牛酒,夜洒扫张具至旦"中的介词短语"至旦",是中心语"洒扫张具"的时间补语。

所谓"处所补语",是指表示动作行为所发生的地点的补语。如《老子》六十四章"千里之行,始于足下"中的介词短语"于足下",是中心语"始"的处所补语。又如《史记·项羽本纪》"将军战河北,臣战河南"中的"河北"和"河南",分别是中心语"战"和"战"的处所补语。

所谓"原因补语",是指表示动作行为和事物变化的原因的补语。如《史记·高祖本纪》"新城三老董公遮说汉王以义帝死故,汉王闻之,袒而大哭"①中的介词短语"以义帝死故",是中心语"遮说汉王"的原因补语。又如《论衡·实知》"人才有高下,知物由学,学之乃知,不问不识"中的介词短语"由学",是中心语"知物"的原因补语。

在古代汉语中,补语还不止结果补语、程度补语、趋向补语、数量补语、状态补语、时间补语、处所补语和原因补语等。例如《荀子·劝学》:"冰,水为之,而寒于水。"补语"于水"是表示比较的对象。又如《汉书·贾山传》:"兵破于陈涉,地夺于刘氏。"补语"于陈涉"、"于刘氏"是被动句引出动作行为的主动者。

(7) 中心语。中心语是定语和状语的修饰对象,补语的补充说明的对象,以及宾语的支配者,一般位于定语和状语之后,补语和宾语之前。例如:

> 郑人使我掌其北门之管。(《左传·僖公三十二年》)
> 亟请于武公,公弗许。(《左传·隐公元年》)
> 我非爱其财而易之以羊也。(《孟子·梁惠王上》)
> 桓公杀公子纠。(《论语·宪问》)

这里,第一例是定语"北门"修饰中心语"管",第二例是状语"弗"修饰中心语"许",第三例是补语"以羊"补充说明中心语"易之"。在第四例中,宾语是"公子纠",其支配者是"杀","杀"是中心语。

在古汉语中,一切实词都能充当中心语。例如:

> 齐侯以诸侯之师侵蔡。(《左传·僖公四年》)
> 以此众战,谁能御之。(《左传·僖公四年》)
> 臣之壮也,犹不如人。(《左传·僖公三十年》)
> 莱人使正舆子赂鲂沙卫以索牛马,皆百匹。(《左传·襄公二年》)
> 若阙地及泉,隧而相见,其谁曰不然?(《左传·隐公元年》)
> 苟亏人愈多,其不仁兹甚,罪益厚。(《墨子·非攻》)

---

① "遮说汉王",意思是"拦住汉王诉说"。"以义帝死故",因为义帝被杀死的缘故。

这里六个例句,加点的部分分别是名词、动词、形容词、数量词、代词和副词充当中心语。

中心语也可以由结构来充当。例如:

> 之二虫又何知!(《庄子·逍遥游》)
> 贡之不入,寡君之罪也。(《左传·僖公四年》)
> 天之弃商久矣,君将兴之,弗可赦也已。(《左传·僖公二十二年》)
> 锲而舍之,朽木不折;锲而不舍,金石可镂。(《荀子·劝学》)
> 当尧之时,天下犹未平。(《孟子·滕文公上》)

以上五个例句中加点的部分分别是定语式偏正结构、状语式偏正结构、动宾结构、并列结构和主谓结构充当中心语,第四例从语义上说,是“锲之而舍之”,从语法上说,“之”作并列结构“锲而舍”的宾语,第五例介词短语“当尧之时”是中心语“天下犹未平”的状语。

(8) 并列语。并列语是句子当中语法地位相同、所处位置相邻的成分,一切实词都能充当并列语。例如:

> 昔者,鬼侯、鄂侯、文王,纣之三公也。(《战国策·赵策》)
> 公嗾夫獒焉,明搏而杀之。(《左传·宣公二年》)
> 君子有酒,旨且多。(《诗经·小雅·鱼丽》)
> 安见方六七十如五六十而非邦也者?(《论语·先进》)
> 吾与汝毕力平险。(《列子·汤问》)
> 少年闻之,愈益慕解之行。(《史记·游侠列传》)

这里六个例句,加点的部分分别是名词、动词、形容词、数词、代词和副词充当并列语。

并列语也可以由结构来充当。例如:

> 知可以战与不可以战者,胜。(《孙子兵法·谋攻》)
> 亡羊而补牢,未为迟也。(《战国策·楚策四》)
> 夫种麦而得麦,种稷而得稷,人不怪也。(《吕氏春秋·用民》)
> 兰槐之根是为芷,其渐之滫,君子不近,庶人不服。(《荀子·劝学》)

晋侯使贾华伐屈，夷吾不能守，盟而行，将奔狄。（《左传·僖公六年》）

老臣贱息舒祺，最少，不肖。（《战国策·赵策》）

以上前四例加点的部分分别是偏正结构、动宾结构、并列结构和主谓结构充当并列语，第五例是"不能守"、"盟而行"和"将奔狄"三个结构不同的动词性词组充当并列语。最后一例是偏正结构"老臣贱息"与名词"舒祺"形成并列语。而代词"是"、"此"、"斯"、"其"等还可以通过复指而跟任何其他结构组成并列语。例如：

知之为知之，不知为不知，是知也。（《论语·为政》）

我腾跃而上，不过数仞而下，翱翔蓬蒿之间，此亦飞之至也。（《庄子·逍遥游》）

君子无众寡，无小大，无敢慢，斯不亦泰而不骄乎？（《论语·尧曰》）

梓、匠、轮、舆，其志将以求食也。（《孟子·滕文公下》）①

这里第一例是"是"跟"知之为知之，不知为不知"组成并列语，馀可类推。

综上所述，除了副词不能充当主语、宾语和定语以外，其他各类实词都可以充当任何结构成分。当然，在各词类内部，有的小类不能自由充当任何结构成分，这也是值得注意的。

1.3　关于句子成分，一般的语法书上只设立了主、谓、宾、定、状、补六大成分，我们为什么要增加中心语和并列语两个成分？其实"中心语"和"并列语"这两个术语并不是我们发明的，在我们之前已经有学者在使用了。上文已经说过，结构是由结构成分组成的，那么在"鸟兽之肉"这样的结构中，"鸟兽"可以确认为定语，"肉"则是什么结构成分呢？所以一定还需要"中心语"这样的结构成分，"肉"就是中心语。同样，在"吾与汝"这样的结构中，"吾"和"汝"是什么结构成分呢？可见一定还需要"并列语"这样的结构成分，"吾"和"汝"就是并列语。其实，这个问题也就如同除了主、谓、宾、定、

―――――――――――

①　这一句的意思是"木匠、车工，他们的动机是靠自己的职业谋饭吃"。梓人、匠人是木工，轮人是制车轮者，舆人是制车厢者。

状、补以外,还有人增加了一个"述语"一样,述语是跟宾语和补语相对的一个句法成分。

1.4　在古代汉语中,有同义词连用的现象,这种现象看上去好像属于语义重复、用词多余,实际上是古人的一种行文习惯①。连用的同义词应该看作并列语。例如:

(1) 同义的名词连用:

　　　王朝至于商郊牧野。(《尚书·牧誓》)

　　　雍氏掌沟渎浍池之禁。(《周礼·秋官·雍氏》)②

(2) 同义的动词连用:

　　　览相观于四极兮,周流乎天余乃下。(屈原《离骚》)

　　　缮完葺墙,以待宾客。(《左传·襄公三十一年》)

　　　王惑于虞乐,必厚尊敬亲爱之而忘子。(《战国策·楚策》)

(3) 同义的形容词连用:

　　　蜀既属,秦益强富厚,轻诸侯。(《战国策·秦策》)

　　　至今皆得水利,民人以给足富(《史记·滑稽列传》)

　　　今将军内不能直谏,外为亡国将,孤特独立而欲常存,岂不哀哉!(《史记·项羽本纪》)

(4) 同义的代词连用:

　　　秦王身问之:"子孰谁也?"(《战国策·楚策》)

　　　我已为东帝,尚何谁拜?(《史记·吴王濞列传》)

　　　则王何不使辩士以此若言说秦?(《史记·苏秦列传》)

(5) 同义的副词连用:

　　　今吕氏雅故本推毂高帝就天下。(《史记·荆燕世家》)③

---

① 参俞樾《古书疑义举例》卷二"语缓例"、卷四"语词复用例"。

② "沟"、"渎"、"浍"都是田间水渠。"池",池塘。

③ "雅"、"故"、"本"都是"本来"的意思。

其妻亦负载相随,数止买臣毋歌呕道中,买臣愈益疾歌。(《汉书·朱买臣传》)

故其著书十馀万言,大抵率寓言也。(《史记·老子韩非列传》)①

(6) 同义的连词连用:

王终遣之,即有如不称,妾得无随坐乎?(《史记·廉颇蔺相如列传》)②

失期当斩,藉弟令毋斩,而戍死者固十六七。(《史记·陈涉世家》)③

诸侯朝会而禹亲报之,故是以禹一皆知其国也。(贾谊《新书·修政语上》)

金代王若虚《滹南遗老集》卷十八云:"司马迁用'于是'、'乃'、'遂'等字,冗而不当者,十有七八,今略举之。如殷武丁梦傅说事云:'于是乃使百工营求之野。'既有'乃'字,何须更云'于是'?……《晋世家》云:'武王与叔虞母会时,梦天谓己曰:余命女生子,名虞。及生子,有文在其手,曰虞,故遂因命之曰虞。''故遂因'三字岂可连用?《郑世家》亦举此事,则云:'遂以命之。'何巧于彼而拙于此也?"金氏不懂古人同义词连用的道理,所论不妥。

当然,也有一些同义词连用不应该看作是并列语。例如:

彼谮人者,亦已太甚。(《诗经·小雅·巷伯》)

孔子曰:"由之野也,吾以汝知之,汝徒未及也。"(《韩非子·外储说右上》)

第一例中的副词"太"、"已"、"亦"分别是它们后面的"甚"、"太甚"、"已太甚"的状语,第二例中的副词"徒"、"未"分别是它们后面的"未及"、"及"的状语,这两句的结构层次和上面所说并列语的同义词连用是不同的。

1.5　在上古汉语中,有一些动宾结构的宾语之前会出现一个"于(於)"

---

① "大抵率"可能是"大抵"和"大率"的连用,并省略了一个"大"字。如同现代汉语北方话"大家"和"大伙儿"合并成"大家伙儿"一样。不过也可能是"大抵"和"率"的连用。

② "王终遣之",意思是"大王最终派遣他"。"之",指赵括。"妾",赵括之母。"随坐",连坐。

③ "藉"、"弟"、"令"是三个假设连词连用。

或"乎"字,例如:

> 三年无改于父之道,可谓孝矣。(《论语·学而》)
>
> 观于沧海者难为水,游于圣人之门者难为言。(《孟子·尽心上》)
>
> 郑伯之享王也,王以后之鞶鉴予之。虢公请器,王予之爵。郑伯由是始恶于王。(《左传·庄公二十一》)①
>
> 大子无道,使余杀其母。余不许,将戕于余。(《左传·定公十四年》)
>
> 天作淫雨,害于粢盛,若之何不吊?(《左传·庄公十一年》)
>
> 其言谈者,为设诈称,借于外力,以成其私,而遗社稷之利。(《韩非子·五蠹》)②
>
> 赏于无功,使谗谀以诈伪为贵;诛于无罪,使伛以天性剖背。(《韩非子·安危》)③
>
> 故以众勇无畏乎孟贲矣,以众力无畏乎乌获矣,以众视无畏乎离娄矣,以众知无畏乎尧、舜矣。(《吕氏春秋·用众》)④
>
> 沛公居山东时,贪于财货,好美姬。(《史记·项羽本纪》)
>
> 网漏于吞舟之鱼。(《史记·酷吏列传序》)

根据古汉语通常的语法,这里的"于(於)"、"乎"都是不必要的,试比较:

> 景公为是省于刑。君子曰:"仁人之言,其利博哉!晏子一言,而齐侯省刑。"(《左传·昭公三年》)
>
> 夫岂惠其民而不惠于其父乎?(《国语·晋语》)
>
> 赏于无功,使谗谀以诈伪为贵;诛于无罪,使伛以天性剖背。(《韩非子·安危》)/夫赏无功,则民偷幸而望于上;不诛过,则民不惩而易为非。(《韩非子·难二》)⑤

---

① "享王",设享礼招待周天子;"后之鞶鉴",王后的丝带铜镜;"爵",青铜酒杯。爵比鞶鉴贵重。

② "为"通"伪","伪设"意思是"虚构事实"。

③ "谗谀",指谗谀之人;"无罪",指无罪之人。"使伛以天性剖背",指宋康王解剖伛偻之人的背;"天性",指天然形成。

④ "孟贲",古代勇士。"乌获",古代大力士。"离娄",古代视力特别好的人。"知",同"智"。

⑤ "偷幸",苟且侥幸。

今之世，学者多非乎攻伐。非攻伐而取救守，取救守则乡之所谓长有道而息无道、赏有义而罚不义之术不行矣。(《吕氏春秋·振乱》)①

所以金代王若虚《滹南遗老集》卷十九批评说："'网漏于吞舟之鱼'，多却'于'字。"当然，我们并不把这个"于(於)"字看成是古人行文中的疏漏，这应该是符合当时汉语的实际表达习惯的，正如现代汉语也有"这个说明符合于实际情况"、"这个问题有待于继续研究"、"借助于语言这个工具"等说法一样。至于这个"于"字的词性，可能看成音节助词好一些②。

对于这样的"于(於)"，也有人著文提出：

> 我们发现，"于/於"引进的并不是典型的受事成分。这表现在以下事实上："于/於"前动词的动作性比较弱，"于/於"后名词性成分的具体性比较低，"于/於"前动词对"于/於"后名词性成分的影响度比较低。根据 Hopper & Thompson(1980)的及物性理论，这样的动词和这样的名词性成分之间的及物性程度比较低。Hopper & Thompson(1980)指出，及物性是一个连续统，有着程度高低之别。及物性强的语义关系可能表现为句法上的动宾结构，而及物性低的语义关系在语言中就可能会被判定为不及物。我们认为，在上古汉语的语言系统中，例(1)至例(13)这类结构也是被作为不及物结构的。虽然以上例子中"于/於"前的动词与其后的名词性成分之间很像是动宾关系，而且这些例子如果翻译成现代汉语也会使用动宾结构，但在上古汉语的语言系统中，这类结构却和真正的动宾结构在形式上有别，在意义上也不同。我们推断，"于/於"在这类句子结构中的出现是标明动名之间的低及物性，从而排除了将后面的名词看作宾语的可能。③

---

① "非"，非难。"取"，采取。"乡"，以前。

② 参杨伯峻《古汉语中之罕见的语法现象》(载《中国语文》1982 年第 6 期)、刘瑞明《"於"的一种助词用法》(载《九江师专学报》1988 年第 3 期)。王力《汉语语法史》第十章(五)也认为"作于楚宫"(《诗经·鄘风·定之方中》)、"不畏于天"(《诗经·小雅·雨无正》)、"享于祖考"(《诗经·小雅·信南山》)、"先生口不绝吟于六艺之文，手不停披于百家之编"(韩愈《进学解》)中的"于"不是介词，而是语助词。

③ 董秀芳《古汉语中动名之间"于/於"的功能再认识》，载《古汉语研究》2006 年第 2 期。引文中所说例(1)至例(13)我们这里没有列出。

我们觉得,这种说法最大的困难,在于怎样解释我们在这里所举的《左传·昭公三年》"省于刑"、"省刑"这样的例子,很难说前面的"省"及物性程度比较低,而后面的"省"及物性程度比较高。该文作者可能也意识到了自己的说法有漏洞,针对下面这样的例子:

> 入其国,观其士大夫。(《荀子·强国》)
>
> 王及郑伯入于邬。(《左传·庄公二十五年》)
>
> 君有楚命,亦不使一介行李告于寡君,而即安于楚。(《左传·襄公八年》)
>
> 楚子使唐狡与蔡鸠居告唐惠侯曰……(《左传·宣公十二年》)

他补充说:

> 具有高及物性的动名之间一定不用"于/於",而具有低及物性的动名之间用不用"于/於"则有一定选择性。对于"于/於"在作用上的可选性可以这样解释:宾语的位置是常规焦点出现的位置,低及物性的动名关系在需要强调名词性成分时也可能将名词性成分临时作为宾语来处理,在这种情况下标志非宾语的"于/於"自然就不出现了。

但是,我们仍然觉得,很难说"告于寡君"不属于强调,而"告唐惠侯"则属于强调。漏洞依然存在。

1.6　古汉语的定语和中心语之间往往有一个结构助词"之",这是定语的形式标志。不过,有的时候也不加"之"。定语后加"之"与否,前人多有讨论。如马建忠《马氏文通》卷三云:

> 偏正两次之间,"之"字参否无常。惟语欲其偶,便于口诵,故偏正两奇,合之为偶者,则不参"之"字;凡正次欲求醒目者,概参"之"字。……又或偏次字偶而正次字奇,与偏次字奇而正次字偶者,概参"之"字以四之。其或偏正两次皆偶者亦然,不参者非常例也。……若如偏次平列多字,字数皆偶,而正次惟一奇者,概加"之"字以为别。正次字偶者,则无常焉。……有两三偏次转相属者,"之"字参否无定。大约诸次字奇者概参"之"字,奇偶不一者,无定例也。

吕叔湘《中国文法要略》第二章云:

文言里还有一个原则，是合起来的字数最好要成双，所以"崇山峻岭"，"飞鸟"，"行人"，这里面都不加"之"字；"谬悠之说"，"荒唐之言"乃至"千金之裘"，"犬马之劳"的"之"字都不能省。

周法高《中国古代语法·造句编》第三章云：

> 形容语和名语的结合，有时只有从上下文或意义上看出。而在某些情形下，需要用"之"字来做记号。一者可以增加文义的清晰性，二者对于字数奇偶的配合上也有关系。

我们认为，加"之"与否首先跟定语的语法性质有关，例如方位名词、代词、数词作定语一般不加"之"[①]：

> 东面而征，西夷怨；南面而征，北狄怨。（《孟子·梁惠王下》）
> 昔者吾舅死于虎，吾夫又死焉，今吾子又死焉。（《礼记·檀弓下》）
> 吾翁即若翁，必欲烹而翁，则幸分我一桮羹。（《史记·项羽本纪》）
> 不以夫一害此一谓之壹。（《荀子·解蔽》）
> 诸侯、县公皆庆寡人，女独不庆寡人，何故？（《左传·宣公十一年》）
> 君虽不惠，臣敢不事君乎？孰王而可畔也？（《吕氏春秋·行论》）
> 命夸蛾氏二子负二山，一厝朔东，一厝雍南。（《列子·汤问》）
> 同心戴舜，以为天子，以其举十六相，去四凶也。（《左传·文公十八年》）

其次，加"之"与否还跟定语和中心语的音节数有关。一般来说，定语和中心语都是单音节，则大多不加"之"；定语和中心语两者之中，一为单音节，一为双音节，则大多加"之"。例如：

> 赤之适齐也，乘肥马，衣轻裘。（《论语·雍也》）
> 蔓草犹不可除，况君之宠弟乎？（《左传·隐公元年》）
> 吾与女同好弃恶，复修旧德，以追念前勋。（《左传·成公十三年》）
> 三里之城，七里之郭，环而攻之而不胜。（《孟子·公孙丑下》）

---

① 但是疑问代词"谁"作定语一般要加"之"，参第一章第六节 6.3 脚注。

圣人之心静乎！天地之鉴也，万物之镜也。(《庄子·天道》)

尽狗马之乐，极耳目之欲，行邪枉之道，径淫辟之路。(《汉书·东方朔传》)

夫仁，天之尊爵也，人之安宅也。(《孟子·公孙丑上》)

宦三年矣，未知母之存否。(《左传·宣公二年》)

成昭王之功，除万世之害，此燕之长利，而君之大名也。(《战国策·秦策》)

1.7　关于名词和名词性结构直接作补语的现象，有的学者认为是省略了一个介词①。我们不同意这种说法，因为在上古汉语中这种现象十分普遍，应该是一种普遍的语法现象。例如：

晋军函陵，秦军氾南。(《左传·僖公三十年》)

能谤议于市朝，闻寡人之耳者，受下赏。(《战国策·齐策》)

子无敢食我也，天帝使我长百兽。(《战国策·楚策》)

居五日，桓侯体痛，使人索扁鹊，已逃秦矣。(《韩非子·喻老》)

蔺相如徒以口舌为劳，而位居我上。(《史记·廉颇蔺相如列传》)

信复收兵，与汉王会荥阳。(《史记·淮阴侯列传》)

渊深而鱼生之，山深而兽往之，人富而仁义附焉。(《史记·货殖列传》)

田骈曰："子何闻之？"对曰："臣闻之邻人之女。"(《战国策·齐策》)

今王之地方五千里，带甲百万，而属之昭奚恤。(《战国策·楚策》)

不可，吾既已言之王矣。(《墨子·公输》)

吕公大惊，起，迎之门。(《史记·高祖本纪》)

尤其是下面的例子，可以证明在古人的眼中，名词直接作补语跟介词短语作补语是完全相同的：

南伯子葵曰："子独恶乎闻之？"曰："闻诸副墨之子，副墨之子闻诸洛诵之孙，洛诵之孙闻之瞻明，瞻明闻之聂许，聂许闻之需役，需役闻之

---

① 如杨伯峻《文言语法》(北京大众出版社，1955年)第九章、廖振佑《古代汉语特殊语法》(内蒙古人民出版社，2001年)第四章第三节。

於讴,於讴闻之玄冥,玄冥闻之参寥,参寥闻之疑始。"(《庄子·大宗师》)

　　臣闻之胡龁曰:……(《孟子·梁惠王上》)/吾尝闻大勇于夫子矣,……(《孟子·公孙丑上》)

　　于是乃倚一车辕于北门之外而令之曰:"有能徙此南门之外者,赐之上田上宅。"……俄又置一石赤菽于东门之外而令之曰:"有能徙此于西门之外者,赐之如初。"(《韩非子·内储说上》)

　　名尊地广以至王者,何故?战胜者也。名卑地削以至于亡者,何故?战罢者也。(《商君书·画策》)

　　人有卖骏马者,比三旦立市,人莫之知。……臣有骏马欲卖之,比三旦立于市,人莫与言。(《战国策·燕策》)

　　苏代为齐献书穰侯曰:……(《战国策·秦策》)/苏代自齐献书于燕王曰:……(《战国策·燕策》)

　　文曰:"主少国疑,大臣未附,百姓不信,方是之时,属之于子乎?属之于我乎?"起默然良久,曰:"属之子矣。"(《史记·孙子吴起列传》)

　　今秦发三将军:其一军塞午道,告齐使兴师渡清河,军于邯郸之东;一军军成皋,驱韩梁军于河外;一军军于渑池。(《史记·张仪列传》)

　　是以一夫倡而天下和,兵破陈涉,地夺诸侯,何嗣之所利?(《盐铁论·结和》)/然而兵破于陈涉,地夺于刘氏者,何也?(《汉书·贾山传》)

细看以上例句,实际上做补语的名词都是处所名词和对象名词。那么,介词或出现或不出现,这当中有原因吗?马建忠《马氏文通》卷四说:

　　同一句也,《史记》用"于"字而《汉书》删去者,《汉书》用"于"字而《史记》删去者,难仆数也。"项羽纪"《史记》云:"大破秦军于东阿。"《汉书》云:"大破秦军东阿。"《史记》云:"王坐不安席,扫境内而专属于将军。"《汉书》云:"扫境内而属将军。"……"张良传"《史记》云:"昔汤伐桀,封其后于杞,武王伐纣,封其后于宋。"《汉书》云:"昔汤伐桀,封其后杞,武王诛纣,封其后宋。"……"樊哙传"《史记》云:"东攻秦军于尸,南攻秦军于犨。"《汉书》云:"东攻秦军尸乡,南攻秦军于犨。"曰"尸"曰

"鞻",两地名皆单字,皆加"于"字以足之;至"尸乡"则双字矣,不加"于"字者,殆为此耶? 前云"封其后鲁"、"封其后宋"者,盖"鲁"、"宋"虽为单字地名,而合于"封其后"三字,则四之矣。"东攻秦军"四字,如续以单字地名,则五之,不偶矣。然亦未敢拘为定例也。"刘敬传"《史记》云:"而欲比隆于成康之时,臣窃以为不侔也。"《汉书》云:"而欲比隆成康之时,臣窃以为不侔矣。"总观两书,《史记》之文纡馀,《汉书》之文卓荦,"于"字之删不删,其有以夫!

马建忠把这种现象的原因归结为音节数的单偶,以及各个作者不同的文风,应该是有一定道理的。而从不同时代的作品来看,名词直接作补语的现象在《左传》中的出现次数要远远少于《史记》[1],所以用不用介词又是一个语言发展演变的问题。

从形式上看,名词直接作补语的动补结构很像动宾结构,名词直接作补语的动宾补结构也很像动词带双宾语的结构,那么它们的区分有困难吗?例如:

> 人有卖骏马者,比三旦立市,人莫之知。(《战国策·燕策》)
>
> 且吾闻,效小节者不能行大威,恶小耻者不能立荣名。(《战国策·齐策》)
>
> 今王之地方五千里,带甲百万,而属之昭奚恤。(《战国策·楚策》)
>
> 若知能谋天下,断敢行大事,君因专属之国柄焉。(《韩非子·外储说左下》)

这里的区别应该很明显,第一例"市"是处所,所以是动补结构;第二例"荣名"是事物,所以是动宾结构。第三例"昭奚恤"是对象,所以是动宾补结构;第四例"国柄"是表事物的远宾语,所以是双宾语[2]。也就是说,当后面的名

---

[1]　例如余贞洁《也谈古汉语处所词语作补语问题》(载《上饶师范学院学报》2003年第2期)一文统计,"动词 + 处所名词补语"句式,《左传》中出现35次,《史记》中出现487次,"动词 + 宾语 + 处所名词补语"句式,《左传》中出现10次,《史记》中出现456次。

[2]　参王保才《试论"属之昭奚恤"一类句型的语法结构》,载《天津师大学报》1982年第6期。又王力主编的《古代汉语》1962年第1版为"属之昭奚恤"加注说:"这是双宾语句子。"1981年第2版删去了这个注。

词表示处所或对象时,那么大多是动补结构;当后面的名词表示事物时,则大多是动宾结构。

不过,如果后面的名词既可以理解为处所(或对象)又可以理解为事物的时候,这两种结构的区分可能就有一定的困难了。那么我们怎样区分这两种结构呢? 其实从语义上来看,凡是动补结构,其补语是动作行为所发生的地方和对象,它回答"在哪里"、"向谁"的问题,凡是动宾结构,其宾语则是动作行为所涉及的地方和对象,它回答"哪里"、"谁"的问题。从句法上来看,凡是动补结构,其补语大多可以前加"于(於)"字而基本保持原义,凡是动宾结构,其宾语前则不可加"于(於)"字;凡是动补结构,其补语可以变换为状语而基本保持原义,凡是动宾结构,其宾语则不能变换为状语。试比较:

> 子贡问君子。子曰:"先行其言而后从之。"(《论语·为政》)
>
> 今也父兄百官不我足也,恐其不能尽于大事,子为我问孟子。(《孟子·滕文公上》)
>
> 子哙不得与人燕,子之不得受燕于子哙。(《孟子·公孙丑下》)
>
> 尹固之复也,有妇人遇之周郊,尤之。(《左传·昭公二十九年》)
>
> 乃遣当阳君、蒲将军将卒二万渡河,救钜鹿。(《史记·项羽本纪》)
>
> 吾闻秦军围赵王钜鹿,疾引兵渡河,楚击其外,赵应其内,破秦军必矣。(《史记·项羽本纪》)

第一例"君子"表示事物,"问君子"是动宾结构,第二例"孟子"表示对象,"问孟子"是动补结构。第三例"燕"表示动作涉及的地方,"与人燕"是动宾(双宾语)结构,第四例"周郊"表示动作发生的地方,"遇之周郊"是动补(动宾补)结构。第五例"钜鹿"表示动作涉及的地方,"钜鹿"也不能变换到"救"的前面去,因此"救钜鹿"是动宾结构,第六例"钜鹿"表示动作发生的地方,"钜鹿"可以加上"于(於)"而变换到"围赵王"的前面,句义保持不变,因此"围赵王钜鹿"是动补(动宾补)结构[①]。

此外,上面说的都是名词作动词的补语,其实名词也可以直接作形容

---

① 参拙文《上古汉语语法札记》,载《语言研究集刊》第5辑,上海辞书出版社,2008年。

词、副词的补语,只是例子少一些罢了:

> 臣以力事君者也,今徐子力多臣,臣不以自代,恐他人言之而为罪也。(《韩非子·外储说左下》)

> 是亡国之兵也,兵莫弱是矣。(《荀子·议兵》)

> 此国有贤不齐者五人,教不齐所以治者。(《史记·仲尼弟子列传》)①

> 鲁朱家者,与高祖同时。……专趋人之急,甚己之私。(《史记·游侠列传》)

1.8　状语和补语都是对于动词性中心语和形容词性中心语的描写和说明,它们的性质是一样的,不过一在中心语之前,一在中心语之后。在古代汉语中,有一些状语和补语经常可以转换,而表达的意思基本不变。例如:

> 衣冠而见之,曰:"责毕收乎?来何疾也?"曰:"收毕矣!"(《战国策·齐策》)

> 王曰:"……即不忍其若无罪而就死地,故以羊易之也。"……王笑曰:"……我非爱其财而易之以羊也,宜乎百姓之谓我爱也。"(《孟子·梁惠王上》)

不过,"介词 + 处所宾语"、"介词 + 对象宾语"所形成的介词短语在修饰动词时所处的位置,却是古代汉语和现代汉语之间一个很大的区别,特别是古代汉语中数量众多的"于(於) + 处所宾语"、"于(於) + 对象宾语"大多处在所修饰的动词的后面,而这种介词短语翻译成现代汉语时,则大多要转而放到所修饰的动词的前面。《马氏文通》卷四指出:"凡外动字之转词,言其行之所归,与所向之人,或所在之地,则介以'於'字而位于止词之后。""转词不言所归而言所从所自者,亦介'於'字而位后止词。"马氏所举的例子如:

> 王如施仁政于民,省刑罚,薄税敛,深耕易耨。(《孟子·梁惠

----

① "贤不齐",意为"贤于不齐"。"不齐"是孔子弟子宓子贱的名。

王上》)

非所以<u>内交</u>于孺子之父母也，非所以<u>要誉</u>于乡党朋友也。(《孟子·公孙丑上》)

今也欲无<u>敌</u>于天下而不以仁，是犹执热而不以濯也。(《孟子·离娄上》)

成王陨命，穆公是以<u>不克逞志</u>于我。(《左传·成公十三年》)

及卫州吁立，将<u>脩先君之怨</u>于郑，而<u>求宠</u>于诸侯。(《左传·隐公四年》)

逢蒙<u>学射</u>于羿。(《孟子·离娄下》)

伤足，丧屦。反，<u>诛屦</u>于徒人费。(《左传·庄公八年》)①

十分明显，以上这些例子中的"于(於) + 处所宾语"和"于(於) + 对象宾语"，如果用现代汉语来表达，大多要移到动词的前面去。

戴浩一有所谓"时间顺序原则"(PTS)之说，他提出："两个句法单位的相对次序决定于它们所表示的概念领域里的状态的时间顺序。"PTS"管辖着汉语中大多数可以定出的句法范畴的语序表现。因此，PTS 可以看成是一条总的句法限制。"②对照上述例子，我们可以说，时间顺序原则对于现代汉语来说大致上是符合的，但是对于古代汉语来说则并不适用。实际上，人类语言符号的组合可以根据两种原则，一是临摹原则(iconic principles)，即语言成分的排列组合比较符合现实世界的情景；一是抽象原则(abstract principles)，即以逻辑—数学为基础的与现实世界情景关系不大的语言成分排列组合。时间顺序原则可以说是临摹原则的一种表现。谢信一指出："在一个语言表达特别是句子里，临摹原则和抽象原则是共同起作用的。……在同一种语言里，有些句子的临摹性可能高于别的句子。在不同的语言之间，有的可能主要以临摹性为原则，抽象性居于次要地位，有的可能相反。"③

---

① "诛屦于徒人费"意为"向侍从费索要鞋子"。"徒"是"侍"字之误。

② 戴浩一《时间顺序和汉语的语序》(Temporal Sequence and Chinese Word Order)，黄河译，载《国外语言学》1988 年第 1 期。

③ 谢信一《汉语中的时间和意象》(Time and Imagery in Chinese)，叶蜚声译，载《国外语言学》1991 年第 4 期，1992 年第 1、3 期。

显然,在古汉语的"于(於) + 处所宾语"和"于(於) + 对象宾语"句式中,古人所采用的主要并不是时间顺序原则,而是抽象原则。蒋绍愚并且进一步指出,到西汉时候,汉语语法发生了一个变化,"于 + L"短语中的"于"可以不要了①,"'于'这个标记的消失,就动摇了'于 + L'一律后置于动词的这一'抽象原则'。……'临摹原则'就代之而起。……这就形成了现代汉语中的格局。"②我们认为蒋绍愚的意见是正确的。

　　另外,关于古汉语的"自 + 处所宾语",《马氏文通》卷四说:"记从来之处者,其转词概以'自'字为介,而先后无常。"马氏所谓"先后",是指"自 + 处所宾语"的位置先于动词还是后于动词,他举的例子有:

> 吾自卫反鲁,然后乐正,《雅》、《颂》各得其所。(《论语·子罕》)
> 有为神农之言者许行,自楚之滕。(《孟子·滕文公上》)
> 公至自楚。孟僖子病,不能相礼。(《左传·昭公七年》)
> 秦之帝用雍州兴,汉之兴自蜀汉。(《史记·六国年表》)

为什么"自 + 处所宾语"的位置会"先后无常"? 这当中有什么规律? 有学者认为,凡是"自 + 处所宾语"前置的,其动词都较复杂,有带宾语或补语的,也有不是单音节的;而凡是"自 + 处所宾语"后置的,则往往是单音节光杆动词③。

　　1.9　"最"、"至"等副词作状语时往往会放在句子较前面而离中心语较远的位置上,这一点与中古汉语乃至现代汉语有很大不同,例如:

> 成山斗入海,最居齐东北隅,以迎日出云。(《史记·封禅书》)④
> 身与士卒平分粮食,最比其赢弱者。(《史记·司马穰苴列传》)⑤
> 汤武者,至天下之善禁令者也。(《荀子·正论》)⑥

---

① L 表示处所。
② 参蒋绍愚《抽象原则和临摹原则在汉语语法史中的体现》,载《古汉语研究》1999 年第 4 期。
③ 参张赪《从先秦时期"介词 + 场所"在句中不合规律分布的用例看汉语的词序原则》,载《语言研究》2000 年第 2 期。
④ 这一句的意思是"成山陡然入海,居于齐地最东北角……"。
⑤ "最比其赢弱者"即"比其最赢弱者",意思是"所分粮食跟最赢弱的人一样少"。
⑥ 这一句的意思是"商汤王、周武王是天下最善于实行禁令的人"。

　　　　魏其侯贵久矣,素天下士归之。(《汉书·田蚡传》)

　　这些词都是等级最高的程度副词,而放在谓语部分最前面的位置上。

　　此外,相似的还有形容词"大"、表示亲疏关系的形容词"亲":

　　　　去病大为仲孺买田宅奴婢而去。(《汉书·霍光传》)

　　　　长主大以是怨光。(《汉书·霍光传》)①

　　　　大王,亲高皇帝孙。(《史记·淮南王安传》)

　　　　我亲武帝长子,反不得立,上书请立庙,又不听。(《汉书·武五子传》)

　　《马氏文通》卷二"指名代字二之三"曾谓:"《汉·霍光传》:'皇后亲安女。'②'亲安女'者,安之亲女也,用于偏次,与所解'亲'字不同③。"杨树达《马氏文通刊误》④云:

　　　　按"亲安女者,安之亲女也",马氏解释当矣。如此,则"亲"字明是静字,非代字也。或疑"亲"字在此句中,位序不类静字;不知古文中凡一字兼为静字与领位名词所修饰时,静字恒居前,领位名词恒居后。如《史记》云:"翩翩浊世之佳公子。"静字"翩翩"居前,领位名词"浊世"居后是也。又"亲"字例见于《汉书》他传者,如《淮南王传》云:"王,亲高帝孙。"《文三王传》云:"李太后,亲平王之大母也。"《佞幸石显传》云:"野王,亲昭仪兄。"《外戚霍后传》云:"皇太后,亲霍后之姊子。"位序与此例皆相类。惟《王莽传》云:"红阳侯立,太后亲弟。"与诸例相反,领位名词在前,"亲"字在后,然益足证明此"亲"字确为静字也。(又《郑崇传》云:"孝成皇帝封亲舅五侯。""亲"字亦静字用法。)

　　这里所谓"领位名词"是指领属性定语,"亲"字则是形容性定语,作为形容性定语的"亲"位于领属性定语之前。

---

① 这一句的意思是"长公主因此大大怨恨霍光"。
② 这一句的意思是"皇后是上官安的亲女儿"。
③ 马建忠前面所举的都是"亲"字做人称代词的例子,但这一句是"亲"字做形容词,所以说"不同"。
④ 中华书局,1962年。

第二节　结构类型(上)

2.1　结构成分组成结构,结构有各种类型。古汉语的结构类型首先可以分成简单型和复杂型两大类,简单型也就相当于一般语法书上所说的单句,复杂型也就相当于一般语法书上所说的复句。只是我们这里讨论的是不带语调的结构,所以不直接称呼为单句和复句。

从语法结构看,所谓"简单型结构",就是整体上最多只包含一个主语和一个谓语的结构。根据这个定义,"十年春,齐师伐我"(《左传·庄公十年》)这个句子当然是简单型结构,因为只包含一个主语"齐师"和一个谓语"伐我";而"相如度秦王虽斋,决负约不偿城"(《史记·廉颇蔺相如列传》)这样的句子,虽然有"相如"和"秦王"两个主语、"度……"和"虽斋,决负约……"两个谓语,但是"秦王虽斋,决负约……"这个主谓结构却是充当"度"这个述语的宾语,因此这个句子从整体上看,仍然只包含一个主语和一个谓语,仍然属于简单型结构。另外,像"卒买鱼烹食,得鱼腹中书"(《史记·陈涉世家》)这样的句子,虽然好像包含"买鱼烹食"和"得鱼腹中书"两个谓语,但是从整体上看,"买鱼烹食"和"得鱼腹中书"是并列语充当谓语,因此仍然只有一个谓语,还是简单型结构。

所谓"复杂型结构",就是包含两个或两个以上互不包容的主谓结构的结构。由于是"互不包容的主谓结构",所以单个的兼语结构就不属于复杂型结构;由于是"两个或两上以上"的"主谓结构",所以简单型结构中的并列结构也不可能属于复杂型结构。复杂型结构中的主谓结构,其主语是可以省略的;但是如果省略的主语被补写出来,则这个复杂型结构仍然应该是两个或两个以上的主谓结构。

因为我们已经把"结构"定义为实词和实词的结合,并且处在结构中的实词必定充当一定的结构成分,而一般语法书上所说的"介词结构"不符合这一定义,所以我们把一般语法书上所说的"介词结构"改称为"介词短语"。

2.2　古汉语的简单型结构有主谓结构、动宾结构、偏正结构、并列结构和兼语结构等。

(1) 主谓结构。由一个主语和一个谓语组成的结构叫"主谓结构"。主谓结构可以根据充当谓语的主要成分,分为名词谓语式、动词谓语式、形容词谓语式、副词谓语式和主谓谓语式等五种。

a. 名词谓语式。由名词或名词性结构充当谓语主要成分的主谓结构叫做"名词谓语式"。例如:

> 韩,天下之咽喉。(《战国策·秦策》)
>
> 吕不韦者,阳翟大贾人也。(《史记·吕不韦列传》)
>
> 是子也,熊虎之状而豺狼之声。(《左传·宣公四年》)
>
> 此三人者,皆人杰。(《史记·高祖本纪》)

b. 动词谓语式。由动词或动词性结构充当谓语主要成分的主谓结构叫做"动词谓语式"。例如:

> 鲁庄公惧。(《史记·刺客列传》)
>
> 宋武公生仲子。(《左传·隐公元年》)
>
> 朽木不可雕也。(《论语·公冶长》)
>
> 郑人游于乡校。(《左传·襄公三十一年》)

c. 形容词谓语式。由形容词或形容词性结构充当谓语主要成分的主谓结构叫做"形容词谓语式"。例如:

> 老夫耄矣!(《左传·隐公四年》)
>
> 叶公子高,微小短瘠。(《荀子·非相》)
>
> 老臣贱息舒祺,最少,不肖。(《战国策·赵策》)
>
> 楚国之食贵于玉。(《战国策·楚策》)

d. 副词谓语式。由副词或副词性结构充当谓语主要成分的主谓结构叫做"副词谓语式"。例如:

> 信乎,夫子不言、不笑、不取乎?(《论语·宪问》)
>
> 吾夺天下必矣!(《史记·高祖本纪》)
>
> 固也!不如此,天子不尊,宗庙不安。(《史记·袁盎晁错列传》)
>
> 王之好乐甚,则齐国其庶几乎!《孟子·梁惠王下》

e. 主谓谓语式。由主谓结构充当谓语主要成分的主谓结构叫做"主谓谓语式"。例如：

　　夫滕，壤地褊小。(《孟子·滕文公上》)

　　吾与徐公孰美？(《战国策·齐策》)

　　汉阳诸姬，楚实尽之。(《左传·僖公二十八年》)

　　夫颛臾，昔者先王以为东蒙主。(《论语·季氏》)

(2) 动宾结构。由一个述语和一个宾语或两个宾语组成的结构叫做"动宾结构"。动宾结构可以分为单宾语式、双宾语式和前置宾语式三种。

a. 单宾语式。述语只带一个宾语的动宾结构叫做"单宾语式"。例如：

　　秦围赵之邯郸。(《战国策·赵策》)

　　爱共叔段，欲立之。(《左传·隐公元年》)

　　子不悦吾治秦欤？(《史记·商君列传》)

　　弟子孰为好学？(《论语·雍也》)

b. 双宾语式。一个述语带有直接宾语和间接宾语两个宾语的动宾结构叫做"双宾语式"。直接宾语往往表示事物，间接宾语往往表示人和对象；直接宾语是远宾语，间接宾语是近宾语。例如：

　　魏王遗楚王美人。(《战国策·楚策》)

　　晋饥，秦输之粟。(《左传·僖公十五年》)

　　反子父母、妻子、闾里、知识。(《庄子·至乐》)①

　　括母问奢其故。(《史记·廉颇蔺相如列传》)

c. 前置宾语式。宾语置于述语之前的动宾结构叫做"前置宾语式"。例如：

　　赫赫师尹，民具尔瞻。(《诗经·小雅·节南山》)

　　臣实不才，又谁敢怨？(《左传·成公三年》)

　　丘虽不吾誉，吾独不自知耶？(《庄子·盗跖》)

_____

① "反子"，返还给您。"闾里"，指邻居。"知识"，认识的人。

子是之学,亦为不善变矣。(《孟子·滕文公上》)

(3) 偏正结构。由定语、状语或补语跟中心语组成的结构叫做"偏正结构"。偏正结构可以分为定语式、状语式和补语式。

a. 定语式。由定语跟中心语组成的偏正结构叫做"定语式"。例如:

今日之事何如?(《史记·项羽本纪》)
是故无冥冥之志者,无昭昭之明。(《荀子·劝学》)
秦称帝之害将奈何?(《战国策·赵策》)
季武子以所得于齐之兵作林钟而铭鲁功焉。(《左传·襄公十九年》)

b. 状语式。由状语跟中心语组成的偏正结构叫做"状语式"。例如:

左右欲刃相如,相如张目叱之。(《史记·廉颇蔺相如列传》)
不义而富且贵,于我如浮云。(《论语·述而》)
退而省其私,亦足以发,回也不愚。(《论语·为政》)①
四月,郑祭足帅师取温之麦。(《左传·隐公三年》)

c. 补语式。由补语跟中心语组成的偏正结构叫做"补语式"。例如:

西取由余于戎。(李斯《谏逐客书》)
胥后令邯郸。(《史记·廉颇蔺相如列传》)②
待我二十五年,不来而后嫁。(《左传·僖公二十三年》)
君美甚,徐公何能及君也?(《战国策·齐策》)

(4) 并列结构。由两个或两个以上的并列语组成的结构叫做"并列结构"。并列结构可以分为平列式和连续式两种。

a. 平列式。两个或两个以上的并列语完全平列、可以前后互换的并列结构叫做"平列式"。例如:

知伯贪而愎。(《左传·哀公二十七年》)

---

① 这一句的意思是"回去以后自己思考,却也能够发挥,颜回啊并不愚蠢"。
② "胥后令",意思是"等待后面的命令"。

知可以战与不可以战者胜。(《孙子兵法·谋攻》)

征天下,举方正、贤良、文学、材力之士。(《汉书·文帝纪》)

许子以釜甑爨以铁耕乎?(《孟子·滕文公上》)

越王勾践栖于会稽之上。(《国语·越语上》)

b. 连续式。两个或两个以上的并列语在时间或空间上有先后、因果等关系,前后位置不能掉换的并列结构叫做“连续式”[1]。例如:

沛公起,如厕。(《史记·项羽本纪》)

周公欲弑庄王而立王子克。(《左传·桓公十八年》)

鱄设诸真剑于鱼中以进。(《左传·昭公二十七年》)

齐人有冯谖者,贫乏不能自存。(《战国策·齐策》)

君非姬氏,居不安,食不饱。(《左传·僖公四年》)[2]

最后一例“居”和“不安”是连续式,“食”和“不饱”是连续式,但是“居不安”和“食不饱”则是平列式。

(5)兼语结构。一个动宾结构跟一个主谓结构套叠在一起,即述语带有一个宾语,而这个宾语同时又是后面主谓结构的主语,这样的结构叫做“兼语结构”。例如:

既而大叔命西鄙北鄙贰于己。(《左传·隐公元年》)

从其策,发使使燕,燕从风而靡。(《史记·淮阴侯列传》)

吾以子为鬼,察子则人也。(《庄子·达生》)

解出入,人皆避之,有一人独箕踞视之。(《史记·游侠列传》)

桓公知诸侯之归己也,故使轻其币而重其礼。(《国语·齐语》)

最后一例可以看作“使”后面省略了兼语“之”(指诸侯),但仍是兼语结构。

2.3 一般的语法书上有所谓“无主句”,也就是只有谓语没有主语的句子,这种句子大多是简单型结构。无主句主要是表示自然现象的句子、表示

---

[1] 一般把这种结构称为“连动式”,但是实际上组成这种结构的不止是动词,还有形容词,所以我们称之为“连续式”。

[2] “居不安,食不饱”等于说“居而不安,食而不饱”。“食不饱”不是动补结构,不同于现代汉语的“吃不饱”。

存在的句子、表示肯定否定的句子,以及成语谚语等,例如下列句子中划线的部分:

> 庚辰,大雨雪。(《春秋·隐公九年》)
>
> 冬十二月,螽。(《左传·哀公十二年》)
>
> 今有一人,入人园圃。(《论语·学而》)
>
> 微管仲,吾其被发左衽矣。(《论语·宪问》)
>
> 庄辛曰:"诺。"(《战国策·楚策》)
>
> 善哉!技盖至此乎?(《庄子·养生主》)
>
> 此所谓"藉寇兵而齎盗粮"者也。(李斯《谏逐客书》)
>
> 野语有之曰:"闻道百,以为莫己若"者,我之谓也。(《庄子·秋水》)

其实一般来说,主语并非是句子成立的必要条件。第一例"大雨雪"是一个状语式的偏正结构,第三例"有一人,入人园圃"是一个兼语结构,最后一句"闻道百,以为莫己若"则是连续式的并列结构,只要它们带上语调,都可以成为句子①。

2.4 关于主谓谓语式,一般把充当谓语的主谓结构中的主语叫做"小主语",而把大的主谓结构中的主语叫做"大主语",跟小主语相对应的谓语叫做"小谓语",跟大主语相对应的谓语叫做"大谓语"。例如《史记·魏公子列传》"公子颜色愈和"中,"公子"是大主语,"颜色愈和"是大谓语,"颜色"是小主语,"愈和"是小谓语。大主语、小主语、小谓语之间的语义关系有以下两种。

(1) 大主语和小主语有领属关系或整体与部分关系。如:

> 葬晋景公,公送葬,诸侯莫在。(《左传·成公十年》)
>
> 圣人衣足以犯寒,食足以充虚,则不忧矣。(《韩非子·解老》)
>
> 臣口不能言,然臣期期知其不可。(《史记·张丞相列传》)
>
> 陛下春秋高,法令无常。(《汉书·李广苏建传》)

---

① 这里第一例的"庚辰"、第二例的"冬十二月"、第三例的"今"都是时间名词,在句子中充当状语。

（2）大主语是小谓语的受事，小主语是小谓语的施事。如：

> 汉阳诸姬，楚实尽之。（《左传·僖公二十八年》）
> 山林之木，衡鹿守之；泽之萑蒲，舟鲛守之。（《左传·昭公二十年》）
> 此沛公左司马曹无伤言之。（《史记·项羽本纪》）
> 臣所言，人臣不得知也。（《史记·吴王濞列传》）

这里，前三例大主语由小谓语中的"之"复指，最后一例虽然没有复指，但是仍可确定大主语是小谓语的受事。

同时，主谓谓语式中往往有状语，状语的位置有两种：

（1）大主语 ＋ 状语 ＋ 小主语 ＋ 小谓语。如：

> 吾先君亦莫之行也。（《孟子·滕文公上》）
> 晋国，天下莫强焉。（《孟子·公孙丑下》）
> 物固莫不有长，莫不有短。（《吕氏春秋·用众》）
> 微陛下，臣等当虫出。（《史记·田叔列传》）①

（2）大主语 ＋ 小主语 ＋ 状语 ＋ 小谓语。如：

> 伯夷目不视恶色，耳不听恶声。（《孟子·万章上》）
> 臣口不能言，然臣期期知其不可。（《史记·张丞相列传》）
> 是口尚乳臭，不能当韩信。（《汉书·高帝纪上》）
> 故此数子，事业不同，名声异号。（《庄子·骈拇》）

不过，也应该注意把主谓谓语式与动词前名词活用为状语的情况区别开来。以下就是名词活用为状语，并不是主谓谓语式：

> 射之，豕人立而啼。（《左传·庄公八年》）
> 经始勿亟，庶民子来。（《孟子·梁惠王上》）②
> 嫂虵行匍伏，四拜自跪而谢。（《战国策·秦策》）

---

① "虫出"，意思是"尸体腐烂，蛆虫流出"。
② "经始勿亟"，意思是"周文王说，开始建筑灵台的时候不要着急，慢慢来"。

故天下之士,云合归汉。(《汉书·梅福传》)

2.5　能愿动词修饰动词和动词性结构,我们认为属于状语式偏正结构,也有人采用其他的处理意见。例如马忠《古代汉语语法》第二十一章说:"助动词经常用在普通动词的前面,跟普通动词组成了合成谓语。"①但是"合成谓语"究竟怎样一个"合成"法,马氏并没有说清楚。例如他在列举了"欲与大叔,臣请事之"(《左传·隐公元年》)、"过而能改,善莫大焉"(《左传·宣公二年》)、"此车一人殿之,可以集事"(《左传·成公二年》)、"晋未可与争"(《左传·成公三年》)等十七个例句以后,说:"这十五个助动词,除了例六'晋未可与争',助动词'可'是放在介词'与'的前面以外,其他例子里的助动词都是直接放在动词的前面的。如'欲与'、'敢问'、'能改'、'可以集事'、'愿请'、'足怪'、'得事养'等都是合成谓语。"言下之意,"晋未可与争"当中"可"和"争"就不是合成谓语,既然不是,那么究竟是什么呢? 即使"欲与"、"可以集事"等是合成谓语,那么当我们分析句法结构时,究竟是"欲"先跟"与"合成,然后再带宾语"大叔"呢,还是"与"先带宾语"大叔",然后再跟"欲"合成呢? 究竟是"可以"先跟"集"合成,然后再带宾语"事"呢,还是"集"先带宾语"事",然后再跟"可以"合成呢? 我们的意见是后者,因为这里"欲"的意思是"想,想要",想的内容是"与大叔"(给大叔),而不仅仅是想"与"(给),"可以"的意思是判断事情能否成功,"可以集事"是认为"集事"能成功,而不是"集"能成功。有鉴于此,所以我们认为能愿动词修饰动词都应该是状语式偏正结构。

2.6　从语法功能的角度看,结构又可以分为名词性结构、动词性结构和形容词性结构等。

所谓"名词性结构",是指整个结构的语法功能相当于名词的结构。定语式偏正结构、由名词或名词性中心语组成的并列结构都是名词性结构。有鉴于此,像下面的句子可以归纳为主谓结构中的名词谓语式:

且是人也,蜂目而豺声,忍人也。(《左传·文公元年》)

在古汉语的主谓结构中,也有由数量词或代词充当谓语的,例如:

---

① 　马忠《古代汉语语法》,山东教育出版社,1983 年。

　　名山三百,支川三千,小者无数。(《庄子·天下》)

　　累三而不坠,则失者十一。(《庄子·达生》)

　　此谁也?(《战国策·齐策》)

　　戍死者固十六七。(《史记·陈涉世家》)

因为数量词和代词的性质接近于名词,所以可以把由数量词和代词充当谓语主要成分的句子归入到名词谓语式中。

　　所谓"动词性结构",是指整个结构的语法功能相当于动词的结构。由动词充当中心语的状语式偏正结构、由动词充当中心语的补语式偏正结构、动宾结构、由动词或动词性中心语组成的并列结构都是动词性结构。所谓"形容词性结构",是指整个结构的语法功能相当于形容词的结构。由形容词充当中心语的状语式偏正结构、由形容词充当中心语的补语式偏正结构、由形容词或形容词性中心语组成的并列结构都是形容词性结构。有鉴于此,像下面的句子就应当归纳为主谓结构中的动词谓语式或形容词谓语式:

　　丘也闻有国有家者,不患寡而患不均,不患贫而患不安。(《论语·季氏》)

　　王之不王,不为也,非不能也。(《孟子·梁惠王上》)

　　子温而厉,威而不猛,恭而安。(《论语·述而》)

　　贾佗多识以恭敬。(《国语·吴语》)

　　一般认为,兼语结构的语法功能相当于动词性结构。这样,像下面的句子也应当归纳为主谓结构中的动词谓语式:

　　宋人使门尹般如晋师告急。(《左传·僖公二十八年》)

　　赵简子令诸侯之大夫输王粟。(《左传·昭公二十五年》)

　　2.7　带有双宾语的动词主要有以下几类:

　　(1) 授予馈赠类,如"锡(赐)"、"授"、"予"、"与"、"馈"、"遗"、"贻"、"赠"、"献"、"赏"、"赍"、"给"、"传"、"拜"、"封"等:

　　王使荣叔来锡桓公命。锡者何?赐也。(《公羊传·庄公元年》)

　　我欲中国而授孟子室。(《孟子·公孙丑下》)

　　静女其娈,贻我彤管。(《诗经·邶风·静女》)

晋侯赏桓子狄臣千室,亦赏仕伯以瓜衍之县。(《左传·宣公十五年》)

齐王曰:"若残竖子之类,恶能给若金?"(《吕氏春秋·权勋》)

(2) 借贷乞请类,如"假"、"借"、"藉"、"贷"、"祈"、"责"、"请"等:

此晋国之宝也,如受吾币而不借吾道,则如之何?(《穀梁传·僖公二年》)

此所谓"藉寇兵而赍盗粮"者也。(李斯《谏逐客书》)

诺。我将得邑金,将贷子三百金,可乎?(《庄子·外物》)

函冶氏为齐太公买良剑,公不知善,归其剑而责之金。(《战国策·西周策》)

(3) 教问称谓类,如"告"、"语"、"言"、"报"、"教"、"诲"、"示"、"问"、"嘱"、"谓"、"号"、"谥"等:

公语之故,且告之悔。(《左传·隐公元年》)

后稷教民稼穑。(《孟子·滕文公上》)

人主不德,布政不均,则天示之灾,以戒不治。(《汉书·文帝纪》)

楚人谓乳谷,谓虎於菟。(《左传·宣公四年》)

请谥之"共",大夫从之。(《左传·襄公十三年》)

(4) 夺取获得类,如"夺"、"取"、"得"、"受"、"赋"等:

抑人亦有言曰:"牵牛以蹊人之田,田主夺之牛。"(《左传·宣公十一年》)

吾为公取彼一将。(《史记·项羽本纪》)

古之人曰:"一夫不耕,或受之饥;一女不织,或受之寒。"(贾谊《论积贮疏》)

晋赵鞅、荀寅帅师城汝滨,遂赋晋国一鼓铁。(《左传·昭公二十九年》)①

---

① "赋",征收。"鼓",量词,一鼓为四石。

（5）作为类，如"为"、"作"、"立"等：

　　不如早为之所，无使滋蔓。（《左传·隐公元年》）

　　天佑下民，作之君，作之师。（《尚书·泰誓上》）

　　作僖公主者何？为僖公作主也。（《公羊传·文公二年》）

　　天生民而立之君，使司牧之。（《左传·襄公十四年》）

　　树吾墓槚，槚可材也。（《左传·哀公十一年》）

以上所举的例句都是直接宾语在后，间接宾语在前。此外，使动用法、为动用法的情况下也有双宾语的现象，见第五章第一节。

有人认为古汉语中也有直接宾语在前，间接宾语在后的用例，如：

　　杀而埋之马矢之中。（《左传·文公十八年》）

　　吾既已言之王矣。（《墨子·公输》）

　　子产使校人蓄之池。（《孟子·万章下》）

　　夫差乃取其身流之江，抉其目，著之东门。（《吕氏春秋·知化》）

　　请奏盆缶秦王，以相娱乐。（《史记·廉颇蔺相如列传》）

　　毛遂奉铜盘跪进之楚王。（《史记·平原君列传》）

　　又献玉斗范增。（《汉书·高帝纪》）

　　臣谨稽之天地，验之往古，按之当今之务，日夜念此至孰也。（《汉书·贾谊传》）

但是这里所谓的"间接宾语"，我们认为是补语，所以古代汉语和现代汉语普通话的双宾语顺序应该是一脉相承的，参 1.6①。

　　在上古汉语中，作为询问义的动词"问"，其后所跟的宾语和补语有一个明显的发展演变的过程。在早期的作品《论语》中，凡是所问的事情、内容都

---

①　也有人根据王引之《经传释词》"'之'犹'於'也"的意见，认为"吾既已言之王矣"、"毛遂奉铜盘跪进之楚王"这样的"之"用作"于"，"言之王"就是"言于王"，"进之楚王"就是"进于楚王"（参夏雨新《关于古汉语的双宾语问题》，载北京市语言学会编《语言研究与应用》，商务印书馆，1992年）。还有人认为"杀而埋之马矢之中"这样的"之"是"诸"的通假（参李佐丰《〈左传〉的体词性双宾语》，载《语苑撷英——庆祝唐作藩教授七十寿辰学术论文集》，北京语言文化大学出版社，1998年）。这都不失为一种解释。不过考虑到"请奏盆缶秦王"、"又献玉斗范增"这样的句子，当中没有"之"，我们不取这种解释。

直接置于"问"的后面,而凡是咨询的对象则都要用"于(於)"来引出。例如:

孟懿子问孝。子曰:"无违。"樊迟御,子告之曰:"孟孙问孝于我,我对曰'无违'。"(《论语·为政》)

仲弓问子桑伯子,子曰:"可也简。"(《论语·雍也》)①

叶公问孔子于子路,子路不对。(《论语·述而》)

大宰问于子贡曰:"夫子圣者与?何其多能也?"(《论语·子罕》)

司马牛问君子。子曰:"君子不忧不惧。"(《论语·颜渊》)

齐景公问政于孔子。孔子对曰:"君君,臣臣,父父,子子。"(《论语·颜渊》)

或问子产。子曰:"惠人也。"(《论语·宪问》)

子路问事君。子曰:"勿欺也,而犯之。"(《论语·宪问》)

由此可见,后代"问"字所带双宾语中的直接宾语,在上古仍可以做"问"的宾语,而后代"问"字所带的间接宾语,在上古只能做"问"的补语②。洪君烈《依据语法鉴定古籍的一个例子》③说:"问"字的"这项句法,在周秦古籍只有《左传》跟它相同。《左传》带次宾语的'问'字凡五十馀见,也无一例外。"④《左传》的例子如⑤:

公疾,问后于叔牙。对曰:"庆父材。"(《左传·庄公三十二年》)

八月甲午,晋侯围上阳。问于卜偃曰:"吾其济乎?"(《左传·僖公五年》)

文嬴请三帅……公许之。先轸朝,问秦囚。公曰:"夫人请之,吾舍之矣。"(《左传·僖公三十三年》)

---

① "可也简"意思是"他简单得好"。"可",可以。

② 有一些"问"是慰问义,不是询问义,所以语法不同。如《论语·泰伯》:"曾子有疾,孟敬子问之。曾子言曰:'鸟之将死,其鸣也哀;人之将死,其言也善。……'"朱熹《论语集注》云:"问之者,问其疾也。"误。"问之"应该是慰问他。

③ 载《汉语论丛》(文史哲杂志编辑委员会编),中华书局,1958年。

④ 洪文"次宾语"指间接宾语,"正宾语"指直接宾语。

⑤ 慰问、馈赠、责让义的"问"不在此例。如《左传·昭公二十年》:"王信之,问伍奢。伍奢对曰:'君一过多矣,何信于谗?'"(楚王相信了,责问伍奢。伍奢回答说:"大王有过一次错误就很严重了,为什么还要相信谗言?")

鄾舒问于贾季曰:"赵衰、赵盾孰贤?"(《左传·文公七年》)

问公年。季武子对曰:"会于沙随之岁,寡君以生。"(《左传·襄公
九年》)

《论语》、《左传》之后,到《孟子》,"问"字的这种句法就改变了,间接宾语
也可以直接放在"问"的后面了。例如:

齐宣王问卿。孟子曰:"王何卿之问也?"王曰:"卿不同乎?"曰:"不
同。有贵戚之卿,有异姓之卿。"王曰:"请问贵戚之卿。"曰:"君有大过
则谏,反复之而不听,则易位。"王勃然变乎色。曰:"王勿异也。王问
臣,臣不敢不以正对。"(《孟子·万章下》)

"问卿"是动词带直接宾语,所以孟子回问"大王问什么样的卿",而"问臣"则是
动词带间接宾语,所以孟子回答"臣不敢不以正对"。

当然,新旧句法的交替并不是一蹴而就的,从战国时期一直到东汉末,
这两种句法在许多文献中都能见到,只是数量多一点少一点而已。洪君烈
上引文说:"《墨子》中的问字次宾语无介词的极少,有跟无是七跟一之比。
《孟子》、《庄子》、《荀子》是比较少,如《孟子》的有跟无是六跟五之比。到了
《韩非子》、《战国策》,无介词的便占大多数了。到了两汉,介词还是用,有些
书还用得不少,但是作家是偏于多接近古文,渐染特深的作家,作品是偏于
多引用古文或叙述古代故事的作品,如刘向的《说苑》。至于作者直记当代
事物,便绝大多数不用介词'于'字,或者完全不用'于'字了。……到了《世
说新语》,无'于'字的一百馀例,有'于'字的两例而已;而且有'于'字的是限
于兼有正次两宾语的;至于单有次宾语的句子,便绝无'于'字了。"

在上古早期作品中,其他询问义的动词,如"询"、"访"、"咨"等也跟"问"
的这种情况相似,即动词可直接带直接宾语,而用介词"于(於)"带间接宾
语,例如:

舜格于文祖,询于四岳。(《尚书·舜典》。比较《史记·夏本纪》:
"尧崩,帝舜问四岳曰。")①

---

① "格于文祖",意思是"到达文祖庙(尧的太庙)"。"四岳",四方诸侯之长。

先民有言,询于刍荛。(《诗经·大雅·板》)①

秦大夫不询于我寡君,擅及郑盟。(《左传·成公十三年》)

惟十有三祀,王访于箕子。(《尚书·洪范》。比较《史记·周本纪》:"武王已克殷,后二年,问箕子殷所以亡。"又《宋微子世家》:"武王既克殷,访问箕子。")

穆公访诸蹇叔。蹇叔曰:"劳师以袭远……"(《左传·僖公三十二年》。比较《史记·秦本纪》:"缪公问蹇叔、百里傒,对曰:'径数国千里而袭人……'")

因访政事,大说之。(《左传·哀公七年》)②

君教使臣曰:"必咨于周。"臣闻之:"访问于善为咨,咨亲为询,咨礼为度,咨事为诹,咨难为谋。"(《左传·襄公四年》)③

及其即位也,询于"八虞",而咨于"二虢",度于闳夭而谋于南宫,诹于蔡、原而访于辛、尹。(《国语·晋语》)④

在前面所举的例句中,有"牵牛以蹊人之田,田主夺之牛"(《左传·宣公十一年》)、"不如早为之所"(《左传·隐公元年》)等句子,对于其中"动 + 之 + 名"这样的结构,目前学术界还有争议。

一种意见认为"紾兄之臂而夺之食"(《孟子·告子下》)这种句子与"公赐之食"(《左传·隐公元年》)这种句子是不同的,"赐之食"可以转换为"以食赐之",这是双宾语的句子,而"夺之食"却不能转换为"以食夺之",所以这不是双宾语的句子。又《韩非子·内储说下》:"二人相憎而欲相贼也,田恒因行私惠以取其国,遂杀简公而夺之政。……二人争事而相害也,皇喜遂杀宋君而夺其政。"《说苑·至公》:"赵宣子言韩献子于晋侯曰:'其为人不党,治众不乱,临死不恐。'晋侯以为中军尉。河曲之役,赵宣子之车干行,韩献子戮其仆。人皆曰:'韩献子必死矣!其主朝升之,而暮戮其仆,谁能待之?'

---

① 这句话的意思是"古人有一句话:(有事儿的话)可以询问喂牲口的人和打柴的人"。

② "政事",国家大事。

③ "必咨于周",杨伯峻《春秋左传注》云:"谓必咨询于所谓忠信之人也。""访问于善",杨伯峻《春秋左传注》云:"善即善人。""咨亲为询",杨伯峻《春秋左传注》云:"上句'访问于善'为咨询对象,此以下则言咨询内容。""周"、"善"是间接宾语,"亲"、"礼"、"事"、"难"是直接宾语。

④ "八虞"、"二虢"、南宫、蔡、原、辛、尹,都是当时的贤人。

役罢,赵宣子觞大夫,爵三行,曰:'二三子可以贺我。'二三子曰:'不知所贺。'宣子曰:'我言韩厥于君,言之而不当,必受其刑。今吾车失次而戮之仆,可谓不党矣,是吾言当也。'"同一段文章中"夺之政"与"夺其政"互文,"戮之仆"与"戮其仆"互文,"之"用作"其"。《孟子·公孙丑》:"天下之民皆悦而愿为之氓。"《周礼·地官·载师》郑玄注引作:"天下之民皆说而愿为其民。"《史记·陈杞世家》:"鄙语有之:'牵牛径人田,田主夺之牛。'径则有罪矣,夺之牛,不亦甚乎?"《史记·楚世家》:"鄙语曰:'牵牛径人田,田主取其牛。'径则不直矣,取之牛,不亦甚乎?"也是"之""其"互文,可见"之"等于"其","夺 + 之 + 名"应该是单宾语的结构①。

另一种意见认为如果把"动 + 之 + 名"一概看作"动 + 其 + 名",那么就会改变原来结构的性质,得出错误的理解。例如把"国老皆贺子文,子文饮之酒"(《左传·僖公二十七年》)看作"子文饮其酒",其意义就由子文给国老饮酒变成子文饮自己的酒,同理"季、郈之鸡斗,季氏介其鸡,郈氏为之金钜"(《左传·昭公二十五年》),"季氏介其鸡"一句的"其"反指季氏,"其鸡"意为季氏之鸡,"郈氏为之金钜"一句的"之"是间接宾语,"为之金钜"意为郈氏替鸡加上金钜,如果把"之"看作"其",就会使人误解为"郈氏做他的金钜",显然与原意不合。又从句式转换的角度来看,《左传·襄公十四年》"天生民而立之君",同样的意思《汉书·文帝纪》写作"天生民,为之置君以养治之",《战国策·齐策》"子安能为之足",相似的意思《史记·楚世家》写作"此为蛇为足之说也","立之君"转换为"为之置君","为之足"转换为"为蛇为足",可见"立之君"、"为之足"应该是双宾语的句子。又上古汉语第三人称代词"之"只作宾语,"其"只作定语,上古典籍中"夺 + 之 + 名"、"为 + 之 + 名"是大量的,而"夺 + 其 + 名"、"为 + 其 + 名"则极少。以《论语》为例,全书"为 + 之 + 名"共8例,而"为 + 其 + 名"却一例也没有,在

---

① 参王引之《经传释词》卷九"之"字下、杨树达《古书疑义举例续补》卷二"'之''其'通用例"、马国栋《之作其小议》(载《中国语文》1980 年第 5 期)、刘百顺《也谈"动之名"结构中的"之"》(载《中国语文》1981 年第 5 期)、王冠军《古汉语双宾结构再认识》(载《天津师大学报》1986 年第 1 期)、何九盈《古汉语语法札记一则——"动·之·名"与"动·其·名"》(载《中国语文》1993 年第 3 期)、唐钰明《古汉语"动 + 之 + 名"结构的变换分析》(载《中国语文》1994 年第 3 期)、张世禄《论古代汉语双宾式》(载《天津师大学报》1996 年第 5 期)。

《左传》中,"夺 + 之 + 名"共11例,"夺 + 其 + 名"仅2例,"为 + 之 + 名"与"为 + 其 + 名"的数量约为七比一,如果"为 + 之 + 名"等于"为 + 其 + 名","夺 + 之 + 名"等于"夺 + 其 + 名",那么"为 + 其 + 名"和"夺 + 其 + 名"的数量不应如此之少,因此"动 + 之 + 名"仍应看作双宾语的结构①。

在这种句型中,还有《左传·僖公二十八年》"公知其无罪也,枕之股而哭之"、《襄公二十七年》"石恶将会宋之盟,受命而出,衣其尸,枕之股而哭之"、《襄公三十年》"伯有死于羊肆,子产襚之,枕之股而哭之"这样的句子,学术界也是有不同看法的。一种看法是,"枕之股"等于"枕其股"。《左传·襄公二十五年》记载崔杼弑齐庄公,晏子"门启而入,枕尸股而哭",关于此事,《史记·齐太公世家》记为晏子"门开而入,枕公尸而哭,三踊而出",《史记·管晏列传》也说"方晏子伏庄公尸哭之,成礼然后去",可见司马迁认为"枕尸股"就是晏子把自己的头枕在齐庄公的尸体上。同理可得,所谓"枕之股"也就是枕在死者的大腿上。另一种看法是,"枕之股"是双宾语结构,根据上引《左传·僖公二十八年》句唐代杜预注:"公以叔武尸枕其股。"可见"之"是指代叔武的尸体,"股"则是卫成公之股,"枕之股"意为卫成公把叔武的尸体枕在自己的大腿上。上引《左传·襄公二十五年》的句子,杜预也注曰:"以公尸枕己股。"可见杜预的解释是前后一贯的。又《三国志·魏书·陈泰传》裴松之注引孙盛《魏氏春秋》:"帝之崩也,太傅司马孚、尚书右仆射陈泰枕帝尸于股,号哭泣尽哀。"《晋书·宗室·安平献王孚》:"及高贵乡公遭害,百官莫敢奔赴,孚枕尸于股,哭之恸。"可见古人确实是有把死者尸体放在自己大腿上痛哭的情况②。不过,根据上面1.6,"枕之股"的"股"属于处所,我们认为"枕之股"应该是动宾补结构。

此外,由于古汉语中"为"还有介词的用法,所以有的时候"为 + 之 +

---

① 参颜景常《古汉语中的"为之b"结构》(载《中国语文》1980年第5期)、何乐士《先秦"夺 + 之 + 名"双宾式中的"之"是否等于"其"?》(载《中国语文》1980年第4期)、殷国光《关于"为·之·名"、"夺·之·名"的几点看法》(载《语言学论丛》第十二辑,商务印书馆,1984年)、姜汉椿《谈〈左传〉的双宾语句》(载《华东师范大学学报》1990年第6期)、张耕夫《也谈古汉语"夺之N"的结构及变换分析》(载《语言学论丛》第二十三辑,商务印书馆,2001年)。

② 参邵永海《"枕之股"的句法和语义》,载《语言学论丛》第二十五辑,商务印书馆,2002年。

名"结构并不是双宾语的结构。例如：

> 齐毂王姬之丧，鲁庄公为之大功。或曰："由鲁嫁，故为之服姊妹之服。"或曰："外祖母也，故为之服。"（《礼记·檀弓下》）

> 悼公之母死，哀公为之齐衰。有若曰："为妾齐衰，礼与？"（《礼记·檀弓下》）

> 夺项王天下者，必沛公也，吾属今为之虏矣。（《史记·项羽本纪》）

第一例"为之大功"的"大功"应是名词活用为动词，后面"为之服姊妹之服"和"为之服"可证，所以"为之大功"的"为之"当是介词短语。第二例"为之齐衰"的"为之"也是介词短语，后面"为妾齐衰"可证。第三例"为之虏"当是被动句，《史记》前文"不者，若属皆且为所虏"可证，所以"为之"也是介词短语。这里的关键是"大功"、"齐衰"实际上是用作动词，也就是说，当"为 + 之"后面接动词的时候，这个"为 + 之"就是介词短语；而当"为 + 之"后面接名词（并且在句中仍然保持名词性）的时候，这个"为 + 之 + 名"就是双宾语结构[①]。

2.8　常用作兼语结构的第一个动词的，主要有以下四类动词：

(1) 使令留请类，如"使"、"命"、"遣"、"责"、"召"、"呼"、"止"、"请"、"劝"等：

> 得无楚之水土使民善盗耶？（《晏子春秋·内篇杂下》）

> 某年月日，秦王与赵王会饮，令赵王鼓瑟。（《史记·廉颇蔺相如列传》）

> 范增数目羽击沛公，羽不应。（《汉书·高帝纪》）

> 止子路宿，杀鸡为黍而食之。（《论语·微子》）

(2) 任免封迁类，如"封"、"立"、"迁"、"徵"、"进"、"废"等：

> 使不辱于诸侯，拜相如为上大夫。（《史记·廉颇蔺相如列传》）

> 乃分天下，立诸将为侯王。（《史记·项羽本纪》）

---

① 还有的时候，这个"为"通"谓"，如《韩非子·说林上》："岂有为人之臣而又为之客哉？故曰主人也。"第二个"为"通"谓"。

汉九年,高祖徙叔孙通为太子太傅。(《史记·刘敬叔孙通列传》)

赵诚发使尊秦昭王为帝,秦必喜,罢兵去。(《战国策·赵策》)

(3) 称谓认为类,如"称"、"号"、"命"、"名"、"谥"、"以"、"为"、"视"等:

有圣人作,钻燧取火以化腥臊,而民说之,使王天下,号之曰"燧人氏"。(《韩非子·五蠹》)

天下何故不谓子为"盗丘",而乃谓我为"盗跖"?(《庄子·盗跖》)

我以不贪为宝,尔以玉为宝。(《左传·襄公十五年》)

嗟乎! 吾诚得如皇帝,吾视去妻子如脱躧耳。(《史记·孝武本纪》)

(4) 有无类,如"有"、"无":

出其东门,有女如云。(《诗经·郑风·出其东门》)

有颜回者好学,不迁怒,不贰过。(《论语·雍也》)

苟得其养,无物不长;苟失其养,无物不消。(《孟子·告子上》)

且籍与江东子弟八千人渡江而西,今无一人还。(《史记·项羽本纪》)

2.9　现代汉语有"动宾 ＋ 宾"的句式,例如:

负责病房/关心年轻人/增产清凉饮料/进口显像管

这里,"责"是"负"的宾语,"病房"是"负责"的宾语,馀类推。从汉代开始的古代汉语中也有"动宾 ＋ 宾"的句式,例如:

今吕氏雅故本推毂高帝就天下,功至大。(《史记·荆燕世家》)①

愿君慎勿出于口,请别白黑所以异,阴阳而已矣。(《史记·苏秦列传》)

及魏其失势,亦欲倚灌夫,引绳批根生平慕之后弃之者。(《史记·魏其武安侯列传》)

皇帝幼冲,承统鸿业。(《后汉书·殇帝纪》)

---

① "雅故本",是"雅"、"故"、"本"三个副词连用,意思是"一向,素来"。

这里第一例"推毂"是动宾结构,推动车轮之意,"高帝"是"推毂"的宾语;第二例"别白黑"是动宾结构,"所以异"是"别白黑"的宾语;第三例"引绳批根"是两个动宾结构组成的并列结构,株连杀绝之意,"生平慕之后弃之者"是"引绳批根"的宾语;第四例"承统"是动宾结构,承续大统之意,"鸿业"是"承统"的宾语①。

值得注意的是,像下面这些例子并不是"动宾 + 宾"句式,而是动宾补结构:

> (项王)征兵九江王布,布称疾不往,使将将数千人行。(《史记·项羽本纪》)

> 楚告急秦,秦遣兵救楚击吴,吴师败。(《史记·吴太伯世家》)

> 齐威王之时喜隐,好为淫乐长夜之饮,沈湎不治,委政卿大夫。(《史记·滑稽列传》)

> 仲舒遭汉承秦灭学之后,六经离析,下帷发愤,潜心大业。(《汉书·董仲舒传赞》)

以上各例中,"九江王布"、"秦"、"卿大夫"和"大业"都是补语,相当于它们前面有"于(於)"字。

2.10　某些句子或结构中具有两个或两个以上的并列结构,它们的组合成分在语义上分别搭配,构成两套或两套以上平行的语义关系②。例如:

> 城非不高也,池非不深也,兵革非不坚利也。(《孟子·公孙丑下》)
> 封故御史大夫周苛、周昌孙、子为列侯。(《汉书·景帝纪》)
> 衣食饥寒者,慈父之道也。(《盐铁论·忧边》)
> 繁启蕃长于春夏,畜积收臧于秋冬。(《荀子·天论》)
> 君臣不惠忠,父子不慈孝。(《墨子·兼爱中》)
> 师之耳目,在吾旗鼓。(《左传·成公二年》)

---

① 参杨伯峻《古汉语中之罕见语法现象》(载《中国语文》1982 年第 6 期)、张博《"动宾结构＋宾语"的条件及发展趋势》(载《古汉语研究》1999 年第 3 期)。

② 参谢质彬《试论"分系式"》(载《中国语文》1980 年第 4 期)、杨剑桥《实用古汉语知识宝典》(复旦大学出版社,2003 年)"古汉语分系式说"条和"合叙"条。

大夫种范蠡存亡越，霸勾践，立功成名而身死亡。（《史记·淮阴侯列传》）

子胥伏剑，屈原自沉：子兰宰嚭诬谗、吴楚之君冤杀之也。（《论衡·偶会》）

郑宽中、张禹朝夕入说《尚书》、《论语》于金华殿中。（《汉书·王莽传下》）

三载考绩，三考，黜陟幽明。（《尚书·尧典》）

不为丑美好憎，不为赏罚喜怒。（《淮南子·主术训》）

按一般的语序搭配，第一例应为"兵非不利，革非不坚"，第二例应为"周苛孙，周昌子"，第三例应为"衣寒食饥"，第四例应为"繁启于春，蕃长于夏，畜积于秋，收臧于冬"，第五例应为"君不惠臣不忠，父不慈子不孝"，第六例应为"耳在鼓，目在旗"，第七例应为"种死，范蠡亡"，第八例应为"子胥伏剑，宰嚭诬谗、吴君冤杀之也；屈原自沉，子兰诬谗、楚君冤杀之也"，第九例应为"郑宽中说《尚书》，张禹说《论语》"，第十例应为"黜幽，陟明"，第十一例应为"不为丑而憎，不为美而好，不为赏而喜，不为罚而怒"。不过，从语法上来说，"周苛、周昌"、"孙、子"、"君臣"、"惠忠"等仍然可以看作并列结构，从而仍然把"周苛、周昌"和"孙、子"之间看作偏正关系，把"君臣"和"惠忠"看作主谓关系，等等。

2.11　偏正结构中的补语式，一般称为"动补结构"。在动补结构中，学术界非常注意的是"动词 ＋ 趋向补语"和"动词 ＋ 结果补语"两类，一般称前者为"动趋式"，后者为"动结式"。

关于动结式的产生时代，学术界有不同的看法，大致可以分为先秦说、汉代说、六朝说等。

（1）先秦说。认为动结式产生于先秦时代，主要有周迟明、余健萍、杨建国、潘允中、何乐士、孙锡信等，其中周、余主张周代，何、孙主张春秋战国时期①。例如周迟明《汉语的使动性复式动词》一文说:"使动性复式动词不知道究竟起于什么时候,但是它在很早的书面语言中(如尚书中的甘誓、盘庚等篇)就已存在,则是颠扑不破的事实。"他举的例子如:

若火之燎于原,不可向迩,其犹可扑灭。(《尚书·盘庚上》)

有扈氏威侮五行,怠弃三正,天用剿绝其命。(《尚书·甘誓》)

余姑翦灭此而朝食。(《左传·成公二年》)

散离我兄弟,挠乱我同盟。(《左传·成公十三年》)

未期年而茸亡走矣。(《战国策·赵策》)②

则不可,因而刺杀之。(《战国策·燕策》)

何乐士也确认在《左传》中这种结构就已有不少③。例如:

余掖杀国子,莫余敢止。(《左传·僖公二十五年》)

费请先入,伏公而出,斗死于门中。(《左传·庄公八年》)

其君之戎分为二广。(《左传·宣公十二》)

他特别指出,从《左传》到《史记》有一个由并列的动词结构或连动结构变化而成动补式的过程④:

师还,馆于虞,遂袭虞,灭之。(《左传·僖公五年》)

还,袭灭虞。(《史记·晋世家》)

及战,射共王,中目。(《左传·成公十六年》)

癸巳,射中楚共王目。(《史记·晋世家》)

郤至奉豕,寺人孟张夺之,郤至射而杀之。(《左传·成公十七年》)

---

① 参周迟明《汉语的使动性复式动词》(载《汉语论丛》,《文史哲论丛》第四辑,1958 年。《山东大学学报》1957 年第 1 期)、余健萍《使成式的起源和发展》(载《语法论集》2,中华书局,1957 年)、杨建国《补语式发展试探》(载《语法论集》3,中华书局,1959 年)、潘允中《汉语动补结构的发展》(载《中国语文》1980 年第 1 期)、何乐士《〈史记〉语法特点研究》(载程湘清主编《两汉汉语研究》,山东教育出版社,1992 年)、孙锡信《汉语历史语法要略》(复旦大学出版社,1992 年)第十五章等。

② "茸",赵人名。

③ 参何乐士《〈左传〉的单句和复句初探》,载程湘清主编《先秦汉语研究》,山东教育出版社,1997 年。

④ 何乐士《〈史记〉语法特点研究》,载程湘清主编《两汉汉语研究》,山东教育出版社,1992 年。

邰至杀豕奉进,宦者夺之。邰至射杀宦者。(《史记·晋世家》)

即《左传》的"袭虞,灭之"到《史记》中变成了"袭灭虞",《左传》的"射共王,中目"到《史记》中变成了"射中共王目",等等。孙锡信《汉语历史语法要略》也认为:"动结式的出现是在春秋战国时期。这一时期出现的动结式是由及物动词加上带使动意义的不及物动词构成的。""动结式与联合式都是动词连用的格式,二者表面形式上并无差异,区分为两种结构完全依据语法意义,而判断语法意义的不同则注重于分析后一动词是否表示使动。"

先秦说的缺点是,无法确定上述作为证据的例句究竟是两个动词连用还是动补式。因为同样在这些文献中也有许多这样的句子:

市人从者四百人,与之诛淖齿,刺而杀之。(《战国策·齐策》)

武安君难之,去咸阳七里,绞而杀之。(《战国策·秦策》)

春,孔达缢而死。(《左传·宣公十四年》)

辞孤竹之君,饿而死于首阳之山。(《战国策·燕策》)

而且,即使到《史记》也还有许多这样的例句:

汉王起巴蜀,鞭笞天下,劫略诸侯,遂诛项羽,灭之。(《史记·郦生陆贾列传》)

昔者,管夷吾射桓公中其钩。(《史记·鲁仲连邹阳列传》)

今君乃亡赵走燕,燕畏赵,其势必不敢留君。(《史记·廉颇蔺相如列传》)

及周之衰也,分而为两,天下莫朝,周不能制也。(《史记·刘敬叔孙通列传》)

我们无法确定,《战国策·燕策》的"刺杀之"是否就是《战国策·齐策》的"刺而杀之",《左传·庄公八年》的"斗死于门中"是否就是"斗,死于门中",《史记·晋世家》的"袭灭虞"是否就是"袭虞,灭之"。又"射中楚共王目"是否就是"射,中楚共王目"①,等等。而按照孙锡信的说法,后一动词带有使动意义,则正说明后一动词并没有虚化,它仍然是一个实在的动词②。

　　(2)汉代说。认为动结式产生于汉代,主要有王力、祝敏彻、程湘清、柳士镇、吴福祥等③。例如王力《汉语史稿》(中册)第四十六节说:"使成式是在什么时代产生的呢?依我们现在考察到的史料看来,使成式产生于汉代,逐渐扩展于南北朝,普遍应用于唐代。"④他举的例子如:

　　楚骑追汉王,汉王急,推堕孝惠鲁元车下。(《史记·项羽本纪》)

---

① 蒋绍愚《汉语动结式产生的时代》(载《国学研究》第 6 卷,北京大学出版社,1999 年)指出,《史记·高祖本纪》:"项羽大怒,伏弩射中汉王。汉王伤匈,仍扪足曰:'虏中吾指!'"前面说"射中",后面说"中",可见"中"是主要动词。这里我们也补一个例子,《左传·僖公二十五年》:"二礼从国子巡城,掫以赴外,杀之。……礼为为铭曰:'余掫杀国子,莫余敢止。'"("二礼",指礼至及其弟弟。"赴外",到城外。)前面说"掫……杀之",后面说"掫杀",可见"掫杀"是两个动词连用。

② 持先秦说的学者认为,使动用法和动补式的形成具有直接的联系,正如周迟明《汉语的使动性复式动词》一文所说:"汉语动词发展到使动词广泛应用的时候,使动性复式动词的产生时机实际已经成熟了。……所以使动词广泛应用的时期,实际上就是使动性复式动词的孕育时期。这是很自然的,只要在使动词的前面再加上一个表动原的动词,就变成使动性复式动词。"但是,反对先秦说和汉代说的学者恰恰认为,必须是使动用法普遍消失以后,动补式才开始产生。例如蒋绍愚《汉语动结式产生的时代》(载《国学研究》第 6 卷,北京大学出版社,1999 年)指出:"有很多动结式'V1 + V2'是由动词并列式'V1 + V2'发展而来的。两者的区别是:a.如果'V2'是他动词,或者是用作使动的自动词和形容词,和后面的宾语构成述宾关系(包括述宾和使动宾语的关系),那么这个结构实际上是并列式。只有当'V2'自动词化或虚化,或者自动词不再用作使动,和后面的宾语不能构成述宾关系,这才是动结式。b.并列式中两个动词或是并用,或是相承,语义重心通常在后一动词;动结式中动词和补语结合紧密,语义重心通常在前一动词。这两个标准中,a 是主要标准,b 是辅助标准。"

③ 参王力《汉语史稿》(中册)(中华书局 1958 年,1980 年新版)第四十六节、祝敏彻《先秦两汉时期的动词补语》(载《语言学论丛》第 2 期,商务印书馆,1958 年)、程湘清《〈论衡〉复音词研究》(载程湘清主编《两汉汉语研究》,山东教育出版社,1992 年)、柳士镇《魏晋南北朝历史语法》(南京大学出版社,1992 年)、宋绍年《汉语结果补语式的起源再探讨》(载《古汉语研究》第 2 期,1994 年)、吴福祥《试论现代汉语动补结构的来源》(载江蓝生、侯精一主编《汉语的现状与历史研究》,中国社会科学出版社,1999 年)。

④ 王力把这种结构叫做"使成式"。关于使成式,王力《中国现代语法》的定义是:"凡叙述词和它的末品补语成为因果关系者,叫做使成式。"这个定义有缺陷,因而在《汉语史稿》(中册)第四十六节修订为:"使成式(causative form)是一种仿语的结构方式。从形式上说,是外动词带着形容词('修好'、'弄坏'),或者是外动词带着内动词('打死'、'救活');从意义上说,是把行为及其结果在一个动词性仿语中表示出来。这种行为能使受事者得到某种结果,所以叫做使成式。"这一定义仍有缺陷,即只包括语义上指向受事宾语的那一类补语(如"修好桌椅"、"打死人"),而目前学术界所谓的"动结式"范围较广。

乃激怒张仪。(《史记·苏秦列传》)

射伤郤克,流血至履。(《史记·齐太公世家》)

陈馀击走常山王张耳。(《史记·张丞相列传》)

呼旦以惊起百官,使夙兴。(《周礼·春官·鸡人》郑注)

汉代说的缺点仍然是无法确定作为证据的例句究竟是两个动词连用还是动补式。王力上引书指出:

> 我们讨论使成式,首先应该撇开那些似是而非的情况。例如:
>
> > 挠乱我同盟,倾覆我国家。(《左传·成公十三年》)
>
> "挠乱"好像是使成式。但是,我们以为"挠乱"是用同义的词素构成的双音词。《诗经·秦风·小戎》:"乱我心曲"\[笺:心曲,心之委曲\],其中"乱"用为动词。"挠乱"的"乱",意义和这个"乱"字相仿。又如:
>
> > 必有事焉而勿正,心勿忘,勿助长也。无若宋人然。宋人有闵其苗之不长而揠之者,芒芒然归。谓其人曰:"今日病矣;予助苗长矣。"其子趋而往视之,苗则槁矣。天下之不助苗长者寡矣。以为无益而舍之者,不耘苗者也;助之长者,揠苗者也。非徒无益,而又害之。(《孟子·公孙丑上》)
>
> 这里只有一个"助长",其余都是"助苗长"、"助之长"。可见"助长"是省略兼位名词的递系式,而不是使成式。

王力正确地判断出《左传》的"挠乱"和《孟子》的"助长"不是动补式,但是他并没有证明,为什么与"挠乱"、"助长"相似的汉代"推堕"、"激怒"等却是动补式?

（3）六朝说。认为动结式产生于六朝，主要有李平、梅祖麟、蒋绍愚等①。例如李平《〈世说新语〉和〈百喻经〉中的动补结构》一文指出：

> 我们说 V-C 在南北朝初期已经产生，理由是这个时期出现了"V_1
> ＋ O ＋ V_2"的形式。如：
>
> > 当打汝口破。（幽明录）
> >
> > 今当打汝前两齿折。（贤愚经）
> >
> > （雄鸽）即便以觜啄雌鸽杀。（百喻经）
> >
> > 以梨打我头破乃尔。（同上）

在南北朝以前，表示同类意义的结构是"V_1＋ O ＋ V_2＋ 之"。如《史记》中有"攻秦信梁军破之"（赵世家），"击李由军破之"（曹相国世家）。这种结构中的"V_2"还是外动词，它所带的宾语"之"表明了这一点。这种"V_2"而且能单用，后面带着名词性宾语，如"章邯已破伍除"（陈涉世家），"大破秦军阏兴下"（赵世家）。而等到"V_1＋ O ＋ V_2＋ 之"被"V_1＋ O ＋ V_2"所取代以后，"V_2"就成了内动词了。……再进一步，"V_1＋ O ＋ V_2"中的两个动词紧缩，就形成了"V_1＋ V_2＋ O"的形式：

> > 以梨打破头喻。（百喻经）
> >
> > 孙家儿打折（乐器）。（世说新语）
> >
> > 搋杀野牛。（地驱歌辞）
>
> ……
>
> 南北朝已经有了 V-C 的另一个证据是：先秦时代替 V-C 起作用的使动用法这时正处在衰落中。一万六千字的《论语》中共有使动用法 33 例 63 次，而六万多字的《世说新语》只有 20 例 27 次，近两万字的《百喻经》则只有 4 例 4 次。这表明，作为补偿手段的 V-C 正在兴起。并且

---

① 参李平《〈世说新语〉和〈百喻经〉中的动补结构》（载《语言学论丛》第 14 辑，商务印书馆，1987 年）、梅祖麟《从汉代的"动、杀"、"动、死"来看动补结构的发展》（载《语言学论丛》第 16 辑，商务印书馆，1991 年）、蒋绍愚《汉语动结式产生的时代》（载《国学研究》，北京大学出版社，1999 年）。又梅祖麟《唐代、宋代共同语的语法和现代方言的语法》（载《中国境内语言暨语言学》第 2 期，1994 年）一文说："太田先生认为这种句式到唐代才产生。我们赞成他的说法。"似乎梅氏又主张唐代说。不过比起《从汉代的"动、杀"、"动、死"来看动补结构的发展》一文，此文大概写作较早，正式发表较晚，所以我们仍以为梅氏主六朝说。

它的兴起应该是在使动用法的完全衰落之前才是合理的。

此前，为了确定动结式的产生时代，日本太田辰夫提出了一个形式标志，即看动词"杀"和"死"。"杀"从古到今都是他动词，"死"从古到今都是自动词，在隋以前只有"V杀(O)"，直到唐代才出现"V死(O)"，太田辰夫因此确定动补式产生于唐代①。在此基础上，梅祖麟提出，从理论上说"V杀"和"V死"可能出现下面四种句型：

　　　　（甲）施事者 ＋ V杀 ＋ 受事者

　　　　（乙）受事者 ＋ V死

　　　　（丙）施事者 ＋ V死 ＋ 受事者

　　　　（丁）受事者 ＋ V杀

实际上先秦两汉只有（甲）、（乙）两型，"V杀"只出现在施事者后，"V死"只出现在受事者后。这说明，假如"V杀"和"V死"都是动结式的话，它们应该能够出现在相同的语法环境中，而不会形成现在这样的对立。正因为"杀"仍是一个实在的他动词，而不是补语，所以它要带宾语，正因为"死"仍是一个实在的自动词，而不是补语，所以它后面没有宾语。而到刘宋时代（丙）型已经出现，所以梅氏认定动结式产生于六朝时期。

　　六朝说的优点是利用了形式标志来判断两个连用动词中后一个动词是否已经成为补语，从而使得动结式的认定更加科学化。六朝说所存在的问题是，所采用形式标志是不是合适？是不是唯一的？

　　事实上，正如吴福祥《试论现代汉语动补结构的来源》所说："现代汉语的动补结构其实是一个语法格式的集合，其中包括不同的小类，不同小类的动补结构产生的时间和形成的方式不尽相同。"他根据补语的语义指向，把动补结构分为"动词 ＋ 指动补语"、"动词 ＋ 指受补语"、"动词 ＋ 指施补语"三类（"指动"即指向动词，"指受"即指向受事，"指施"即指向施事），并认为指动补语产生于汉代，其证据是：

　　　　汉王道逢得孝惠、鲁元，乃载行。（《史记·项羽本纪》）

---

① 太田辰夫《中国语历史文法》，日本江南书院，1958 年，蒋绍愚、徐昌华中译本，北京大学出版社，1987 年。

命凶之我，当衰之家，治宅遭得不吉之地，依徙适触岁月之忌。
（《论衡·偶会》）

假使尧时天地相近，尧射得之，犹不能伤日。（《论衡·感虚》）

这些句子中的"逢"、"遭"、"射"并不是"获得"义，"得"字已经不是连动式的下字，而是表示上字的动作已经实现并有了结果，后面的宾语只是上字的，不是"得"的。我们同意这一看法，即认为汉语动结式各种小类产生的时间是不同的，其中"动词 + 指动补语"产生最早，西汉时候已有，其他小类也在产生之中。例如：

荆轲坐定，太子避席顿首曰。（《战国策·燕策》）

孟尝君怪其疾也，衣冠而见之，曰："责毕收乎？来何疾也！"曰："收毕矣。"（《战国策·齐策》）

淳于髡说毕，趋出。（《史记·田敬仲完世家》）

犹工匠之斫削凿枘也，宰庖之切割分别也，曲得其宜而不折伤。
（《淮南子·齐俗训》）

孔墨之弟子徒属充满天下，皆以仁义之术教导于天下。（《吕氏春秋·有度》）

第二例前面问"责毕收乎"，后面答"收毕矣"，当然是说"责收毕"，"毕"是"收"的补语。第三例"说毕"不可能理解成"说而毕"，"毕"是补语。第四例，补语"伤"的语义指向受事者。最后一例是形容词做动词的补语。而到东汉，这样的例子更多。例如：

乌呼史迁，薰胥以刑！幽而发愤，乃思乃精，错综群言，古今是经，勒成一家，大略孔明。（《汉书·叙传》）

殴，击中声也。（许慎《说文解字·殳部》）

瞿，覆鸟，令不飞走也。（许慎《说文解字·隹部》）

矍，隹欲逸走也。（许慎《说文解字·瞿部》）

无父曰孤。孤，顾也，顾望无所瞻见也。（《释名·释亲属》）

疹，诊也，有结聚可得诊见也。（《释名·释疾病》）

入于不可测尽之深。（《淮南子·本经训》高诱注）

宋元王夜梦,见得神龟而未获也。(《淮南子·说山训》高诱注)

监禄,秦将,凿通湘水、离水之渠。(《淮南子·人间训》高诱注)

莽长子宇,非莽禹绝卫氏,恐帝长大后见怨。(《汉书·云敞传》)

汉氏减轻田租,三十而税一。(《汉书·王莽传》)

鸡难臑熟。(《吕氏春秋·应言》高诱注)

第二例"击中声"只能理解成"击中之声",难以理解成"击而中之声"。第三例"飞走"是飞开、飞掉,不能理解成"飞而走",第四例同此。第五例"无所瞻见"的"见"必定是补语,因为如果把"瞻见"理解成"瞻而见",则"无所瞻"完全不成话,必当说成"瞻而无所见"方可。第六例"可得诊见"的"见"也必定是补语,因为如果把"诊见"理解成"诊而见",则当说成"有结聚可诊而得见"方合乎古人行文习惯。第七例"不可测尽"不能理解成"不可测而尽",如果这样,必得说成"测而不可尽"。第八例"见得"显然是见到之意,并无见而得到之意。第九例"凿通"不能理解成"凿而通",如果这样,必得说成"凿湘水、离水之渠而通"。最后三例是形容词做动词的补语,其中"鸡难臑熟"不能理解成"鸡难以臑而熟",如果这样,必得说成"鸡臑而难熟"。此外,近年来出土的汉代文献也证实了这一点①:

本始元年九月庚子,虏可九十骑入甲渠北燧,略得卒一人。(《居延汉简释文合校》57.29)

居延甲渠候长张忠,未得正月尽三月积三月奉用钱千八百,已赋毕。(《居延汉简释文合校》35.5)

砲一合,敝尽,不任用。(《居延汉简释文合校》128.1)

戍卒病,病死,告爰书。(《居延新简》E. P. C:50)

夏侯谭争言斗,宪以所带剑刃击伤谭匈一所,广二寸长二寸,深至骨。(《居延新简》E. P. T68:20)

以鄣中□米糒给孤单,卒有万分恐不能自守,唯恐为虏所攻得。(《居延新简》E. P. F16:49)

关于动趋式,周迟明认为"周代已经发生,但是要到汉代以后才逐渐发

---

① 参肖贤彬《据居延汉简讨论汉代动补式问题》,《内蒙古大学学报》2006年第2期。

达起来"①,其例句如:

> 日之夕矣,羊牛下来。(《诗经·王风·君子于役》)
>
> 长铗归来乎,食无鱼。(《战国策·齐策》)
>
> 颜斶辞去曰:"夫玉生于山,制则破焉……"(《战国策·齐策》)
>
> 公孙郝、鄂里疾请无攻韩,陈而辞去,王犹攻之也。(《战国策·韩策》)
>
> 郤子将登,金奏作于下,惊而走出。(《左传·成公十二年》)
>
> 先生王斗造门而欲见齐宣王,宣王使谒者延入。(《战国策·齐策》)
>
> 初燕将攻下聊城,人或谗之。(《战国策·齐策》)

何乐士也认为先秦时代已经有动趋式②,其例句如:

> 后缗方娠,逃出自窦。(《左传·哀公元年》)
>
> 督戎逾入,豹自后击而杀之。(《左传·襄公二十三年》)
>
> 又有呼而走至者曰:"众至矣!"(《左传·昭公十三年》)

不过应该说,《诗经》"羊牛下来"的"来"保留了它本来的词汇意义,本诗二章作"日之夕矣,羊牛下括",毛传:"括,至也。""括"没有虚化,对应的"来"也不应该虚化,这样"下"和"来"仍是两个动词连用。而《战国策》"长铗归来"的"归"是"回去"之意,"来"应该是语气词,就如同陶渊明的"归去来兮"的"来",并不是趋向动词。至于"辞去"、"走出"、"攻下"等,由于古书同时具有"靖郭君不听,士尉辞而去"(《战国策·齐策》)、"请身而去,遂走而出"(《晏子春秋·内篇谏上》)、"燕攻齐,取七十余城,唯莒、即墨不下"(《战国策·齐策》)这样的句子,所以都可以看作"辞而去"、"走而出"、"攻而下","去"、"出"、"下"都还是实在的动词。孙锡信指出:

> 正因为这种形式中的趋向动词有实义,故往往在前一动词后带上宾语,再连同趋向动词构成连动结构。例如:

---

① 《汉语的连动性复式动词》,载《语言研究》第2期,科学出版社,1957年。

② 参何乐士《〈左传〉的单句和复句初探》,载程湘清主编《先秦汉语研究》,山东教育出版社,1997年。

　　　　　王使人疾持其头来。(《史记·范雎蔡泽列传》)
　　……
　　　　也可以由"动 ＋ 宾 ＋ 趋动"构成兼语结构。如：
　　　　　左右欲引相如去。(《史记·廉颇蔺相如列传》)
　　……
　　　　上述"动 ＋ 宾 ＋ 趋动"的两类形式(连动和兼语)，只有演变成"动
＋ 趋动 ＋ 宾"的形式，而且趋向动词不表示主语的行为时，才表明趋
向动词真正虚化为趋向补语。连动式以"王使人疾持其头来"为例，如
果此句演变为"王使人疾持来其头"，"来"不表示"人"的行为，那么"来"
才真正虚化为"持"的趋向补语；兼语式以"左右欲引相如去"为例，如果
此句演变为"左右欲引去相如"，"去"不表示"左右"的行为，也不表示
"相如"的行为，"去"便虚化为"引"的趋向补语。①

鉴于下述例句：

　　　　浩感其至性，遂令舁来，为诊脉处方。(《世说新语·术解》)
　　　　复大叫云："偷儿在此！"绍遑迫自掷出，遂以俱免。(《世说新语·
假谲》)
　　　　狱中鬼神，拔出其舌。(支谦译《八师经》)

"舁"和"来"不共戴一个主语，"来"补充"舁"的语义，"掷出"、"拔出"等也应
如此分析，孙锡信因此认为动趋式的形成是在南北朝时期。
　　　　关于动趋式的产生时间，我们的意见是东汉时期已有一些确凿不移的
例子。例如：

　　　　谢，辞去也。(许慎《说文·言部》)
　　　　胅，创肉反出也。(许慎《说文·肉部》)
　　　　欨，有所吹起也。(许慎《说文·欠部》)
　　　　至，鸟飞从高下至地也。从一，一犹地也，象形。不上去而至下，来
也。(许慎《说文·至部》)

――――――――――
①　孙锡信《汉语历史语法要略》(复旦大学出版社，1992年)第十五章。

第一例"谢"是推辞之意,"辞去"就是"辞掉",不能理解成"辞而去",也不能理解成"辞也,去也"。第二例"反出"就是翻出、翻开,不能理解成"翻而出"。第三例"吹起"不能理解成"吹而起",因为"有所吹而起"不成话,必当说成"吹而有所起"。第四例"上去"就是飞上去之意,不能理解成"上而去"。其他大量的例子则在疑似之间,例如:

> 曰:"扶起丞相。"贺不肯起。(《汉书·公孙贺传》)
>
> 乃作通天台,置祠具其下,将招来神仙之属。(《汉书·郊祀志下》)
>
> 征和二年春,涿郡铁官铸铁,铁销,皆飞上去。(《汉书·五行志上》)
>
> 问:"汉王安在?"曰:"已出去矣。"(《汉书·高帝纪上》)
>
> 山顶曰冢。冢,肿也,言肿起也。(《释名·释山》)
>
> 仙,迁也,迁入山也。(《释名·释长幼》)
>
> 非,排也,人所恶,排去也。(《释名·释言语》)
>
> 轴,抽也,入毂中可抽出也。(《释名·释车》)
>
> 亦当散出货贿,不可赋敛以内之。(《吕氏春秋·季春纪》高诱注)
>
> 有先人为死难,振起其子孙也。(《淮南子·时则训》高诱注)
>
> 十日并出,羿射去九。(《淮南子·本经训》高诱注)
>
> 冀王庶几能反覆招还我。(《孟子·公孙丑下》赵岐注)
>
> 人见嫂溺不援出,是为豺狼之心也。(《孟子·离娄上》赵岐注)

这些情况有待于今后继续研究。但是总的来说,在上古汉语的后期,作为动补结构的动结式和动趋式应该都已经产生了。

第三节　结构类型(下)

3.1　古汉语的复杂型结构可以分为联合类和偏正类两大类,联合类中又可以分为并列关系、顺承关系、递进关系、选择关系四种,偏正类中又可以分为转折关系、假设关系、因果关系、让步关系、总分关系五种。

3.2　联合类。联合类的复杂型结构是由两个或两个以上的主谓结构在语义上平等地连接起来,主谓结构之间的关系是并列的,分不出主次。

(1) 并列关系。构成并列关系需要两个和两个以上主谓结构,这些主

谓结构之间的关系是平等的,没有主次之分,这些主谓结构的位置也可以互换,而意思没有大的变化。例如:

> 贤者识其大者,不贤者识其小者。(《论语·子张》)
>
> (然则)小固不可以敌大,寡固不可以敌众,弱固不可以敌强。(《孟子·梁惠王上》)
>
> 既破我斧,又缺我斨。(《诗经·豳风·破斧》)
>
> 既不受矣,而复缓师,(秦将生心)。(《左传·文公七年》)①

(2)顺承关系。组成顺承关系的各个主谓结构是先后承接的,有的属于时间上的先后承接,有的属于事理上的先后承接,这些主谓结构的位置不能前后互换。例如:

> (故)不登高山,不知天之高也。(《荀子·劝学》)
>
> 京叛大叔段,段入于鄢,公伐诸鄢。(《左传·隐公元年》)
>
> 昔者舜欲以乐传教于天下,乃令重黎举夔于草莽之中而进之。(《吕氏春秋·察传》)
>
> 民惧而溃,秦遂取梁。(《左传·僖公十九年》)

(3)递进关系。组成递进关系的各个主谓结构,前后位置也不能互换,它们在意义和语气上是逐步推进和加重的。例如:

> 樊哙,帝之故人也,功多,且又乃吕后弟吕媭之夫也。(《史记·陈丞相世家》)
>
> 非徒知具茨之山,又知大隗之所存。(《庄子·徐无鬼》)
>
> 窃人之财犹曰是盗,况贪天之功以为己力乎?(《史记·晋世家》)
>
> 夫以布衣之士,尚犹有刎颈之交,今以四海之大,曾无伏节死谊之臣!(《汉书·诸葛丰传》)

(4)选择关系。组成选择关系的几个主谓结构分别说明几种不同的情况,并确认或供人选择其中之一。例如:

---

① "缓师",意为"延缓出兵"。"生心",意为"产生别的念头"。

（滕,小国也,间于齐楚）。事齐乎？事楚乎？（《孟子·梁惠王下》）

富贵者骄人乎？且贫贱者骄人乎？（《史记·魏世家》）

人生受命于天乎？将受命于户邪？（《史记·孟尝君列传》）

礼,与其奢也,宁俭;丧,与其易也,宁戚。（《论语·八佾》）

3.3　偏正类。偏正类的复杂型结构是由两个或两个以上的主谓结构按语义有偏有正的方式连接起来,主谓结构之间的关系不是并列的,而是有主有次的。

（1）转折关系。组成转折关系的两个主谓结构在意思上是相对相反的,后面的主谓结构不是顺着前面主谓结构的意思说下去,而是转到相对或相反的意思上去,而后面的主谓结构也正是说话者的主要意思所在。例如:

今邯郸旦暮降秦,而魏救不至。（《史记·魏公子列传》）

冬有雷电,夏有霜雪,然而寒暑之势不易。（《淮南子·说林训》）

夫虽无四方之忧,然谋臣与爪牙之士不可不养而择也。（《国语·越语上》）

吾困于此,旦暮望若来佐我,乃欲自立为王！（《史记·淮阴侯列传》）

（2）假设关系。组成假设关系的两个主谓结构,前一个提出假设条件,后一个表明在这种条件下所产生的结果。例如:

王必无人,臣愿奉璧往。（《史记·廉颇蔺相如列传》）

公子若反晋国,则何以报不穀？（《左传·僖公二十三年》）

即宫车一日晏驾,非大王当谁立者？（《史记·淮南衡山列传》）

假令仆伏法受诛,若九牛亡一毛,与蝼蚁何以异？（司马迁《报任安书》）

（3）因果关系。组成因果关系的两个主谓结构,一个表示原因,一个表示结果,一般的语序是表示原因在前表示结果在后,但也有表示结果在前表示原因在后的,而意思和语气的重点在表示结果的这一方面。例如:

媪之送燕后也,持其踵而为之泣,念悲其远也。（《战国策·赵策》）

吾少也贱,故多能鄙事。（《论语·子罕》）

先帝属将军以幼孤,寄将军以天下,以将军忠贤能安刘氏也。(《汉书·霍光传》)

少而习焉,其心安焉,不见异物而迁焉,是故其父兄之教不肃而成。(《国语·齐语》)①

(4)让步关系。组成让步关系的两个主谓结构,前一个主谓结构先姑且承认某一事实或某一假设,然后后一个主谓结构转折进入正题,说出正意。例如:

齐国虽小,吾何爱一牛!(《孟子·梁惠王上》)

虽有天下易生之物也,一日暴之,十日寒之,未有能生者也。(《孟子·告子上》)

纵江东父兄怜而王我,我何面目见之?(《史记·项羽本纪》)

善则善矣,未可以战也。(《国语·吴语》)

(5)总分关系。总分关系有两个或两个以上的主谓结构分别说明情况,另有一个主谓结构加以归纳总述。既有总述在前,分说在后的,也有分说在前,总述在后的;而总述和分说之间是正和偏的关系。例如:

吾日三省吾身:为人谋而不忠乎? 与朋友交而不信乎? 传不习乎?(《论语·学而》)

殽有二陵焉:其南陵,夏后皋之墓也;其北陵,文王之所避风雨也。(《左传·僖公三十二年》)

解狐得举,祈午得位,伯华得官:建一官而三物成,能举善也。(《左传·襄公三年》)

沛公居山东时,贪于财货,好美姬;今入关,财物无所取,妇女无所幸:此其志不在小。(《史记·项羽本纪》)

现在我们把全部结构类型用图表排列如下:

---

① "不肃而成",意为"不必严格就能成功"。

　　　　　　　┌主谓结构(名词谓语式、动词谓语式、形容词谓语式、
　　　　　　　│　　　副词谓语式、主谓谓语式)
简单型结构　│动宾结构(单宾语式、双宾语式、前置宾语式)
　（单句）　　┤偏正结构(定语式、状语式、补语式)
　　　　　　　│并列结构(平列式、连续式)
　　　　　　　└兼语结构

复杂型结构　┌联合类(并列关系、顺承关系、递进关系、选择关系)
　（复句）　　┤偏正类(转折关系、假设关系、因果关系、让步关系、
　　　　　　　└　　　总分关系)

第四节　结构的语法分析

　　4.1　上面我们介绍八种结构成分时,所举的例句都是比较简单的,在实际语言中,各种句子结构往往具有大大小小的层次,大结构包含小结构,大层次包含小层次,显得十分复杂。理清这些复杂的层次,判别成分之间的关系,直至确定各个结构的类型,这就是我们所说的"结构的语法分析",也就是语法学界所谓的"句法分析"。我们的分析方法是:从里到外,从小到大,逐层把排列在一起的直接组成成分分析出来,直至最大的结构为止。只要遵循这一方法,无论怎样复杂的结构都是可以分析到底的。

　　4.2　这里先举一些简单型结构的例子,用树型图进行语法分析。

(1)　韩,　天下之咽喉。

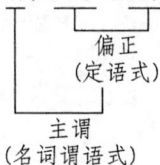

　　　　　　　　偏正
　　　　　　　(定语式)

　　　主谓
　　(名词谓语式)　　　　　　　　　　　　　(《战国策·秦策》)

(2)　宋武公生仲子。

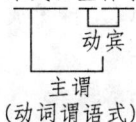

　　　　　　　动宾

　　　主谓
　　(动词谓语式)　　　　　　　　　　　　　(《左传·隐公元年》)

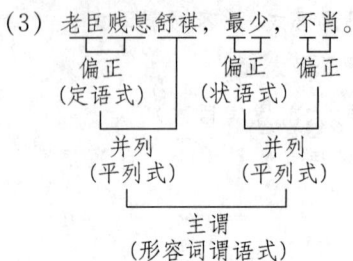

（3）老臣贱息舒祺，最少，不肖。

```
老臣贱息 ┬ 舒祺        最少    不肖
  偏正        偏正    偏正
(定语式)      (状语式) (状语式)
   └─ 并列 ──┘    └─ 并列 ──┘
    (平列式)       (平列式)
         └──── 主谓 ────┘
            (形容词谓语式)
```
　　　　　　　　　　　　　　　　　　　　　　《战国策·赵策》

这里"老臣贱息"就是"舒祺"，所以它们是并列语。

（4）吾夺天下必矣！

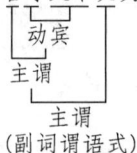

```
    夺 天下
    动宾
  吾 ┴ 主谓
       主谓
    (副词谓语式)
```
　　　　　　　　　　　　　　　　　　　　　　《史记·高祖本纪》

（5）夫滕，壤地褊小。

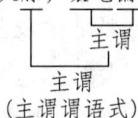

```
        壤地 ┴ 褊小
           主谓
  夫滕 ┴───── 主谓
       (主谓谓语式)
```
　　　　　　　　　　　　　　　　　　　　　　《孟子·滕文公上》

（6）魏王遗楚王美人。

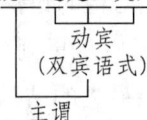

```
      遗 楚王 美人
        动宾
      (双宾语式)
  魏王 ┴─── 主谓
```
　　　　　　　　　　　　　　　　　　　　　　《战国策·楚策》

（7）臣实不才，又谁敢怨？

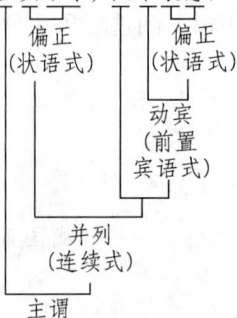

```
  臣实 ┬ 不才      又谁 ┬ 敢怨
  偏正        偏正
 (状语式)      (状语式)
                 动宾
                (前置
                宾语式)
   └──── 并列 ────┘
       (连续式)
  └───── 主谓 ─────┘
```
　　　　　　　　　　　　　　　　　　　　　　《左传·成公三年》

（8）　季武子以所得于齐之兵作林钟而铭鲁功焉。

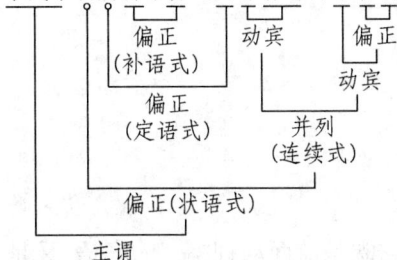

偏正（补语式）／偏正（定语式）／动宾／偏正／动宾／并列（连续式）／偏正（状语式）／主谓

（《左传·襄公十九年》）

这里"所"跟动词性结构"得于齐"组成"所"字结构，修饰"兵"；而介词"以"跟"所得于齐之兵"组成介词短语，修饰后面的"作林钟而铭鲁功"。

（9）　不义而富且贵，于我如浮云。

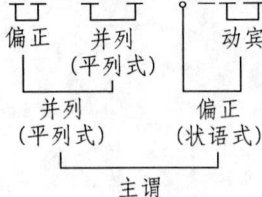

偏正／并列（平列式）／并列（平列式）／动宾／偏正（状语式）／主谓

（《论语·述而》）

（10）许子以釜甑爨以铁耕乎？

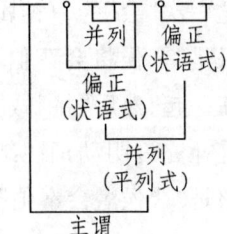

并列／偏正（状语式）／偏正（状语式）／并列（平列式）／主谓

（《孟子·滕文公上》）

（11）鱄设诸寘剑于鱼中以进。

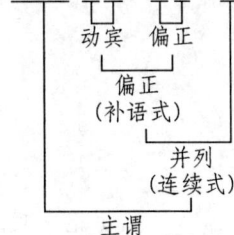

动宾／偏正／偏正（补语式）／并列（连续式）／主谓

（《左传·昭公二十七年》）

(12)既而大叔命西鄙北鄙贰于己。

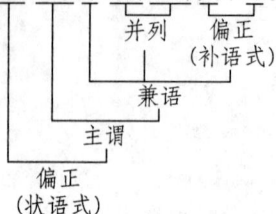

　　　　　　　　　　　并列　　　偏正
　　　　　　　　　　　　　　（补语式）
　　　　　　　　　　　　兼语
　　　　　　　　　主谓
　　　　　　偏正
　　　　　（状语式）　　　　　　　　　　　　（《左传·隐公元年》）

　　这里"西鄙北鄙"是兼语,即它既是前面动词"命"的宾语,又是后面动词性结构"贰于己"的主语。

(13)三月,晋侯潜会秦伯于王城。

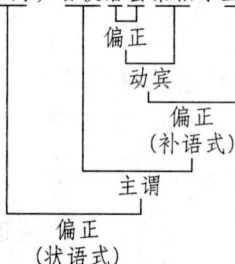

　　　　　　　　　　偏正
　　　　　　　　　动宾
　　　　　　　　　　　偏正
　　　　　　　　　　（补语式）
　　　　　　　　主谓
　　　　　偏正
　　　　（状语式）　　　　　　　　　　　　（《左传·僖公二十四年》）

　　这里"潜会"的意思"偷偷地会面","潜"是这一次"会"的一种属性,所以"潜会"先结合在一起,然后带宾语"秦伯"。如果是"晋侯将会秦伯",则"将"是指"会秦伯"将要出现,那就"会秦伯"先结合在一起,然后"将"做"会秦伯"的状语。又,动词性结构后面的补语一般认为是补充说明动词性结构的,所以"于王城"应该是"潜会秦伯"的补语,而不应该是"晋侯潜会秦伯"的补语。

(14)乃使使徙义帝长沙郴县,趣义帝行。

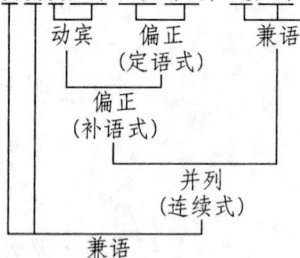

　　　　　动宾　　偏正　　　兼语
　　　　　　　　（定语式）
　　　　　　　偏正
　　　　　　（补语式）
　　　　　　　　　并列
　　　　　　　　　（连续式）
　　　　兼语　　　　　　　　　　　　　　（《史记·项羽本纪》）

　　这里"徙义帝长沙郴县"等于说"徙义帝于长沙郴县",有介词"于"是补语,没有介词"于"也是补语。本句的主语"项羽"承前省略,未出现。

(15)今有一人，入人园圃。

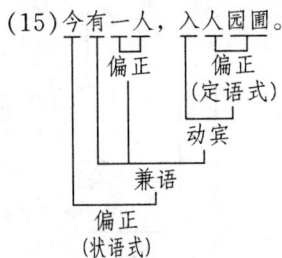

（《论语·学而》）

本句是无主句，"今"并不是后面"有一人"的主语。同时，"一人"是兼语。

(16)其子之贤不肖，皆天也，非人之所能为也。

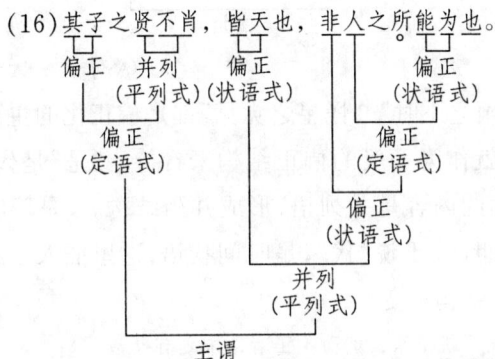

（《孟子·万章上》）

这里"皆天也"是判断句型，"天"虽然是名词，但是"皆"是修饰后面的谓语，所以"皆天"是偏正结构状语式。"非人之所能为也"与此同。

(17)由周至孟子之时，又七百岁而无王者。

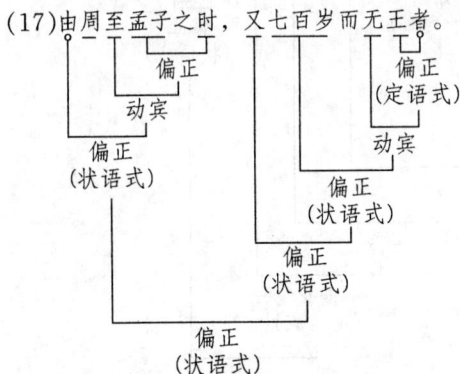

（《论衡·刺孟》）

这里"由周"是介词短语，"至孟子之时"是动宾结构。"王者"意思是"王天下的人"，"王"是动词，"者"虽然是助词，但仍具有指称作用，相当于代词，所以是中心语。

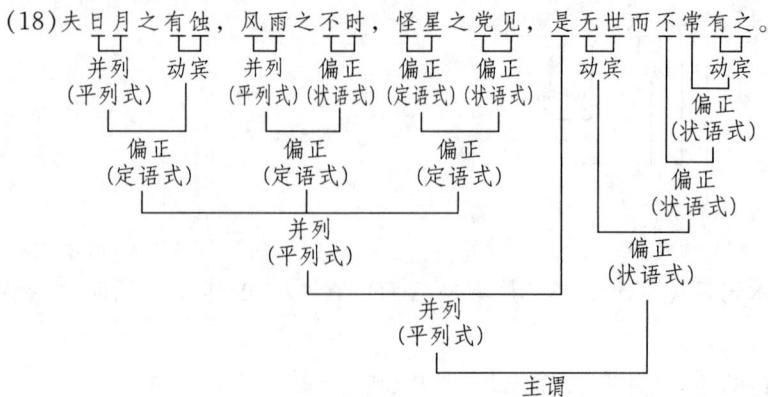

（18）夫日月之有蚀，风雨之不时，怪星之党见，是无世而不常有之。

并列　动宾　并列　偏正　偏正　偏正　动宾　动宾
（平列式）　　（平列式）（状语式）（定语式）（状语式）　　（状语式）

偏正　　　　偏正　　　　偏正　　　　　　　　偏正
（定语式）　（定语式）　（定语式）　　　　　（状语式）

并列　　　　　　　　　　　　　　　　偏正
（平列式）　　　　　　　　　　　　　（状语式）

并列　　　　　　　　　　　　　偏正
（平列式）　　　　　　　　　　（状语式）

主谓

（《荀子·天论》）

　　这里"日月之有蚀"、"风雨之不时"、"怪星之党见"都是偏正化的主谓结构，在分析结构成分时，它们就作为一般的偏正结构来看待。"是"是代词，复指前面的内容，因而跟前面的内容是并列语，形成并列结构。"是"和"世常有之"原来是主谓关系[①]，"世"等于说"代"，是时间状语，这里插入了双重否定"无"和"不"，原来的主谓结构不变。

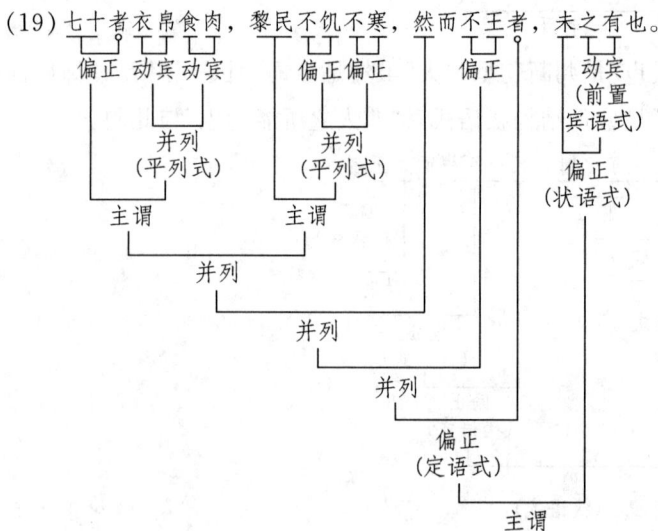

（19）七十者衣帛食肉，黎民不饥不寒，然而不王者，未之有也。

偏正　动宾动宾　　　偏正　偏正　　　偏正　　　动宾
　　　　　　　　　　　　　　　　　　　　　　（前置宾语式）

并列　　　　　　并列　　　　　　　　　　　偏正
（平列式）　　　（平列式）　　　　　　　　（状语式）

主谓　　　　　　主谓

并列

并列

并列

偏正
（定语式）

主谓

（《孟子·梁惠王上》）

---

① 严格地说，"是"是"有"的宾语，宾踞主位以后，"有"后面再加一个形式宾语"之"回指"是"。

这里"七十者"意为"七十岁的人","者"虽然是助词,但是具有强烈的指称作用,在"七十者"中处于中心语的地位,所以我们把这个结构处理为偏正结构。"然而"的意思是"这样却……","然"是代词,复指前面的内容,所以"然"跟前面的内容为并列语。"七十者……然"和"不王"也是并列语,不过应该是连续式;然后从"七十者"到"不王"整个结构做"者"的修饰语,"者"是中心语。"未之有也"的"之"是动词"有"的前置宾语。

(20)广故数言欲亡，忿恚尉，令辱之以激怒其众。

（《史记·陈涉世家》）

这里"令辱之"实际上是"令之辱之"或"令尉辱之",所以是兼语结构。

4.3　关于"名词(代词) ＋ 所 ＋ 动词"结构的句法分析,王力《汉语史稿》第三章第三十六节提出:"'所'字经常放在外动词(及物动词)的前面,它的语法作用是使这个动词、整个谓语形式或整个句子形式都变为定语的性质。"马汉麟《古代汉语"所"字的指代作用和"所"字词组的分析》[1]也说:"'所'字直接放在主语和谓语动词之间,构成一个单一的语法单位。"这就是说,在"名词(代词) ＋ 所 ＋ 动词"结构中,"所"字的语法作用还涉及它前面的名词(代词),"所"字是插入到名词和动词当中的,当我们在做句法分析时,应该把整个"名词(代词) ＋ 所 ＋ 动词"看成一个"所"字短语,其中的名

---

[1]　载《中国语文》1962 年第 10 期。

词(代词)跟动词处于同一个层次上①。举例来说,就是:

仲子所居之室,……

(《孟子·滕文公下》)

对此,王力《汉语语法史》则又提出:"'所'字是一种特殊代词,它放在动词前面,作为动词的宾语,它和动词结合后,成为名词性词组。"这就是说,在"名词(代词) ＋ 所 ＋ 动词"结构中,"所"只是跟它后面的动词组成一个"所"字短语,至于它前面的名词(代词)则是处在另一个层次上。举例来说,也就是:

仲子所居之室,……

(《孟子·滕文公下》)

我们认为,王力后一种处理是正确的,即认为"所"字只跟它后面的动词组成"所"字短语。这样处理的理由是,有许多"所"字短语前面并没有名词(代词),或者虽然有名词(代词),但是名词(代词)后面往往有一个"之"字,例如:

疆埸之事,慎守其一,而备其不虞。姑尽所备焉。(《左传·桓公十七年》)

劳师以袭远,非所闻也。(《左传·僖公三十二年》)

得其心有道:所欲与之聚之,所恶勿施,尔也。(《孟子·离娄上》)

其北陵,文王之所辟风雨也。(《左传·僖公三十二年》)

仲子所居之室,伯夷之所筑与?(《孟子·滕文公下》)

处必然之势,可以少有补于秦,此臣之所大愿也。(《战国策·秦策》)

君子于其所不知,盖阙如也。(《论语·子路》)

这些都很难认为是"所"字插在主谓结构之中②。

此外,当助词"所"跟介词"以"、"从"、"由"、"自"、"为"、"与"等结合,后面又跟有动词的时候,我们认为应该是"所"先跟介词"以"、"从"、"由"、

---

① 刘景农的《汉语文言语法》第五章第二节也是这个意思,他说:"不完全的主谓词组做定语,而中心词就是定语里他动词的宾语时,在文言中他动词前边就需要加'所'。""比如'武松打虎'这句话,本来是句子。如果把它改为词组,……重点在'虎'的话,在现代语里虽然可说'武松打的虎',但文言却不能单纯地改'的'为'之'说成'武松打之虎',在这种场合就需要在动词'打'前边加'所',成为:'武松所打之虎'。"

② 参宋绍年《关于"名(代) ＋ 所 ＋ 动"结构的切分》,载《中国语文》1996 年第 2 期。

"自"、"为"、"与"等结合,然后再跟后面的动词组合成"所"字短语。这是因为:第一,"所"和介词组合而成的短语有时也可以独立使用,如"日夜惟思所以,未能尽明"(《汉书·于定国传》)、"所由不在于物,在于人也"(王充《论衡·率性》)。第二,如果是介词"以"、"从"、"由"、"自"、"为"、"与"等跟后面的动词先结合起来,那么由于介词宾语只能是名词性的,就会发现介词跟动词无法直接结合①。

另外,当助词"所"跟"者"结合的时候,则是整个"所"字短语修饰"者"字,"者"是中心语。

4.4 以下举一些复杂型结构的例子,用树型图进行语法分析。

(1) 贤者识其大者,不贤者识其小者。

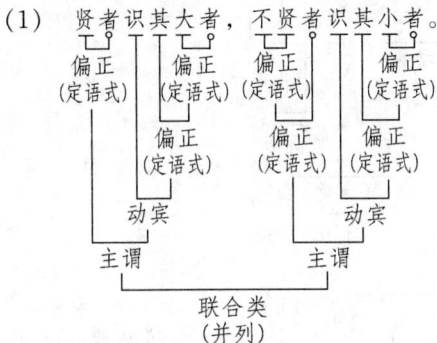

(《论语·子张》)

(2) 天行有常,不为尧存,不为桀亡。

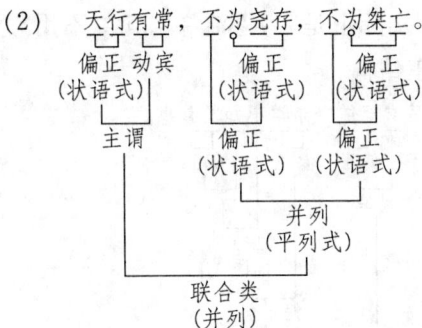

(《荀子·天论》)

这里"不为尧存,不为桀亡"承前省略了主语"常"(规律),所以跟前面"天行有常"一起形成两个互不包容的主谓结构。

---

① 参张之强《"所"字复议》(载《古汉语研究》第一辑,中华书局,1996 年)。有人认为在这种情况下,介词后面是省略了名词宾语。这种意见其实是不能成立的,因为在上古典籍中,这种情况下介词后面从来没有出现过名词宾语,一个从来没有出现过的东西,不能说它是省略了。

(3)　京叛大叔段，段入于鄢，公伐诸鄢。

动宾　　　　　　偏正　　　　动宾
　　　　　　　　（补语式）

主谓　　　　　　主谓　　　　偏正
　　　　　　　　　　　　　　（补语式）

　　　　　　　　　　　　　　主谓

联合类
（顺承）

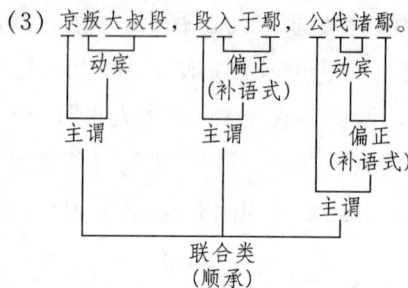

（《左传·隐公元年》）

这里"诸"是"之于"的合音字，所以"伐之"为动宾结构，"于鄢"做"伐之"的补语。

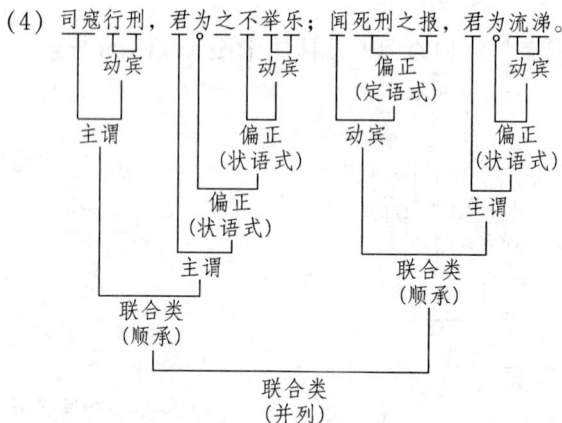

(4)　司寇行刑，君为之不举乐；闻死刑之报，君为流涕。

动宾　　　　动宾　　　偏正　　　动宾
　　　　　　　　　　（定语式）

主谓　　　偏正　　　动宾　　　偏正
　　　　（状语式）　　　　　　（状语式）

　　　偏正　　　　　　　　　　主谓
　　（状语式）

　　　主谓　　　　　　联合类
　　　　　　　　　　　（顺承）

联合类
（顺承）

联合类
（并列）

（《韩非子·五蠹》）

这里"君为流涕"里的"为流涕"实际上是"为之流涕"，句中不用"之"这个代词，可以说是一种紧缩式的偏正结构。

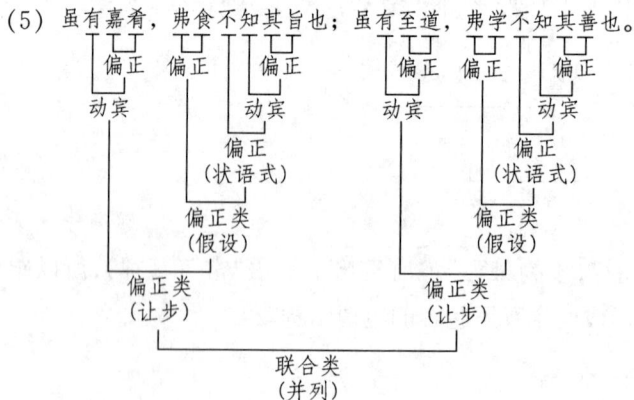

(5)　虽有嘉肴，弗食不知其旨也；虽有至道，弗学不知其善也。

偏正　偏正　偏正　　偏正　偏正　偏正

动宾　　　动宾　　动宾　　　动宾
　　　　偏正　　　　　　偏正
　　　（状语式）　　　　（状语式）

　　偏正类　　　　　　偏正类
　　（假设）　　　　　（假设）

偏正类　　　　　　　偏正类
（让步）　　　　　　（让步）

联合类
（并列）

（《礼记·学记》）

（6） 樊哙，帝之故人也，功多，且又乃吕后弟吕媭之夫也。

偏正
（定语式）　主谓

并列
（平列式）

偏正
（定语式）

并列
（平列式）

主谓

偏正
（定语式）

偏正
（状语式）

联合类
（递进）

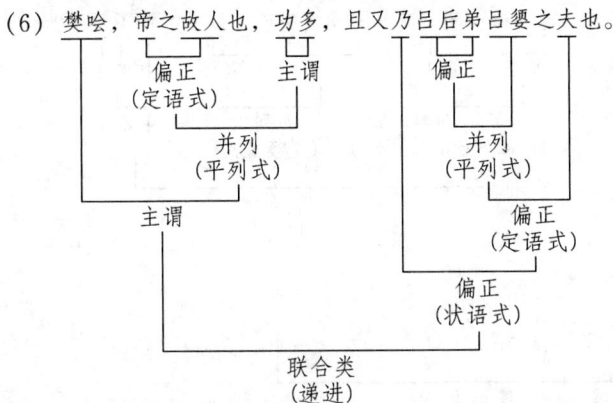

（《史记·陈丞相世家》）

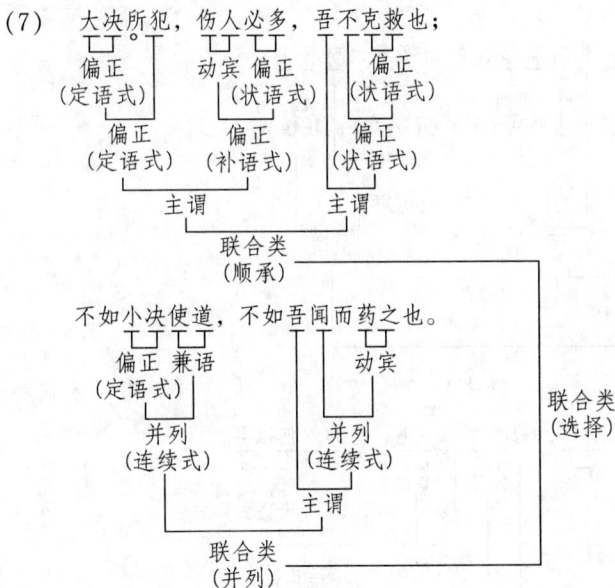

（7） 大决所犯，伤人必多，吾不克救也；

偏正
（定语式）　动宾　偏正
（状语式）

偏正
（状语式）

偏正
（定语式）　偏正
（补语式）

偏正
（状语式）

主谓　主谓

联合类
（顺承）

不如小决使道，不如吾闻而药之也。

偏正
（定语式）　兼语

动宾

并列
（连续式）

并列
（连续式）

主谓

联合类
（并列）

联合类
（选择）

（《左传·襄公三十一年》）

　　这里“不如”是连词，本来与“与其”前后呼应，造成“与其……不如……”
的结构，表示选择关系，这里省略了“与其”。又“大决所犯”中的“所”，是一
个具有指称作用的助词，它和动词组成的“所”字结构具有名词性。“使道”
等于说“使之导”。

(8) 吾日三省吾身：为人谋而不忠乎？与朋友交而不信乎？传不习乎？

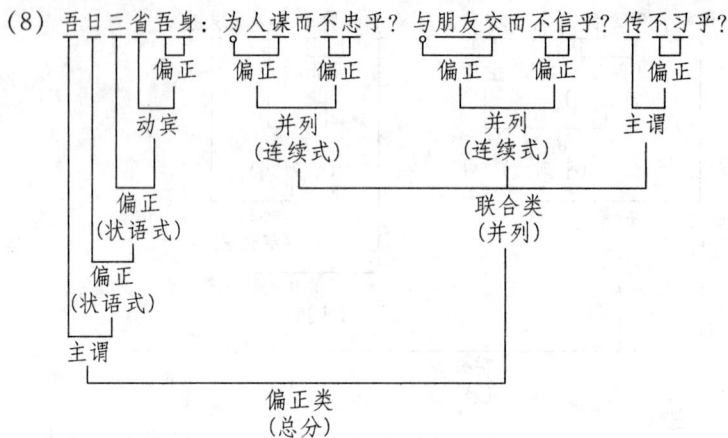

（《论语·学而》）

(9) 冬有雷电，夏有霜雪，然而寒暑之势不易。

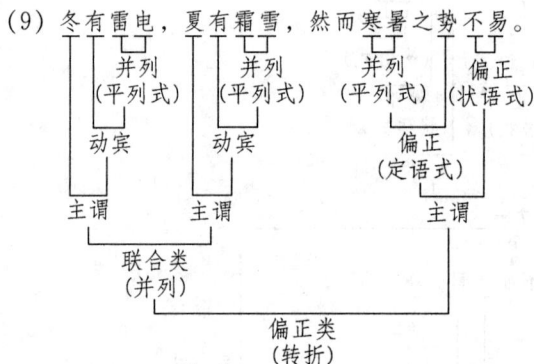

（《淮南子·说林训》）

(10) 假令仆伏法受诛，若九牛亡一毛，与蝼蚁何以异？

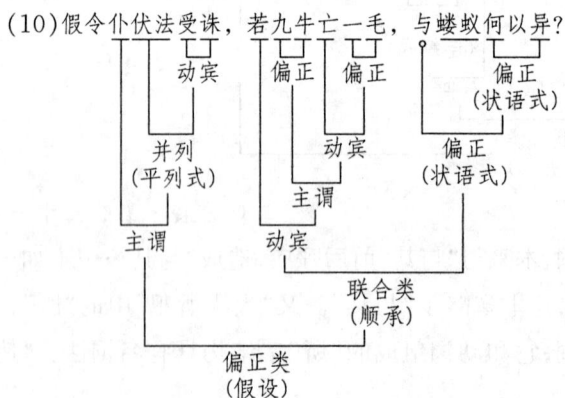

（司马迁《报任安书》）

(11) 媪之送燕后也，持其踵而为之泣，念悲其远也。

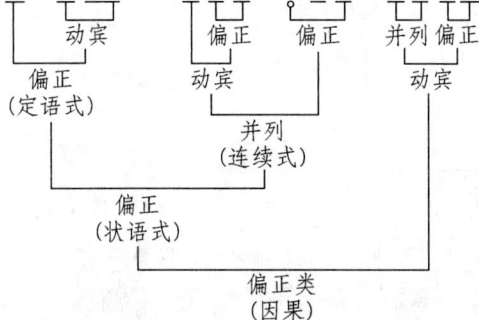

```
        动宾              偏正    偏正    并列 偏正
      偏正              动宾                动宾
    （定语式）
                          并列
                        （连续式）
              偏正
            （状语式）
                    偏正类
                    （因果）
```
（《战国策·赵策》）

　　这里"念悲其远也"表示原因，"媪之送燕后也，……"表示结果。"持其踵而为之泣"之前省略主语"媪"，"念悲其远也"同。

(12) 虽有天下易生之物也，一日暴之，十日寒之，未有能生者也。

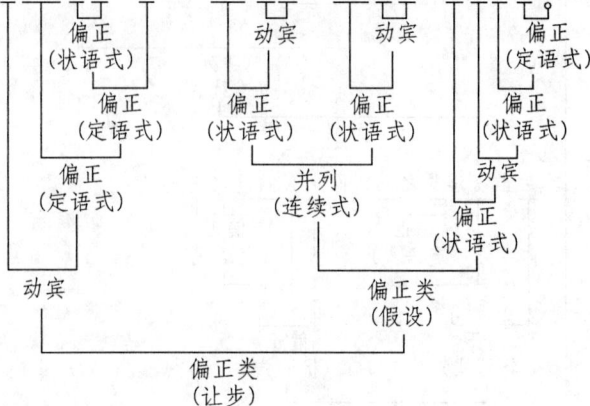

```
          偏正            动宾    动宾          偏正
        （状语式）                            （定语式）
          偏正          偏正    偏正          偏正
        （定语式）    （状语式）（状语式）    （状语式）
      偏正                                    动宾
    （定语式）        并列
                    （连续式）              偏正
                                          （状语式）
      动宾                      偏正类
                              （假设）
              偏正类
              （让步）
```
（《孟子·告子上》）

(13) 宗邑无主，则民不威；疆埸无主，则启戎心。

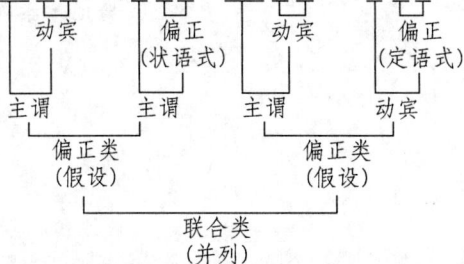

```
      动宾        偏正        动宾        偏正
                （状语式）              （定语式）
      主谓        主谓        主谓        动宾
        偏正类                偏正类
        （假设）              （假设）
              联合类
              （并列）
```
（《左传·庄公二十八年》）

(14)既无德政，又无威刑，是以及邪。

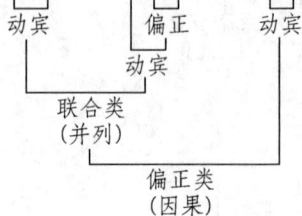

动宾　　　偏正　　　动宾

动宾

联合类
（并列）

偏正类
（因果）

（《左传·隐公十一年》）

(15)　　　借使秦王计上世之事，并殷、周之迹，以制御其政，

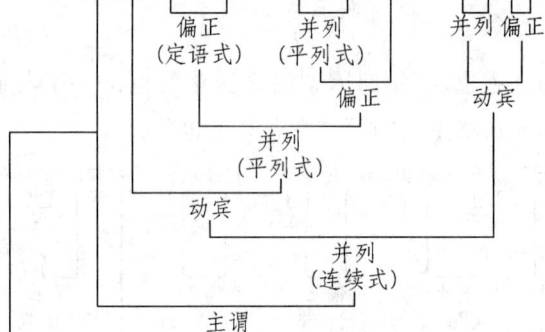

偏正　　　并列　　　　　并列　偏正
（定语式）　（平列式）

偏正　　　动宾

并列
（平列式）

动宾

并列
（连续式）

主谓

偏正
（假设）　后虽有淫骄之主，而未有倾危之患也。

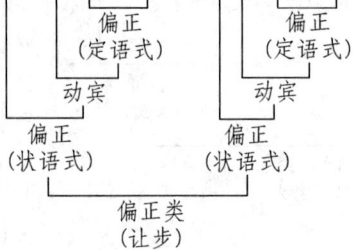

偏正　　　　　偏正
（定语式）　　　（定语式）

动宾　　　　　动宾

偏正　　　　　偏正
（状语式）　　　（状语式）

偏正类
（让步）

（《史记·秦始皇本纪》）

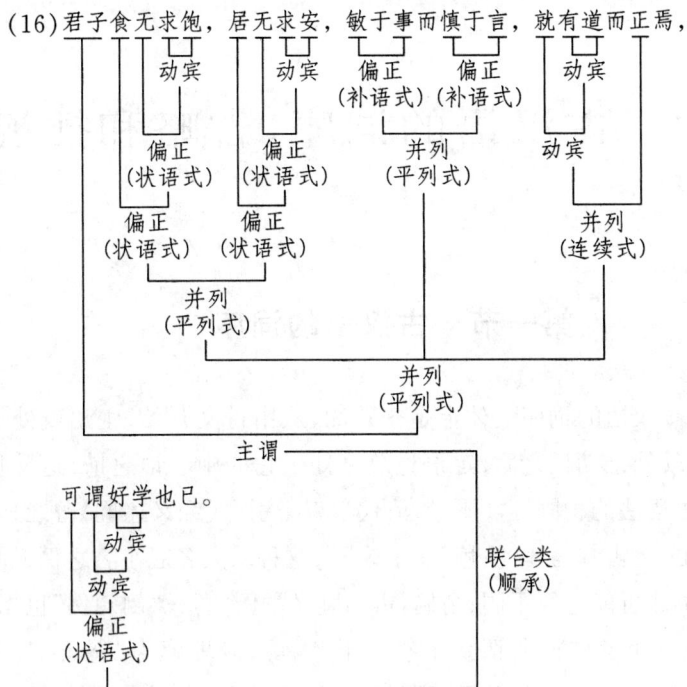

(16) 君子食无求饱，居无求安，敏于事而慎于言，就有道而正焉，

动宾　　动宾　　偏正　　偏正　　动宾
　　　　　　　（补语式）（补语式）

偏正　　偏正　　并列　　　　动宾
（状语式）（状语式）（平列式）

偏正　　偏正　　　　　　　　并列
（状语式）（状语式）　　　　　（连续式）

并列
（平列式）

并列
（平列式）

主谓

可谓好学也己。

动宾

动宾　　　　　　　　　　　　联合类
　　　　　　　　　　　　　　（顺承）
偏正
（状语式）

（《论语·学而》）

　　这里"食无求饱"，是说"在吃的方面不要求饱"，所以"食"和"无求饱"是状语式偏正结构。

第四章　古汉语的词序、省略和插说

第一节　古汉语的词序

1.1　古今汉语的词序大体上是一致的,从甲骨文开始,主语就处于谓语之前,宾语就处于动词之后,定语也总是处于它的中心语之前,这反映了几千年来汉语语法的稳固性。不过,清代学者王引之《经义述闻》曾经指出,"蝗虫"、"螟虫"上古都写作"虫蝗"、"虫螟"①,这种以大名冠小名之例说明原始汉语的构词法可能与今不同;俞樾《古书疑义举例》卷一"倒句例"也指出,《左传·昭公十九年》"谚所谓室于怒市于色者",应理解为"怒于室、色于市",《墨子·非乐上》"启乃淫溢康乐,野于饮食",应理解为"饮食于野",这

---

① 《经义述闻》卷十四云:"'孟夏……行春令,则蝗虫为灾。''仲冬……行春令,则蝗虫为败。'引之谨案,'蝗虫'皆当为'虫蝗'。此言'虫蝗',犹上言'虫螟',亦犹《礼》言'草茅'、《传》言'鸟乌'、《荀子》言'禽犊'、今人言'虫蚁'耳,《汉书·五行志》引京房《易传》曰'厥风微而温,生虫蝗,害五谷'、《说文》曰'禽兽虫蝗之怪谓之蠥'是也,后人不知而改为'蝗虫',谬矣! 注及正义作'蝗虫',《释文》出'则蝗'二字而无'虫'字,皆是后人所改,自宋抚州本已然,而各本皆沿其误。仲冬正义曰:'虫蝗为败,地灾也。'唯此一处未改,尚可考正经文。《后汉书·和帝纪》注引《月令》:'蝗虫为灾。'亦后人依俗本《月令》改之。案,唐《月令》石本,孟夏、仲冬两处皆作'虫蝗',又《桓五年·穀梁传》注引《月令》曰:'仲冬行春令,则虫蝗为败。'又《玉篇》'蝗'字注引《月令》:'虫蝗为灾。'《广韵》'蝗'字注亦曰:'虫蝗为灾。'白帖八十一虫蝗类出'虫螟为害,虫蝗为灾'八字。又《太平御览》天部九、微部一并引《月令》曰:'孟夏行春令,则虫蝗为灾。仲冬行春令,则虫蝗为败。'虫豸部七引《月令》曰:'仲冬行春令,则虫蝗为败。又时序部十二引乙己占曰'冬时行春令,则虫蝗为灾',即本《月令》之文。又《吕氏春秋·孟夏篇》作'虫蝗'(《淮南·时则篇》作'螽蝗',后人所改。《说文》:'蝗,螽也。''螽,蝗也。'是蝗一名'螽',不得并称'螽蝗')彼注'行春时启蛰之令,故致螽蝗之败','螽'字亦后人所改。《孟夏篇》注:'行春启蛰之令,故有虫蝗之败。'正与此同,足证《淮南》之正文及注亦作'虫蝗'也。《东山经》:'见则螽蝗为败。''螽'字亦后人所改。彼注:'螽,蝗类也,言伤败田苗。音终。'十一字皆后人所加。《太平御览》兽部二十五引《东山经》正作'虫蝗',而无注。盖后人罕见'虫蝗'之文而改之,又妄加注文耳。)《仲冬篇》作'虫螟'(《淮南·时则篇》同),此皆《月令》作'虫蝗'之证。"

种倒句之例又说明原始汉语的词序可能正与后代相反。可见,从上古乃至前上古直到今天,汉语语法的变化还是相当大的。

1.2　古今汉语词序最大最普遍的差异表现在宾语的位置上。一般来说,宾语作为动作行为的支配对象总是放在动词的后面,但是在古代汉语中却有以下五种宾语前置的现象。

(1) 疑问代词作宾语,大都置于动词的前面。例如:

> 人而无止,不死何俟?(《诗经·鄘风·相鼠》)
>
> 然则曷称? 称诸父兄师友。(《公羊传·隐公元年》)
>
> 吾谁欺? 欺天乎?(《论语·子罕》)
>
> 王者孰谓? 谓文王也。(《公羊传·隐公元年》)
>
> 卫君待子而为政,子将奚先?(《论语·子路》)
>
> 天下之父归之,其子焉往?(《孟子·离娄上》)
>
> 皮之不存,毛将安傅?(《左传·僖公十四年》)
>
> 居恶在? 仁是也;路恶在? 义是也。(《孟子·尽心上》)

疑问代词作宾语时,如果动词前面还有能愿动词,那么疑问代词不仅要置于动词的前面,而且要置于能愿动词的前面。例如:

> 臣实不才,又谁敢怨?(《左传·成公三年》)
>
> 管伯曰:"公谁欲与?"公曰:"鲍叔牙。"(《庄子·徐无鬼》)

如果动词带有双宾语,那么作为宾语的疑问代词也要置于动词的前面。例如:

> 今四者不足以使之,则望当谁为君乎?(《韩非子·外储说右上》)①
>
> 国人弗讳,寡人将谁属国?(《吕氏春秋·贵公》)

疑问代词作宾语要前置这种现象在汉代以前有少许例外。杨伯峻、何乐士指出,动词"云"的疑问代词宾语一般不前置②。例如:

> 子张曰:"子夏云何?"(《论语·子张》)

---

① "四者",四个方面。"望",太公望,即姜太公吕望。"谁为君",为谁当国君。

② 杨伯峻、何乐士《古汉语语法及其发展》(语文出版社,1992年)第十章第一节。

而从西汉开始,疑问代词宾语后移逐渐增多,例如《战国策·西周策》"公不如谓周君曰:'何欲置?……'"这个句子,疑问代词宾语"何"前置,到了东汉高诱的注"置,立也。欲立谁为太子也"中,疑问代词宾语"谁"则已经后置了。

（2）疑问代词如果跟某些介词（如"乎"、"由"、"自"、"以"、"用"、"与"、"为"等）结合,那么也大都置于这些介词的前面。例如:

> 彼且恶乎待哉?（《庄子·逍遥游》）
> 何由知吾可也?（《孟子·梁惠王上》）
> 水奚自至?（《吕氏春秋·贵直》）
> 子将何以待吾君?（《战国策·赵策》）
> 身将隐,焉用文之?（《左传·僖公二十四年》）
> 君谁与守?（《孟子·离娄下》）
> 曷为与人俱称帝王,卒就脯醢之地也?（《战国策·赵策》）

我们认为,疑问代词与这些介词之间的关系,从来源上说还是一种动宾关系。

疑问代词作介词宾语要前置这种现象在上古汉语中也有少数例外。杨伯峻、何乐士指出,介词"于"、"於"的疑问代词宾语一般不前置[①]。例如:

> 哀我人斯,于何从禄?（《诗经·小雅·正月》）
> 所谓伊人,於焉逍遥?（《诗经·小雅·白驹》）

（3）否定句的代词宾语往往置于动词的前面。所谓否定句,是指动词前有否定副词"不"、"毋"、"无"、"未"、"弗"等,否定的无指代词"莫"等。例如:

> 不患人之不己知,患不知人也。（《论语·学而》）
> 不道,毋之在国,女毋我怨。（《史记·殷本纪》）[②]
> 我无尔诈,尔无我虞。（《左传·宣公十五年》）

---

① 杨伯峻、何乐士《古汉语语法及其发展》（语文出版社,1992年）第十章第一节。
② 这一句的意思是"你无道的话,我不让你在诸侯国,你不要怨恨我"。

大道之行也，与三代之英，丘未之逮也。(《礼记·礼运》)

无节于内者，观物弗之察矣。欲察物而不由礼，弗之得矣。(《礼记·礼器》)

世溷浊而莫余知兮，吾方高驰而不顾。(屈原《九章·涉江》)

代词作宾语时，如果动词前面还有能愿动词或副词，那么代词大多不仅置于动词之前，而且置于能愿动词和副词之前。例如：

硕鼠硕鼠，无食我黍! 三岁贯女，莫我肯顾。(《诗经·魏风·硕鼠》)

虽使五尺之童适市，莫之或欺。(《孟子·滕文公上》)

用术，则亲爱近习莫之得闻也。(《韩非子·难三》)

其臣蔽之，人时禁之，君自蔽则莫之敢禁。(《吕氏春秋·勿躬》)①

子路有闻，未之能行，唯恐有闻。(《论语·公冶长》)②

此行也，君为妇人之笑辱也，寡君未之敢任。(《左传·成公三年》)③

今世之逐利者，早朝晏退，焦唇干嗌，日夜思之，犹未之能得。(《吕氏春秋·介立》)

民不足而可治者，自古及今，未之尝闻。(贾谊《论积贮疏》)

也有少数例子，是代词置于能愿动词或副词跟动词之间的。例如：

武王至殷郊，系堕。五人御于前，莫肯之为。(《吕氏春秋·不苟》)④

以其民安而天下莫敢之危，以其地封而天下莫敢不说。(《吕氏春秋·分职》)

无善事而有善治者，自古及今，未尝之有也。(《管子·枢言》)

吾有喜于玩好，有司未能我具也，则据以其所有共我。(《晏子春

---

① "其臣蔽之，人时禁之"，臣下蒙蔽国君，有时会有人加以禁止。
② "唯恐有闻"，意思是"唯恐又有所闻"。这里的"有"通"又"。
③ "此行也，君为妇人之笑辱也"，意思是"这一次齐君您来到晋国，为了当年女人的取笑而受辱了"。
④ "系堕"，鞋带脱落。

秋·内篇谏下》)①

关于第二例,原书毕沅注:"'敢'、'之'二字似当乙转。"范耕研注:"《治要》引作'莫敢危之',与毕说未知孰是?"陈奇猷《吕氏春秋校释》云:"毕校是也。此句法在先秦书中最常见,请以《荀子》为例,《仲尼》'本朝之臣莫之敢恶',又'富人莫之敢距',《王霸》'天下莫之敢当'皆是。《治要》多意改,未可从。类书引文,仅可作为参考,若迷信类书,斯则诬矣。"其实上古汉语中,代词置于能愿动词或副词跟动词之间的用例也是有的,这是正常的句型,并不是传抄讹误的结果。

如果动词带有双宾语,那么作为间接宾语的代词也会置于动词的前面。例如:

　　　　我龟既厌,不我告犹。(《诗经·小雅·小旻》)②
　　　　若受吾币而不吾假道,将奈何?(《吕氏春秋·权勋》)

在上古汉语中,否定句的代词宾语也有部分是后置的,例如:

　　　　贞,兹雨不唯祸我?(《甲骨文合集》12889)
　　　　尔不许我,我乃屏璧与珪。(《尚书·金滕》)
　　　　不知我者,谓我何求?(《诗经·王风·黍离》)
　　　　狂而不直,侗而不愿,悾悾而不信,吾不知之矣。(《论语·泰伯》)
　　　　取吾璧,不予我城,奈何?(《史记·廉颇蔺相如列传》)
　　　　夫日月之有蚀,风雨之不时,怪星之党见,是无世而不常有之。

(《荀子·天论》)

据周光午的调查,在上古汉语中,用"莫"、"未"的否定句,其代词宾语前置的占绝大多数,而用"不"的否定句,其代词宾语后置的则是代词宾语前置的三倍,用"毋"、"无"、"弗"的否定句也是代词宾语后置的多于代词宾语前置的③。

我们认为,这一现象表明,在汉语中否定句的代词宾语是逐渐由动词前

---

① "据以其所有共我",梁丘据把他所有的供给我。
② 这一句的意思是"我们的灵龟已经厌倦,不再告诉我们吉凶"。
③ 参周光午《先秦否定句代词宾语位置问题》,载《语法论集》(三),中华书局,1959年。

移到动词后的。事实上,如果观察一下《尚书·大诰》"民献有十夫予翼"①、《尚书·多士》"惟我事,不贰适"②、《诗经·小雅·节南山》"赫赫师尹,民具尔瞻"③、《诗经·周南·葛覃》"是刈是濩,为絺为绤"④、《论语·里仁》"敏而好学,不耻下问,是以谓之文也"⑤、《左传·僖公四年》"尔贡包茅不入,王祭不共,无以缩酒,寡人是征。昭王南征而不复,寡人是问"⑥等等,我们就可以知道,不但否定句的代词宾语是逐渐后移的,即使肯定句,代词宾语的位置也是逐渐后移的,不过肯定句中的这个演变过程在上古时代已经基本完成了,所以在上古典籍中只有很少前置的例证。

(4) 宾语通过助词"之"、"是"、"焉"、"实"、"来"、"斯"、"于"、"於"、"厥"、"云"、"为"等的帮助置于动词之前。例如:

> 吾以子为异之问,曾由与求之问。(《论语·先进》)
>
> 原田每每,舍其旧而新是谋。(《左传·僖公二十八年》)
>
> 我周之东迁,晋郑焉依。(《左传·隐公六年》)
>
> 鬼神非人实亲,惟德是依。(《左传·僖公五年》)
>
> 不念昔者,伊余来墍。(《诗经·邶风·谷风》)
>
> 朋酒斯飨,曰杀羔羊。(《诗经·豳风·七月》)
>
> 赫赫南仲,玁狁于襄。(《诗经·小雅·出车》)
>
> 王贪而无厌,惟蔡於感。(《左传·昭公十一年》)⑦
>
> 此厥不听,人乃或诪张为幻。(《尚书·无逸》)⑧
>
> 有皇上帝,伊谁云憎?(《诗经·小雅·正月》)⑨
>
> 女为人臣子,不顾恩义,叛主背亲,为降虏于蛮夷,何以女为见?

---

① 这一句的意思是"老百姓当中有十个人帮助我",代词"予"是动词"翼"的宾语。

② 这一句的意思是"只能服事我,不许怀有二心",代词"我"是动词"事"的宾语。

③ 这一句的意思是"显赫的太师尹氏,老百姓都看着你",代词"尔"是动词"瞻"的宾语。

④ 这一句的意思是"割了它煮了它,做成细布做成粗布",代词"是"(指葛藤)是动词"刈"、"濩"的宾语。

⑤ 代词"是"是介词"以"的宾语,"是以"后来又作"以是"。

⑥ 代词"是"是动词"征"、"问"的宾语。

⑦ "惟蔡於感",意为"只恨蔡国"。"感"通"憾"。

⑧ 这一句的意思是"不听这些话,人们就会欺骗诈惑"。

⑨ 这一句的意思是"伟大的上帝憎恨谁"。

（《汉书·苏武传》）

　　　子使漆雕开仕。对曰："吾斯之未能信。"子说。（《论语·公冶
长》）①

　　　我，文王之为子，武王之为弟，成王之为叔父。（《荀子·尧问》）②

这里最后第二例中"吾斯之未能信"一句虽然是否定句，但是没有按照否定
句代词宾语前置的规律，说成"吾未斯能信"或"吾未能斯信"，而是采用了加
助词"之"把宾语"斯"提前的办法。最后一例是双宾语的句子，"文王之为
子"原来是"为文王子"，"文王"是间接宾语，"子"是直接宾语，等于说"我为
文王为子"（似可直译为"我对于文王来说是儿子"），这里采用助词"之"把间
接宾语提到前面去。"武王之为弟"、"成王之为叔父"同。

　　　在少数场合，通过助词"之"、"是"等的帮助，宾语还可以置于来源于动
词的介词之前。例如：

　　　叔仲昭伯曰："我楚国之为，岂为一人行也？"（《左传·襄公二十八
年》）

　　　鼋鼍鱼鳖之与处，而鼃黾之与同渚。（《国语·越语下》）

　　　齐侯曰："岂不榖是为？先君之好是继。"（《左传·僖公四年》）

　　　非夫人之为恸而谁为？（《论语·先进》）

　　　夏氏之乱，成公播荡，又我之自入，君所知也。（《左传·襄公二十
五年》）③

　　　其一人专心致志，惟弈秋之为听。（《孟子·告子上》）④

由于"为"、"与"、"自"等介词来源于动词，因此这种现象实际上还是反映了
上古的动宾关系。

　　　（5）介词"以"的宾语也往往置于"以"的前面。例如：

　　　将子无怒，秋以为期。（《诗经·卫风·氓》）⑤

----

①　"吾斯之未能信"，我对于这个事情没有信心。"说"，同"悦"。

②　这一句的意思是"我是文王的儿子，武王的弟弟，成王的叔叔"。

③　"成公播荡，又我之自入"，意思是"陈成公流离失所，又是从我们郑国回到陈国的"。

④　"惟弈秋之为听"，直译是"只向着弈秋听讲"。"为"，介词，向着，朝着。

⑤　"将"，请，请求。"期"，婚期，结婚的日子。

墓门有棘,斧以斯之。(《诗经·陈风·墓门》)①

《诗》三百,一言以蔽之,曰:"思无邪。"(《论语·为政》)

江汉以濯之,秋阳以暴之,皜皜乎不可尚已。(《孟子·滕文公上》)

先君若问与夷,其将何辞以对?(《左传·隐公三年》)

君若以力,楚国方城以为城,汉水以为池,虽众,无所用之。(《左传·僖公四年》)

然后钟磬竽瑟以和之,干戚旄狄以舞之,此所以祭先王之庙也。(《礼记·乐记》)②

是以太山不让土壤,故能成其大。(李斯《谏逐客书》)

楚战士无不一以当十,楚兵呼声动天。(《史记·项羽本纪》)

介词"用"也有相似的现象:

伯夷、叔齐不念旧恶,怨是用希。(《论语·公冶长》)

诸侯备闻此言,斯是用痛心疾首。(《左传·成公十三年》)

我们知道,介词"以"、"用"最早也是动词,因此这一现象也是上古动宾关系的一种遗迹③。

此外还有一个己身代词"自",也往往置于动词和介词之前,例如:

山木自寇也,膏火自煎也。(《庄子·人间世》)

所谓诚其意者,毋自欺也。(《礼记·大学》)

宁信度,无自信也。(《韩非子·外储说左上》)

---

① "棘",枣树。"斯",劈开。

② "狄",通"翟",野鸡毛。

③ 介词"于(於)"、"乎"也有一些宾语前置的例子,例如《诗经·大雅·崧高》:"申伯还南,谢于诚归。"("谢于诚归",等于说"诚归于谢",意思是"确实回到谢邑去")《左传·僖公九年》:"入而能民,土于何有?"("土于何有",等于说"何有于土",意思是"对于获得土地又有什么难的呢")《左传·僖公二十八年》:"劳之不图,报于何有?"("报于何有",等于说"何有于报",意思是"跟报答又有什么相干呢")《左传·襄公二十三年》:"群臣若急,君于何有?"("君于何有",等于说"何有于君",意思是"对于国君又有什么可惜的呢")《左传·昭公四年》:"亡于不暇,又何能济?"("亡于不暇",等于说"不暇于亡",意思是"连救亡都来不及")《左传·昭公十九年》:"其一二父兄惧队宗主,私族于谋而立长亲。"("私族于谋",等于说"谋于私族",意思是"跟本族的人商量")《左传·襄公十年》:"七日不克,必尔乎取之。"("尔乎取之",等于说"取之于尔",意思是"从你们那儿取首级")

夫人必自侮,然后人侮之;家必自毁,而后人毁之。(《孟子·离娄上》)

言非礼义,谓之自暴也;吾身不能居仁由义,谓之自弃也。(《孟子·离娄上》)

子自爱不爱父,故亏父而自利;弟自爱不爱兄,故亏兄而自利。(《墨子·兼爱上》)

其有大罪者,闻命则北面再拜,跪而自裁。(《汉书·贾谊传》)

及鄢陵,登城见之,美,自为娶之。(《左传·文公七年》)

其势非置之死地,使人人自为战。(《史记·淮阴侯列传》)

在古代汉语中,有时为了加强表达的语气,古人把谓语部分提到主语之前,或者甚至把其他结构成分提到句首,例如:

甚矣,汝之不惠!(《列子·汤问》)

若崩,厥角稽首。(《孟子·尽心下》)①

这些都是容易理解的,这里不再赘述。

1.3　有的学者认为帮助宾语提前的"之"和"是"等不是助词,而是代词,其作用是复指前置的宾语②。我们认为,当前置的宾语是专有名词时,说"之"、"是"是代词还大致讲得通,如《论语·先进》"曾由与求之问",可以说成"竟然是问仲由和冉求这两个人",《诗经·小雅·出车》"玁狁于襄",可以说成"攘除玁狁这个敌人";但是当前置的宾语是普通名词时,说"之"、"是"是代词就勉强了,如《左传·僖公五年》"鬼神非人实亲,惟德是依",很难说成"鬼神不亲近人这种东西,而只是依从德行这种东西",《战国策·赵策》"前事之不忘,后事之师",很难说成"不忘记以前的事情这种事情……"。而当前置的宾语是指示代词时,这种说法就更成问题了,如《孟子·滕文公上》"周公方且膺之,子是之学,亦为不善变矣",难道可以说成"周公尚且要攻击这种人,你却要学习这种人这种人……"③? 同时,帮助宾语提前的也不止是

----

① 这句话的意思是"百姓把额角触地叩起头来,声音好像山崩一样"。"厥",通"蹶",顿首。

② 参王力主编《古代汉语》(中华书局,1984年)"古汉语通论八"。

③ 参丁贞桑《论前置宾语后的"是""之"的词性》,载《中国语文》1983年第2期。

"之"、"是",还有"焉"、"来"、"于"、"於"等,这些词也很难认定是具有复指作用的代词。由此可见,帮助宾语提前的"之"、"是"等还是看作助词比较合适。

1.4 当助词"之"、"是"等帮助宾语置于动词之前,而动词前面又有否定词的时候,这个否定词有两个出现的位置,一是出现在前置的宾语之前,一是紧靠在动词之前。例如:

> 小国将君是望,敢不唯命是听?(《左传·襄公二十八年》)
>
> 鬼神非人实亲,惟德是依。(《左传·僖公五年》)
>
> 今王非越是图,而齐鲁以为忧。(《国语·吴语》)
>
> 君亡之不恤,而群臣是忧。(《左传·僖公十五年》)
>
> 吾百姓之不图,唯舟与车。(《国语·越语下》)
>
> 吾斯之未能信。(《论语·公冶长》)

有人对上古典籍进行统计调查,结果是当助词由"是"、"实"充当时,否定词只能出现在前置的宾语之前,而当助词由"之"充当时,则否定词既可以出现在前置的宾语之前,也可以紧靠在动词之前。同时,在这种情况下,所使用的否定词也有不同,即"非"只能出现在前置的宾语之前,而"不"既可以出现在前置的宾语之前,也可以紧靠在动词之前,至于"未"、"无"、"毋"等则只紧靠在动词之前[1]。

对于这一现象的解释,我们认为马建忠的意见是对的,《马氏文通》卷七说:

> 凡止词先乎动字者,倒文也。如动字或有弗辞,或为疑辞者,率间"之"字,辞气确切者,间参"是"字。

事实上,不管是否定句还是肯定句,这种用助词"之"、"是"帮助的宾语前置

---

① 见殷国光《先秦汉语带语法标志的宾语前置句式初探》,载《语言研究》1985 年第 2 期。殷氏此文还说,宾语靠助词的帮助而前置的句式,不管是否定句还是肯定句,当使用助词"是"时,句末就不出现语气词,而当使用助词"之"时,句末既可以出现语气词,也可以不出现语气词。

句,凡是语气较为坚决、确定的,都倾向于使用"是",反之则倾向于使用"之"①。

　　1.5　既然是宾语前置,那么像"何厌之有"这种形式是相当于"有何厌"呢,还是相当于"何有厌"?

　　"何……之 ＋ 动词(形容词)"的句型有两种情况:一是表示强烈的感叹;二是表示询问和反问。

　　(1) 表示强烈的感叹,大都相当于现代汉语"为什么……这样……"、"怎么……那样……"。例如:

　　　　孔子游于匡,宋人围之数匝,而弦歌不辍。子路入见,曰:"何夫子之娱也!"(《庄子·秋水》)②

　　　　鲁君之宋,呼于垤泽之门。守者曰:"此非吾君也,何其声之似我君也!"(《孟子·尽心上》)③

　　　　婴虽不仁,免子于厄,何子求绝之速也!(《史记·管晏列传》)

　　　　思深哉! 其有陶唐氏之遗民乎? 不然,何忧之远也!(《左传·襄公二十九年》)

　　　　天下之刖者多矣,子奚哭之悲也!(《韩非子·和氏》)

　　(2) 表示询问和反问。表示询问的如:

　　　　齐宣王问卿。孟子曰:"王何卿之问也?"王曰:"卿不同乎?"曰:"不同。有贵戚之卿,有异姓之卿。"(《孟子·万章下》)

　　　　穆子叹而谓其左右曰:"吾何德之务而有是臣也?"(《国语·晋语》)④

"何卿之问"意为"问哪一种卿","何德之务"意为"务什么样的德"。表示反问的如:

---

① 　上引殷国光的文章则认为,在历史上,"宾·是·动"句式先出现,春秋初年成为通用的句式,"宾·之·动"句式后出现,春秋中期以后逐渐占据上风,到战国中期,"宾·是·动"句式基本衰亡。

② 　"何夫子之娱也",意为"为什么老师这样快活"。

③ 　"垤泽之门",宋国东城的南门。

④ 　此句三国吴国韦昭注:"吾当修务何德,而得若此之臣乎?"

　　　自践土以来，宋何役之不会？而何盟之不同？（《左传·昭公二十五年》）①

　　　前世不同教，何古之法？帝王不相复，何礼之循？（《商君书·更法》）

　　　闻子为梯，将以攻宋，宋何罪之有？（《墨子·公输》）

"何役之不会"字面意思是"没有参加哪一次战役"，实际意思是"哪一次战役没有参加"，即每次都参加了；"何罪之有"字面意思是"有什么罪"，实际意思是没有罪。

　　在上古典籍中，这种表示反问的句型中的谓语动词主要是"有"和"为"。对于这种句型的语法结构，《马氏文通》卷二说：

　　　《左昭十三》："国不竞亦陵，何国之为？""何国之为"者，犹云"如是尚将为何国"也，"之"字所以明其为倒文，……则"何"字附于名而用为静字，当在偏次。《左僖三十三》："秦则无礼，何施之为？"又《成十二》："若让之以一矢，祸之大者，其何福之为？"又《昭元》："诸侯之会，卫社稷也。我以货免，鲁必受师，是祸之也，何卫之为？"《周语》："其若先王与百姓何，何政令之为也？"《楚语》："若夫白珩，先王之玩也，何宝之为？"句法皆同。

又卷七说：

　　　夫"之"字以间倒文，此种句法，《左氏》、《论语》最所习见。后则韩文衮用者最多。《左传·庄公三十二年》云："虢多凉德，其何土之能得？"……又《隐公元年》云："姜氏何厌之有？"《论语·子张》云："夫子焉不学，而亦何常师之有？"……《史记·虞卿列传》云："赵且亡，何秦之图乎？"又《项羽本纪》云："赵举而秦强，何敝之承？"又《酷吏列传》云："当时为是，何古之法乎？"……以上所引，皆名字之为止词先置，而或有弗辞，或为疑辞，故间以"之"字。

马氏的意思是，"何国之为"就是"为何国"，"何厌之有"就是"有何厌"，也就

---

① "践土"，地名，指践土之盟。"同"，意为"参加"。

是说,这种表示反问的"何……之 + 动词","何"和它后面的名词是动词的宾语,而"何"是它后面的名词的修饰语。

不过也有学者认为,"何国之为"应该是"何为国","何厌之有"应该是"何有厌",也就是说,这种表示反问的"何……之 + 动词","何"是修饰后面部分的状语,动词的前置宾语只包括"之"前面的名词,并不包括"何"在内。这种看法的理由是:

(1) 在表示询问的"何……之 + 动词"中,"何"具有区别和限定作用,用在名词前面是为了指明所问的是哪一种人或事物,所以"何"是它后面的名词的定语;而在表示反问的"何……之 + 动词"中,"何"并不起区别和限定作用,它所起的是一种表示反诘的逻辑性作用,它应该属于疑问副词。副词是不能修饰名词的,所以在"何……之 + 动词"句型中,"何"与它后面的名词不发生直接的句法关系,而是越过名词,与动词遥相联系,构成状中关系。

(2)《左传·昭公五年》的"何不可之有"与《荀子·儒效》的"恶有不可"相对应,两种句型可以互相转换;《左传·襄公二十八年》的"何劳之敢惮"与《国语·晋语》的"何敢惮罚"相对应,这两种句型也可以互相转换。当两种句型互相转换的时候,只是宾语的位置有所变动,而句中的"何"、"恶"不随之而动,可见这些词不是宾语的组成部分——定语,而是动词的状语。

(3)《孟子·离娄上》:"不仁而可与言,则何亡国败家之有?"赵岐注:"如使其能从谏从善,可与言议,则天下何有亡国败家也。"从古人的注释看,古人也是把"何……之 + 动词"这种句型中的"何"作为状语而不是作为定语来理解的①。

针对这些意见,李先华指出:

(1) 要确定"何"的词性,归根结底要看它在句中同什么词结合,构成怎样的句法关系,而不是表不表反诘。"何"在表示反问的"何……之 + 动词"中虽然不再像它在询问句中那样具有区别和限定名词的作用,指明要问的是哪一种人或事物,但是这并没有改变它的句法功能,影响到它同别的词的

① 参谢质彬《关于几种古汉语句型的句法结构》(载《中国语言学报》第 6 期,1995 年)、白平《谈〈左传〉中的三种"何……之……"式》(载《中国语文》1996 年第 2 期)。

结合。《诗经·小雅·隰桑》:"中心藏之,何日忘之?""何日忘之"等于说"无日忘之","何"用在"日"前并不是对"日"起区别和限定的作用,指明要问的是哪一日,而只是表示反诘,但是它无可争议是个疑问代词。

（2）"何……之 ＋ 动词"与"何 ＋ 动词……"所表达的语义相同,二者具有同义转换关系,这是没有问题的。但是,根据什么认为这两种句型的差异只是宾语的位置问题,它们相互转换只是变动了宾语的位置呢? 相同的语义可以用不同的句法形式来表达,句法形式的不同并非仅仅是语序的不同,转换也并非只有"移位"一种手段。例如:

> 不我知者,谓我士也骄。（《诗经·魏风·园有桃》）
>
> 不知我者,谓我何求?（《诗经·王风·黍离》）
>
> 孔子曰:"居,吾语女其故。"（《荀子·宥坐》）
>
> 孔子曰:"居,吾语女以其故。"（《孔子家语·始诛》）
>
> 而忘越王之杀而父乎?（《左传·定公十四年》）
>
> 尔忘句践杀汝父乎?（《史记·吴太伯世家》）

这里,第一句和第二句、第三句和第四句、第五句和第六句分别语义相同,但是除了第一句和第二句的转换只涉及语序外,第三句和第四句有无介词"以"、第五句和第六句有无助词"之"都会影响到句子的结构关系。因此,不能认为"何……之 ＋ 动词"与"何 ＋ 动词……"具有同义关系,就认为"何……之 ＋ 动词"的结构应该按"何 ＋ 动词……"的结构去理解,单凭这两种句型可以互相转换,是无法证明句中"何"的词性及其所充当的句子成分的。

（3）用"何 ＋ 动词……"句型来说明表示反问的"何……之 ＋ 动词"句型并非古注的通例。在《国语》中表示反问的"何……之 ＋ 动词"句型共27例,韦昭诠释句义的有7例,而采用"何 ＋ 动词……"句型的仅2例;在《左传》中表示反问的"何……之 ＋ 动词"句型共52例,杜预诠释句义的有14例,而采用"何 ＋ 动词……"句型的亦仅2例。如果古人真的认为"何……之 ＋ 动词"就是"何 ＋ 动词……",那么为什么采用"何 ＋ 动词……"句型来诠释的比例会这样少? 同时,古代注家在说明句义的时候,并不是处处要与原句型在结构上保持严整的对应关系。古人注书的宗旨是为了解读古籍,他们关注的是语义;只要不违背原意,他们完全可以换用不同的句型。

既然注文与原文在句法上存在不一致,我们就不能简单地根据注文的结构来判断原文的结构①。

我们同意李先华的看法。李先华还举了《国语·晋语》中的一个例子:

> 晋师溃,戎马泞而止,公号庆郑曰:"载我!"庆郑曰:"忘善而背德,又废吉卜,何我之载?郑之车不足以辱君避也。"②

这里"何我之载"不能转换成"何载我",这就生动地证明了"何……之 + 动词"并不是"何 + 动词……",这两种句型具有本质的不同。

1.6 古汉语用作疑问的有"何如",也有"如何",两者意思差不多,好像是同一个词的不同形式,为什么前者遵守宾语前置的规律,而后者不遵守宾语前置的规律?

我们认为,古汉语的"何如"早就是一个疑问代词,而"如何"则本来是一个词组,是"拿……怎么办"的意思。古汉语中有许多把"如(若、奈)"、"何"分拆开来使用的例子,可以说明这一点,例如:

> 宋,小国也;今将行王政,齐、楚恶而伐之,则如之何?(《孟子·滕文公下》)

> 吾见亦罕矣,吾退而寒之者至矣,吾如有萌焉何哉?(《孟子·告子上》)

> 晋侯谓庆郑曰:"寇深矣,若之何?"(《左传·僖公十五年》)

> 吾城郭已治,守备已具,钱粟已足,甲兵有馀,吾奈无箭何?(《韩非子·十过》)

因此,"如(若、奈)"本来是动词,它的宾语是"之"、"有萌焉"、"无箭"等,"何"是疑问代词,跟"如(若、奈)"并列在一起充当谓语,"之"、"有萌焉"、"无箭"这些宾语不是疑问代词,当然就不必前置。以后,"如何"逐渐成为一个凝固结构,"何"在表面上才好像是一个宾语了。

---

① 李先华《论"何……之 V"式句》,载《语言研究》1999 年第 1 期。
② 这是鲁僖公十五年的事。这一年秦、晋两国发生战争。战前庆郑劝谏晋君不要用戎族的马驾车,晋君不听,同时,占卜表明庆郑当车右为吉利,晋君也不采纳。结果晋军大败,晋君的马车陷于泥泞之中,晋君要求搭乘庆郑的战车,庆郑赌气不同意。

古汉语中还有"之谓"和"谓之",有人认为二者有别,如清代戴震《孟子字义疏证·孟子私淑录》卷上说:

> 古人言辞,"之谓""谓之"有异:凡曰"之谓",以上所称解下,如《中庸》"天命之谓性,率性之谓道,修道之谓教",此为性、道、教言之。……凡曰"谓之"者,以下所称之名辨上之实,如《中庸》"自诚明谓之性,自明诚谓之教",此非为性、教言之,以性、教区别"自诚明""自明诚"二者耳。

而马建忠《马氏文通》卷三"同次三之四"则认为二者无别,他说:

> 《孟·告上》:"生之谓性。""性"与"之"、"生"同次,犹云"生谓之性"也。又《滕下》:"此之谓大丈夫。"犹云"此谓之大丈夫"也。《史·商君列传》:"反听之谓聪,内视之谓明,自胜之谓强。"三句同上。

我们同意戴震的说法。具体来说,"谓之"有两种用法,一是对某人某物的认识和称谓,例如:

> 请京,使居之,谓之京城大叔。(《左传·隐公元年》)
> 吾有大树,人谓之樗。(《庄子·逍遥游》)

二是对于事物特征的品题和归类,例如:

> 以善先人者谓之教,以善和人者谓之顺;以不善先人者谓之谄,以不善和人者谓之谀。(《荀子·修身》)①
> 少而无父者谓之孤,老而无子者谓之独,老而无妻者谓之矜,老而无夫者谓之寡。(《礼记·王制》)

"……谓之……"是双宾语的句型,"之"是间接宾语,它指代的对象往往在前面已经出现,如例句中的"大树"、"少而无父者",另一个宾语是直接宾语,是句中的新信息,如例句中的"樗"、"孤"。

"之谓"也有两种用法,一种用法是后面不带宾语,表示对前面所提出的内容的认同和解释,例如:

_____

① "先人"意为"引导人","和人"意为"协调人"。

谚所谓"辅车相依,唇亡齿寒"者,其虞虢之谓也!(《左传·僖公五年》)

公曰:"《诗》所谓'彼日而食,于何不臧'者,何也?"对曰:"不善政之谓也。……"(《左传·昭公七年》)[①]

这种情况下,"之"是帮助宾语提前的助词,例句中所提前的宾语是"虞虢"、"不善政"。这种"……之谓……"相当于现代汉语的"……说的就是……"、"……是说……",比如这里两个例句可以译为:"……大概说的就是虞国和虢国吧"、"这是说不能办好政事……"。

"之谓"的另一种用法是后面带有宾语,这是用前面比较具体的事物、情况来解释和印证后面比较抽象的概念、事物,例如:

何谓刑、德? 曰:杀戮之谓刑,庆赏之谓德。(《韩非子·二柄》)

鲁哀公问于孔子曰:"子从父命,孝乎? 臣从君命,贞乎?"……孔子曰:"……父有争子,不行无礼;士有争友,不为不义。故子从父,奚子孝? 臣从君,奚臣贞? 审其所以从之之谓孝、之谓贞也。"(《荀子·子道》)

在这种情况下,"之谓"相当于现代汉语的"叫做,就是",而其中的"之"是一个音节助词。在这种用法中,也有把后面的宾语提到句子头上去,作为一个话题的,例如:

诸侯所以归晋君,礼也。礼也者,小事大、大字小之谓。(《左传·昭公三十年》)[②]

所谓故国者,非谓有乔木之谓也,有世臣之谓也。(《孟子·梁惠王下》)[③]

这就跟"之谓"的第一种用法在形式上很相近了,后人也就难以把它们区分

---

① "彼日而食,于何不臧",意为"那个太阳发生日食,是什么地方不好"。"不善政",意为"不能办好政事"。

② "小事大、大字小",意思是"小国事奉大国,大国爱护小国"。

③ "有乔木",有高大的树木。"有世臣",有一代代本国出仕的老臣。

开了①。

　　此外,关于"是以"和"以是",学者们也有不同意见。楚永安《文言复式虚词》②"是以"条下说:

　　　　关于"是以"的结构关系,通行的古汉语虚词和语法著作中都认为是一个宾语提前的介宾结构,与"以是"相等。实际上"是以"和"以是"不能相等。"是以"是个凝固形式,其作用相当于一个连词;而"以是"则是个临时组合的介宾词组,通常用作状语,说明行为动作发生的原因或凭借的对象。如果追根溯源,"是以"的结构应该是同义并列关系。"是"本是个代词,同时也可用作连词,表示结果或推论。如:"夫唯无以生为者,是贤于贵生。"(《老子·七十五章》)"楚以缓失宋,将法齐之急也;齐以急得宋,后将常急矣。是从齐而攻楚,未必利也。"(《战国策·楚策一》)"以"作为连词,也常常表示结果或推论。如:"阖庐惟能用其民,以败我于柏举。"(《左传·哀公元年》)"且夫妇不故生子,以知天地不故生人也。"(《论衡·物势》)由此可见,"是"和"以"的用法是相同的。在古汉语中,两个意义和用法相同的词常常结合在一起使用,即所谓同义连文。"是以"也当是这种同义连文。

我们认为,说"是以"的作用相当于一个连词,"以是"则经常用作状语,说明行为动作发生的原因或凭借的对象,这种观察还是比较正确的③,但是说"是"也用作连词,表示结果或推论,则可能与事实不符,即以这里所举《战国策》一例来说,"是"完全可以解释为"这样"或"这样看来,这就是说",这个

---

① 参何乐士《论"谓之"句和"之谓"句》,载《古汉语研究论文集》,北京出版社,1982 年。

② 中国人民大学出版社,1986 年。

③ "以是"用作状语,如《左传·襄公三年》:"君子谓子重于是役也,所获不如所亡。楚人以是咎子重。"《左传·襄公三十一年》:"以是观之,人谓子产不仁,吾不信也。"但是到上古汉语后期,"以是"也用作因果连词,如《史记·范雎蔡泽列传》:"臣之所恐者,独恐臣死之后,天下见臣之尽忠而身死,因以是杜口裹足,莫肯乡秦耳。"("因"和"以是"同义连用,《战国策·秦策》作"是以杜口裹足")《汉书·孙光传》:"上有所问,持经法以心所安而对,不希指苟合;如或不从,不敢强谏争,以是久而安。"又《朱博传》:"其尽力有效,必加厚赏;怀诈不称,诛罚辄行,以是豪强慑服。"("以是"后有主语"豪强")

"是"还是属于指示代词的用法①。由"是"和"以"组成的因果连词,在上古汉语前期主要表现为"是以",在上古汉语后期则表现为"以是",这正是介词"以"的宾语由前置变为后置的一个过程。

1.7　有人认为,古汉语中还有定语后置的现象。如杨伯峻《文言语法》第七章云:"文言的特点是简洁流畅,较长的形容语加在中心词之上是不习惯的。如果有较长的形容语,一般是移在中心词之下,用一个'者'字来联络。"②其所举的例子有:

> 约与食客门下有勇力文武备具者二十人偕。(《史记·平原君虞卿列传》)
>
> 缙绅而能不易其志者,四海之大,有几人欤?(张溥《五人墓碑记》)
>
> 计未定,求人可使报秦者,未得。(《史记·廉颇蔺相如列传》)
>
> 村中少年好事者驯养一虫。(《聊斋志异·促织》)
>
> 马之千里者,一食或尽粟一石。(韩愈《杂说》)
>
> 其石之突怒偃蹇,负土而出,争为奇状者殆不可数。(柳宗元《永州八记》)

据杨氏之意,即认为"食客门下"、"人"、"少年"、"缙绅"等为中心语,而"有勇

---

① 《老子》七十五章的这个例句原文可能有讹误,不宜作为讨论的依据。《老子》的因果连词基本上是"是以"。

② 其他与杨伯峻有相同或相似意见的,如程希岚、吴福熙主编的《古代汉语》说:"定语一般在中心语之前,但有时为了突出定语,或使语气流畅,也可以置于中心语之后。……1.定语倒置在中心语后面并用助词'者'煞尾。……2.在中心语和后置定语之间加助词'之',再用助词'者'煞尾。"周本淳主编的《古代汉语》说:"古汉语的所谓定语后置,形似突出中心语,其实在于强调修饰性定语,并使整个句子简洁醒目,语气流畅。但定语后置也不是临时变化语序,而是古代汉语中常见的语法现象。因此,定语后置有一定的条件,即只限于修饰性的定语,领属性的定语不能后置。"汤可敬主编的《新编古代汉语》(北京出版社,1989年)"通论十二"说:"在古汉语里,除了领属性定语、同一性定语、时空性定语只能放在中心词的前边外,数量性定语、性状性定语,大多可移到中心语后面。这样作的原因有二:一,文言的特点是简洁,修饰语较长时,为了使文句流畅顺口,把定语后置;二,或是为了强调定语,把定语移到中心词之后。"另可参陈迪明《文言里确有"×者"一类后置定语》(载《中国语文通讯》1981年第4期)等。又李新魁《汉语文言语法》(广东人民出版社,1983年)第十三章有"定语后置"一节,但是文中说:"定语一般放在中心语之前,但是,有时为了突出这个定语,将它移置中心语之后,变定语为中心语,变中心语为定语。"看来李氏只是承认原来位置在前的定语可以转换到中心语后面去,但是转换以后仍然是修饰语在前,中心语在后,因此这并不是真正意义上的"定语后置"。

力文武具者"、"可使报秦者"、"好事者"、"能不易其志者"等为定语,"食客门下有勇力文武备具者",等于说"有勇力文武备具的食客门下","马之千里者",等于说"千里马",这就是所谓的古汉语中的定语后置现象。

但长期以来,学者们对于此说多持反对态度①。反对者的根据是:

(1) 古汉语中跟在动词、形容词后面的"者",不论看作代词还是看作助词,意思都是"……的人"、"……的东西",比如"求人可使报秦者"的"者"在动词之后,应是"……的人"之意,而不是"……的",不能看作定语的标志。

(2) 说文言文为了"简洁流畅",较长的形容词"一般是移在中心语之下,用一个'者'字来联络",这种说法与古汉语的实际不符。古汉语的名词和名词性词组做定语,不管怎么长,总是置于中心语之前,而不是之后。这一点即使是"者"字短语做定语也是如此,例如:

> 不为者与不能者之形何以异?(《孟子·梁惠王上》)
> 臣愚以为陛下得胡人,皆以为奴婢,以赐从军死事者家。(《史记·汲郑列传》)
> 此与东方之戍卒不习地势而心畏胡者功相万也。(《汉书·晁错传》)

与上述例子相比,"有勇力文武备具者"和"可使报秦者"等虽然都是名词性词组,但它们是处在"食客门下"和"人"等之后,所以不可能是"食客门下"和"人"等的定语。

(3) 古汉语中代词"其"一般只作定语,比如《论语》"不如乡人之善者好之,其不善者恶之","其"为定语,"不善者"为中心语,同理可得,"乡人"为定语,"善者"为中心语,"马之千里者","马"为定语,"千里者"为中心语。

(4) 古人有"全体中的一部分"这样的观念,如《吕氏春秋》"人有亡鈇

---

① 参谢质彬《古代汉语中的范围定语》(载《中国语文通讯》1980 年第 4 期)、施民权《古代汉语"定语后置说"商榷》(载《中国语文通讯》1981 年第 4 期)、赵航《试论古代汉语中的定语后置》(载《扬州师范学院学报》1982 年第 3—4 期)、解惠全《也谈"马之千里者"的句法》(载《语言研究论丛》第 3 辑,1987 年)、刘有志《文言中的"A(B 者)"结构》(载《古汉语研究》1996 年第 3 期)、张柿《古汉语定语后置献疑》(载《中国语言学报》第 4 期)、柳士镇《谈"齐军善射者"的结构》(载《语文丛稿》,南京大学出版社,1998 年)等。

者"、《史记》"卒之堕指者十二三","人"、"卒"都表示全体,"有"、"之"则表示全体当中有、全体当中的。则"求人可使报秦者"即"求人之可使报秦者","人"只能是定语,不是中心语。至于有的学者说:

> 下列句子里的"名词＋×者"就无论如何也不能再用"全体中的一部分"来解释了:
>
> 高乃与公子胡亥、丞相李斯阴谋破去始皇所封书赐公子扶苏者。(《史记·秦始皇本纪》)
>
> 呼韩邪单于……乃收其兄呼屠吾斯在民间者立为左谷蠡王。(《汉书·匈奴传下》)
>
> 第一句,秦始皇病重时亲自密封的遗书恐怕就只有给公子扶苏的那一封;第二句,"呼屠吾斯"是一个人的专名。我们分析这两个句子的时候,只能把加点的"×者"认作它前面的名词的后置定语,不能反过来说前面的名词是后面的"×者"的范围定语。①

其实这两个句子属于古汉语中的插说现象②,这里作为反例不妥。

(5) 如果承认有"定语后置",那么像《汉书·沟洫志》"今堤防狭者去水数百步,远者数里"这样的句子中,"远者"前面根本没有中心语,又何来后置一说呢?又如"诸侯、名士可下以财者,厚遗结之;不肯者,利剑刺之"(《史记·李斯列传》),说"不肯者"是后置定语,也过于勉强了。

(6) 如果承认有"定语后置",那么像《史记·吕太后本纪》"不如视诸王最贤者立之"这样的句子,就要把"诸王最贤者"理解为"最贤之诸王",这样显然"最"跟"诸"自相矛盾,也跟原意不合。而像《汉书·匈奴传》"左贤王围李广,广军四千人死者过半"这样的句子,如果理解成"死去之广军四千人"或"广军死去之四千人",则更是与原意大相径庭③。

此外,有的学者鉴于下面这些句子:

> 蚓无爪牙之利,筋骨之强,上食埃土,下饮黄泉,用心一也。(《荀

---

① 陈迪明《文言里确有"×者"一类后置定语》,载《中国语文通讯》1981年第4期。
② 参本章第二节。
③ 参柳士镇《谈"齐军善射者"的结构》,载《语文丛稿》,南京大学出版社,1998年。

子·劝学》)

以孟尝、芒卯之贤,帅强韩魏之兵以伐秦,犹无奈寡人何。(《战国
策·秦策》)

驾八龙之婉婉兮,载云旗之委蛇。(屈原《离骚》)

带长铗之陆离兮,冠切云之崔嵬。(屈原《九章·涉江》)

如果省略加点的部分,则不影响句意,而如果删去"爪牙"、"筋骨"等词,则不
成话,因此确认加点的部分是次要成分,应该是定语,从而认为这是古汉语
中的另外一种定语后置现象。

我们认为,句子的主要成分也可以在一定条件下省略而不影响句意,句
子的次要成分也有省略而影响句意的,用能否省略来判断是否主要成分次
要成分,是不科学的。上面所引的前两个句子,"利"、"强"、"贤"这些形容词
在一般情况下往往充当定语来修饰名词性中心语,但在这里却是原文在表
达上所要强调的,从而事物化了,反过来成为"爪牙"、"筋骨"等修饰的中心
语。因此,"利"、"强"、"贤"并不是后置的定语。至于《离骚》的两例,它们都
是诗歌,诗歌的语法有它自己的特点,是不适宜拿来研究自然语言的。

1.8　有人认为,在古代汉语中数量词往往置于名词的后面,这也是一
种"定语后置"。例如:

子产以幄幕九张行。(《左传·昭公十三年》)

皆赐玉五瑴,马三匹,非礼也。(《左传·庄公十八年》)

为长安君约车百乘,质于齐。(《战国策·赵策》)

复以弟子一人投河中。(《史记·滑稽列传》)

汉王赐良金百镒,珠二斗。(《史记·留侯世家》)

马牛羊驴橐驼七十馀万头。(《汉书·西域传下》)

人们以为,这里"九张"是"幄幕"的后置定语,"三匹"是"马"的后置定语,如
此等等①。

对此,有学者指出:"古汉语中名词和它后面数量词之间的关系,和一般

_____

① 参李新魁《汉语文言语法》第四章第一节。

所说的定语、中心语的关系不完全一样。"①因为,古代汉语名词数量的表达,最早采用这样一种形式:

> 孚人万三千八十一人,孚马□匹,孚车卅两,孚牛三百五十五牛,羊
> 卅八羊。(小盂鼎)

如果把"□匹"、"卅两"看作"马"、"车"的后置定语,那么就必须把"万三千八十一人"、"卅八羊"也看作"人"、"羊"的后置定语。但是如果按一般的词序,把定语放到中心语前面去的话,"□匹马"、"卅两车"固然可以讲得通,而"万三千八十一人人"、"卅八羊羊"就讲不通了。所以放在名词后面的数量词跟一般所说的定语性质不完全相同。同时,古汉语中还有这样的句子:

> 唯桥姚已致马千匹,牛倍之,羊万头。(《史记·货殖列传》)

"马千匹"、"羊万头"固然可以说是定语后置,但是"倍之"很难说是"牛"的后置定语。

根据以上意见,我们认为名词后面的数量词不妨看作补语,比如"孚人万三千八十一人","孚人"为动宾结构,"万三千八十一人"是这个动宾结构的补语。又"以幄幕九张行","以幄幕九张"是"行"的状语,"幄幕九张"是主谓结构做介词"以"的宾语。

至于像下面这样的句子:

> 大王之国,北有甘泉、谷口,南带泾、渭,右陇、蜀,左关、阪,战车千
> 乘,奋击百万。(《战国策·秦策》)②
> 莱人使正舆子赂夙沙卫以索马牛,皆百匹。(《左传·襄公二年》)③
> 酒酣,吏二缚一人诣王。(《晏子春秋·内篇杂下》)

"千乘"应是"战车"的谓语,"百万"应是"奋击"的谓语;"皆百匹"等于说"索马牛皆百匹","皆百匹"也应是谓语("索马牛"承上省略)。"吏二"则可以看作主谓结构做主语("吏"为主语,"二"为谓语)。这些句子我们都不看作定

---

① 参蒋绍愚、李新建《古汉语讲话》(中州书画社,1981 年)第八讲。
② "奋击"意为"奋击之士"。
③ "索",选择。"索马牛",精选的马牛。

语后置。

第二节　古汉语的省略和插说

2.1　任何语言都有省略现象,只要语言环境允许,有一些内容可以省略而不作交代。有一些省略是属于文意上的,从语法结构来说并没有省去什么。例如:

> 郊社之礼,所以事上帝也;宗庙之礼,所以祀乎其先也。(《礼记·中庸》)郑玄注:"社,祭地神,不言后土者,省文。"

郑玄的意思是,"郊"是祭上帝,"社"是祭后土,原文只说"事上帝",没有说"事后土",是省略。又如:

> 左师公曰:"今三世以前,至于赵之为赵,赵主之子孙侯者,其继有在者乎?"曰:"无有。"曰:"微独赵,诸侯有在者乎?"曰:"老妇不闻也。""此其近者祸及身,远者及其子孙。……"(《战国策·赵策》)杨树达《高等国文法》云:"此其近者以下,触龙语,上省曰字。"

这两个例子中的省略都不是语法学上所要研究的。

我们这里所要说的省略,是指语法上结构成分的缺损,这种缺损的成分,根据上下文的意义和句子结构,能够进行确定而适宜的补足。例如:

> 君薨,大夫吊,卿共葬事;夫人,士吊,大夫送葬。(《左传·昭公三年》)

从语法结构的分析来说,我们一定要认为"夫人"之后省略了谓语动词,否则就无法分析。反之,例如:

> 太叔完聚,缮甲兵,具卒乘,将袭郑。(《左传·隐公元年》)

有的书上以为后面几个动宾结构都省略主语;但是这几个动宾结构完全可以视作"完聚"的并列语,并不缺损主语,因此不能算作省略。

2.2　古汉语的省略主要有承上省和探下省两种。

(1) 承上省。句子结构中的某一成分因上文已经出现而加以省略。

例如：

楚人为食，吴人及之，□□奔，□□食而从之。(《左传·定公四年》)

郤子至，请伐齐，晋侯勿许。□□请以其私属，□□又勿许。(《左传·宣公十七年》)

小国之事大国也，□□德，则□□其人也；□□不德，则□□其鹿也，铤而走险，急何能择？(《左传·文公十七年》)①

吾百姓之不图，唯舟与车□□。(《国语·越语下》)

多闻，择其善者而从之；多见，□□□□而识之，知之次也。(《论语·述而》)

君子是以知秦穆公之为君也：举人之周也，与人之壹也。□孟明之□臣也：其不解也，能惧思也。□子桑之□忠也：其知人也，能举善也。(《左传·文公三年》)

于是乃以田忌为将，而□孙子为师。(《史记·孙子吴起列传》)

魏惠王为白里之盟，将复立于天子。彭喜谓郑君曰："君勿听。大国恶有天子，小国利之。若君与大□不听，魏焉能与小□立之？"(《韩非子·说林上》)

这里，第一例是说楚兵埋锅做饭，吴兵追赶上来，于是楚兵逃跑，吴兵吃了楚兵的饭继续追击；第五例是说多听一些，选择其中好的部分加以接受，多看一些，选择其中好的部分记在心里。其他各例的语义可依此类推。大致上可以认为第一、二、三例是承上省略主语，第四、五、六例是承上省略谓语动词(有时还包括它的宾语)，第七例是承上省略介词短语中的介词，第八例是承上省略形容词定语后的中心语。

(2) 探下省。句子结构中的某一成分因下文将要出现而加以省略。例如：

□□七月在野，八月在宇，九月在户，十月蟋蟀入我床下。(《诗

① 这一句的意思是"小国事奉大国，如果大国以德相待，那么小国就像人一样恭顺；如果大国不以德相待，那么小国就会像鹿一样，狂奔不已，慌不择路"。

经·豳风·七月》)

　　□□夜闻汉军四面皆楚歌,项王乃大惊曰:"汉皆已得楚乎? 是何楚人之多也?"(《史记·项羽本纪》)

　　□□已却秦存赵,使将军将其军归魏,而公子独与客留赵。(《史记·魏公子列传》)

　　躬自厚□,而薄责于人,则远怨矣。(《论语·卫灵公》)

　　女为惠公来求杀余,命女三宿□,女中宿至。(《左传·僖公二十四年》)

　　南与渠勒□,东北与龟兹□,西北与姑墨接。(《汉书·西域传》)

　　夏后氏五十□而贡,殷人七十□而助,周人百亩而彻。(《孟子·滕文公上》)

这里,第四例是说要严于责己(厚责),宽以待人(薄责)。大致上可以认为第一、二、三例是探下省略主语,第四、五、六例是探下省略谓语动词,第七例是探下省略数词后的量词中心语。

　　2.3　值得注意的是,在古汉语中有一种紧缩式的偏正结构,这种偏正结构可以看作原来是由带介词的状语和中心语组成,但在实际表达时则往往不说出状语,而由介词直接与中心语相结合。例如:

　　衣食所安,弗敢专也,必以分人。(《左传·庄公十年》)

　　老母在,政身未敢以许人也。(《史记·刺客列传》)

　　每至于族,吾见其难为,怵然为戒,视为止,行为迟。(《庄子·养生主》)

　　项羽大怒曰:"旦日飨士卒,为击破沛公军!"(《史记·项羽本纪》)

　　可与言而不与之言,失人;不可与言而与之言,失言。(《论语·卫灵公》)

　　唉! 竖子不足与谋!(《史记·项羽本纪》)

这里"以分人"可以看作是"以之分人","为戒"、"为止"、"为迟"可以看作是"为之戒"、"为之止"、"为之迟","与言"可以看作是"与之言",因而有的语法书上称这种情况为"介词宾语"的省略。但是由于这种情况在古汉语中十分普遍,已经成为一种通行的结构形式,而且这种情况只限于介词"以"、"为"、

"与",所以我们不认为是"之"的省略,正如在现代汉语中,"被"这个介词直接与动词结合(如"被剥削"),人们也不认为"被"字之后省略了什么一样。不过,在作结构分析的时候,还是一定要承认介词"以"、"为"、"与"后面含有介词宾语。

与此相同,在古汉语中又有一种紧缩式的兼语结构。例如:

有圣人作,构木为巢,以避群害,而民悦之,使王天下,号曰有巢氏。(《韩非子·五蠹》)

既罢归国,以相如功大,拜为上卿。(《史记·廉颇蔺相如列传》)

这里"使王天下"可以看作是"使之王天下","拜为上卿"可以看作是"拜蔺相如为上卿",因而有的语法书就认为是"兼语"的省略。但是由于这种情况普遍存在,已经成为一种通行的结构形式,因此我们也不认为是省略。只是在作结构分析时,我们仍然承认动词后面含有兼语。

2.4　插说。插说也叫"插入语",是指在结构中不跟其他结构成分发生语法关系的独立成分,常用于引起别人的注意、插入自己的解释和推测等。插说经常在句子的中间,也有在句首或句尾的。例如:

乃求楚怀王孙心,——民间为人牧羊——立以为楚怀王。(《史记·项羽本纪》)

项王、项伯东向坐,亚父南向坐,——亚父者,范增也——沛公北向坐,张良西向侍。(同上)

臣闻齐人将食鲁之麦,——以臣观之——将不能。(《左传·文公十七年》)

由此观之,——王之蔽甚矣!(《战国策·齐策》)

高乃与公子胡亥、丞相李斯阴谋破去始皇所封书——赐公子扶苏者。(《史记·秦始皇本纪》)

莒人求湣王子法章,得之太史嬓之家,——为人灌园。(《史记·田单列传》)

"民间为人牧羊"为句中插说,"由此观之"为句首插说,"赐公子扶苏者"为句尾插说,馀可类推。在句法分析中,插说的部分不应与全句放在一起分析①。

不过,由于古汉语缺少标点符号,所以也有并非插入语而被误解为插入语者。《马氏文通》卷二"指名代字二之三"云:"太史公《报任少卿书》:'彼观其意,且欲得其当而报汉。'以上下文言之,'彼'当太史公自谓,不应用'彼'字。而遍查各本,皆用此字,实无他书可为比证。未敢臆断,附识于此。"对此,杨树达《马氏文通刊误》卷二云:

> 按高元君著《新标点之用法》云:"彼""其"二字并指李陵,马氏以为"彼"当太史公自谓,不应用"彼"字,此大谬也。"彼"乃句之主词,"且欲得其当而报汉",其谓词也。"观其意"为插注的散动,乃句之孤立部,例无主词,不得曰"吾观其意"也。此句若以破折标易读点分之,则意更晓矣。如
>
> 彼,——观其意,——且欲得其当而报汉。
>
> 按高君之说甚当,足以解马氏之疑矣。

其实,"彼观其意"是说李陵显示其意愿,"观"乃"显示,表现"之意②,本句并非插入语。

---

① 金王若虚《滹南遗老集》卷十三云:"范增劝项梁立楚后,梁'乃求楚怀王孙心,民间为人牧羊,立以为楚怀王'。文不相接,不若云'时怀王孙心民间为人牧羊,梁求得之'为顺也。"王氏不了解古汉语有插说,而把插说混在全句中一起考虑,故以为《史记》文不相接。

② 上古"观"有使人看、显示义,如《左传·宣公十二年》:"观兵以威诸侯,兵不戢矣。"《周礼·考工记·栗人》:"嘉量既成,以观四国。"(标准量器已经铸成,特颁示四方各国)"观"的这种用法,唐代韩愈也还知道,其《答李翊书》有"其观于人,不知其非笑之为非笑也"句。

第五章　词类活用和特殊的动宾结构

第一节　古汉语的词类活用

1.1　名词、动词、形容词等各类实词在语法结构中经常充当某种结构成分的语法功能是长期的,不是临时的,是固有的,不是权宜的。不过,在古汉语中,往往有些词在语言的实际使用中会越出本词类的功能范围,而临时充当其他词类才能充当的结构成分,这叫做"词类活用"。产生词类活用现象的词,其词义也有一定的变化,这种词义上的变化跟词义的引申转变也经常相互发生影响,即词义的引申转变有时也就是词性和词类的转变,而一些词在语言的实际使用中经常活用,以致变成固有的功能,这往往也就是词义的引申转变。当然从本质上说,这两者毕竟还不是一回事。词义的引申转变是语言中的同词异义现象,是多义词的产生原因,属于词汇学、词义学的范畴;而词类活用则是语言实际中的临时用法,一离开实际语言环境,这种用法就不复存在,属于语法学的范畴。

词类活用现象在现代汉语中也有,只是不多罢了,例如"繁荣经济"、"绿化祖国"、"健全法制"等等。

词类活用,有的语法书也称为"词性活用"。不过古汉语的词类活用有时并没有改变词性,如不及物动词活用为及物动词,动词的词性未变,只是从动词的一个小类转变为另一个小类,因此"词性活用"的说法不够确切。

1.2　古汉语里的词类活用现象,主要有以下六种。

(1)普通名词用作状语。在动词前的普通名词,如果不做主语而做状语,一般总有介词来表示修饰关系,例如《孟子·梁惠王上》"何可废也? 以羊易之"中的"以羊"。但是在古代汉语中,有时并不借助介词,而把普通名词直接置于动词前作状语,其实际意义跟用介词表示修饰关系无异,这种情况我们称之为"普通名词活用为状语"。在现代汉语中,量词重叠以后做状语,可以表示"逐一"和"许多"的意思,例如"一件一件翻看"、"年年讲,月月讲,天天讲",在古代汉语中则可以用单个名词做状语,来表示"逐一"和"许多"的意思,这种情况我们也称之为"普通名词活用为状语"。这样,普通名词活用为状语就可以分为以下五个小类。

a. 表示比喻,相当于有介词"像……"、"如同……"。例如:

射之,豕人立而啼。(《左传·庄公八年》)

嫂蛇行匍伏,四拜自跪而谢。(《战国策·秦策》)

昭王得范雎,废穰侯,逐华阳,彊公室,杜私门,蚕食诸侯,使秦成帝业。(李斯《谏逐客书》)

治郑二十六年而死,丁壮号哭,老人儿啼。(《史记·循吏列传》)

天下云合响应,赢粮而景从。(贾谊《过秦论上》)

b. 表示根据和原因,相当于有介词"按照……"、"依据……"、"因为……"。例如:

今而后知君之犬马畜伋。(《孟子·万章下》)

彼秦者,弃礼义而上首功之国也,权使其士,虏使其民。(《战国策·赵策》)

秋水时至,百川灌河。(《庄子·秋水》)

范、中行氏皆众人遇我,我故众人报之;至于智伯,国士遇我,我故国士报之。(《史记·刺客列传》)

人主之疾死者不能处半。(《韩非子·备内》)①

c. 表示处所,相当于有介词"于(於)……"。例如:

夫山居而谷汲者,媵腊而相遗以水。(《韩非子·五蠹》)

童子隅坐而执烛。(《礼记·檀弓上》)

众辱之曰:"信能死,刺我;不能死,出我袴下。"(《史记·淮阴侯列传》)

———————————

① 这一句的意思是"国君之中因为疾病而死的不超过一半"。

卒廷见相如,毕礼而归之。(《史记·廉颇蔺相如列传》)

高祖以亭长为县送徒骊山,徒多道亡。(《汉书·高帝纪》)

d. 表示使用的工具和方式,相当于有介词"以……"、"用……"。例如:

故九窍者胎生,八窍者卵生。(《庄子·知北游》)[①]

太子再拜而跪,膝下行流涕,有顷而后言曰。(《战国策·燕策》)

冯几据杖,眄视指使,则厮役之人至。(《战国策·燕策》)

伍子胥橐载而出昭关。(《史记·范睢蔡泽列传》)

诸侯名士可下以财者,厚遗结之;不肯者,利剑刺之。(《史记·李斯列传》)

e. 表示数量众多,相当于现代汉语该名词重叠以后的意思[②],或表示逐一,相当于"每一"的意思。例如:

秦昭王有病,百姓里买牛而家为王祷。(《韩非子·外储说右下》)

今境内之民皆言治,藏商、管之法者家有之。(《韩非子·五蠹》)

此国所以递兴递废也,乱难之所以时作也。(《吕氏春秋·恃君》)

今御骊马者,使四人,人操一策,则不可以出于门闾者,不一也。(《吕氏春秋·执一》)

使俗之渐民久矣,虽户说以眇论,终不能化。(《史记·货殖列传》)[③]

大率十里一亭,亭有长。十亭一乡,乡有三老、有秩、啬夫、游徼。(《汉书·百官公卿表》)

(2) 动词的使动用法。在古代汉语中,经常使用"使"、"命"、"令"等动词来表示使动的意义,例如《老子》十二章:"五色令人目盲,五音令人耳聋,五味令人口爽,驰骋田猎令人心发狂。"但是古汉语还有另一种表示使动的方法,那就是动词的使动用法。通常动词表示一种动作行为,如果带有宾

[①] "九窍",指人和兽类。"八窍",指鸟类,因其肛门和尿道合而为一,故称。

[②] 参王克仲《古汉语的"NV"结构》,载《中国语文》1988 年第 3 期。

[③] 这一句的意思是"如果风俗影响百姓长了,即使用高妙的理论每家每户去劝说,也不能使他们变化"。

语,那么宾语就是这种动作行为的受事者;动词的使动用法与此不同,它是指动词使宾语产生该动词所表示的动作行为,即宾语不再是动作行为的受事者,而是动作行为的施事者。产生使动用法的动词主要是不及物动词,少数是及物动词。

a. 不及物动词用作使动,例如:

> 龙蛇之蛰,以存身也。(《易·系辞下》)
>
> 小子鸣鼓而攻之,可也。(《论语·先进》)
>
> 宋人惧,使华元夜入楚师,登子反之床,起之。(《左传·宣公十五年》)
>
> 乃与赵衰等谋,醉重耳,载以行。(《史记·晋世家》)
>
> 养备而动时,则天不能病。(《荀子·天论》)

最后一例虽未出现宾语,但从语境辨别,仍是使动用法。

b. 及物动词用作使动,例如:

> 狡兔尽则良犬烹,敌国灭则谋臣亡,大夫何不释吴而患越乎?(《韩非子·内储说下》)①
>
> 尝人,人死;食狗,狗死。(《吕氏春秋·上德》)
>
> 然秦以区区之地致万乘之势,序八州而朝同列。(贾谊《过秦论上》)
>
> 夫割地包利,五伯之所以覆军禽将而求也。(《史记·苏秦列传》)
>
> 夫楚兵虽强,天下负之以不义之名。(《汉书·黥布传》)

及物动词带上宾语之后,用作使动和不用作使动,在形式上是完全一样的,因此只能根据上下文的语言环境来判断,舍此别无他法。例如:

> 一与一,谁能惧我?(《左传·襄公二十五年》)②
>
> 使者目动而言肆,惧我也,将遁矣。(《左传·文公十二年》)③
>
> 异日,与君游于果园,食桃而甘,不尽,以其半啗君。(《韩非子·

---

① "患越",使越国担心。

② "一与一",一个对一个。

③ "言肆",指说话声音失常。

说难》）

　　　仲尼先饭黍而后啖桃，左右皆掩口而笑。（《韩非子·外储说左
下》）

　　　王翦遂定荆、江南地，降越君，置会稽郡。（《史记·秦始皇本纪》）
　　　章将军等诈吾属降诸侯。（《史记·项羽本纪》）

这里第一、三、五三例是使动用法，第二、四、六三例不是使动用法，而是一般
的及物动词带宾语。

　　及物动词用作使动时，有时还带有双宾语，这时动词后面，前一个宾语
是动作行为的施事者，后一个宾语是动作行为的受事者。例如：

　　　卫侯饮孔悝酒于平阳。（《左传·哀公十六年》）
　　　若弗与，则请除之，无生民心。（《左传·隐公元年》）①
　　　大子帅师，公衣之偏衣，佩之金玦。（《左传·闵公二年》）
　　　尽其地力以多其积，致其民死以坚其城守。（《韩非子·五蠹》）②
　　　均之二策，宁许以负秦曲。（《史记·廉颇蔺相如列传》）③
　　　王奇孝材能，乃佩之王印，号曰将军。（《汉书·淮南衡山济北王
传》）

　　（3）动词的为动用法。所谓"为（wèi）动用法"，是指主语因为宾语、为
了宾语或者向宾语施行动词所表示的动作行为，即宾语既不是动作行为的
受事者，也不是动作行为的施事者，而是动作行为的原因、目的或对象。

　　a. 主语因为宾语而施行动作行为，例如：

　　　令尹子瑕聘于秦，拜夫人也。（《左传·昭公十九年》）④
　　　高后遂病掖伤。（《史记·吕太后本纪》）⑤
　　　欲赴佗国奔亡，痛吾两主使不通。（《史记·滑稽列传》）⑥

────────────

① "无生民心"，不要使老百姓生出违背之心。
② "致其民死"，意思是"使其民致死"。致死，拼命。
③ "宁许以负秦曲"，宁可答应而使秦国承担理屈的责任。
④ "子瑕"，楚国令尹；"拜夫人"，意为"因为夫人从秦国嫁到楚国而拜谢秦国"。
⑤ "掖"，同"腋"，肘腋。
⑥ "痛吾两主使不通"，意为"因为两国君主的使者不通而痛心"。

四人同心辅政，患苦外戚许、史在位放纵，而中书宦官弘恭、石显弄权。(《汉书·刘向传》)

恭移病出，后复视事，天阴雨雪。(《汉书·刘向传》)①

最后一例，唐代颜师古注："言以病移出，不居官府。"可见古人的理解也是"因为"宾语而施行动作。

b. 主语为了宾语而施行动作行为，例如：

邴夏御齐侯，逢丑父为右。(《左传·成公二年》)

文嬴请三帅。(《左传·僖公三十三年》)

伯氏苟出而图吾君，申生受赐以至于死，虽死何悔？(《国语·晋语》)

伯夷死名于首阳之下，盗跖死利于东陵之上。(《庄子·骈拇》)

此天下壮士，非有大恶，争杯酒，不足引他过以诛也。(《史记·魏其武安侯列传》)

c. 主语向宾语施行动作行为，例如：

遂寘姜氏于城颍，而誓之曰："不及黄泉，无相见也。"(《左传·隐公元年》)

王每见之，必泣。弃疾曰："君三泣臣矣，敢问谁之罪也？"(《左传·襄公二十二年》)

季孙见之，则言季氏如他日。(《左传·襄公二十九年》)②

召孟明、西乞、白乙，使出师东门之外，蹇叔哭之。(《左传·僖公三十三年》)

句践知之，故式怒蛙；昭侯知之，故藏弊袴。(《韩非子·内储说上》)③

主语因为宾语而施行动作行为的情况，有的学者把它归为"因动用法"。但是表示原因和表示目的这两者有时很难区别，例如"恭移病出，后复视事，

---

① "恭"，指宦官弘恭。
② 这一句的意思是"季孙跟公冶见面，则公冶跟季孙说话如同往常一样"。
③ "式"，同"轼"，伏轼敬礼。

天阴雨雪"(《汉书·刘向传》)和"此天下壮士,非为大恶,争杯酒,不足引他过以诛也"(《史记·魏其武安侯列传》),就很难说前面一例一定不是表示目的,后面一例一定不是表示原因,所以我们不另立"因动用法",而把它们都放在为动用法之中。

及物动词用作为动,有时也会带双宾语,这时动词后第一个宾语是动作行为的原因、目的或对象,第二个宾语是动作行为的受事者。例如:

骊姬既远太子,乃生之言,太子由是得罪。(《国语·晋语》)①
天予不取,反为之灾。(《国语·越语下》)
一夫不耕,或受之饥;一女不织,或受之寒。(贾谊《论积贮疏》)
不如早为之所,无使滋蔓。(《左传·隐公元年》)
公曰:"民死,寡人将谁为君乎?"(《吕氏春秋·制乐》)
及魏围邯郸,唐尚说惠王而解之围。(《吕氏春秋·士容》)
愿归丞相侯印,乞骸骨归,避贤者路。(《汉书·万石君传》)
戎请盟。秋,盟于唐,复修戎好也。(《左传·隐公二年》)
晋饥,秦输之粟;秦饥,晋闭之籴。(《左传·僖公十五年》)②
诸吕举兵关中,欲危刘氏而自立。今我破齐还报,是益吕氏资也。
(《汉书·高五王传》)

这里,第一至第三例表示因为宾语而施行动作行为,第四至第七例表示为了宾语而施行动作行为,最后三例表示向宾语施行动作行为。第二例在《管子·轻重甲》中写作:"一农不耕,民或为之饥;一女不织,民或为之寒。"可见古人的理解就是"因为这种情况(指'一夫不耕'或'一女不织')",古人就是把它作为因果关系的。第四例"谁为君"意为"为谁做国君","为"是为动用法,间接宾语"谁"因为是疑问代词,所以前置③。

(4)名词用作动词。活用为动词的名词主要是普通名词、专有名词和

_____

① "生之言",意思是"因为太子而生出谗言"。
② "闭之籴",不肯向秦国援助粮食。
③ 名词、形容词、代词、数词等活用为动词以后,也会产生带双宾语的现象。例如《商君书·农战》:"是以明君修政作壹,去无用,止浮学事淫之民,壹之农。"数词"壹"作动词,"壹之农"意为"使他们专心务农"。

方位名词,又分为三种情况。

　　a. 名词活用为一般动词,即名词用作不及物动词和及物动词。例如:

　　　　假舟楫者,非能水也,而绝江河。(《荀子·劝学》)

　　　　夫鼠昼伏夜动,不穴于寝庙,畏人故也。(《左传·襄公二十三年》)

　　　　后妃率九嫔蚕于郊,桑于公田。(《吕氏春秋·上农》)

　　　　左右欲刃相如,相如张目叱之,左右皆靡。(《史记·廉颇蔺相如列传》)

　　　　荆轲尝游过榆次,与盖聂论剑。盖聂怒而目之,荆轲出。(《史记·刺客列传》)

　　　　秦师遂东。(《左传·僖公三十二年》)

　　　　奚以之九万里而南为?(《庄子·逍遥游》)

　　　　语曰:"骐骥之衰也,驽马先之;孟贲之倦也,女子胜之。"(《战国策·齐策》)

　　　　项王至阴陵,迷失道,问一田父,田父绐曰"左",左,乃陷大泽中。(《史记·项羽本纪》)

　　　　黄帝曰:"日中必熭,操刀必割。"(《汉书·贾谊传》)

以上前五例是普通名词活用为动词,后五例是方位名词活用为动词。

　　b. 名词的使动用法。名词的使动用法是指名词不但活用为动词,而且具有使动意义,即不是名词所表示的动作行为去支配宾语,而是名词使得宾语发生该名词所表示的动作行为。例如:

　　　　吾见申叔夫子,所谓生死而肉骨也。(《左传·襄公二十二年》)

　　　　公若曰:"尔欲吴王我乎?"(《左传·定公十年》)①

　　　　忍父而求好人,人孰好之? 杀父以求利人,人孰利之?(《国语·晋语》)②

　　　　兵不血刃,远迩来服。(《荀子·议兵》)

---

①　"吴王我",意思是"使我成为吴王"。

②　"忍父而求好人",残忍对待父亲而想使人家喜好自己。"杀父以求利人",杀害父亲而想使人家授利于己。

　　　　今我在也,而人皆藉吾弟。令我百岁后,皆鱼肉之矣!(《史记·魏其武安侯列传》)

　　　　令尹南辕反旆。(《左传·宣公十二年》)

　　　　我疆我理,南东其亩。(《诗经·小雅·信南山》)

　　　　前望舒使先驱兮,后飞廉使奔属。(《楚辞·离骚》)

　　　　杜祁以君故,让偪姞而上之;以狄故,让季隗而己次之。(《左传·文公六年》)[①]

以上前五例是普通名词和专有名词的使动用法,后四例是方位名词的使动用法。

　　c. 名词的意动用法。意动用法也叫"致动用法"。名词的意动用法,是指名词不但活用为动词,而且含有意谓性的意义,也就是说,活用为动词的名词虽然带有宾语,但并不支配宾语,而是含有这样的意义,即认为宾语是该名词所表示的人或事物。例如:

　　　　不如小决使道,不如吾闻而药之也。(《左传·襄公三十一年》)[②]

　　　　托地而游宇,友风而子雨。(《荀子·赋》)

　　　　夫人之,我可以不夫人之乎?(《穀梁传·僖公八年》)[③]

　　　　无尊妾而卑妻,无孽適子而尊小枝。(《韩非子·说疑》)[④]

　　　　然皆祖屈原之从容辞令,终莫敢直谏。(《史记·屈原贾生列传》)[⑤]

　　d. 名词的为动用法。名词的为动用法,是指名词不但活用为动词,而且表示因为宾语、为了宾语或者向宾语产生该名词所表示的动作行为。例如:

　　　　明主之所贵惟爵其实,爵其实,而荣显之。(《商君书·错法》)[⑥]

　　　　夫婚姻,祸福之阶也。由之利内则福,利外则取祸。今王外利矣,

---

① "让偪姞而上之",杜祁让偪姞处于自己之上。
② "小决",开一个小决口;"道",通"导",引导;"药之",把百姓的议论作为良药。
③ 这一句的意思是"国君把她当作夫人,我可以不把她当作夫人吗"。
④ "无孽適子",意思是"不要把嫡子当作庶子"。"孽",庶子。"適",通"嫡"。"小枝",也指庶子。
⑤ "祖"意为"以……为祖",指效法屈原的辞令。
⑥ "爵其实",根据其实际功劳给予爵位。

其无乃阶祸乎？（《国语·周语》）①

　　老父曰："履我！"良业为取履，因长跪履之。（《史记·留侯世家》）

　　此教我先威众耳。（《史记·陈涉世家》）②

　　故大国以下小国，则取小国；小国以下大国，则聚大国。（《老子》六十一章）③

这里，第一例可以看作是因为宾语而产生名词所表示的动作行为（给予爵位），第二、三两例是为了宾语而产生名词所表示的动作行为，后面两例是向宾语产生名词所表示的动作行为。

　　（5）形容词用作动词。活用为动词的形容词主要是性质形容词。形容词用作动词又可分为四种情况。

　　a. 形容词用作一般动词，即形容词用作及物动词。例如：

　　诸君子皆与驩言，孟子独不与驩言，是简驩也。（《孟子·离娄下》）④

　　将行去乐池，而公孙鞅重轻罪。（《韩非子·内储说上》）⑤

　　楚左尹项伯者，项羽季父也，素善留侯张良。（《史记·项羽本纪》）⑥

　　卒使上官大夫短屈原于顷襄王。（《史记·屈原贾生列传》）⑦

　　大王必欲急臣，臣头今与璧俱碎于柱矣！（《史记·廉颇蔺相如列传》）

　　b. 形容词的使动用法。形容词的使动用法是指形容词不但活用为动词，而且具有使动意义，即不是形容词所表示的动作行为去支配宾语，而是形容词使得宾语发生该形容词所表示的动作行为。例如：

---

① "阶祸"，为祸患做阶梯。
② "威众"，意思是"向众人树立威信"。
③ "大国以下小国"，大国向小国表示谦下。"以"，用同"而"。"取小国"，取得小国的归附。"聚大国"，聚于大国。
④ "简驩"，意思是"怠慢我王驩"。
⑤ "重轻罪"，重判轻罪。
⑥ "善"，交好。
⑦ "短"，说坏话。

欲洁其身而乱大伦。(《论语·微子》)

故明主峭其法而严其刑也。(《韩非子·五蠹》)

强本节用,则天不能贫。(《荀子·天论》)

臣闻之,欲富国者务广其地,欲强兵者务富其民,欲王者务博其德。(《战国策·秦策》)

于是始皇大怒,使刑徒三千人皆伐湘山树,赭其山。(《史记·秦始皇本纪》)

诸侯恐惧,会盟而谋弱秦。(贾谊《过秦论上》)

c. 形容词的意动用法。形容词的意动用法,是指形容词不但活用为动词,而且含有意谓性的意义,也就是说,活用为动词的形容词虽然带有宾语,但是并不支配宾语,而是含有这样的意义,即认为宾语具备该形容词所表示的性质和状态。例如:

甘其食,美其服,安其居,乐其俗。(《老子》八十章)

孔子登东山而小鲁,登泰山而小天下。(《孟子·尽心上》)

其家甚智其子,而疑邻人之父。(《韩非子·说难》)

人不难以死免其君,我戮之不祥。(《左传·成公二年》)

今太子迟之,请辞决矣。(《战国策·燕策》)

d. 形容词的为动用法。形容词的为动用法,是指形容词不但活用为动词,而且表示因为宾语、为了宾语或者向宾语产生该形容词所表示的性质和状态。例如:

楚汉久相持未决,丁壮苦军旅,老弱罢转漕。(《史记·项羽本纪》)

羊舌职说是赏也。(《左传·宣公十五年》)①

声公五年,郑相子产卒,郑人皆哭泣,悲之如亡亲戚。(《史记·郑世家》)

舜勤民事而野死,……稷勤百谷而山死。(《国语·鲁语上》)

魏王怒公子之盗其兵符,矫杀晋鄙。(《史记·魏公子列传》)

---

① “说是赏”,意为“因为这次赏赐而高兴”。

　　　　诸侯之骄我者,吾不为臣;大夫之骄我者,吾不复见。(《荀子·大略》)

　　　　武安侯新欲用事为相,卑下宾客,进名士家居者贵之,欲以倾魏其诸将相。(《史记·魏其武安侯列传》)

这里,第一、第二、第三例是因为宾语而产生形容词所表示的状态,第四、第五例是为了宾语而产生形容词所表示的状态,最后二例是向宾语产生形容词所表示的状态。

(6) 其他词类的活用。

在古汉语中,除了名词、动词、形容词有词类活用的现象以外,其他词类也有活用的现象,只是比较少见。

a. 量词活用为状语。例如:

　　　　纳币一束,束五两,两五寻。(《礼记·杂记下》)①

　　　　渠成而用注填阏之水,溉舄卤之地四万馀顷,收皆亩一锺。(《汉书·沟洫志》)②

b. 数词活用为动词。例如:

　　　　女也不爽,士贰其行;士也罔极,二三其德。(《诗经·卫风·氓》)

　　　　彼苍者天,歼我良人;如可赎兮,人百其身。(《诗经·秦风·黄鸟》)

　　　　夫金鼓旌旗者,所以一人之耳目也。(《孙子·军争》)

　　　　公曰:“致天下之精材若何?”管子对曰:“五而六之,九而十之,不可为数。”(《管子·小问》)

　　　　大都不过参国之一,中五之一,小九之一。(《左传·隐公元年》)

　　　　此三子者,皆布衣之士也,怀怒未发,休祲降于天,与臣而将四矣。(《战国策·魏策》)③

这里前四例是使动用法。“贰其行”,指男子行为不专一,“二三其德”,指男

---

① 这一句的意思是“行纳币礼时赠送一束帛,每束帛是五两,每两长五寻”。

② “舄卤之地”,盐碱地。“一锺”,六斛四斗。

③ “与臣而将四矣”,意思是“加上我,就成为四个人了”。

子品德反复无常；"人百其身"，每个人都愿意使自己死一百次；"一人之耳目"，统一人们的行动；"五而六之"，人家给五份酬金，我就给六份酬金，"九而十之"同此。

　　c. 代词活用为动词。例如：

　　　　子绝四：毋意，毋必，毋固，毋我。（《论语·子罕》）[①]
　　　　且也相与吾之耳矣，庸讵知吾所谓吾之乎？（《庄子·大宗师》)[②]

这里第二例是意动用法。

　　d. 副词活用为动词。例如：

　　　　不必害则不释寻常，必害手则不掇百溢，故明主必其诛也。（《韩非子·五蠹》)[③]
　　　　故臣以为足下必汉王之不危己，亦误矣。（《史记·淮阴侯列传》）

这里第一例是使动用法，意思是"使其诛罚必行"，第二例是意动用法，意思是"认为……必定"。

　　e. 叹词活用为动词。

　　　　今子欲以子之梁国而嚇我邪？（《庄子·秋水》）
　　　　秦王与群臣相视而嘻。（《史记·廉颇蔺相如列传》）

　　此外，在词类活用现象中，我们认为还有几种活用结合起来的情况。例如：

　　　　赏禄所以尽民力，易下死。（《韩非子·诡使》）
　　　　吾将死之，以丑后世人主之不知其臣者也，所以激君人者之行。（《吕氏春秋·恃君》）
　　　　将不胜其忿而蚁附之，杀士三分之一而城不拔者，此攻之灾也。（《孙子·谋攻》）

---

① 这一句的意思是"孔子没有四种毛病：不主观臆断，不绝对肯定，不拘泥固执，不自以为是"。
② 这一句的意思是"况且都把对方当作自己罢了，怎么知道自己所说的把对方当作自己呢"。
③ "不必害则不释寻常"，不一定有害，就不会放弃寻常之长的布帛。"百溢"，百镒黄金。"必其诛"，必定实行诛罚。

第一例"易下死",意思是"使老百姓认为死是很容易的",第二例"丑后世人主之不知其臣者",意思是"使后世不了解臣下的君王认为自己丑陋",这都是使动和意动的结合。第三例"蚁附"的意思是"像蚂蚁一样攀附在城墙上",而"蚁附之"则是"使士兵们像蚂蚁一样攀附在城墙上",这又是名词活用为状语跟使动用法的结合。

　　1.3　关于普通名词活用为状语,一般的语法书上称之为"名词用作状语"。我们认为,时间名词和方位名词用作状语是它们固有的语法功能,其中许多用法一直保留到现代汉语中,大家所承认的活用为状语的,主要是普通名词这一个小类,所以我们不取这种说法。

　　不过,有一些时间名词在作状语时却有不同于一般的意义,这也是需要注意的。例如:

　　　　良庖岁更刀,割也;族庖月更刀,折也。(《庄子·养生主》)
　　　　请损之,月攘一鸡,以待来年,然后已。(《孟子·滕文公下》)
　　　　太子日造门下,供太牢,具异物。(《史记·刺客列传》)
　　　　君子敬其在己者,而不慕其在天者,是以日进也。(《荀子·天论》)
　　　　田单兵日益多,乘胜,燕日败亡,卒至河上。(《史记·田单列传》)
　　　　今吾日计之而不足,岁计之而有馀。(《庄子·庚桑楚》)
　　　　日君以夫公孙段为能任其事,而赐之州田。(《左传·昭公七年》)
　　　　日吾来此也,非以狄为荣,可以成事也。(《国语·晋语》)

这里,第一、二、三例的"岁"、"月"、"日"是"每年"、"每月"、"每天"的意思,第四、五例的"日"是"一天天"的意思,第六例的"日"、"岁"是"按照日"、"按照岁"的意思,也可以说是"一日一日地"、"一岁一岁地"的意思,第七、八例的"日"是"昔,过去"的意思。

　　1.4　关于古汉语的词类活用,早期的语法著作所确定的范围比现在要大得多,例如陈承泽《国文法草创》第十三章认为以下这些情况都属于活用。

　　(1) 名词活用为形容词,如《孟子·告子上》"仁,人心也"中的"人";名词活用为副词,如《史记·平津侯主父列传》"匈奴之性兽聚而鸟散"中的"兽"、"鸟";名词活用为动词,包括名词活用为不及物动词,如白居易《问刘十九》"晚来天欲雪"中的"雪",名词活用为动词的使动用法,如苏轼《墨君堂记》"天下遂从而君之"中的"君",名词活用为动词的意动用法,如韩愈《原道》"诸侯用夷礼则夷之"中的第二个"夷"。

　　(2)形容词活用为名词,如《孟子·告子上》"白马之白也,无异于白人之白也"中的第二、四两个"白";形容词活用为副词,如《论语·里仁》"父母在,不远游"中的"远";形容词活用为动词,包括形容词活用为不及物动词,如杜甫《乾元中寓居同谷县作歌七首》"男儿生不成名身已老"中的"老",形容词活用为动词的使动用法,如《孟子·梁惠王上》"是以君子远庖厨也"中的"远",形容词活用为动词的意动用法,如《汉书·赵充国传》"时充国年七十余,上老之"中的"老"。

　　(3)动词活用为名词,如《左传·隐公元年》"惠公之薨也"中的"薨";动词活用为形容词,如《吕氏春秋·仲秋》"杀气浸盛"中的"杀";动词活用为副词,如《左传·隐公十一年》"郑师毕登"中的"毕";动词的使动用法,如《论语·先进》"小子鸣鼓而攻之"中的"鸣"。

　　(4)副词活用为名词,如《庄子·逍遥游》"天之苍苍其正色邪"中的"苍苍";副词活用为动词,如"彼方蹒跚山谷间"中的"蹒跚";副词活用为形容词,如"某人慄然"中的"慄"。

　　对照几十年来汉语语法研究的进展,不难发现,这当中有相当大的一部分目前语法学界已经不再作为词类活用。例如所谓"名词活用为形容词"、"形容词活用为名词"、"动词活用为名词"和"动词活用为形容词",现今语法学界认为这是汉语名词、形容词、动词本来所具有的性质。又如所谓"名词活用为副词"、"形容词活用为副词",这是由于早期学者以为只有副词才能做状语,所以这样说,其实形容词也能做状语,所以现今语法学界已经把前者改称为"名词用作状语"[①],而把后者作为形容词本身所具有的功能。此外,还有的则是对于词类划分中的不同看法,如早期学者认为"苍苍"、"蹒跚"、"慄然"是副词,现今一般认为分别是形容词、动词和形容词,那么所谓

---

①　不过也有学者指出,所谓"名词活用为状语",也就是名词活用为一种句法成分,那么再称为"词类活用"也就名不副实了。我们认为,这个问题确实存在,正如使动用法、意动用法并不是真正的"词类活用",而只是特殊的动宾结构一样;但是在没有更好的处理办法以前,暂且只能沿用旧说。

"副词活用为名词"、"副词活用为动词"、"副词活用为形容词"等名目也就不必存在了。出现这一结果并不是偶然的。这是因为,虽然陈氏在其"研究法大纲"中提出研究中国文法必须是"独立的非模仿的",主张跳出西方语法的窠臼,但是细观陈书,这一良好愿望实在仍未完全实现。由于历史的局限,陈氏并没有想到,这些现象在汉语中本来就十分普遍,实在不能算作活用。而陈氏之后,许多语法学家不断修正词类活用的范围,则正是逐步脱离西方语法藩篱的表现。以王力先生为例,他在1936年《中国文法学初探》一文中还讲到形容词用作名词和名词用作形容词,但到了《汉语史稿》和《古代汉语》就再没有提起;他在《汉语史稿》中还讲到形容词用作副词,但到了《古代汉语》中也不再提起。

除此而外,王力主编的《古代汉语》尚有"动词用作状语"一说①,所举的例子如:

> 广……杀其二人,生得一人,果匈奴射雕者也。(《史记·李将军列传》)
>
> 争割地而赂秦。(贾谊《过秦论》)
>
> 夜缒而出。(《左传·僖公三十年》)
>
> 坐而假寐。(《左传·宣公二年》)
>
> 咏而归。(《论语·先进》)
>
> 子路拱而立。(《论语·微子》)
>
> 仰而视之。(《庄子·秋水》)
>
> 箕踞以骂。(《战国策·燕策》)

但是动词用作状语,尤其是用"而"连接的动词状语在古汉语中十分普遍,即使在现代汉语中也有不少,如"越野车在草原上来回奔驰",动词"来回"直接修饰谓语动词"奔驰",意为来来去去地奔跑,"落水的女子拼命挣扎",动词"拼命"直接修饰谓语动词"挣扎",意为拼命地挣扎,"士兵们俯身冲了上去",动宾结构"俯身"直接修饰动词性结构"冲了上去",意为弯着身子冲上去,可见这是动词本来就具有的语法功能,并不是临时活用才出现的,因此

---

① 王力主编《古代汉语》"古汉语通论十一"。

我们也不把这种现象作为词类活用现象。

1.5　关于古汉语的词类活用,还有一个问题是究竟哪些词是活用了?哪些词本来就是动词?

现在学术界一般认为词类活用的定义有两个要点:(一)必须是某一个词在语言环境中临时性的灵活用法;(二)必须是由一种词性改变为另一种词性。不过,这里第一个要点跟陈承泽《国文法草创》当时发明的原意已大不相同。原来陈氏区分本用与活用的标准是:"凡字一义只有一质而可数用,从其本来之质而用之者,谓之本用。……若明其本用,则活用自得类推。"他举《庄子》的例:"人莫鉴于流水,而鉴于止水,惟止能止众止。"并说此处四个"止"全系活用,本用当是"绁然而止"之"止"。看来陈氏并不把"临时性的灵活用法"作为活用的条件,他的出发点是"句本位"学说,是词义,以及词在句中的位次。他认为"止"的意义是停止,因此本用应是不及物动词,不及物动词只能有一个位次,即说明位,后面只能带表场所的补语,由此出发,那么《庄子》例中的四个"止"当然只能是活用了。其实词汇意义与语法意义并没有全面对当的关系,词汇意义和语法意义发生冲突是经常性的,"巩固国防"和"国防巩固",这里两个"巩固"词汇意义相同,都是坚稳之义,但语法意义不同,前者为动词,后者为形容词,因此所谓"一义只有一质"云云首先是不对的。其次,据我们看来,这里只有"能止"之"止"是活用,属于使动用法,因为"止"虽然是不及物动词,但不及物动词充任定语("止水")、主语("惟止")和宾语("众止"),出现在这些位次上都是正常现象,而不及物动词("能止")带受事宾语才是临时性的灵活用法。黎锦熙认为某类词用于他类词所居之位,就转为他类词,如动词应当做述语,如果用作主语、宾语,就转为名词。黎氏的缺点是转类过多,陈氏采用的办法虽然不同,但殊途同归,缺点是活用过多。由此可见,如果尊重汉语的语法特点,如果要减少活用过多的缺点,那就必须把"临时性的灵活用法"作为判断词类活用的条件之一。

可是,以往语法学界对这种定义上的分歧并未进行过认真的检讨,理论上的模糊不清造成了实践中的混乱迷惑。例如人们长期承认《诗经·小雅·大田》"雨我公田"之"雨",《孟子·梁惠王上》"老者衣帛食肉"之"衣"、《孟子·滕文公上》"许子冠乎"之"冠"等等都是名词活用为动词,但是"雨"、

"衣"、"冠"、"枕"、"妻"等的动词用法在上古典籍中是经常的、普遍的。以"雨"字为例,甲金文字形既可以是名词"雨点"之义,也可以是动词"下雨"之义,若依《说文》"水从云下也"的说法,动词义似乎还早于名词义呢。从上古实际用例看,"雨"字动词用法与名词用法的出现频率不相上下,因此只能说从很早时候起"雨"就有了名词和动词两种词性①。又如人们多认为《孟子·梁惠王上》"老吾老以及人之老"的第一个"老"是形容词活用为动词,第二、三两个"老"是形容词活用为名词。但从甲骨文字形看,"老"字既可以是名词"老人"之义,也可以是形容词"年老"之义,验诸上古典籍,两种词性同样常见,因此第二、三两个"老"未尝不可以说是名词,第一个"老"未尝不可以说是名词的意动用法。又如有人认为《史记·廉颇蔺相如列传》"秦王恐其破璧"中的"破"是使动用法,但是虽然"破"在现代汉语中是不及物动词,而在古汉语中却是及物动词,因此"破璧"之"破"并不是使动用法,"破璧"也只是一般的动宾关系。又如人们总是说,《论语·述而》"饭疏食,饮水"、《孟子·尽心下》"舜之饭糗茹草也"、辛弃疾《永遇乐》"凭谁问,廉颇老矣,尚能饭否"的"饭"是名词活用为动词,实际上《说文》云:"饭,食也。"段玉裁注:"云'食也'者,谓食之也,此'饭'之本义也。引伸之所食为'饭'。"上古文献中"饭"用作动词的甚多,不能视为名词用如动词,而"饭"的名词用法倒可能是后来派生出来的。这些例子说明,判断某词活用与否,已经不能再简单地从词汇意义出发,而更多的应当从词的语法功能出发,只有临时性的语法功能才能称之为词类活用。

　　我们这里所说的"本来的词类"、"本用",是指该词在当时通常所具备的语法功能,也就是说,是指该词在共时语言系统中的属性而不是历时系统中的属性。这是因为词义是发展变化的,词义的引申转变有时也引起词性的变化,同时,如同张世禄先生在《古代汉语》中所说,一些词经过多次活用之后,也往往会把"变性"固定下来,引起词性的变化②。吕叔湘先生也曾经指出:现代汉语"要礼貌他"、"不怕你笑话"、"又得辛苦你一趟了"等句子中的"礼貌"、"笑话"、"辛苦"与其说是活用,不如说就是动词,是具有名词(或形

---

① 蔡镜浩《关于名词活用作动词》,《语言教学与研究》1985 年第 4 期。
② 张世禄《古代汉语》(上海教育出版社,1978 年)第四章第二节。

容词)和动词两种性质的词①。基于这一认识,看来要确认语词的本用,就必须区分不同的时代,如先秦、两汉等等,详尽地调查当时所出现的语词,归纳它们的语法功能,确定它们所属的本来的词类;而不能仅仅依据字形或《说文》,主观地静止地确定它们的本用。因为依据字形或《说文》,往往只能考见字词较早的历时的词性,而难以考见字词在后代共时系统中的词性。这样做的结果,一方面是使活用的数量无比庞大,另一方面也违背了"语言是发展的"这一观点。例如"止",从字形看是足的象形,古籍用为停止、止息义,有人因此认为《左传·桓公六年》"季梁止之"之"止"是使动用法②。但是我们发现,《诗经》中"止"用作不及物动词 20 多次,用作及物动词仅一次(《诗经·小雅·巧言》:"匪其止共。"③),而《左传》"止"字作及物动词且带宾语共 70 多次,占"止"字全部用法的 46%。显然,如果说"止"在《诗经》时代只用作不及物动词,"匪其止共"是使动用法,这尚属可信;但说《左传》时代"止"字仍然只用作不及物动词,带宾语的 70 多次全是活用,那还有什么"临时性"可言? 所以,不如承认《左传》"止"已经具备不及物动词和及物动词两种词性为妥。看来,现代汉语"止血"、"止咳"等就是这种及物动词用法的遗留。

　　张嘉宾同志根据吕叔湘先生区分静态单位和动态单位的思想,提出"从静态和动态的角度把词的语法功能区分为固定性功能和临时性功能"④。我们认为这对于判断词类活用具有一定的意义。吕先生把语素、短语定为静态单位,把小句、句子定为动态单位⑤,在静态单位的词组中是词与词的搭配,而在动态单位的句子成分中是成分与成分的搭配。"一个词处于静态时所具有的词性,都可以在动态中表现出来,但一个词处于动态时所具有的语法功能,却不一定是它处于静态时所能具有的。"⑥例如在"我是喝黄酒的,可如果你们一定要白干,我也可以白干一下"这个句子里,"白干"明显具有两

---

① 吕叔湘《中国文法要略》(商务印书馆,1942—1944 年,1982 年新版)第二章 2.53。
② 曾仲珊《古汉语动词的使动用法》,《中国语文》1980 年第 4 期。
③ "匪其止共",不仅是他们停止供职。
④ 张嘉宾《试论词的兼类和转类》,《求是月刊》1981 年第 2 期。
⑤ 吕叔湘《汉语语法分析问题》第 31 节。
⑥ 张嘉宾《试论词的兼类和转类》,《求是月刊》1981 年第 2 期。

种语法功能:"喝白干"是静态,"白干"表现为名词,但"白干一下"只有在动态中才可能存在,"白干"表现为临时性的动词功能。同样,在古汉语中,"云集"、"响应"是静态单位,"云"、"响"表现为名词,而在动态单位"天下云集而响应"中,"云"、"响"则表现为临时性的状语功能,这种功能只能在动态单位中存在,因此属于活用。当然,由于我们据以分析的古汉语材料,绝大多数是动态单位,虽然静态单位可以从动态单位中提取,但这种静态单位能否成立尚是疑问,所以运用这一方法还有一定的局限。以《礼记》"曹子手剑而从之"为例,能否提取"手剑"作为静态单位,还是离不开对"手"字本用的考察,而不能像现代汉语那样能够迅速地根据语感作出判断。

　　另外,蔡镜浩提出,"衣"、"冠"等词的动词用法在四声别义,即读破中也有反映,"既然这些词的动词用法有了语音标志,与此相关的词义又固定成了一个义项,并得到社会的公认,那么这种用法就不是临时的活用了,而是词类的转变,或者叫词的兼类。"[①]这就是说,判断某词是否属于名词活用为动词,四声别义也是一个标志。我们承认四声别义确实是判断词性、词类的重要标志,但是这里应当注意的是,词类活用现象产生于先秦两汉,而有一些四声别义是产生于中古时候。例如"子",王仁昫《刊谬补缺切韵》:"即里反。"《广韵》:"即里切,子息。"这是"子"的本音本义,读上声。但是《礼记·中庸》"子庶民也",唐陆德明《经典释文》:"如字,徐将吏反,爱也。"宋贾昌朝《群经音辨》卷六:"子育下民曰子,将吏切。"这就是说,"子庶民"之"子",陆德明仍读上声,徐邈等人则读为去声。由此可见,魏晋以后"子"又产生了去声一读,而在上古"子"字仅有上声一读。又如"宾",王仁昫《刊谬补缺切韵》:"必邻反。"《广韵》:"必邻切,敬也,迎也。"这是"宾"的本音本义,读平声。但是贾昌朝《群经音辨》卷六:"客以礼会曰宾,必吝切。"认为"宾"另有去声一读。看来去声一读也是后代产生的,上古仅有平声一读。又如"麾",王仁昫《刊谬补缺切韵》:"许为反。"《广韵》:"许为切,《说文》曰:旌旗,所以指麾也。"这是"麾"的本音本义,读平声。而贾昌朝《群经音辨》卷六:"所以使人曰麾,许类切。《春秋传》:'周麾而呼。'"则认为"麾"另有去声一读。但

---

① 蔡镜浩《关于名词活用作动词》,《语言教学与研究》1985 年第 4 期。

是《左传·隐公十一年》"瑕叔盈又以蝥弧登,周麾而呼曰:'君登矣!'""周"
用作动词,"麾"仍是名词,没有理由改变声调。因此"麾"的去声一读也是后
代产生的,上古仅有平声一读。可见用后代的四声别义去范围前代的语言
现象是不完全可靠的。因此确定一个词的本用和活用,四声别义不失为一
种重要的参考标志①,但目前最科学最可靠的方法,还是仔细踏实地考察字
词在古代典籍中的所有用法②。

　　1.6　许多人认为,在古汉语的词类活用现象中,其释义能够套用"以
……为……"句型的就是意动用法。例如"吾妻之美我者,私我也"中的"美"
(以我为美)、"巫医乐师百工之人不耻相师"中的"耻"(以相师为耻)、"不如
吾闻而药之也"中的"药"(以之为药)、"友风而子雨"中的"子"(以雨为子)等
等。其实这种认识是有缺陷的,这样判断的结果是不完全正确的,尽管在以
上几个例句中确实是意动用法。

　　在古汉语中,句型"以……为……"本身就是有歧义的,它一方面可以表
示把什么当作什么的意思,例如"古人以勤为美德"、"以夭梅病梅为业"等
等;另一方面又可以表示其他一些意思,例如在"蔺相如徒以口舌为劳"中是
凭借什么建立什么的意思,在"遂以周瑜、程普为左右督"中是把某某封为什
么的意思,在"以故法为其国与此同"中是用什么治理什么的意思,等等。由
此可见,词类活用的释义即使能套用"以……为……"句型,也有可能不属于

────────

①　关于四声别义,清代学者大多采取完全否认的态度,这就走到了另一个极端。例如顾炎武《音学
　　五书·音论下》曾说:"先儒谓一字两声各有意义,如'恶'字为'爱恶'之'恶',则去声;为'美恶'
　　之'恶',则入声。……余考'恶'字,如《楚辞·离骚》有曰:'理弱而媒拙兮,恐导言之不固。时溷
　　浊而疾贤兮,好蔽美而称恶。闺中既邃远兮,哲王又不寤。怀朕情而不发兮,余焉能忍与此终
　　古?'又曰:'何所独无芳草兮,尔何怀乎故宇? 时幽昧以眩曜兮,孰云察余之美恶?'汉赵幽王友
　　歌:'我妃既妒兮,诬我以恶。逸女乱国兮,上曾不寤。'此皆'美恶'之'恶',而读去声。汉刘歆
　　《遂初赋》:'何叔子之好直兮,为群邪之所恶。赖祁子之一言兮,几不免乎徂落。'魏丁仪《厉志
　　赋》:'嗟世俗之参差兮,将未审乎好恶。咸随情而与议兮,固真伪以纷错。'此皆'爱恶'之'恶',
　　而读入声。乃知去入之别,不过发言轻重之间,而非有此疆尔界之分也。"其实,根据奥德里古尔
　　等人"上古去声来自-s 尾"的理论,《离骚》"固"、"寤"、"古"跟"恶"押韵,就是-as、-as、-aʔ跟-ak 的
　　押韵,"宇"跟"恶"的押韵,就是-iaʔ跟 ak-的押韵;赵幽王友歌"恶"跟"寤"押韵,就是-ak 跟-as 的
　　押韵;刘歆《遂初赋》"恶"跟"落"押韵,就是-as 跟-ak 的押韵;丁仪《厉志赋》"恶"跟"错"押韵,就
　　是-as 跟-ak 的押韵(《广韵》"错"有入声仓各切一读)。少数例外押韵并不能否定上古有四声别
　　义。

②　参拙文《古汉语词类活用研究综述》,载《语文导报》1987 第 5 期。

意动用法。例如"鲁欲将吴起"中的"将吴起",可以看作"以吴起为将",但确切意思是将在客观实际上封吴起为将,并非仅仅在主观意念上认为吴起是大将,因而应该属于名词活用为一般动词。又如"先破秦入咸阳者王之"中的"王之",可以看作"以之为王",但确切意思是将在客观实际上使他成为王,并非仅仅在主观意念上认为他是王,因而应该属于名词的使动用法①。再如"邑人奇之,稍稍宾客其父"中的"宾客其父",可以看作"以其父为宾客",但确切意思是在实际行动上招待其父,并非仅仅在主观认识上把其父当作客人,因而应该属于名词活用为一般动词。显然,这里判断是否属于意动用法,唯一的办法是本句语义和上下文语义。

当然,由于语言的模糊性,有的时候到底是活用为一般动词还是意动用法很难判断。例如"侣鱼虾而友麋鹿",既可以理解为"把鱼虾当作伴侣,把麋鹿当作朋友",也可以理解为"跟鱼虾做伴侣,跟麋鹿交朋友",即一作意动用法,一作一般动词。又如"孟尝君客我",既可以理解为"孟尝君把我当作客人",也可以理解为"孟尝君优待我",也是一作意动用法,一作一般动词。应该说,这样两种理解都是正确的。

1.7　关于"词类活用",近年来有一些学者则是从根本上否定这一语法现象。比如有一种意见说,所谓"名词用作状语"在现代汉语中也比比皆是,如"电话联系"、"直线上升"、"逻辑思考"等,因此用作状语应该是名词的本用,不是活用。其实,"电话联系"等只是现代汉语中新出现的现象,并不能认为是汉语名词的本用,所以古汉语的"名词用作状语"这一语法术语还是应该保留。

又比如有人认为,在古汉语中只要嵌入一定的句法框架,任何实词都可以实现活用,那么所谓"活用"其实就是古汉语的词的本用,因此谈不上什么"活用"。这种意见是有道理的。不过,我们认为:第一,古汉语的词类活用确实只是少数字词的临时性现象,不是满目皆是的普遍现象;第二,发生活用的字词的意义确实有所改变,取消词类活用说,对此就无法解释;第三,如果认为活用是古汉语的词的"本用",那么我们在划分词类和分析句子成分

① 按本书的观点,这里"王"读去声,本身是动词,不是名词。

时就会发生很大的困难。例如如果认为带宾语是古汉语名词固有的语法功能之一,那么名词和动词的界限就会不清楚,如果认为带宾语也是古汉语形容词固有的语法功能之一,那么形容词和动词的界限也会闹不清楚,这样最终只能走向汉语没有词类的死胡同。

第二节　特殊的动宾结构

2.1　词类活用是否必须是由一种词性转变为另一种词性? 陈氏所谓"词类活用"的"类",实在既包括名词、形容词、动词这样的大类,同时也包括动词中的自动词、他动词这样的小类,因此所谓"词类活用"并非必定是由一种词性转变为另一种词性,在同一大类中,由一种小类转变为另一种小类,如自动词变为他动词也是属于词类活用。而现今学者们认为"词类活用"等于"词性活用",有的学者更以为动词的使动用法并没有转变词性,不能归结为词类活用,主张把动词的使动用法从词类活用范围中抽出来,另列入特殊的动宾关系中①。这实在是误解了陈氏的原意。不过,从逻辑划分的角度说,这种主张却具有相当大的合理性。因为词类活用与特殊的动宾关系并不在同一平面上,近年来人们提出的为动用法、因动用法、于动用法、处动用法等就没有纳入词类活用的范围。如果用图表来表示词类活用的话,那就是:

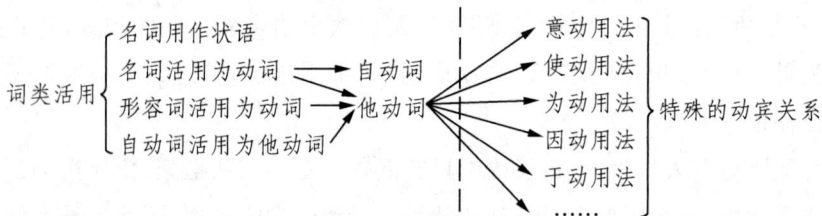

如果把使动、意动从词类活用中抽出来,在图中虚线处一刀两断,那么古汉语语法的系统性无疑会更为清晰,而在这时,"词类活用"也就可以等于"词性活用"了。另外,张军指出:名词、形容词、不及物动词活用为及物动词以后所造成的特殊的动宾关系,远不是使动用法和意动用法所能概括得了

①　唐启运《古汉语词类活用研究中的一些问题》,《华南师大学报》1985 年第 3 期。

的。这种特殊的动宾关系可以有使宾式(即使动)、视宾式(即意动)、为宾式(即为动用法,如《孟子》"吾有司死者三十三人,而民莫之死也"之"死")、置宾式(如《史记》"先国家之急而后私仇也"之"先"、"后")等九种形式①,而李新魁先生则概括为十二种形式②。因此把使动和意动从词类活用中分离出来,归并到特殊的动宾关系中,从语法的角度看也是适宜的。

2.2　在古汉语的词类活用现象中,真正因所属词类发生变动而称得上词类活用的是普通名词用作状语、名词用作动词、形容词用作动词、不及物动词用作及物动词等,而使动用法、意动用法、为动用法等实际上应该属于特殊的动宾结构,即动词或名词、形容词等活用为动词以后,其宾语关系不是支配关系,而是使动、意动、为动等的关系。不过由于特殊的动宾结构的形成往往与词类活用现象纠缠在一起,为叙述方便,我们把它们合在一起了。这里把这两种不同的语法现象用图表加以区别:

词　类	词类活用	特殊的动宾关系
普通名词	用作状语	—————
不及物动词	用作及物动词	使动用法、为动用法
及物动词	—————	
名词	用作动词	(一般动宾关系)
		使动用法、意动用法、为动用法
形容词	用作动词	(一般动宾关系)
		使动用法、意动用法、为动用法

---

① 张军《古汉语中特殊的动宾关系》,《辽宁大学学报》1981年第5期。
② 见李新魁《汉语文言语法》(广东人民出版社,1983年)。这十二种形式是:使宾式(如贾谊《过秦论》"铸以为金人十二,以弱天下之民"中的"弱")、用宾式(如《史记·货殖列传》"楚越之地,地广人稀,饭稻羹鱼"中的"饭"和"羹")、属宾式(如《战国策·楚策》"天帝使我长百兽"中的"长")、为宾式(如晁错《贤良对策》"忧劳百姓,列侯就都"中的"忧劳")、供宾式(如《左传·哀公七年》"吴人曰:'宋百牢我。'"中的"百牢")、置宾式(如《史记·廉颇蔺相如列传》"吾所以为此者,以先国家之急而后私仇也"中的"先"和"后")、受宾式(如《汉书·霍光传》"上乃使黄六画者画周公负成王朝诸侯以赐光"中的"朝")、较宾式(如《史记·李将军列传》"军亡导,或失道,后大将军"中的"后")、视宾式(如《史记·张仪列传》"大王贤其说而不计其实"中的"贤")、待宾式(如《史记·魏公子列传》"公子为人仁而下士,士无贤不肖皆谦而礼交之,不敢以其富贵骄士"中的"下"和"骄")、感宾式(如《淮南子·修务训》"圣人不耻身之贱也,愧道之不行也"中的"耻"和"愧")、涉宾式(如贾谊《新书·春秋》"齐王闻而伐之,民散城不守"中的"散")。

使动、意动和为动,这三种特殊的动宾结构之间在形式上并没有什么不同,因此,要区别它们,除了依靠语言环境,依靠上下文的语义,别无他法。例如:

> 君子之学也,以美其身;小人之学也,以为禽犊。(《荀子·劝学》)
>
> 吾妻之美我者,私我也。(《战国策·齐策》)
>
> 匠人斫而小之,则王怒,以为不胜其任矣。(《孟子·梁惠王下》)
>
> 孔子登东山而小鲁,登泰山而小天下。(《孟子·尽心上》)
>
> 买臣见汤,坐床上弗为礼,买臣深怨,常欲死之。(《汉书·朱买臣传》)
>
> 不吊吾丧,不忧吾哀,是死吾君而弱其孤也。(《吕氏春秋·悔过》)①
>
> 国君死社稷,大夫死众,士死制。(《礼记·曲礼下》)

这里,第一、三、五三例是使动用法,第二、四、六三例是意动用法,第七例是为动用法。有时这种特殊的动宾结构还会跟被动句结合在一起,就更加难以判断②。

2.3　关于特殊的动宾关系,有一些学者认为还有因动用法、对动用法、处动用法、与动用法、从动用法、供动用法等③。

所谓"因动用法",是指主语因为宾语而发出动词所表示的动作行为。例如:

> 嬴闻如姬父为人所杀,如姬资之三年,自王以下欲求报其父仇,莫

---

① "死吾君而弱其孤",认为我们的国君死了,认为我们的新君弱小。

② 参第六章第二节 2.9。

③ 参于富章《古代汉语语法新编》(东北师范大学出版社,1987 年)、邱宜家《古汉语实词用法规律例话》(重庆出版社,1988 年)、王政白《文言实词知识》(安徽教育出版社,1978 年,1990 年新版)、陈蒲清《谈处动用法》(载《中国语文通讯》1982 年第 1 期)、李少鹏《试谈古汉语中的"于动用法"》(载《求是学刊》1984 年第 2 期)、赵礼《关于古汉语的处动与拜动的用法》(载《延边大学学报》1984 年第 3 期)、王述峰《为古汉语"待动用法"争一席位》(载《辽宁大学学报》1985 年第 4 期)、尹日高《对古代汉语中"介动用法"的研究》(载《宁夏大学学报》1987 年第 3 期)、魏纪会《对动用法与其他特殊的述宾关系》(载《江汉大学学报》1989 年第 4 期)、贾齐华《关于古汉语"为动用法"的再认识》(载《信阳师范学院学报》2003 年第 6 期)、张建军《"因动用法"初探》(载《河南广播电视大学学报》2004 年第 1 期)等。

能得。(《史记·魏公子列传》)

秦不哀吾丧而伐吾同姓,秦则无礼,何施之为?(《左传·僖公三十三年》)

遂真姜氏于城颍,而誓之曰:"不及黄泉,无相见也。"既而悔之。(《左传·隐公元年》)

时人伤之,为诗云尔。(《孔雀东南飞·序》)

而十四司正副郎好事者,及书吏、狱官、禁卒,皆利系者之多,少有连,必多方钩致。(方苞《狱中杂记》)

第一例"资之"即"因为此事而资畜于心中","资"为因动用法。第二例"哀吾丧"即"因为我国的丧事而哀悼","哀"为因动用法。第三例"悔之"即"因此而后悔","悔"为因动用法。第四例"伤之"即"因此而悲伤","伤"为因动用法。第五例"利系者之多"即"因为关押的人多而得到好处","利"为因动用法①。

我们认为,因动用法一部分是从为动用法中分立出来的,如上述第一、二两例,另一部分则可以看作是正常的动词带宾现象,如上述第三、四两例,或者看作是使动、意动等动宾关系,如上述第五例,而为动用法中的因为宾语而施行动作行为与为了宾语而施行动作行为,两者有时很难区分,因此我们并不分立出因动这一用法。

所谓"对动用法",是指主语对着宾语施行动词所表示的动作行为。例如:

遂真姜氏于城颍,而誓之曰:"不及黄泉,无相见也。"(《左传·隐公元年》)

公子为人仁而下士,士无贤不肖,皆谦而礼交之,不敢以其富贵骄士。(《史记·魏公子列传》)②

素善留侯张良。(《史记·项羽本纪》)

---

① 参张世禄《论积贮疏》(载《天津师院学报》1981年第1期)、周永沛《谈古汉语的因动用法》(载《语文学习》1984年第4期)、于富章《古代汉语语法新编》(东北师范大学出版社,1987年)第三章第三节。

② 参于富章《古代汉语语法新编》(东北师范大学出版社,1987年)第三章第三节。

"誓之"即"对着姜氏发誓","誓"为对动用法。"下士"即"向士表示谦下","下"为对动用法,"骄士"即"向士表示骄傲","骄"为对动用法。"善留侯张良"即"对留侯张良友善","善"为对动用法。

我们认为,对动用法一部分是从为动用法中分立出来的,如上述第一、二两例,另一部分则可以看作是形容词活用为动词,如上述第三例"善"(交好),因此我们也不分立出对动这一用法。

所谓"与动用法",是指名词活用为动词,并表示主语给宾语某一东西。例如:

> 牛羊父母,仓廪父母,干戈朕,琴朕,弤朕。(《孟子·万章上》)
>
> 故君子问人之寒则衣之,问人之饥则食之,称人之美则爵之。(《礼记·表记》)
>
> 有一母见信饥,饭信。(《史记·淮阴侯列传》)

第一例即"给父母牛羊,给父母仓廪,给我干戈,给我琴,给我雕弓","牛羊"、"仓廪"、"干戈"、"琴"、"弤"为与动用法。第二例"衣之"、"食之"、"爵之"即"给人衣服"、"给人食物"、"给人官爵","衣"、"食"、"爵"为与动用法。

学术界对与动用法是有争议的,如这里第一例可以看作是省略谓语动词,第二例可以直接看作名词活用为动词①,第三例则上古汉语"饭"本身就有动词用法,这里可以看作使动用法,因此我们也不分立出与动这一用法。

所谓"处动用法",是指主语按照自己的意志把宾语处置为某物。例如:

> 越国以鄙远,君知其难也。(《左传·僖公三十年》)
>
> 其翦以赐诸侯,使臣妾之。(《左传·宣公十二年》)
>
> 老吾老,以及人之老;幼吾幼,以及人之幼。(《孟子·梁惠王上》)
>
> 纵江东父老怜而王我,我何面目见之?(《史记·项羽本纪》)
>
> 齐人攻鲁,鲁欲将吴起,吴起取齐女为妻,而鲁疑之。(《史记·孙子吴起列传》)

第一例"鄙远"即"把远方的土地处置为边邑","鄙"为处动用法。第二例"臣

---

① 第二例的"衣"、"食",传统读作去声,我们认为它们本身就是动词。参第一章。

妾之"即"把他们处置为臣妾","臣妾"为处动用法。第三例即"把自家的老人,以及别人的老人处置为老人;把自家的小孩,以及别人的小孩处置为小孩",第一个"老"和第一个"幼"为处动用法。第四例"王我"即"把我处置为王","王"为处动用法。第五例"将吴起"即"把吴起处置为将领","将"为处动用法①。

我们认为,处动用法大都可以归结为名词的使动用法,如第一、二、五例的"鄙"(使……成为边境上的城市)、"臣妾"(使……成为臣妾)、"将"(使……成为将军),或名词的意动用法,如第三例"老"(把他们看作老人),因此我们不分立出处动这一用法②。

所谓"从动用法",是指主语从宾语所在地发出动词所表示的动作行为。例如:

> 齐王闻而伐之,民散城不守。(贾谊《新书·春秋》)
>
> 齐王恐,自以为不得脱长安,忧。(《史记·吕太后本纪》)
>
> 今君亡赵走燕,燕畏赵,其势必不可留君。(《史记·廉颇蔺相如列传》)

"散城"即"从城上散开","散"是从动用法;"脱长安"即"从长安脱身","脱"是从动用法;"亡赵"即"从赵国逃亡","亡"是从动用法。

我们觉得,这里"散城"可以看用"散于城","于城"是补语,"脱长安"、"亡赵"也一样。而古汉语的补语也有不出现介词的,因此"散于城"也可以写作"散城","亡于赵"也可以写作"亡赵"。这样考虑的话,从动用法也就不必设立了。

---

① 参陈蒲清《谈处动用法》(载《中国语文通讯》1982 年第 1 期)、于富章《古代汉语语法新编》(东北师范大学出版社,1987 年)第三章第三节。

② 第三例的"王",传统读作去声,我们认为它本身就是动词。参第一章。

第六章　判断句、被动句和称数法

第一节　判　断　句

1.1　关于判断句,首先一个问题就是:什么是判断句？王力《中国现代语法》①第一章第八节说:"判断句是用来断定主语所指和谓语所指同属一物,或断定主语所指的人物属于某一性质或种类的。"断定主语所指和谓语所指同属一物的判断句,如"他是李德耀",断定主语所指的人物属于某一性质或种类的判断句,如"他是好人"。不过,王力指出:"在现代中国语里,差不多每一个描写句都可以变成判断句,只要在主语和谓语之间加上一个系词'是'字,再在句尾加一个'的'字就行了。例如'这一所房子很大',可变为'这一所房子是很大的'。"这是由描写句变来的判断句,另外还有叙述句带有判断性的情况,如"马有四蹄",没有主语和系词的判断句,如"凤姐笑道:'好丫头!'",判断句的形式当作叙述句用的,如"糟踏了花儿,雷也是要劈的"。

从上古汉语来看,上述由描写句变来的判断句,以及判断句的形式当作叙述句用的这两种情况并不多,可以不考虑。而所谓叙述句带有判断性的这一种情况,王力也还是把它作为叙述句,所以我们也不考虑。至于没有主语和系词的判断句,这无关大局,因为这只不过是省略了主语,以及汉语中系词本来就不是必须的。这样,我们就可以给判断句下一个定义,即:确认判断对象是(或不是)谁或什么、属于(或不属于)什么性质或种类的句子就叫做"判断句"。

根据这样的定义,那么有一些句子我们就不归入判断句的范畴。例如:

---

① 商务印书馆,1943—1944 年,又 1985 年新版。

仁者,无不爱也。(《孟子·尽心上》)①

民为贵,社稷次之,君为轻。(《孟子·尽心下》)

使王良操左革而叱咤之,使造父操右革而鞭笞之,马不能行十里,共故也。(《韩非子·外储说右下》)②

仁者,谓其中心欣然爱人也。(《韩非子·解老》)

谚所谓"辅车相依,唇亡齿寒"者,其虞虢之谓也。(《左传·僖公五年》)

《书》曰"蔡杀其大夫公子燮",言不与民同欲也。(《左传·襄公二十年》)

民不为己用,不为己死,而求兵之劲、城之固,不可得也。(《荀子·君道》)

这些句子大部分还是属于王力所说的叙述句带有判断性,虽有判断意味,但叙述仍是其主要的性质。

在汉语中,判断词是后起的③,因此古汉语的判断句往往直接用名词性结构充当谓语,它大多表现为名词谓语句④。判断句的主要形式有以下七种:

(1) 判断对象 + 名词性结构。例如:

今秦,万乘之国。(《战国策·赵策》)

荀卿,赵人。(《史记·孟子荀卿列传》)

足下,中国人。(《汉书·陆贾传》)⑤

(2) 判断对象 + 名词性结构 + "也"。例如:

楚,天下之强国也。(《战国策·楚策》)

_____

① "无不爱也",指仁者爱所有的人,没有不爱的人。

② "共故也",意思是"王良和造父共同驾驭一辆车的缘故啊"。

③ "判断词"也叫"判断动词"、"系词"。系词是从逻辑学中借用来的术语。同时,我们这里的"判断词"只指判断动词,不包括具有判断语气的副词。

④ 在古汉语中也有一些判断句不是由名词性结构充当谓语,而是由动词性结构或形容词结构来充当。例如《孟子·滕文公上》:"庠者,养也;校者,教也;序者,射也。"《战国策·韩策》:"韩民之兵,非削弱也;民,非蒙愚也。"

⑤ "中国",指中原地区。

淳于髡,齐人也。(《史记·孟子荀卿列传》)

伯夷、叔齐,孤竹君之二子也。(《史记·伯夷列传》)

(3) 判断对象 ＋ "者" ＋ 名词性结构。例如:

兵者,不祥之器。(《老子》第三十一章)

陈轸者,游说之士。(《史记·张仪列传》)

天下者,高祖天下。(《史记·魏其武安侯列传》)

(4) 判断对象 ＋ "者" ＋ 名词性结构 ＋ "也"。例如:

南冥者,天池也。(《庄子·逍遥游》)

陈胜者,阳城人也。(《史记·陈涉世家》)

夫服者,所以便用也;礼者,所以便事也。(《战国策·赵策》)

(5) 判断对象 ＋ "非(匪)" ＋ 名词性结构。例如:

管仲非仁者与?(《论语·宪问》)

子非鱼,安知鱼之乐?(《庄子·秋水》)

我心匪石,不可转也。(《诗经·邶风·柏舟》)

(6) 判断对象 ＋ "非(匪)" ＋ 名词性结构 ＋ "也"。例如:

江河之水,非一源之水也;千镒之裘,非一狐之白也。(《墨子·亲士》)

此庸夫之怒也,非士之怒也。(《战国策·魏策》)

天下非一人之天下也,天下之天下也。(《吕氏春秋·贵公》)

(7) 判断对象 ＋ "者" ＋ "非(匪)" ＋ 名词性结构 ＋ "也"。例如:

彼圣人者,天下之利器也,非所以明天下也。(《庄子·胠箧》)

尧、禹者,非生而具者也。(《荀子·荣辱》)

法令者,治之具,而非制治清浊之原也。(《汉书·酷吏传》)

以上(1)至(4)是肯定判断,(5)至(7)是否定判断①。

---

① 少数否定判断句使用"不"、"微"等,例如《庄子·让王》:"君过而遗先生食,先生不受,岂不命邪!""岂不命邪"等于说"岂非命邪"。又如《诗经·邶风·柏舟》:"微我无酒,以遨以游。""微我无酒"等于说"非我无酒"。

判断对象后面所加的"者"是语气词,起提顿作用,即提起下文和句中停顿。有时,也有不用"者"而用"也"的。例如:

> 回也非助我者也,于吾言无所不说。(《论语·先进》)①
>
> 君子之仕也,行其义也。(《论语·微子》)
>
> 桀纣之失天下也,失其民也;失其民者,失其心也。(《孟子·离娄上》)
>
> 众人之为礼也,以尊他人也。(《韩非子·解老》)
>
> 故夫战之胜也,民欲胜也;攻之得也,民欲得也。(贾谊《新书·大政上》)

有时,为了加强语气,也有在"者"的前面再加一个语气词"也"的。例如:

> 孝弟也者,其为仁之本与!(《论语·学而》)
>
> 仁也者,人也。(《孟子·尽心下》)
>
> 根者,书之所谓柢也。柢也者,木之所以建生也。(《韩非子·解老》)
>
> 气也者,虚而待物者也。(《庄子·人间世》)
>
> 凡兵也者,威也;威也者,力也。(《吕氏春秋·荡兵》)
>
> 乐也者,动于内者也。礼也者,动于外者也。(《史记·乐书》)

1.2　上古汉语的判断句大多不用"是"之类的判断词。有时,虽然在句中出现了"是",但这个"是"是指示代词,并不是判断词,请比较:

> 余有乱臣十人,同心同德,此周所以兴也。(《左传·昭公二十四年》)②
>
> 无俾易种于兹邑,是商所以兴也。(《左传·哀公十一年》)③
>
> 和氏之璧,隋侯之珠,三棘六异,此诸侯之所谓良宝也。(《墨子·耕柱》)
>
> 而和氏之璧,隋侯之珠,三棘六异,不可以利人,是非天下之良宝

---

① "回",颜回。"说",同"悦"。

② "乱臣",善于治国的臣子。

③ "无俾易种于兹邑",意思是"不要让他们延续种属在此地"。

也。（同上）

有时,为了加强肯定或否定的判断,在名词性谓语前会出现"唯(惟、维)"、"乃"、"必"、"即"、"亦"等,但它们是副词,也不是判断词。例如:

厥土惟白壤。(《尚书·禹贡》)

彼尔维何? 维常之华。(《诗经·小雅·采薇》)

圣人之所贵唯时也。(《吕氏春秋·首时》)

若乃梁,则吾乃梁人也。(《战国策·赵策》)

吕公女,乃吕后也。(《史记·高祖本纪》)

民死亡者,非其父兄,即其子弟。(《左传·襄公八年》)

梁父即楚将项燕。(《史记·项羽本纪》)

岂其食鱼,必河之鲂? 岂其取妻,必齐之姜?(《诗经·陈风·衡门》)

夺项王天下者,必沛公也。(《史记·项羽本纪》)

君子曰:"此亦妄人也已矣。"(《孟子·离娄下》)

宣字太伯,亦明经笃行,君子人也。(《汉书·翟方进传》)

与此相同,表示否定判断的"非(匪)"也是副词,并不是判断词。

此外,还有一个"为"字,似乎也像判断词,例如:

长沮曰:"夫执舆者为谁?"子路曰:"为孔丘。"(《论语·微子》)

是为是,非为非,能为能,不能为不能。(《荀子·强国》)

这个"为"字,其最早的意思是"做"、"作为"、"成为",以后才引申出类似系词的用法,但是一直到判断词"是"产生为止,"为"始终含有"作为,成为"的意思,跟纯粹的判断不同。它后面大多跟随动词性结构和形容词性结构,句末也很少有语气词"也"来互相呼应,与判断词有明显的不同。例如:

贪色为淫,淫为大罚。(《左传·成公二年》)

吴为无道,执父立子。(《左传·哀公二十二年》)

上作器,民备乐之,则为和。(《国语·周语下》)

"事君以敬,事父以孝。"受命不迁为敬,敬顺所安为孝。(《国语·晋语》)

礼之用,和为贵。先王之道斯为美,小大由之。(《论语·学而》)

哀公问:"弟子孰为好学?"(《论语·雍也》)

万取千焉,千取百焉,不为不多矣。(《孟子·梁惠王上》)

然则一羽之不举,为不用力焉。(同上)

余为伯儵,余而祖也。(《左传·宣公四年》)

上其手曰:"夫子为王子围,寡君之贵介弟也。"下其手曰:"此子为穿封戌,方城外之县尹也。谁获子?"(《左传·襄公二十六年》)

最后第二例中,"余为伯儵",虽然"为"字后面是名词性结构,但是"伯儵"后面没有语气词"也",而"余而祖也"是判断句,恰恰后面有"也"。最后一例情况与此相同①。

1.3　　上古汉语的判断句虽然大多不用判断词,但是判断词"是"实际上在西汉时候就已经产生了②。例如:

天子识其手书,问其人,果是伪书。(《史记·封禅书》)

客人不知其是商君也。(《史记·商君列传》)

朱家心知是季布,乃买而置之田。(《史记·季布栾布列传》)

此必是豫让也。(《史记·刺客列传》)

其是吾弟与?(《史记·刺客列传》)

---

① 我们认为,在判断词"是"产生并得到普遍应用以后,"为"字受"是"字的影响,在书面语中也真正产生了判断词的用法。如《诗经·大雅·思齐》:"思齐文王,文王之母。"东汉郑玄笺:"常思庄敬者,大任也,乃为文王之母。"《史记·周本纪》:"王赐荣伯作《贿息慎之命》。"集解引东汉马融曰:"荣伯,周同姓,畿内诸侯,为卿大夫也。"《孟子·离娄上》:"嫂溺不援,是豺狼也。"东汉赵岐注:"人见嫂溺不援出,是为豺狼之心也。"《吕氏春秋·功名》:"蛮夷反舌殊俗异习皆服。"东汉高诱注:"东方曰夷,南方曰蛮,其在四表皆为夷也。"《史记·高祖本纪》:"及壮,试为吏,为泗水亭长。"唐张守节正义:"亭长,主亭之吏。高祖为泗水亭长也。"《史记·乐毅列传》:"子胥不早见主之不同量,是以至于入江而不化。"唐司马贞索隐:"言子胥怨恨,故虽投江而神不化,犹为波涛之神也。"

② 更早的例子有《论语·微子》:"桀溺曰:'子为谁?'曰:'为仲由。'曰:'是鲁孔丘之徒与?'对曰:'然。'"《孟子·告子上》:"钧是人也,或为大人,或为小人,何也?"《韩非子·外储说左上》:"问人曰:'此是何种也?'"《左传·襄公十四年》:"谓我诸戎是四岳之裔胄也。"《战国策·魏策》:"韩是魏之县也。"不过,这些例子在各书中出现极少,可能是后人改动的结果。例如《论语·微子》一例,《史记·孔子世家》作"子,孔丘之徒与",中间并无判断词,《经典释文》引作"孔子之徒与",也没有"是"字。又如《战国策·魏策》一例,帛书《战国纵横家书》写作"是韩,魏之县也"。参王力《汉语语法史》第十二章、郭锡良《关于系词"是"产生时代和来源论争的几点认识》(载《王力先生纪念论文集》,商务印书馆,1990年)。

龟者是天下之宝也,先得此龟者为天子。(《史记·龟策列传》)

召辕固生问《老子》书。固曰:"此是家人言耳。"(《史记·儒林列传》)①

蔡人不知其是陈君也,而杀之。(《穀梁传·桓公六年》)②

何以知其是陈君也?(《穀梁传·桓公六年》)

何用见其是齐侯也?(《穀梁传·僖公元年》)

不过,当时判断词"是"的使用很不普遍,而到了东汉,比如王充的《论衡》、赵岐的《孟子章句》、《诗经》的郑玄笺等,使用就普遍起来了。例如:

百岁之命,是其正也。不能满百者,虽非正,犹为命也。(《论衡·气寿》)

能低头自责,是圣鸟也。(《论衡·书虚》)

如以草木者为凶,朱草、蓂荚出,是不吉也。(《论衡·异虚》)

海外西南有珠树焉,察之是珠,然非鱼中之珠也。(《论衡·说日》)

人所谓是旧国也者,非但见其有高大树木也。(《孟子·梁惠王下》赵岐注)

异日,母食以鹅,不知是前所馈戚者也。(《孟子·滕文公下》赵岐注)

否,不是也。(《孟子·万章上》赵岐注)

不贤之招,是不以礼者也。(《孟子·万章下》赵岐注)

两髦之人,谓共伯也,实是我之匹,故我不嫁也。(《诗经·鄘风·柏舟》郑笺)

鸟尚知居高木呼其友,况是人乎,可不求之?(《诗经·小雅·伐木》郑笺)

喻诸侯之守职顺法度者,亦是其常也。(《诗经·小雅·沔水》郑笺)

今人众相与捕鱼,则是岁熟相供养之祥也。(《诗经·小雅·无羊》

---

① "家人",仆人,下人。

② 洪诚《论南北朝以前汉语中的系词》(载《语言研究》第 2 期,1957 年)认为,无论如何,《穀梁传》不会出于汉景帝以后。西汉景帝在位是公元前 156 年至公元前 141 年。

郑笺）

值得注意的是，这个时候的"是"字句，句末仍往往附有语气词"也"。正如王力《汉语语法史》第十二章所说："系词在判断句中起经常作用，系词句在口语里完全代替了上古的判断句，则是中古时期的事。"到这个时候，系词句就"摆脱了语气词'也'字，'是'成为一个必要的，而不是可有可无的系词"。

1.4　洪诚《论南北朝以前汉语中的系词》一文认为，在上古汉语中，"惟（维）"也是系词。他说："系词性的'为'，春秋以前用'惟'，战国以后用'为'。以动词而论，'为'与'惟'无关；以表肯定语气与连系作用而论，'为'是替代'惟'的职务而形成系词的。"不过洪氏并没有把系词"是"和"惟"、"为"等同等看待，他说："上古汉语的系词不止一个，我们可以按各个词的主要作用把它们分为两类：以表肯定语气为主要作用的叫做'语气系词'，以联系主谓语为主要作用的叫做'纯粹系词'。前者包括'惟，为，乃，则，即'，'为'是主要的；后者只有一个'是'字。"而到杨伯峻、何乐士的《古汉语语法及其发展》一书中，就完全把"惟（维）"、"为"作为与"是"一样的系词了。

对此洪波《先秦判断句的几个问题》①一文指出：

"惟"在殷商到西周时期是一个使用频率很高的词，它的分布位置极不固定，几乎可以加在任何一个句法成分的前面。……在殷商西周时期，加语气副词"惟"是一种常用的凸显信息焦点成分的手段。……判断句名词谓语前的"惟"字与上述各种位置上的"惟"字在意义功能上并不存在任何明显的差异，显然是同一个"惟"。因此，对于先秦早期判断句名词谓语前的"惟"字的性质，我们认为王力从 30 年代就坚持的看法是正确的，它不是一个系词，而是一个副词。在判断句中，判断谓语一般总是表达新信息的，在语用上往往成为被强调的成分，即句子的信息焦点成分，因而加表示强调的语气副词是不值得奇怪的。

我们同意洪波的意见。而且，我们认为如果承认"惟（维）"是系词，则势必也要承认"乃"、"则"、"即"等词是系词，因为这几个词在洪诚那里都是跟"惟"一样的"语气系词"。

_____

① 载《南开学报》2000 年第 5 期。

肖瑜《上古至中古汉语判断句研究》①一文提出用指称和陈述理论来区别系词"为"和动词"为"。文章说,指称与陈述的区别在于,指称可以用"什么"指代,而陈述则只能用"怎么样"指代。"从判断句的特点来看,判断句表示对事物性质、属性的判定。其主语和名词性谓语都是指称性质。我们就可以据此点来辨别'为'在其所在的句子中性质。"其所举例句共 21 个,这里取 8 个如下:

> 余为伯儵,余而祖也。(《左传·宣公四年》)
>
> 始以先生为庸人,吾乃今日知先生为天下之士也。(《战国策·赵策》)
>
> 尔为尔,我为我。(《孟子·公孙丑上》)
>
> 长沮曰:"夫执舆者为谁?"子路曰:"为仲尼。"(《论语·微子》)
>
> 师直为壮,曲为老,岂在久乎? (《左传·僖公二十八年》)
>
> 唯仁者为能以大事小。(《孟子·公孙丑上》)
>
> 唯女子与小人为难养也。(《论语·阳货》)
>
> 唯贤者为不然。(《荀子·性恶》)

其文说:从这里第一例至第四例,"都可以把'为'前的词语用'什么'来替代,'为'后的词语也可用'什么'来替代。"从第五例至第八例,"其主语可以用指称性词语'什么'来替代,而其谓语则只能用'怎么样'来替代,表示陈述。这就与判断句'指称 + 指称'的抽象结构不一样,从而我们把系词'为'和动词'为'区分开来了。"不过,我们觉得这一办法并不能解决问题,因为即使大家都承认的系词"是"其实也有陈述的用法,例如:

> 时谓谢曰:"王宁异谋,云是卿为其计。"(《世说新语·言语》)②
>
> 此是屋下架屋耳,事事拟学,而不免俭狭。(《世说新语·文学》)
>
> 日中不至,则是无信;对子骂父,则是无礼。(《世说新语·方正》)
>
> 汝何以都不复进,为是尘务经心,天分有限?(《世说新语·贤媛》)
>
> 王武子善解马性。尝乘一马,著连钱障泥,前有水,终日不肯渡。

---

① 广西师范大学硕士研究生学位论文,2003 年,载"中国知网"。

② "王宁异谋",王恭图谋不轨。"谢",谢重。"卿为其计",意思是"您谢重替他策划的"。

王云："此必是惜障泥。"(《世说新语·术解》)①

以上这些"是"当然是系词"是"。由此可见,用指称和陈述理论并不能证明
"为"有系词的用法。

1.5　我们认为,在判断句中出现的"非"是副词,它在句中是充当状语,
否定后面整个谓语。那么这种看法有什么根据吗? 高名凯《汉语语法论》②
第四编第一章有一段很好的论述:

> 所谓否定并不是一般人所了解的,以为是约束动词的。否定实在
> 是整个命题的否定的说法。如果我们说:"这不是我的。"这意思并不仅
> 是否定了"是",因为这东西总还是什么人的,总还有其存在,我们只是
> 说这个东西不属于我。换言之,只是说这句话是"这是我的"整个句子
> 的反面的说法。依照逻辑的观点,"这不是我的"和"这是我的"刚刚好
> 是矛盾的命题。……不过因为在语言的表达之中,有的语言是以系词
> 来连贯判断中的两端,因此表示否定的词往往是加在系词的附近,有的
> 在前,有的在后。然而这不是说这否定词只否定了系词。从语言学的
> 角度来说,否定词之并非否定系词可以由三方面来说明。第一,在说话
> 的时候,我们可以把否定词放在整个句子之前。例如:"不是我要做"。
> 第二,系词并不是动词,也不是形容词,也不是其他的副词,约束系词的
> 否定词不能算是副词。第三,有许多语言,系词是不用的。然而表示否
> 定时,却有否定词。如古代汉语之"非"。"非"表示否定,在意义上说,
> 当然等于现在的"不是",但在语法的结构上,它只是一个否定词,并不
> 是系词。"回也,非助我者也",就字论字,只能译成不通的英语 Hui,
> not the man who helps me,而不能译成 Hui is not the man who helps
> me,虽然这两句的意思是一样的。……
>
> 即按动句论,否定词的作用也并不是仅在否定动词或具有动词功
> 能的词,乃是否定整个的句子。"我不去",其中的"不"不仅否定了
> "去",其实是否定整个句子"我去"。换言之,这否定的作用是表示"我

---

① "连钱障泥",绣着连钱花纹的障泥。障泥,即马鞯,垫在鞍下并垂在马背两旁以障泥水。
② 商务印书馆,1948 年,1986 年新版。

去"的反面的说法,并不是否定"去"的动作,也不是否定"我"。

我们不同意高名凯关于系词不属于动词、否定词不是副词的意见,但是我们同意高名凯关于古代汉语中"非"否定的是后面整个句子的意见,所以"非"应该是状语。与此相同,用在肯定判断句中的"唯(惟、维)"、"乃"、"必"、"即"、"亦"等副词也是肯定后面整个句子,所以也是状语。

第二节　被　动　句

2.1　所谓被动句和主动句,是对主语和谓语的关系而言,当主语是谓语动词所表示的动作行为的施事者时,称为主动句;反之,当主语是谓语动词所表示的动作行为的受事者时,称为被动句。此外,从语义上来说,被动句大多用来表示不如意的遭遇、不希望发生的事情,至少从说话人的心理感受来说是偶然的、意外的事情[①]。

---

① 王力在《中国语法理论》(上册)第二章第十三节中提出:"'被'字有'遭受'的意思,因此,被动式所叙述者,对主位而言,必须是不如意或不企望的事。"在《汉语史稿》(中册)第三章第四十八节中也说:"就压倒多数的例子看来,我们说汉语被动式的作用基本上是表示不幸或不愉快的事情,这话是没有危险的。同时,就绝大多数的'例外'看来,似乎还是有它们的规律:它们所表示的绝大多数是关于在上者的恩宠,像《世说新语》的'被遇'、'被举'、'被徵'、'被知遇'、'被礼遇',又像上文所举的'被召'、'被选'、'被宠'等。……我们可以这样设想:在古代封建社会里,一般人以为在上者的恩宠是和灾祸一般地不可抗拒的,所以要用被动式。……五四以后,汉语受西洋语法的影响,被动式的使用范围扩大了。这就是说,不一定限于不幸或者不愉快的事情。"应该说,上古汉语中大多数的被动句确实是表示不幸或不愉快的事情的,但是也有一些被动句用来表示愉快的、希望发生的事情,例如《左传·庄公十九年》"王姚嬖于庄王"(王姚被周庄王宠爱)、《韩非子·说难》"故弥子之行未变于初也,而以前之所以见贤,而后获罪者,爱憎之变也"中的"见贤",《史记·孟子荀卿列传》"其游诸侯见尊礼如此,岂与仲尼菜色陈蔡,孟轲困于齐梁同乎哉"中的"见尊礼",《汉书·霍光传》"出入禁闼二十餘年,小心谨慎,未尝有过,甚见亲信"中的"见亲信",《汉书·李广传》"武父子亡功德,皆为陛下所成就"中的"为陛下所成就"等。所以王力此说遭到刘世儒《论汉语"被动式"的传统用法》(载《北京师范大学学报》1963年第1期)一文的激烈反对。不过,这些大多可以解释为从说话人的心理感受来说是偶然的、意外的事情,所以我们修改了被动句在语义上的解释。另外在现代汉语中,被动句大量用来表示愉快的、希望发生的事情,我们仍然同意王力的说法,即这是后起的现象,跟上古汉语没有关系。

汉语的被动句,早在甲骨文和西周金文中就已经产生了^①。例如:

> 我吏其戋方？我吏弗其戋方？贞:方其戋我吏？贞:方弗戋我吏？
> (《殷虚文字》丙编69)^②
>
> 乍册麦易金于辟侯。(《麦尊》)

第一例,第三句问:方国会加害我商朝的使者吗？第四句问:方国不会加害我商朝的使者吗？可见,第一句应该是说:我商朝的使者会被方国加害吗？第二句应该是说:我商朝的使者不会被方国加害吗？因此,"戋方"等于说"戋于方","方"是施事,"我吏"是受事。第二例,对照《麦盉》:"侯易麦金。"则其句意应该是:麦被辟侯赏赐了金。因此"辟侯"是施事,"麦"是受事。

在汉语中,被动关系的表示向来有两种方法,一是完全依靠语言环境来表示,而不借助于虚词,例如:

> 昔者龙逢斩,比干剖,苌弘胣,子胥靡。(《庄子·胠箧》)
>
> 唇竭则齿寒,鲁酒薄而邯郸围。(同上)
>
> 宋师败绩,华元虏。(《吕氏春秋·察微》)
>
> 昔西伯拘羑里,演《周易》。(《史记·太史公自序》)

二是借助虚词来表示,例如:

> 焉用佞？御人以口给,屡憎于人。(《论语·公冶长》)^③
>
> 失礼违命,宜其为禽也。(《左传·宣公二年》)
>
> 高祖击布时,为流矢所中。(《史记·高祖本纪》)
>
> 臣诚恐见欺于王而负赵。(《史记·廉颇蔺相如列传》)

第一种方法,由于没有表被动的语法标志,其结构与主动句没有区别,所以人们又称之为"概念上的被动句",而把第二种方法作为真正的被动句。显然,就表意的鲜明准确看,第二种方法明显优于第一种方法,因此,随着时间

---

① 王力《汉语史稿》(上册)第三章第四十八节说:"在远古汉语里,在结构形式上没有被动和主动的区别。直到甲骨金文里也还是这种情况。真正的被动式在先秦是比较少见的,而且它的出现是春秋以后的事。"这一说法有误,下面《麦尊》一例可证"于"字被动句在金文中已经产生。

② "戋"通"灾",祸害。

③ "佞",口才好。"御人",抵挡别人,跟人家辩驳。"口给",伶牙俐齿。

的推移,第二种方法逐渐得到广泛的应用。

在古汉语中,借助虚词来表示被动,其形式主要有以下六种:

(1) 动词 +"于(於)"、"乎" + 施事者①。例如:

　　郤克伤于矢,流血及屦。(《左传·成公二年》)

　　劳心者治人,劳力者治于人;治于人者食人,治人者食于人。(《孟子·滕文公上》)

　　吾再逐于鲁,伐树于宋,削迹于卫,穷于商周,围于陈蔡之间。(《庄子·山木》)

　　故听言不参则权分乎奸,智力不用则君穷乎臣。(《韩非子·八经》)②

　　伍子胥说听乎阖闾,故吴王远迹至于郢。(《战国策·燕策》)③

(2)"为" + 施事者 + 动词。例如:

　　丧事不敢不勉,不为酒困。(《论语·子罕》)

　　辰嬴贱,班在九人,其子何震之有? 且为二君嬖,淫也。(《左传·文公六年》)④

　　此宝也,宜为君子器,不宜为细人用。(《韩非子·喻老》)

　　吴之信越也,从而伐齐,既胜齐人于艾陵,还为越王禽于三江之浦。(《战国策·秦策》)

　　兵挫地削,亡其六郡,身客死于秦,为天下笑。(《史记·屈原贾生列传》)

(3)"为"、"见"、"被" + 动词。例如:

　　自今无有代其君任患者,有一于此,将为戮乎!(《左传·成公二年》)

---

① 潘允中《汉语语法史概要》(中州书画社,1982 年)第九章第一节说:"表被动句的施动者。这用'于'或'於'都成,但不能用'乎'。"这个说法不正确。

② "听言不参",指人主听人言而不加参验。"穷",困穷。

③ "说",言论,主张。

④ "班在九人",指辰嬴在晋文公的妃妾中位列第九。"震",威望。"为二君嬖",被晋怀公和晋文公先后两个国君宠幸。

子听吾言,与子分国;不听吾言,身死,妻子为戮。(《国语·越语下》)

年四十而见恶焉,其终也已。(《论语·阳货》)①

信而见疑,忠而被谤,能无怨乎?(《史记·屈原贾生列传》)

国一日被攻,虽欲事秦,不可得也。(《战国策·齐策》)

今兄弟被侵,必攻者,廉也;知友被辱,随仇者,贞也。(《韩非子·五蠹》)②

(4) "为"、"见"、"被" ＋ 动词 ＋ "于(於)"、"乎" ＋ 施事者。例如:

胥之父兄为僇于楚,欲自报其仇耳。(《史记·吴太伯世家》)③

秦少出兵,则晋、楚不信;多出兵,则晋、楚为制于秦。(《战国策·秦策》)

吾尝三仕三见逐于君,鲍叔不以我为不肖,知我不遭时也。(《史记·管晏列传》)

故子胥见说于阖闾,而恶乎夫差;比干生而恶于商,死而见说乎周。(《吕氏春秋·不苟》)④

万乘之国,被围于赵,壤削主困,为天下戮。(《战国策·齐策》)⑤

(5) "为" ＋ 施事者 ＋ "所" ＋ 动词。例如:

申徒狄谏而不听,负石自投于河,为鱼鳖所食。(《庄子·盗跖》)

是王过举显于天下,而为诸侯所议也。(《战国策·秦策》)⑥

夫直议者不为人所容,无所容则危身。(《韩非子·外储说左下》)

吾闻先即制人,后则为人所制。(《史记·项羽本纪》)

徵和二年,卫太子为江充所败。(《汉书·霍光传》)

(6) "为" ＋ "所" ＋ 动词。例如:

---

① "见恶",被人厌恶。"其终也已",意为"也就完了"。
② "廉",方正的行为。"贞",坚贞的行为。
③ "胥",伍子胥。
④ "说",同"悦",喜欢。"恶",厌恶。
⑤ "被围于赵",指燕王喜四年,赵孝成王十五年,赵国大将廉颇围困燕国。
⑥ "过举",谬举,错误地选拔。

因击沛公于坐，杀之。不者，若属皆且为所虏。(《史记·项羽本纪》)

用此，其将兵数困辱，其射猛兽亦为所伤云。(《史记·李将军列传》)

衡山王闻淮南王作为畔逆反具，亦心结宾客以应之，恐为所并。(《史记·淮南衡山列传》)

羌虏盛多，皆为所破，杀两校尉。(《汉书·冯奉世传》)

身在汉久，今归，单弱，而前王有子在，恐为所杀。(《汉书·西域传》)

2.2　关于"概念上的被动句"，有一些学者认为它在形式上还是有标志的。《马氏文通》卷四云："外动字单用，先后无加，亦可转为受动。"卷七又云："凡外动字之止词变为起词，是即外动字之转为受动矣。"其所举的例句有：

物格而后知至，知至而后意诚，意诚而后心正，心正而后身修，身修而后家齐，家齐而后国治，国治而后天下平。(《礼记·大学》)

谏行言听。(《孟子·离娄下》)

夫系，遂不得告言武安阴事。(《史记·魏其武安侯列传》)①

农事伤，则饥之本也。女红害，则寒之原也。(《汉书·景帝纪》)

珠玉财宝，车甲珍器，尽收入燕，大吕陈于元英，故鼎反于历室，齐器设于宁台，蓟丘之植植于汶篁。(《战国策·燕策》)②

马建忠认为，这里凡是加点的动词都是被动用法③。可以看出，这里的关键

---

① "夫系"，灌夫被逮捕。"武安阴事"，武安所做的坏事。

② "大吕"，齐国钟名。"元英"，燕宫殿名。"故鼎"，先前燕国被齐国掠去的鼎。"历室"，燕宫殿名。"宁台"，燕国的高台。"蓟丘之植植于汶篁"，燕国蓟丘的植物种植于齐国汶水边的竹园中。

③ 吕叔湘、王海棻《〈马氏文通〉读本》5.3.6脚注指出：《礼记·大学》这一句应当与原文上一句"古之欲明明德于天下者先治其国，欲治其国者先齐其家，欲齐其家者先修其身，欲修其身者先正其心，欲正其心者先诚其意，欲诚其意者先致其知，致知在格物"连起来看，才能明白上一句中的"治"、"修"、"格"都是及物动词，这一句的"格"、"修"、"治"则是被动用法，"平"也可以认为是被动用法。但是上一句的"齐"、"正"、"诚"应该是形容词的使动用法，这一句的"诚"、"正"、"齐"则仍然是形容词。

在于,本来处在主语位置上的名词一般应该是施事,但是当及物动词的宾语反过来前置于主语位置上时,这个宾语也就成为了受事主语,这时及物动词就有了被动意义,整个句子就是被动句了。上述例句的被动态就是这样形成的①。正因为如此,所以黎锦熙《比较文法》把这种句子叫做"反宾为主",也有人称为"施受同辞"、"受事主语句"②。

那么,及物动词的宾语"反宾为主"有什么前提条件吗? 俄国雅洪托夫《汉语里的几种被动结构》③一文指出:"及物动词只在某些条件下用作被动,这些条件研究得尚不充分。比如,在以下情况下便可能出现被动:如果动词本身有修饰成分,或者有虚词,或者动词被包含在对偶句或排比句的某一分句之中。"这里"动词有修饰成分"、"有虚词",以及"对偶句或排比句"就是"反宾为主"的条件④。宋亚云《古汉语反宾为主句补说》⑤则认为低生命度的名词性成分较易成为受事主语,"'生命度'制约着语序及其转换可能。'比干剖'之类的用法之所以消失就在于这类动词支配的对象大多是指人名词,转换成受事主语有困难"。

不过,也不是所有的"反宾为主"都会形成被动句。例如:

削迹无遗根,无与祸邻,祸乃不存。(《韩非子·初见秦》)

民后知有罪之必诛,而告奸者众也。故民莫犯,其刑无所加。(《韩

---

① 其实所谓真正的被动句也是及物动词的宾语前置于主语位置,成为受事主语的,只是它还会加上"于(於)"、"为"、"见"、"被"等其他标志。

② 谢质彬《古代汉语反宾为主的句法及外动词的被动用法》(载《古汉语研究》1996年第2期)一文指出,也有人认为这种句子是"表态句",即认为句中的动词"不是表动作的,而是描写主语的特征和状态的"。但是这种句子中,动词前面往往有表动量的数词状语(如《论语·微子》"柳下惠为士师,三黜"中的"三")、表方式或工具的状语(如《汉书·苏武传》"虞常生得"中的"生",《淮南子·人间训》"商鞅支解,李斯车裂"中的"车"),而动词后面往往有表结果的补语(如《汉书·蒯通传》"信后以罪废为淮阴侯"中的"为淮阴侯"),"由此可见,这些动词是表动作的外动词,而不是表特征和状态的内动词"。另外,洪诚《论古汉语的被动式》(载《南京大学学报》1958年第1期)一文早就讨论过这一问题,认为这种句子不是表态句。

③ Яхонтв:Некоторые Пассивные Конструкции в Китайском Языке,1974年。中译文载《汉语史论集》,北京大学出版社,1986年。

④ 雅氏原文所举的例子是:《庄子·山木》"直木先伐"、《左传·哀公十五年》"门已闭矣"、《管子·法上》"故强者斩,锐者挫,坚者破"。这里第一例"先"属于动词有修饰成分,第二例"已"属于有虚词,第三例属于排比句。

⑤ 载《中国语文》2007年第3期。

非子·奸劫弑臣》）

罪生甲，祸归乙，<u>伏怨乃结</u>。（《韩非子·用人》）

仇赫之相宋，将以观秦之应赵、宋，败三国。<u>三国不败</u>，将兴赵、宋合于东方以孤秦。（《战国策·东周策》）①

臣昧死望见大王，言所以举破天下之从，举赵亡韩，臣荆、魏，亲齐、燕，以成伯王之名，朝四邻诸侯之道。大王试听其说，一举而天下之从不破，赵不举，韩不亡，<u>荆、魏不臣</u>，<u>齐、燕不亲</u>，伯王之名不成，<u>四邻诸侯不朝</u>，大王斩臣以徇于国。（《战国策·秦策》）②

第一例也可以说成"乃不存祸"，动宾结构，反宾为主后，"祸乃不存"仍非被动。第二例也可以说成"无所加其刑"，动宾结构，反宾为主后，"其刑无所加"，"其刑"仍非受事，"无所"才是受事。第四例"败三国"是动宾结构，后面"三国不败"是反宾为主，但仍非被动。第五例"臣荆、魏"、"亲齐、燕"、"朝四邻诸侯"都是动宾结构，反宾为主后，"荆、魏不臣"、"齐、燕不亲"、"四邻诸侯不朝"却仍非被动。

这里还有一个问题，就是及物动词的宾语"反宾为主"以后，这个动词还可以带其他宾语、状语和补语吗？殷国光《〈吕氏春秋〉词类研究》③"动词的分类"节中认为：在《吕氏春秋》中，"少数受事宾语可以直接变换为主语"④，"但这种变换受到很大限制，它必须在充当述谓中心语的动词前后没有附加成分（如状语、补语）的条件下才可以实现"。其所举例子如：

管子死，竖刁、易牙用。（《吕氏春秋·不广》）

宋未亡而东冢抇。（《吕氏春秋·安死》）

故龙逢诛，比干戮，箕子狂，恶来死。（《吕氏春秋·必己》）

吾欲伐卫十年矣，而卫不伐。（《吕氏春秋·期贤》）

并说："《期贤》例，'伐'前有状语'不'属仅见。"我们认为这一结论大可怀疑，

---

① "仇赫"，人名。"三国"，指韩、魏、齐三国。"东方"，即韩、魏、齐三国。

② "从"，同"纵"，指合纵。"伯王"，霸王。

③ 商务印书馆，2008 年。

④ 所谓"直接变换为主语"，是指不借用其他语法手段（如虚词"为"、"见"等）反宾为主。

例如：

> 孙叔敖日夜不息，不得以便生为故，故使庄王功迹著乎竹帛，传乎后世。(《吕氏春秋·情欲》)

> 当今之世，巧谋并行，诈术递用，攻战不休，亡国辱主愈众。(《吕氏春秋·先己》)

> 怒笞不可偃于家，刑罚不可偃于国，诛伐不可偃于天下。(《吕氏春秋·荡兵》)①

> 稼生于野而藏于仓，稼非有欲也，人皆以之也。(《吕氏春秋·审己》)②

第一例"功迹"是受事主语，动词"著"和"传"后面分别有补语"竹帛"和"后世"。第二例"巧谋"和"诈术"分别是受事主语，它们前面分别有状语"并"和"递"。馀可类推。这一现象而在其他上古文献中也是如此，例如：

> 义纵者，河东人也。······纵有姊姁，以医幸王太后。(《史记·酷吏列传》)

> 乌桓时新中匈奴兵，明友既后匈奴，因乘乌桓敝，击之。(《汉书·匈奴传》)③

> 高帝欲伐匈奴，大困平城，乃遂结和亲。(《史记·酷吏列传》)

> 比干剖心，梅伯醢；夷吾束缚，而曹羁奔陈；伯里子道乞，孙子膑脚于魏；吴起收泣于岸门，痛西河之为秦，卒枝解于楚；公叔痤言国器，反为悖，公孙鞅奔秦；关龙逢斩，苌宏分胣；尹子穽于棘，司马子期死而浮于江；田明辜射，宓子贱、西门豹不斗而死人手；董安于死而陈于市，范睢折胁于魏。(《韩非子·难言》)

> 今利非无有也而民不化上，威非不存也而下不听从，官非无法也而

---

① "偃"，停止，不采用。

② "皆"，衍字。"以之"，即"用之"。

③ "新"，新近，刚刚。"中"，击伤，被匈奴军队击伤。"明友"，汉朝将军范明友。

治不当名。(《韩非子·诡使》)①

　　众贪其利,劫其威。(《韩非子·说疑》)②

　　至贤畴四海,汤、武是也;至罢不容妻子,桀、纣是也。(《荀子·正论》)③

　　孙子膑脚,《兵法》修列;不韦迁蜀,世传《吕览》;韩非囚秦,《说难》、《孤愤》。(司马迁《报任安书》)

　　卫尉竭、内史肆、佐弋竭、中大夫令齐等二十人皆枭首。(《史记·秦始皇本纪》)

第一例动词"幸"前有状语"以医",后有补语(或施事宾语)"王太后"。第三例动词"困"前有状语"大",后有补语"平城"。第四例动词"剖"后有宾语"心",动词"膑"后有宾语"脚",动词"解"后有补语"于楚",动词"陈"后有补语"于市",动词"折"后有宾语"胁"。第五例动词"化"后面有补语(施事语)"上"。第八例动词"膑"后有宾语"脚",动词"迁"后有补语"蜀",动词"囚"后有补语(或施事宾语)"秦"。馀可类推。

　　2.3　关于"于(於)"字句,长期以来大多数学者都把它看作被动句,王力在他的《汉语史稿》(中册)中也持此看法,其例句有:

　　御人以口给,屡憎于人。(《论语·公冶长》)

　　郤克伤于矢。(《左传·成公二年》)

　　劳心者治人,劳力者治于人。(《孟子·滕文公上》)

　　故内惑于郑袖,外欺于张仪。(《史记·屈原贾生列传》)

但是后来王力在《汉语语法史》第二十一章中则改变了主意,认为这些"于

---

① "化上",等于说"化于上",意思是"被君上的利诱所顺化"。有的版本"化"字点断,"上"字属下;从本句上下文及全书"威"字用法看,不可从。对照《史记·张释之冯唐列传》"且下之化上疾于景响,举错不可不审也"一句,应该更加清楚。"民不化上",概念上的被动句不用"于(於)"引出主动者,甲骨文就有,参2.1。

② "劫其威",等于说"劫于其威",意思是"被他们的威势所胁迫"。这是不用"于(於)"引出主动者。

③ "至罢",意思是"最不能任事的人"。"不容妻子",不被妻和子所包容。这是不用"于(於)"引出主动者。

(於)"字句不是被动句①。他说:"这只是借用处所状语来引进施事者。从结构形式上看,它和处所状语'於'字结构毫无二致。"他所举处所状语"於"字结构的例句有:

> 鹤鸣于九皋,声闻于天。(《诗经·小雅·鹤鸣》)
>
> 东败于齐,长子死焉。(《孟子·梁惠王上》)
>
> 傅说举於版筑之间,管夷吾举於士,孙叔敖举於海,百里奚举於市。
> (《孟子·告子下》)
>
> 吾再逐於鲁,伐树於宋,削迹於卫,穷於商周,围於陈蔡之间。(《庄子·山木》)

我们认为,语言中存在着同一种语法形式表示两种或两种以上语法意义的现象,例如英语的 s 尾既表示名词的复数,又表示动词的第三人称单数,在汉语中,词的重叠既表示程度加深(如形容词重叠"通红通红"),又表示多次和尝试(如动词重叠"研究研究"),所以并不能因为引进施事者的"于(於)"字句和引进处所补语的"于(於)"字句在形式构造上相同,就认为它们只能表示一种语法意义。

从所谓"概念上的被动句"发展为用"于(於)"引出施事者,应该是一个进步。比如《战国策·西周策》有一句话:"宛恃秦而轻晋,秦饥而宛亡。郑恃魏而轻韩,魏攻蔡而郑亡。郱、莒亡于齐,陈、蔡亡于楚。此皆恃援国而轻近敌也。"这里"宛亡"实际上是"宛亡于晋","郑亡"实际上是"郑亡于韩",但是由于只是采用概念上被动表示法,"宛亡"和"郑亡"之"亡"容易被误解为不及物动词,"宛"和"郑"容易被误解为施事。而"郱、莒亡于齐,陈、蔡亡于楚"则语义十分清楚,可见"于(於)"对于被动句的形成十分重要。又如《庄子·在宥》中的话:"有大物者,不可以物;物而不物,故能物物。"这里首尾两个"物"是名词,"事物"之意,第三和第五个"物"是活用为及物动词,"役使(他物)"之意,第二和第四个"物"是活用为及物动词,而且是被动用法,"被(他物)役使"之意。由于原文没有在被动用法处引出施事者,所以很难理

---

① 王力《汉语语法史》第十章说到介词"於"字时,则仍把"表示被动"作为"於"的主要用法之一,与第二十一章相左。

解;而如果写成"有大物者,不可以物于物;物而不物于物,故能物物",其被
动义当然要明显一些,"于(於)"字在这里是功不可没的。石毓智《语法化的
动因与机制》①第二章 2.3.2 也指出:"在一个被动事件中,施事可以被看做
事件发生的场所、地点。因此原来引入地点的介词,可以在被动式中标记施
事。世界上很多语言的被动式的施事标记都是来自地点介词。王力(1989)
不认为'于'是一个被动式标记,(但是)从人类语言的共性的角度来看,把它
看做被动式引入施事的标记还是比较合适的。"

　　不但"于(於)"字句,甚至"见"字、"为"字也有人认为并不是表被动的。
例如刘瑞明就认为"见"并不是表示被动的助词,而是一个泛称动词。其根
据是:

> "见 V"是个整体,"见"字是泛义附随复指 V 的,它本身没有表示被
> 动的功能,不是被动的语法标志或手段。含"见 V"的被动句仍是靠事
> 理作区分制约的。"忠而见疑"、"百姓不见保"之类的所谓被动句,"见"
> 字仍可脱落而仍是被动事理。单说 V 是主动,而说"被 V"必是被动;但
> "见 V"仍如同 V 一样还是主动,只是在有主语、宾语的句中才靠事理显
> 出主动或被动。"被、为、叫、给、让"这些表被动的助动词,都可以引进
> 施事者,扩展为"为 AV"之类,唯独"见"字不能引进施事者,没有"见
> AV"式存在。这雄辩地证明了"见 V"式中"见"字是附随而处在谓语动
> 词之中,并不是同 V 可割断而处在状语的另一层次上。②

其实既然承认"单说 V 是主动,而说'被 V'必是被动",那么为什么不能承认
"见 V"也是被动呢? 诚然,"被"、"为"、"叫"、"给"、"让"这些表被动的词,后
来都能引进施事者,发展为"为 AV"之类,但是当初"被"也是不能引进施事
者的呀! 为什么"被 V"(不是后来的"被 AV")可以承认是被动,"见 V"就不
能承认是被动呢?

　　2.4　在上古汉语中,"概念上的被动句"当然是最早产生的。而在所谓

---

① 北京大学出版社,2006 年。
② 刘瑞明《从泛义动词讨论"见"字本不表示被动——兼及被动句有关问题》,载《湖北大学学报》
　 1994 年第 5 期。

"真正的被动句"中,最早产生的是"于(於)"字句,金文中已有①,然后是"为"字句和"见"字句②,然后产生"被"字句(《战国策》、《韩非子》都有用例),然后是在"为"字句中出现"为……所……"句(《庄子》、《战国策》、《韩非子》、《吕氏春秋》等有用例)③,最后是"为……所……"句又紧缩成为"为所……"句(始见于《史记》)。

关于"为……所……"句的产生过程,学术界有两种意见。一种意见以马建忠为代表,《马氏文通》卷四说:

> 《汉·霍光传》:"卫太子为江充所败。""败",外动字也,"江充"其起词。"所"字指"卫太子",而为"败"之止词。故"江充所败"实为一读,今蒙"为"字以为断,犹云"卫太子为江充所败之人",意与"卫太子败于江充"无异。如此,"江充所败"乃"为"之表词耳。

马建忠的意思是,被动句"卫太子为江充所败"是从主动句"卫太子为江充所败"(意为"卫太子是江充所败之人")转变而来的。周法高《中国古代语法·称代编》鉴于古籍中有"然则率天下之百姓以从事于义,则我乃为天之所欲也。我为天之所欲,天亦为我所欲"(《墨子·天志上》)、"有制人者,有为人之所制者"(《管子·枢言》)这样的句子,赞同马氏这一意见,说:"从《墨子》《管子》的例子,可以看出马氏说'江充所败'为一读,是'为'之表词的话是对的(起码在'为……所'式起源的解释上是对的)。《墨子》《管子》很明显地在

---

① 张玉金《甲骨文语法学》(学林出版社,2001 年)第四章认为甲骨文中已有"于"字被动句,例如《甲骨文合集》14199:"己未[卜],□贞:旨千若于帝,右? 贞:旨千不若于帝,左。"这里"若"是顺、顺从,上句是说旨千被帝所若,下句是说旨千不被帝所若。

② 李瑾《汉语殷周语法问题探讨》(载《中华文史论丛增刊·语言文字研究专辑》(上),上海古籍出版社,1982 年)认为金文已有"见"字被动句,例如《沈子簋》:"乃沈子妹克蔑,见猒于公。"《作册魅卣》:"公太史咸见服于辟王。"但是唐钰明、周锡馥《论先秦汉语被动式的发展》(载《中国语文》1985 年第 4 期)指出,"于"字式与"见"字式结合要到战国后期才出现,这两例都有问题。赵诚《甲骨文动词探索(二)》(载《中国语言学报》第四期,商务印书馆,1991 年)甚至认为甲骨文时代已有"见"字被动句,所举例子是:"余见壱。"(前 7.33.1)"己酉,宾贞,今日王其步,见雨,亡灾。"(续 6.10.4)承复旦大学出土文献与古文字研究中心郭永秉博士见告,这两例的"见"很难说是表被动,例如第二例可以对照《甲骨文合集》第 19786 号:"不见雲。"恐怕就不能说被云怎么样了。

③ 《马氏文通》卷四云:"愚考先秦诸书,'为''所'二字连用以成受动者,实鲜见也。"可见"为……所……"句较为后起。

'所'字上加'之'字。'天之所欲'和'江充所败'是相当的。"

　　另一种意见以王力和洪诚为代表。王力《汉语史稿》(中册)第三章第四十八节说：

> "为……所"式是由先秦的被动式"为"字句发展出来的。我们知道,先秦的"所"字有两重性质:一方面,它具有代词性;另一方面,它所接触的一般是外动词,外动词后面往往不再带宾语。而被动式的动词也必须是一个外动词,它的后面也不能带宾语。这样,被动式"为"字句在被动词前面插入一个"所"字不是偶然的,而是一种类化的结果。在表示被动的情况下,"所"字失去了原来的代词性,而成为外动词的词头。

洪诚《论古汉语的被动式》一文提出"员不忍称疾辟易以见王之亲为越之擒也"(《国语·吴语》)、"烈士为天下见善矣"(《庄子·至乐》)两个例句,然后说：

> 《吴语》的"擒"是名词,"为"是动词,不是被动,用"之"字;《庄子》的"善"是动词,"为"是介词,是被动句,用"见"字。因此,考察被动句中的"所V"是不是名词组,就要看它的前面有没有"之"字或"其"字。我们知道一切"为……所"式的句子,"A所V"的前面是不能加"其"字的,"所V"的前面是不能加"之"字的。因为"所"字所处的地位是"见"字的地位,"所"字虽因类化的作用加入被动句,但也因为"见"字给它预辟了一个虚位,它才能填进来。"所"字既处于"见"字的地位,尽管它能和一般主动外动词结成词组,但它一旦类化到被动词前面来,就要按照被动句的规律起作用,不能使被动词和自己结成名词组。

王力和洪诚都认为"为……所……"句是从"'为'＋施事者＋动词"发展而来的,不过洪诚除了承认这当中有"所"的类推作用以外,还认为当时有"'为'＋施事者＋'见'＋动词"这样的句型,"所"填进了"见"的位置。我们认为,按马建忠的说法,从主动句"卫太子为江充所败"到被动句"卫太子为江充所败",当中有一个重新分析的过程,然后"为"字由动词(马建忠说是判断词)转变为表被动的介词,"所"字由结构助词(马建忠说是代词)转变为

表被动的助词,"所败"由主动句中的名词性结构转变为被动句中的动词性
结构,涉及到这么多变化的重新分析事实上可能吗? 同时,从时间上来说,
前面已有"'为'＋ 施事者 ＋ 动词"的被动式,后面的被动句"卫太子为江充
所败"何必再从主动句"卫太子为江充所败"重新分析得来呢? 所以我们还
是相信王力和洪诚的说法。

关于"被"字句的形成,学者们普遍认为,"被"的本义是小被子,用作名
词。《说文》:"被,寝衣,长一身有半。"《论语·乡党》"必有寝衣,长一身有
半",郑玄注:"今小卧被是也。"被子是用来盖在身上的,于是引申为"披盖,
覆盖"义,用作动词,如屈原《九歌·山鬼》:"若有人兮山之阿,被薜荔兮带女
萝。"又由"披盖,覆盖"义引申为"遭受,蒙受"义,如《左传·僖公四年》:"君
实不察其罪,被此名也以出,人谁纳我?"以后,又由"遭受,蒙受"义语法化为
专门表示受动的助词。"被"用作受动态的助词,大概始于战国末期,而到了
汉代,用"被"的被动句就很普遍了。例如:

> 寡廉鲜耻,而俗不长厚也。其被刑戮不亦宜乎!(《史记·司马相
> 如列传》)
>
> 晁错以刻深颇用术辅其资,而七国之乱发怒于错,错卒以被戮。
> (《史记·酷吏列传》)
>
> 天下既定,后信以罪废为淮阴侯,谋反被诛。(《汉书·韩信传》)
>
> 昌既被征,高后使使召赵王。(《汉书·周昌传》)

"被"的使用,一开始后面并不能引出施事者,所以我们认为它还只是助
词。到后来可以引出施事者了,"被"才变成介词,不过这要晚至南北朝时才
出现。例如:

> 五月二十日,臣被尚书召问。(蔡邕《被收时表》)
>
> 吾被皇太后征。(《三国志·魏志》)
>
> 祢衡被魏武谪为鼓吏。(《世说新语·言语》)
>
> 亮子被苏峻害。(《世说新语·方正》)

2.5　关于所谓"真正的被动句"中动词后面能否带宾语的问题,王力
《汉语史稿》(中册)第三章第四十八节说:

以上我们谈的被动式,在被动词的后面都是没有宾语的,因为受事者已转为主语,自然用不着宾语了。这是一般的被动式。但是到了唐代被动式又有了新的发展,"被"字的前面有主语,动词的后面仍然有宾语,而宾语所代表的人物又是主语所代表的人物所领有的。因此,在这类被动式里,主语只不过是个间接的受事者,而动词后的宾语才是直接的受事者。

王力所举的例句有:

> 常被老元偷格律。(白居易诗)
>
> 纵有衰蓬欲成就,旋被流沙剪断根。(《王昭君变文》)

第一例省略了主语,但看得出宾语"格律"是属于主语领有的,第二例主语是"衰蓬",宾语"根"是属于主语"衰蓬"的。

不过,杨伯峻、何乐士《古汉语语法及其发展》下编第三章第一节认为,被动词后面带宾语"不是始自唐代,而早在战国末期到汉代就已经出现了"。其所举例句如:

> 今军吏计功,以天下不足偏封,此属畏陛下不能尽封,恐又见疑平生过失及诛,故即相聚谋反耳。(《史记·留侯世家》)
>
> 休居乡不见谓不修,临难不见谓不勇。(《庄子·达生》)
>
> 事孝武数十年,见谓忠谨。(《汉书·赵充国传》)
>
> 今犯法已论,而使毋罪之父母妻子同产坐之,及为收帑,朕甚不取。(《史记·孝文本纪》)[1]
>
> 吾子,白帝子也,化为蛇,当道,今为赤帝子斩之,故哭。(《史记·高祖本纪》)
>
> 单于怒浑邪王、休屠王居西方为汉所杀虏数万人,欲召诛之。(《史记·匈奴列传》)
>
> 骞曰:"为汉使月氏,而为匈奴所闭道。……"(《史记·大宛列传》)[2]

---

[1] "毋",同"无"。"同产",同胞。"坐",连坐。"帑",通"孥",子女。本句"为"字后省略了施事者。

[2] "使",出使。"闭",关闭,封闭。

这一意见应该是正确的。

2.6　"'为'＋ 施事者 ＋'所'＋ 动词"这种句型后来产生了两种变体，即"'为'＋ 施事者 ＋'之所'＋ 动词"和"'为'＋ 施事者 ＋'所见'＋ 动词"，例如：

> 有制人者,有为人之所制者。(《管子·枢言》)
>
> 故人主之意欲见于外,则为人臣之所制。(《淮南子·道应训》)
>
> 父母之于子也,岂可坐观其为寇贼之所屠剥,立视其为狗豕之所啖食乎?(《潜夫论·边议》)
>
> 习俗既异,言语不通,数为小吏黠人所见侵夺。(班彪《复护羌校尉疏》)

不过,也有的"为……之所……"是主动句,应该加以区别。例如：

> 故乐之所由来者尚矣,非独为一世之所造也。(《吕氏春秋·古乐》)①
>
> 蹇叔非不能为内史廖之所为也,其义不行也。(《吕氏春秋·不苟》)②
>
> 谋出乎不可用,事出乎不可同,此为先王之所舍也。(《吕氏春秋·处方》)③
>
> 为人之所慕,行人之所高,此严父之所以教子,而忠臣之所以事君也。(《淮南子·人间训》)
>
> 臣闻吴王悔之甚。愿王孰虑之! 无为吴王之所悔。(《史记·淮南衡山列传》)
>
> 此季孙之所以忧颛臾,有句践之变,而为强吴之所悔也。(《盐铁论》卷九)④

第一例"为"相当于"是","所造"是名词性的,句末语气词"也"表判断。第二

---

① "乐",音乐。"尚",久远。
② "内史廖",内史王廖。
③ "舍",舍弃不用。
④ "季孙",春秋时鲁国贵族。"颛臾",鲁国境内的小国。"有",通"犹"。

例"不能为"是"不能做"之意,"所为"是名词性的,句末语气词"也"表判断。第四例"为"和"行"互文,应该是动词,"做,实行"的意思。馀可类推。

2.7　有人认为,上古汉语中"受"也表被动。例如李新魁《汉语文言语法》第十五章第二节、刘景农《汉语文言语法》第七章第二节、马忠《古代汉语语法》第八章,他们所举的例子是:

> 晁错受戮,周魏见辜。(李陵《答苏武书》)
>
> 吾不能举全吴之地,十万之众,受制于人。(《资治通鉴》卷六十五)

其实这种说法来自马建忠。《马氏文通》卷四"受动字四之二"把"蒙"和"受"都作为被动用法,所举例子是:

> 舜本臣敞素所厚吏,数蒙恩贷。(《汉书·张敞传》)
>
> 李斯,相也,具五刑;淮阴,王也,受械于陈。(《汉书·司马迁传》)

我们认为,在上古汉语中"蒙"主要仍是"蒙受"之意,并不表被动;"受"也主要是"遭受、承受"之意。"蒙"、"受"虽然在语义上与"被"相似,但是"被"后来发展为被动态助词和表被动的介词,"蒙"、"受"则始终未能发展为成熟的被动态助词①。

上古汉语中的"与"似乎也能表被动,王引之《经传释词》卷一"与"字条下云:

> "与",犹"为"也。……《西周策》曰:"秦与天下罢,则令不横行于周矣。"言秦为天下所疲也。《秦策》曰:"吴王夫差栖越于会稽,胜齐于艾陵,……遂与句践禽,死于干隧。"言为句践所禽也。

但是对于这段话,黄侃的批语说:"此亦声借。"我们同意这一看法,即认为这

---

① 石毓智《语法化的动因与机制》(北京大学出版社,2006 年)第二章 2.3.1 也指出:"'蒙'、'遇'、'遭'等都是普通的动词,而没有虚化为稳定的被动标记。因为它们的语义跟被动式具有相宜性,因此所出现的结构有时可以被理解成被动式的意义。现代汉语也有类似的情况,比如'遇刺、遇害、遇救'等中的'遇'都可以被理解成'被',但它还是普通的词汇。"

里的"与"是"为"的通假字①。

2.8　王力《汉语语法史》第十七章认为："在上古时代，'可'字后面的动词一般都有被动的意义。……1.'可'字后面的动词是被动意义的，'可以'后面的动词是主动意义的。2.'可'字后面的动词不能带宾语；而'可以'后面的动词经常带宾语。"其例句有②：

若火之燎于原，不可向迩，其犹可扑灭？（《书·盘庚上》）

朽木不可雕也，粪土之墙不可杇也。（《论语·公冶长》）

不违农时，谷不可胜食也；数罟不入洿池，鱼鳖不可胜食也；斧斤以时入山林，材木不可胜用也。（《孟子·梁惠王上》）

夫道有情有信，无为无形，可传而不可受，可得而不可见。（《庄子·大宗师》）③

锲而不舍，金石可镂。（《荀子·劝学》）

温故而知新，可以为师矣。（《论语·为政》）

不仁者不可以久处约，不可以长处乐。（《论语·里仁》）

故仓无备粟，不可以待凶饥。（《墨子·七患》）

五亩之宅，树之以桑，五十者可以衣帛矣。鸡豚狗彘之畜，无失其时，七十者可以食肉矣。百亩之田，勿夺其时，八口之家可以无饥矣。（《孟子·梁惠王上》）

君乎！君乎！独不可以舍我乎？（《庄子·让王》）

---

① 近代汉语也有用"与"表示被动的，如《醒世恒言·乔太守乱点鸳鸯谱》："老忘八，依你说起来，我的孩儿应该与这杀才骗的！"《二刻拍案惊奇》卷九："且耐心着，不要烦烦恼恼，与别人看破了，生出议论来。"不过，我们认为这个"与"应该是后起的，跟这里《战国策》两个例句中的"与"没有关系。江蓝生《汉语使役与被动兼用探源》（载《近代汉语探源》，商务印书馆，2000年）一文则说，"汉语古今通用的给予动词'与'自古以来就是兼表使役与被动的"，因而认为《战国策》的这个"与"跟近代汉语表被动的"与"是一脉相承的。这个问题尚待研究。

② 《马氏文通》卷四也有相似的意见："'可''足'两字后动字，概有受动之意。《孟·公下》：'晋楚之富，不可及也。'犹云'晋楚之富非为人所可及'也。以'可'字先乎'及'字，'及'字即有受动之意。盖人所不可及者其富，'富'为'及'之止词，今转为起词而居主次。……《孟·梁上》：'抑为采色不足视于止与，声音不足听于耳与，便辟不足使令于前与？'三'足'字后动字，皆转为受动。'视于目'者，犹云'为目所视'也，馀同。"不过，马建忠并没有说"可"和"可以"用法相反。

③ "有情有信"，有实质有真确。"无为无形"，没有作为没有形状。

杨伯峻、何乐士《古汉语语法及其发展》下编第九章也说:"谓语动词前有助动词'可'或'不可'的,主语大多是受事;有'可以'或'不可以'的,主语大多不是受事。""'可'和'不可'后的动词大都不带宾语,受事主语可移位到动词之后而意义基本不变。'可以'和'不可以'后的动词多带宾语,其宾语不是复指主语的'之'。不带宾语者,主语也不能移位到动词之后。"其例句有:

> 晋不可启,寇不可翫。(《左传·僖公五年》)
>
> 往者不可谏,来者犹可追。(《论语·微子》)
>
> 中军、下军争舟,舟中之指可掬也。(《左传·宣公十二年》)
>
> 一尺布,尚可缝;一斗粟,尚可春;兄弟二人不相容。(《汉书·淮南厉王刘长传》)
>
> 秦可以霸。(《左传·僖公十五年》)
>
> 吾子其不可以不戒。(《左传·昭公元年》)
>
> 夫一人奋死可以对十,十可以对百,百可以对千,千可以对万,万可以克天下矣。(《韩非子·初见秦》)

我们觉得,在上古汉语中"可"和"可以"在不少场合确实具有这样的区别,不过例外也相当多①。例如②:

> 茂诚贤者也,然而不可相秦。(《战国策·楚策》)③
>
> 战而胜,兵罢弊,赵可取唐、曲逆;战而不胜,命悬于赵。(《战国策·齐策》)
>
> 因其饥伐之,可有大功。(《史记·秦本纪》)
>
> 君即百岁后,谁可代君者?(《史记·萧相国世家》)
>
> 以吾从大夫之后,不可徒行也。(《论语·先进》)④

---

① 吕叔湘、王海棻《〈马氏文通〉读本》5.3.5 节注:"本节所谈'可''足''得''当'等字,是表示可能、值得、应当等意思的助字,虽然位于其后的动字常为被动意义,但也有非被动意义的,与一定表示后边动字为被动意义的'见''被'等不同。"又参池昌海《〈史记〉中助动词"可"和"可以"语法功能差异初探》,载《语言研究》总第 55 期(2004 年)。

② 这里,凡是含有由"可"和"以"两个词组成的"可以"的例句均未列出。

③ "茂",甘茂。

④ 这一句的意思是"因为我曾经做过大夫,所以是不可以卖掉车子步行的"。

中热不溲者,不可服五石。(《史记·扁鹊仓公列传》)

夫不可陷之盾与无不陷之矛,不可同世而立。(《韩非子·难一》)

纣之父、纣之母欲置微子启以为太子,太史据法而争之曰:"有妻之子,而不可置妾之子。"(《吕氏春秋·当务》)①

鱼失于渊而不可复得也,人主失其势重于臣而不可复收也。(《韩非子·内储说下六微》)②

仁义,先王之蘧庐也,止可以一宿而不可久处。(《庄子·天运》)③

有一言而可以终身行之者乎?(《论语·卫灵公》)

今君将施于大人,大人轻君;施于小人,小人无可以求,又费财焉。(《战国策·东周策》)④

先作前殿阿房,东西五百步,南北五十丈,上可以坐万人,下可以建五丈旗。(《史记·秦始皇本纪》)

鱼不可脱于渊,国之利器不可以示人。(《庄子·胠箧》)

殷有重罪,不可以不毕伐。(《史记·周本纪》)

尤其值得注意的是下面这样一问一答或前后形式相同的例子,"可"和"可以"的用法和意义完全相同:

丕郑之自秦反也,闻里克死,见共华曰:"可以入乎?"共华曰:"二三子皆在而不及,子使于秦,可哉!"(《国语·晋语》)

可以托六尺之孤,可以寄百里之命,临大节而不可夺也——君子人与?君子人也。(《论语·泰伯》)

曰:"若寡人者,可以保民乎哉?"曰:"可。"曰:"何由知吾可也?"(《孟子·梁惠王上》)

孟子去齐。尹士语人曰:"不识王之不可以为汤武,则是不明也;识其不可,然且至,则是干泽也。千里而见王,不遇故去,三宿而后出昼,

---

① 微子启是纣之母先前为妾时所生之子,纣是纣之母后来为妻时所生之子。

② "鱼"是"不可复得"的受事主语,"人主"是"不可复收"的施事主语。

③ "可以一宿"和"不可久处"的主语都是"仁义",但是一用"可以"一用"可"。

④ "施",施予珍宝珠玉。"小人无可以求,又费财",从小人那里无法求得帮助,再加上小人多,必多费财物。

是何濡滞也？士则兹不悦。"(《孟子·公孙丑下》)①

井鼃不可以语于海者，拘于虚也；夏虫不可以语于冰者，笃于时也；曲士不可以语于道者，束于教也。今尔出于崖涘，观于大海，乃知尔丑，尔将可与语大理矣。(《庄子·秋水》)②

景公问晏子曰："昔吾先君桓公，从车三百乘，九合诸侯，一匡天下。今吾从车千乘，可以逮先君桓公之后乎？"晏子对曰："桓公从车三百乘，九合诸侯，一匡天下者，左有鲍叔，右有仲父。今君左为倡，右为优，谗人在前，谀人在后，又焉可逮桓公之后者乎？"(《晏子春秋·内篇问下》)

杨伯峻、何乐士《古汉语语法及其发展》还指出"足"和"足以"也有与"可"和"可以"相同的情况③，其例句有：

战而不捷，参之肉其足食乎？(《左传·宣公十二年》)

今言王若易然，则文王不足法与？(《孟子·公孙丑上》)

"今之从政者何如？"子曰："噫！斗筲之人何足算也！"(《论语·子路》)

臣不足以嗣之。(《左传·昭公三年》)

吾力足以举百钧而不足以举一羽，明足以察秋毫之末而不见舆薪。(《孟子·梁惠王上》)

我们认为这同样有相当多的例外，如：

武王有乱臣十人，崔杼其有乎？不十人，不足以葬。(《左传·襄公二十八年》)④

养生者不足以当大事，惟送死可以当大事。(《孟子·离娄下》)⑤

楷之反复，则其夜气不足以存；夜气不足以存，则其违禽兽不远矣。

---

① "尹士"，齐人。"干泽"，追求禄位。"不遇"，不能得到齐王的知遇。"昼"，地名。

② "虚"，同"墟"。"笃"，困。"丑"，鄙陋无知。"大理"，大道理。

③ 马建忠有相似的意见，见《马氏文通》卷四"受动字四之二"节。

④ 这一句的意思是"武王有良臣十人，崔杼有吗？不足十个良臣，不会下葬"。

⑤ 这一句的意思是"养活父母不能够算作大事，只有给他们送终才算大事"。

《孟子·告子上》）①

　　自而治天下，云气不待族而雨，草木不待黄而落，日月之光益以荒矣，而佞人之心翦翦者，又奚足以语至道？（《庄子·在宥》）②

　　且夫二子者，又何足以称扬哉！是其于辩也，将妄凿垣墙而殖蓬蒿也。简发而栉，数米而炊，窃窃乎又何足以济世哉！（《庄子·庚桑楚》）③

　　畜种菽粟不足以食之，大臣不足以事之，赏赐不能喜，诛罚不能威，七患也。（《墨子·七患》）④

　　古之听清徵者，皆有德义之君也。今吾君德薄，不足以听。……作为清角。今主君德薄，不足听之，听之将恐有败。（《韩非子·十过》）

　　倓然见管仲之能足以托国也，是天下之大知也。（《荀子·仲尼》）⑤

　　逢衣浅带，解果其冠，略法先王而足乱世术，……是俗儒者也。
《荀子·儒效》）⑥

　　不过，虽然"可"、"足"后面的动词经常具有被动意义，但是王力并没有把它作为被动句，其《汉语语法史》第二十一章说："在'可'字句中，'可'字后面的动词往往是用于被动意义。'可谓'等于说'可以被认为'；'可知'等于说'可以被知道'，等等。……但是，这些都不能算是被动式，因为：（一）'可'字句是能愿式的一种，不能认为是被动式。（二）并不是所有的'可'字句都有被动意义。"⑦我们同意王力的这一处理意见，即不认为"可"字句和"足"字

---

① 这一句的意思是"反复地消灭，那么他夜间所产生的善心就不能保存；夜间所产生的善心不能保存，那么他离禽兽就不远了"。南宋朱熹《孟子集注》释云："夜气之生，日以寖薄，而不足以存其仁义之良心，则平旦之气亦不能清，而所好恶遂与人远矣。"

② "而治天下"，你治理天下。"翦翦"，狭小。"奚足以语至道"，哪里能够跟你谈论至道。

③ "二子"，尧和舜。主语"二子"对于"足以称扬"来说是受事，对于"足以济世"来说是施事。

④ "事"，任用。

⑤ "倓然"，暂见貌。"能"，才能，能力。"知"同"智"。

⑥ 这一句的意思是"穿着宽衣大带，戴着高高的儒冠，粗法先王而足以扰乱世法，这就是俗儒"，"俗儒者"是"足乱世术"的施事主语。

⑦ 杨伯峻、何乐士《古汉语语法及其发展》也没有把"可"、"足"这种用法作为被动句式，而只是从语义的施事、受事关系来加以分析。

句是被动句①;不过我们认为这样处理的原因应该是:(1)有相当多的"可"字句和"足"字句并不表示被动;(2)被动句应该是表示不如意的遭遇、不希望发生的事情,有相当多的"可"字句和"足"字句却不是这样的意思。

　　我们承认,在上古汉语中有一些"可"字句、"足"字句确实具有被动的意义,不过也有一些"可"字句、"足"字句,马建忠等认为具有被动的意义,我们却并不这样认为②,这是什么原因呢? 我们看到,同样一个意思,是否看作被动,不同的语言会有不同的处理。例如在日语中,"小包ははっそうされた(包裹寄走了)"、"洗濯物はきれいに洗濯されていた(衣服洗得干干净净)"、"みんなによく歌われた歌(人们喜欢唱的歌)"、"交通じゅうたいは立体交差により解決された(交通拥堵可以通过立交公路来解决)"、"机の上に本が一册置かれている(桌上放着一本书)"这些句子都必须采用被动态,而在使用汉语的人们中,习惯上并不认为是被动句。

　　王力《中国语法理论》(上册)第二章第十三节也说:

　　　　中国被动式用途之狭,是西洋被动式所比不上的。本来,西洋语言也是主动式多于被动式,尤其在英法语里;有些及物动词竟不能有被动式,例如英语的 have,当其用于本义时,罕有用于被动式的。至于中国语呢,就有大部分的及物动词不能用被动式了。……西洋的主动句大多数可转成被动句,中国则恰恰相反,主动句大多数是不能转成被动句

---

① 王力在这里说:"并不是所有的'可'字句都有被动意义。"但是在第十七章"'可'字后面的动词是被动意义的"一句的脚注中却说:"有个别例外,则可认为是'可以'的省略。"前后表述似有矛盾。如果是个别例外,则不足以否定"可"字句为被动式。

② 例如《马氏文通》卷四"德可远施,威可远加,而直数百里处,威令不信,可为流涕者此也"(《汉书·贾谊传》)一句中的"流"、"形固可使如槁木,而心固可使如死灰乎"(《庄子·齐物论》)一句中的"使"、"天之高也,星辰之远也,苟求其故,千岁之日至,可坐而致也"(《孟子·离娄下》)一句中的"坐"、"兵之胜负,实在赏罚,赏厚可令廉士动心,罚重可令凶人丧魄,然可集事。不可爱惜所费,惮于行刑"(韩愈《论淮西事宜状》)一句中的"令""集""爱惜"、"其心曰'是何足与言仁义也'云尔"(《孟子·公孙丑下》)一句中的"言"、"谏不足听者,辞不足感心也;乐不可舍者,患不能切身也"(韩愈《上张仆射第二书》)一句中的"感",我们都看不出有什么被动意义。

的①。下面这些英语的例子,都是不能译为中国被动式的。

(A) Jill is loved by Jack.

(不能译为"绮儿被杰克爱。")

(B) The house was surrounded by firs and birches.

(不能译为"房子被枞树和桦树环绕。")

(C) The children were dressed every morning by their mother.

(不能译为"孩子们每天早晨都被他们的母亲穿衣裳。")

(D) He is admired by everybody.

(不能译为"他被人人钦佩。")

由此可见,这是一个见仁见智的问题。可能就是由于这一原因,马建忠把"可"字句、"足"字句看作是被动式,而我们则不看作被动式。

2.9　关于被动句,最后值得注意的是概念上的被动句跟使动用法结合起来的情况②。例如:

是夭子蛮,杀御叔,弑灵侯,戮夏南,出孔、仪,丧陈国,何不祥如是?(《左传·成公二年》)

孤违蹇叔,以辱二三子,孤之罪也。(《左传·僖公三十三年》)

将不胜其忿而蚁附之,杀士三分之一而城不拔者,此攻之灾也。(《孙子兵法·谋攻》)

过而不听于忠臣,独行其意,则灭其高名、为人笑之始也。(《韩非子·十过》)

彼又使谲诈之士,外假为诸侯之宠使,假之以舆马,信之以瑞节。(《韩非子·说疑》)

夫割地包利,五伯之所以覆军禽将而求也。(《史记·苏秦列传》)

---

① 王力这里有一个脚注:"现代欧化的文章稍破此例,参看第六章第四十四节。"在第六章第四十四节中,王力举了"他被举为主席"、"他被大众认为好人"、"烤肉的法子……是偶然地被发明的"、"世界仍然向着生存之路步步上升,人类生活的极峰还没有被达到"等例子,认为这是"中国语法受了西文的影响,被动式的范围毕竟扩充了不少"。

② 此说最早见于陈承泽《国文法草创》十三,其文云:"惟他动字转为被动后而再转于致动者,古书中颇多有之。如《左传》'杀御叔弑灵侯',谓使御叔见杀灵侯见弑也,惟近世文亦罕见之矣。"

第一例"天子蛮"、"出孔、仪"是使子蛮早死,使孔宁、仪行父出亡的意思,"天"、"出"是单纯的不及物动词使动用法,"杀御叔"、"弑灵侯"、"戮夏南"则是使御叔被杀、使灵侯被弑、使夏南被戮的意思,这当中既有"杀"、"弑"和"戮"及物动词的使动用法,同时又可以说是所谓概念上的被动句。第二例"辱二三子"是使你们几位被侮辱的意思,"辱二三子"就是"使二三子被辱"。第三例"杀士"是"使士被杀"的意思。第四例"灭其高名"是使自己的好名声被灭除的意思。第五例"信之以瑞节"是用瑞玉符节来使假扮的使者被相信,"之"指代宠使,"信之"就是"使之被信"。第六例"覆军"是使军队覆灭的意思,"覆"是单纯的及物动词使动用法,"禽将"则是使将领被擒获。这几句都是既有使动用法,又包含有概念上的被动句。

易孟醇《先秦语法》①第二章认为跟使动用法结合起来的被动句,"也有施事者用'於'引介出来了的",其所举例句如:

> 秦王以为然,与革车三十乘而纳仪于梁。(《战国策·齐策》)
> 王内自罢而伐与国,广邻敌以自临,而信仪于秦王也。(同上)
> 杜赫欲重景翠于周,谓周君曰……(《战国策·东周策》)

易氏认为前面两例的意思是:"秦王使得张仪被梁国所纳","齐王使得张仪被秦王信任"。如果这种解释能够成立,则这三个句子都是真正的被动句与使动用法的结合。但是,"纳"在上古有"入,使入"的意思,"纳仪于梁"就是"使张仪进入到梁国";如果"纳仪于梁"是被动句,那么"二十四年春,王正月,秦伯纳之"(《左传·僖公二十四年》)②中的"纳之"也是被动句,也是"使重耳被纳"吗?《国语·晋语》:"秦伯纳卫三千人,实纪纲之仆。"这一句话《左传·僖公二十四年》写作:"秦伯送卫于晋三千人,实纪纲之仆。""送卫于晋"就是"把卫兵送到晋国",可见"纳卫"就是"使卫兵进入",并没有被动的意思。上引重耳的故事,《韩非子·十过》记作:"秦穆公召群臣而谋曰:'……吾欲辅重耳而入之晋。何如?'群臣皆曰:'善。'公因起卒,革车五百乘,畴骑二千,步卒五万,辅重耳入之于晋,立为晋君。"可见"纳"就是"入",

---

① 湖南大学出版社,2005 年。

② "秦伯纳之",意思是"秦穆公把重耳送回晋国"。"纳之"即"入之",使重耳进入。

"入之于晋"就是"入之晋",因此第一例并非被动句。第二、三例的"信仪于秦王"和"重景翠于周"也应同样看待。

第三节　古汉语的称数法

从很早时候起,汉语就形成了比较完整的数字系统,如甲骨文中最大的数已达"三万",《诗经》中已出现数词"亿"、"秭"。数词属于基本词汇,几千年来很少变化,变化较大的乃是称数法①。

3.1　称数的基本形式。

在古代汉语中,事物和动作行为的称数有时单用数词表示,有时兼用数词和量词来表示。数词和物量词用来表示人和事物的称数,数词和动量词则用来表示动作行为的称数。

(1) 事物称数法。事物的称数涉及到数词、物量词和名词,它们三者有不同的组合形式,主要有以下四种。

a."数词 + 名词"。例如:

此车一人殿之,可以集事。(《左传·成公二年》)
今齐地方千里,百二十城。(《战国策·齐策》)
齐人有一妻一妾而处室者。(《孟子·离娄下》)
胡骑得广,广时伤病,置广两马间,络而盛卧广。(《史记·李将军列传》)

b."名词 + 数词"。例如:

越三日丁巳,用牲于郊,牛二。(《尚书·召诰》)②
齐为卫故,伐晋冠氏,丧车五百。(《左传·哀公十五年》)
今秦地断长续短,方数千里,名师数百万。(《战国策·秦策》)
匈奴捕者骑数百追之,广行取胡儿弓,射杀追骑,以故得脱。(《史记·李将军列传》)

---

① 关于数词和量词,参第一章第八节。
② "越三日丁巳",过了三天,到丁巳这一天。"郊",郊祭,古代祭天地的仪式。

c. "名词 ＋ 数词 ＋ 量词"。例如：

不稼不穑，胡取禾三百廛兮？（《诗经·魏风·伐檀》）

命子封帅车二百乘以伐京。（《左传·隐公元年》）

黄金四十镒，白玉之珩六双，不敢当公子，请纳之左右。（《国语·晋语》）

唯桥姚已致马千匹，牛倍之，羊万头，粟以万钟计。（《史记·货殖列传》）

d. "数词 ＋ 量词 ＋ 名词"。例如：

一箪食，一瓢饮，在陋巷，人不堪其忧，回也不改其乐。（《论语·雍也》）①

金重于羽者，岂谓一钩金与一舆羽之谓哉？（《孟子·告子下》）

生丈夫，二壶酒，一犬；生女子，二壶酒，一豚。（《国语·越语上》）

安邑千树枣，燕、秦千树栗，蜀、汉、江陵千树橘。（《史记·货殖列传》）

"数词 ＋ 名词"与"名词 ＋ 数词"这两种结构在语法上是不同的，前者是定语式偏正结构，后者或者是主谓结构，或者后面的数词是补语。

王力《汉语史稿》（上册）第三章第三十三节指出：

就名词、数词、单位词三者的结合方式来说，有一种发展情况是非常值得重视的，那就是，在先秦时代，数词兼带天然单位词或度量衡单位词的时候，位置是在名词后面的。殷虚卜辞也没有例外。……先秦只说"马十匹"，不说"十匹马"；只说"幄幕九张"，不说"九张幄幕"。后代沿用先秦这个规则，情况也非常普遍。同时我们也观察到，就在先秦时代，数词及其容量单位词的位置已经可以放在名词的前面。例如：

一箪食，一瓢饮。（《论语·雍也》）

……

到汉代以后，不但数词及其容量单位词可以放到名词前面去，而且，度

---

① "回"，孔子的学生颜回。

量衡单位词和天然单位词也都可以放在名词的前面了。例如：

　　一尺布,尚可缝;一斗粟,尚可春。(《史记·淮南衡山列传》)

　　……

这一段话的意思是,上古汉语先有"名词 ＋ 数词 ＋ 量词"的形式,后有"数词 ＋ 量词 ＋ 名词"的形式。由于在甲骨文中确实只有"马五十丙"的说法,没有"五十丙马"的说法,应该说王力的这一判断是正确的。不过王力又说:

　　到了中古时代,单位词移动位置的情形更加普遍起来。例如:

　　其人乃以一只履与臣。(《洞冥记》)

　　……

这就意味着,"数词 ＋ 量词 ＋ 名词"的形式是由"名词 ＋ 数词 ＋ 量词"的形式中数量词从后向前移动而造成的。这一判断却缺少证明。我们也可以说,当"名词 ＋ 数词"产生出"名词 ＋ 数词 ＋ 量词"的形式以后,由于类推作用,"数词 ＋ 名词"也逐渐产生了"数词 ＋ 量词 ＋ 名词"的形式。不过,实际的情况究竟怎样,还需要研究。

　　(2)动作称数法。动作的称数涉及到数词、动量词和动词,它们三者组合的基本形式有以下四种。

　　a. 数词 ＋ 动词。例如:

　　逐之,三周华不注。(《左传·成公二年》)

　　禹八年于外,三过其门而不入。(《孟子·滕文公上》)

　　吴人闻之,出而挑战,一日五反。(《国语·越语下》)

　　然则是一举而伯王之名可成也,四邻诸侯可朝也。(《战国策·秦策》)

　　于是秦王不怿,为一击缶。(《史记·廉颇蔺相如列传》)

　　b. 动词 ＋ 数词。例如:

　　距跃三百,曲踊三百。(《左传·僖公二十八年》)

　　初,公有嬖妾,使师曹诲之琴,师曹鞭之。公怒,鞭师曹三百。(《左传·襄公三年》)

　　子尾抽桷,击扉三。(《左传·襄公二十八年》)

祝声三,告曰:"某之子生,敢告。"(《礼记·曾子问》)①

尸饮三,众宾饮一,示民有上下也。(《礼记·坊记》)②

c. 动词＋"者"＋数词。例如:

韩子卢逐东郭逡,环山者三,腾山者五。兔极于前,犬废于后,犬兔俱罢,各死其处。(《战国策·齐策》)③

范增数目项王,举所佩玉玦以示之者三。(《史记·项羽本纪》)

葆申束细荆五十,跪而加之于背,如此者再。(《吕氏春秋·直谏》)

既封,左袒,右还其封,且号者三,曰:……(《礼记·檀弓下》)④

d. 动词＋数词＋量词。例如:

言候击敝数十下,胁痛不耐言。(《居延汉简释文合校》123.58)

虏犯入塞随河下行,夜举火二通。(《居延新简》EPF22.392)

3.2　定数、概数和虚数。

当"一"、"二"、"三"等数字表示事物的确定的数量时,这些数字叫做"定数",又称"基数"。当这些数字表示大致确定的数量,与实际数量相去不远时,它们又叫做"概数",或称"约数"。当这些数字表示极多或极少,与字面反映的数量相去甚远时,它们又叫做"虚数"。

(1) 定数。古汉语的定数有"一"、"二"、"三"、"四"、"五"、"六"、"七"、"八"、"九"、"十"、"百"、"千"、"万"、"亿"、"兆"等⑤,定数的表示有如下特点。

a. "十"、"百"、"千"、"万"之前如果是"一",这个"一"往往省略。例如:

---

① "祝声三",发出引起神注意的"噫歆"声三次。

② "尸饮三",在祭祀时,作为尸的人饮三次酒。

③ "韩子卢",天下之疾犬。"东郭逡",海内之狡兔。

④ "既封",坟墓堆土完毕后。"还",围绕。"号",号哭。

⑤ "亿"在上古早期指十万之数,晚期指万万之数。《诗经·魏风·伐檀》:"不稼不穑,胡取禾三百亿兮。"毛传:"万万曰亿。"郑笺:"十万曰亿。"《说文解字》"意意,……一曰十万曰意意。"段玉裁注:"《诗·楚茨》传:'万万曰亿。'《丰年》传:'数万至万曰亿。'郑笺云:'十万曰亿。'注《王制》云:'亿,今十万。'韦昭注《郑语》、《楚语》曰:贾、虞说皆以万万为亿,今数也。后郑十万为亿,古数也。其详在《说文解字》,读经传皆作'亿',无作'意意'者,段借字也。""兆",一百万。《尚书·五子之歌》:"予临兆民。"孔安国注:"十万曰亿,十亿曰兆。"

丁未，献楚俘于王，驷介百乘，徒兵千。(《左传·僖公二十八年》)①

夫物之不齐，物之情也；或相倍蓰，或相什百，或相千万。(《孟子·滕文公上》)②

故我修身千二百岁矣，吾形未常衰。(《庄子·在宥》)

而田忌一不胜而再胜，卒得王千金。(《史记·孙子吴起列传》)③

又参之于酉，得万九千六百八十三。(《汉书·律历志》)

b. 如果"一 ＋ 量词"所修饰的名词是宾语，则"一"往往省略。例如：

乃馈盘飧，置璧焉。公子受飧反璧。(《左传·僖公二十三年》)④

子华使于齐，冉子为其母请粟。子曰："与之釜。"(《论语·雍也》)⑤

覆杯水于坳堂之上，则芥为之舟。(《庄子·逍遥游》)

以其乘壶酒、束脩、一犬赐人若献人。(《礼记·少仪》)⑥

项王曰："壮士！赐之卮酒。"(《史记·项羽本纪》)

值得注意的是，当"一 ＋ 量词"所修饰的名词是主语时，数词"一"也能省略，但这种句子表示的是强调意味，不是单纯的称数，如果后文是否定式，则大多可用现代汉语"连一……都……"来对译。例如：

立依于庭墙而哭，日夜不绝声，勺饮不入口七日。(《左传·定公四年》)

晋人与姜戎要之殽而击之，匹马只轮无反者。(《公羊传·僖公三

---

① "驷介"，由四匹披上盔甲的马所拉动的战车。"徒兵"，步兵。
② "或"，有的；"相"，相差；"倍蓰"，一倍和五倍；"什百"，十倍和一百倍。
③ "再胜"，胜了两次。
④ "盘飧"，一盘晚饭。"置璧焉"，把一块玉璧放在下面。
⑤ "其母"，子华的母亲。"釜"字后面省略了"粟"。
⑥ "乘壶酒"，四壶酒。"若"，或者。"献人"，献给尊者。

十三年》)①

　　　臣死且不避,卮酒安足辞!（《史记·项羽本纪》）

　　c. 战国中期以前,定数"二"与"两"的用法不同,凡是用"两"的,都是成双成对的事物或动作,"二"与此不同②。试比较:

　　　夫子欲之,吾二臣者皆不欲也。（《论语·季氏》）

　　　之二虫又何知?（《庄子·逍遥游》）

　　　使弈秋诲二人弈,其一人专心致志,惟弈秋之为听。（《孟子·告子上》）

　　　髧彼两髦,实维我特。（《诗经·鄘风·柏舟》）

　　　秋水时至,百川灌河,泾流之大,两涘渚崖之间,不辩牛马。（《庄子·秋水》）

　　　目不能两视而明,耳不能两听而聪。（《荀子·劝学》）

　　d. 先秦时期用"再"表示接连两次动作行为,不用"二"③。例如:

　　　季文子三思而后行。子闻之,曰:"再,斯可矣。"（《论语·公冶长》）

　　　叔山冉谓养由基曰:"虽君有命,为国故,子必射。"乃射,再发,尽殪。（《左传·成公十六年》）

　　　燕王闻之,绝交于齐,率天下之兵以伐齐,大战一,小战再,顿齐国,成其名。（《战国策·燕策》）

　　　吾再逐于鲁,伐树于宋,削迹于卫,穷于商周,围于陈蔡之间。（《庄子·山木》）

　　　教训不善,政事不治。一再则宥,三则不赦。（《管子·国君小匡》）

　　e. 表示多位数的数字,在两个位数之间嵌入"又"或"有"字。这种现象

----

① 王力《汉语史稿》（中册）第三章第三十三节在谈到"先秦只说'马十匹',不说'十匹马';只说'幄幕九张',不说'九张幄幕'"时有一个脚注,说"匹马只轮无反者"的"匹"和"只"都是修饰语,不是单位词。这大概是因为如果承认"匹马"就是"一匹马"的省略,就会跟自己关于先秦"不说'十匹马'"的意见矛盾,所以这样说。不过,其《汉语语法史》第三章已经修正了自己的看法,而认为"匹马只轮无反者"的"匹"和"只"是单位词。

② 有极少数例外,如《左传·成公十六年》:"王召养由基,与之两矢,使射吕锜。"

③ 上古汉语中,"再"也有修饰物量词的,参第一章第八节。

在《尚书》、《周礼》、《论语》、《春秋》等书中很少例外,到《孟子》、《左传》等书时逐渐减少①。例如:

> 期三百有六旬有六日。(《尚书·尧典》)②
>
> 二篇之策,万有一千五百二十,当万物之数也。(《周易·系辞上》)
>
> 自阳纡西至于西夏氏,二千又五百里。(《穆天子传》卷四)
>
> 必有寝衣,长一身有半。(《论语·乡党》)
>
> 臣生之岁,正月甲子朔,四百有四十五甲子矣。(《左传·襄公三十年》)③
>
> 舜相尧二十有八载,非人之所能为也,天也。(《孟子·万章上》)④
>
> 孔子行年五十有一而不闻道,乃南之沛见老聃。(《庄子·天运》)

f. 多位数中的空位不加"零"。例如:

> 出铜之山四百六十七山,出铁之山三千六百九山。(《管子·地数》)
>
> 斩首虏三万二百级,获五王,五王母,单于阏氏、王子五十九人。(《史记·卫将军骠骑列传》)
>
> 孔子纯取周诗,上采殷,下取鲁,凡三百五篇。(《汉书·艺文志》)
>
> 户十六万九千八百六十三,口六十八万四百八十八。(《汉书·地理志》)

g. 连用两个数字,表示相乘。例如:

> 有玄鹤二八道南方来,集于郎门之垝。(《韩非子·十过》)⑤

---

① 减少的表现是,在多位数中只嵌入一个"有"字,而一般只在末位和前一位数之间嵌入。事实上,在《左传》中多数地方已经完全不用"有"字,例如《春秋·隐公十一年》:"十有一年春,滕侯、薛侯来朝。"《左传·隐公十一年》:"十一年春,滕侯、薛侯来朝,争长。"经文有"有"而传文无"有"。在《孟子》中也有许多地方不用"有"字,例如《孟子·梁惠王下》:"吾有司死者三十三人,而民莫之死也。"这反映了两个位数之间嵌入"有"字这一语法现象逐渐衰替直至消失的过程。
② "期",一周年。
③ 这一句的意思是"我出生的那年,是正月初一甲子日,到现在已经过了四百四十五个甲子日了"。
④ 这一句的意思是"舜辅助尧长达二十八年,不是个人意志所能做到的,这是天意"。
⑤ "道",从,自。"郎",同"廊"。"垝",墙。

播五行于四时,和而后月生也。是以三五而盈,三五而阙。(《礼记·礼运》)①

得时之菽,长茎而短足,其荚二七以为族。(《吕氏春秋·审时》)

涉三七之节纪,遭《无妄》之卦运。(《汉书·谷永传》)

"二八"是说十六只玄鹤,"三五"是说十五天,"二七"是说十四个豆荚,"三七"是说二百一十年。

(2) 概数。概数的表示有下列形式。

a. 用带有"十"、"百"、"千"、"万"等的成数表示。例如:

《诗》三百,一言以蔽之,曰:思无邪。(《论语·为政》)

若有患难,则使百人处于前,数百于后。(《墨子·贵义》)

五百年必有王者兴,其间必有名世者。(《孟子·公孙丑下》)

自山东咸被其劳,费数十百巨万,府库益虚。(《史记·平准书》)②

b. 连用"十"以内相近的数字。例如:

晋、楚伐郑,自今郑国不四五年弗得宁矣!(《左传·襄公八年》)③

年未盈五十,而谆谆焉如八九十者,弗能久矣。(《左传·襄公三十一年》)

原不过一二日矣!(《国语·晋语》)④

乃自强步,日三四里,少益嗜食,和于身。(《战国策·赵策》)

孝文八年,上怜淮南王,淮南王有子四人,皆七八岁。(《史记·淮南衡山列传》)

陈女乐文马于鲁城南高门外。季桓子微服往观再三,将受。(《史记·孔子世家》)

会田延年为河东太守,行县至平阳,悉召故吏五六十人。(《汉书·赵广汉传》)

---

① "播五行于四时",把五行分配到四季之中。"和而后月生",四季和顺,然后生出十二个月。
② "数十百巨万"意思是"几十万到上百万万"。
③ "不四五年",不止四五年。
④ 这一句的意思是"原城熬不过一两天了"。

需要注意的是,有时这种连用并不表示概数,而是"一一,逐一"的意思①。例如:

> 远国异土之民,是非利害之辩,不可一二而明知,故画分万国,立诸侯国君。(《墨子·尚同上》)
>
> 悲夫! 悲夫! 事未易一二为俗人言也。(司马迁《报任安书》)

c. 使用概数词"数"、"所"、"馀"、"奇"等。例如:

> 身毒国在大夏东南可数千里。(《汉书·张骞传》)
>
> 臣意即为柔汤使服之,十八日所而病愈。(《史记·扁鹊仓公列传》)②
>
> 昔赵文王喜剑,剑士夹门而客三千馀人。(《庄子·说剑》)
>
> 埶人之尝食马肉于岐山之阳者三百有馀人,毕力为缪公疾斗于车下。(《吕氏春秋·爱士》)
>
> 谨案春秋二百四十二年,日蚀三十六,襄公尤数,率三岁五月有奇而壹食。(《汉书·刘向传》)③

(3) 虚数。虚数的表示有如下形式。

a. 用"三"、"九"、"十二"、"十八"、"三十六"、"七十二"、"三百六十"等表示众多或极多。例如:

> 吾日三省吾身。(《论语·学而》)
>
> 公输盘九设攻城之机变,子墨子九距之。(《墨子·公输》)
>
> 屠牛坦一朝解十二牛,而芒刃不顿者,所排击剥割,皆众理解也。(《汉书·贾谊传》)④
>
> 丘治《诗》、《书》、《礼》、《乐》、《易》、《春秋》六经,自以为久矣,孰知

---

① 上古有"一一"连用的形式,如《韩非子·内储说上七术》:"韩昭侯曰:'吹竽者众,吾无以知其善者。'田严对曰:'一一而听之。'"

② "意",即仓公,姓淳于,名意。

③ "率三岁五月有奇而壹食",意思是"大概每三年五个月多就有一次日蚀"。

④ 《管子·制分》:"屠牛坦朝解九牛,而刀可以莫铁,则刃游间也。"一说"十二",一说"九",可见都是虚数。

其故矣,以奸者七十二君。(《庄子·天运》)①

b. 用"十"、"百"、"千"、"万"表示众多或极多。例如:

　　赐也何敢望回。回也闻一以知十,赐也闻一以知二。(《论语·公冶长》)

　　之子于归,百两御之。(《诗经·召南·鹊巢》)

　　大子复伐之,郑师大败,获齐粟千车。(《左传·哀公二年》)②

　　剑一人敌,不足学,学万人敌。(《史记·项羽本纪》)

c. 连用"一"、"二"、"三"等表示寡少或极少。例如:

　　寡君愿与一二兄弟相见,以谋不协。(《左传·襄公三年》)③

　　闻一二之言,必诵志而纳之,以训导我。(《国语·楚语上》)

　　尽信《书》,则不如无《书》。吾于《武成》,取二三策而已矣。(《孟子·尽心下》)④

关于虚数,清代汪中《述学·释三九上》有很好的论述:

　　生人之措辞,凡一、二之所不能尽者,则约之三,以见其多,三之所不能尽者,则约之九,以见其极多,此言语之虚数也。实数可稽也,虚数不可执也。何以知其然也?《易》"近利市三倍"、《诗》"如贾三倍"、《论语》"焉往而不三黜"、《春秋传》"三折肱为良医",此不必限以三也。《论语》"季文子三思而后行"、"雌雉……三嗅而作",《孟子》书陈仲子食李"三咽",此不可知其为三也。《论语》子文三仕三已、《史记》管仲三仕三见逐于君、三战三走、田忌三战三胜、范蠡三致千金,此不必其果为三也。故知"三"者,虚数也。《楚辞》"虽九死其犹未悔",此不能有九也。《诗》"九十其仪"、《史记》"若九牛之亡一毛",又"肠一日而九回",此不必限以九也。《孙子》"善守者藏于九地之下,善攻者动于九天之上",此不可以言九也。故知"九"者,虚数也。推之"十"、"百"、"千"、"万",固

---

① "丘",孔丘。"孰",同"熟"。"奸",干求。

② "大子",太子。"齐",齐国。

③ "以谋不协",以便商量解决彼此的不和睦。

④ "《书》",指《尚书》。"《武成》",《尚书》的一篇。"策",竹简。

亦如此。故学古者通其语言,则不胶其文字矣。

近人刘师培《古书疑义举例补》"虚数不可实指之例"条也推衍此说,云:

　　古籍记数,多据成数而言。《礼记·明堂位》言:"有虞氏官五十,夏后氏官百,殷二百,周三百。"案,郑康成注《礼记·王制》《昏义》,均以天子立三公、九卿、二十七大夫、八十一元士为夏制,是夏代职官百有二十,则"夏后氏百"者,举成数言之也。殷代下士之数,倍于上士,则为二百有一人,"殷二百"者,亦举成数言也。周人以下士参上士,即《春秋繁露》所谓"天子分左右五等三百六十三人"也,则周官三百,亦系约举之词。……古人于数之繁者,则约之以百,如百工、百物、百货、百谷是也。……古籍以"三"字为形容众多之词,其数之最繁者,则拟以"三百"之数,以见其多,其数之尤繁者,则拟以"三千"之数,以见其尤多。……古人于浩繁之数,有不能确指其目者,则所举之数,或曰"三十六",或曰"七十二",如"三十六天"、"三十六官"是也。"三十六天"之例,与"九天"同,"三十六官"之例,与千门万户同,不必泥定数以求也。……古人记数,有出以悬揣之词者,所举之数不必与实相符,亦不致大与实违。如《书·序》《孟子》皆言武王伐殷,车三百两,而《逸周书·伐殷解》则言周车三百五十乘。盖一为实数,一为悬揣之词。……古人属词记事,恒视其言之旨为转移。形容其大,则诬少为多,形容其小,则省多为少,不必确如其数。如《孟子·滕文公》篇云:"汤以七十里,文王以百里。"顾炎武《日知录》曰:"孟子为此言,以证王之不待大耳。其实文王之国,不止百里。周自王季伐诸戎,疆土日大。文王自岐迁丰,其国已跨三四百里之地。伐崇伐密,自河以西,举属之周。至于武王,而西及梁、益,东临上党,无非周地。"夫汤、文疆土广延,逾于孟子所言者数倍,而孟子言文王之圉,已云"方七十里",则所谓"百里"、"七十里"者,不过援古代封国之制,以形容其小,犹后世所谓"弹丸"、"赤子"耳。……古籍记事,恒记其后先之次,若饰词附会,律以一定之时期,则拘泥鲜通。如《史记》言舜所居,一年成聚,二年成邑,三年成都。此不过叙成聚、成邑、成都之先后耳,不必胶执其年也。……古籍属词,多沿故语,所举之数,或与实违,互相因袭,罔察其诬。如殷代以下之官,不必以百为限,而《论语》言:"君薨,百官总己以听于冢宰三年。"又言:"不见宗庙之美,百官之富。""百官"犹言"众官",其不言"众官"者,不过沿用古代"百官"之语耳。又古代舍高原而外,洪水萦环,故称四方为"四海",而后世遂有"四海"之称。实则中土四周,非临海水。古代邦国狭小,虞、夏之交,计有万国,而后世遂有"万邦"之语。实则夏代以降,国仅数千,此皆沿古代之数以致误者也。后世"百姓"、"万民"之称,与此略同。

3.3 倍数和分数。

(1) 倍数。古代汉语有用数字后加"倍"字来表示倍数的,如《汉书·食货志》"田租口赋,盐铁之利,二十倍于古",这与现代汉语相同。值得注意的是,古汉语又有用"倍"表示一倍,"五"、"蓰"表示五倍,"十"、"什"表示十倍,"百"、"伯"表示百倍,等等。例如:

> 故用兵之法,十则围之,五则攻之,倍则分之。(《孙子兵法·谋攻》)

> 凡兵无过三其身,过三其身,弗能用也。(《周礼·考工记·庐人》)[1]

> 或相倍蓰,或相什百,或相千万。(《孟子·滕文公上》)

> 大国地方百里,君十卿禄,卿禄四大夫,大夫倍上士。(《孟子·万章下》)[2]

> 母之爱子也倍父,父令之行于子者十母;吏之于民无爱,令之行于民也万父母。(《韩非子·六反》)

(2) 分数。古汉语分数表示的完整形式是:分母 +"分"+ 名词 +"之"+ 分子。在这个形式中,除分母、分子一般不能省略外,其他成分都可省略,于是造成多种多样的省略式。现将完整式和省略式举例如下:

a. 分母 +"分"+ 名词 +"之"+ 分子。

> 十分寸之一谓之枚。(《周礼·考工记·轮人》)
> 岁行三十度十六分度之七,率日行十二分度之一,十二岁而周天。

---

[1] "兵",兵器。"三其身",三倍于人的身长。

[2] "君十卿禄",国君的俸禄十倍于卿。"卿禄四大夫",卿的俸禄四倍于大夫。

（《史记·天官书》）

法，一月之日二十九日八十一分日之四十三。（《汉书·律历志》）①

b. 分母 ＋"分"＋ 名词 ＋ 分子。

伏，日行一度九十二分度三十三有奇。（《汉书·律历志》）

顺，日行一度九十二分度十五，百八十一日百七分日四十五。（《汉书·律历志》）

辞讼者历年不至丞相府，赦后馀盗贼什分三辅之一。（《汉书·薛宣传》）②

c. 分母 ＋ 名词 ＋"之"＋ 分子。

大都不过参国之一，中五之一，小九之一。（《左传·隐公元年》）③
夏后氏世室，堂脩二七，广四脩一。（《周礼·考工记·匠人》）④

d. 分母 ＋"分"＋"之"＋ 分子。

出门，使以三分之一行。半道，使以二乘。（《左传·哀公八年》）⑤
三十里而争利，则三分之二至。（《孙子兵法·军争》）

有如万分之一，假令愚民取长陵一抔土，陛下何以加其法乎？（《史记·张释之冯唐列传》）

今以中国之盛，万倍之资，遣百分之一以攻匈奴，譬犹以强弩射且溃之痈也。（《汉书·韩安国传》）

e. 分母 ＋"之"＋ 分子。

大都不过参国之一，中五之一，小九之一。（《左传·隐公元年》）⑥

---

① "八十一分日之四十三"，意思是"八十一分之四十三日"。全句意思是"一个月的时间，等于二十九又八十一分之四十三日"。
② "馀盗贼什分三辅之一"，三辅地区的盗贼剩余十分之一。
③ "大都"，大城市。"三国之一"，三分国都的一分，即国都的三分之一。
④ "世室"，宗庙。"脩"，长度；"广"，宽度。"四脩一"是"四脩之一"的省略，郑玄注："令堂脩十四步，其广益以四分脩一，则堂广十七步半。"指宽度比长度多四分之一。
⑤ "以三分之一行"，带着家产的三分之一上路。"以二乘"，带着两辆车走。
⑥ "中"，中等城市。"五之一"，五分国都的一分，即国都的五分之一。

今行父虽未获一吉人,去一凶矣,于舜之功二十之一也。(《左传·文公十八年》)①

行者不能百之一,千之十,而困窌之数皆见于上矣。(《管子·轻重乙》)②

臣生之岁,正月甲子朔,四百四十有五甲子矣。其季于今,三之一也。(《汉书·律历志》)

f. 分母 +"分"+ 分子。

管仲会国用,三分二在宾客,其一在国。(《管子·中匡》)③

子一分,丑三分二,寅九分八,卯二十七分十六。(《史记·律书》)

有如万分一,假令愚民取长陵一抔土,陛下且何以加其辟?(《汉书·张释之传》)

g. 分母 + 分子。

累三而不坠,则失者十一。(《庄子·达生》)

会天寒,士卒堕指者十二三。(《史记·高祖本纪》)

更相攻击,死者以万数,畜产大耗什八九。(《汉书·宣帝纪》)

今大王还兵疾归,尚得十半。(《汉书·枚乘传》)④

以上最后一种形式,分母限于"十"、"百"、"千"、"万"等整数。除此以外,在具体语言环境中,还有连分母都省略了的,如:

摽有梅,其实七兮。(《诗经·召南·摽有梅》)

二,吾犹不足,如之何其彻也?(《论语·颜渊》)⑤

听不失一二者,不可乱以言;计不失本末者,不可纷以辞。(《史记·淮阴侯列传》)

前有堕珥,后有遗簪,髡窃乐此,饮可八斗而醉二参。(《史记·滑

---

① "行父",季孙行父。"去一凶",去除了一个坏人。"于舜之功",相当于舜的功劳。
② "困窌",困是谷仓,窌是地窖,困窌泛指粮仓。
③ "在宾客",指用以招待宾客。
④ "十半",十分之五。
⑤ "二",指十分之二。"彻",十分之一的税率。

稽列传》)①

另外,表示分数时也不一定用"分"、"之",而是用其他词语或方法。如:

　　民参其力,二入于公,而衣食其一。(《左传·昭公三年》)
　　四分公室,季孙择二,二子各一。(《左传·昭公五年》)
　　生之徒十有三,死之徒十有三,人之生,动之死地十有三。(《老子》
五十章)②
　　三分天下有其二,以服事殷,周之德,其可谓至德也已矣。(《论
语·泰伯》)
　　令曰:田租百取五,市赋百取二,关赋百取一。(《管子·幼官》)
　　以为儒者所谓中国者,于天下乃八十一分居其一分耳。(《史记·
孟子荀卿列传》)
　　海内之地方千里者九,齐集其一。(《孟子·梁惠王上》)
　　百姓之费,十去其七;公家之费,破车罢马,甲胄矢弩,戟楯蔽橹,丘
牛大车,十去其六。(《孙子·作战》)
　　律数:九九八十一以为宫,三分去一五十四以为徵,三分益一七十
二以为商。(《史记·律书》)③
　　执卤获醜七万有四百四十三级,师率减什三,取食于敌,逴行殊远
而粮不绝。(《史记·卫将军骠骑列传》)④
　　参分林钟益一,上生太族。参分太族损一,下生南吕。(《汉书·律
历志》)⑤
　　厥名三十税一,实什税五也。父子夫妇终年耕芸,所得不足以自

----

①　"髡",淳于髡。"醉二参",喝醉的情况占十分之二三。
②　这一句的意思是"人当中,长寿的占十分之三,短命的占十分之三,本来可以长寿,但行为导致短
命的占十分之三"。
③　"三分去一五十四",八十一去掉三分之一,得五十四。"三分益一七十二",五十四加上五十四的
三分之一,得七十二。
④　"卤",通"虏";"醜",众多。"执卤获醜",抓获敌人。"师",指卫青所率的汉军。"率",大率,大
约。
⑤　"参分林钟益一",林钟长六寸,加上林钟的三分之一得八寸,为太族。"参分太族损一",太族长
八寸,减去太族的三分之一,得五又三分之一寸,为南吕。

存。(《汉书·王莽传》)

我们这里所说的分数表示的完整式和省略式,只是一种权宜的说法。其实从汉语史来说,最早出现的分数形式是(7),即"分母 ＋ 分子"的形式,然后是(8)"分母 ＋'分'＋ 分子"、(3)"分母 ＋ 名词 ＋'之'＋ 分子"等形式,然后才是(1)"分母 ＋'分'＋ 名词 ＋'之'＋ 分子",也就是说,所谓"省略式"在当初应该是当时社会上通用的完整式,并没有省略什么,而所谓"完整式"则是比较晚起的形式。

关于分数的否定表示法,否定词既可以放在分母之前,也可以放在分母之后、分子之前。例如:

其存人之国也,无万分之一;而丧人之国也,一不成而万有余丧矣。(《庄子·在宥》)①

方今大王之兵众不能十分吴楚之一,天下安宁有万倍于秦之时。(《史记·淮南衡山列传》)

故当世之重臣,主变势而得固宠者,十无二三。(《韩非子·孤愤》)②

长行徇上,数百不一失。喜利畏罪,人莫不然。(《韩非子·难二》)③

贵贱在于骨法,忧喜在于容色,成败在于决断,以此参之,万不失一。(《史记·淮阴侯列传》)

---

① "一不成而万有余丧",意思是"沦丧人家的国家一万多次也不会成功一次"。
② "主变势",指先君死,后君立,君位转变。
③ "长行徇上",高尚的行为,为君上徇死。"失",衍字。

参 考 书 目

陈承泽《国文法草创》,商务印书馆,1922年,1982年新版。

楚永安《文言复式虚词》,中国人民大学出版社,1986年。

高名凯《汉语语法论》,商务印书馆,1948年,1986年新版。

洪诚《训诂学》,江苏古籍出版社,1984年。

洪诚《洪诚文集》,江苏古籍出版社,2000年。

蒋绍愚《近代汉语研究概况》,北京大学出版社,1994年。

蒋绍愚、曹广顺《近代汉语语法史研究综述》,商务印书馆,2005年。

金兆梓《国文法之研究》,商务印书馆,1922年,1983年新版。

李新魁《汉语文言语法》,广东人民出版社,1983年。

廖振佑《古代汉语特殊语法》,内蒙古人民出版社,2001年。

刘景农《汉语文言语法》,中华书局,1958年,1994年新版。

刘世儒《魏晋南北朝量词研究》,中华书局,1965年。

柳士镇《魏晋南北朝历史语法》,南京大学出版社,1992年。

吕叔湘《中国文法要略》,商务印书馆,1942—1944年,1982年新版。

吕叔湘《汉语语法分析问题》,商务印书馆,1979年。

吕叔湘《汉语语法论文集》,商务印书馆,1984年。

吕叔湘、王海棻《〈马氏文通〉读本》,上海教育出版社,1986年,2001年
　　新版。

马忠《古代汉语语法》,山东教育出版社,1983年。

马建忠《马氏文通》,商务印书馆,1898年,1983年新版。

潘允中《汉语语法史概要》,中州书画社,1982年。

裴学海《古书虚字集释》,中华书局,1954年。

屈承熹《历史语法学理论与汉语历史语法》,朱文俊译,北京语言学院出
　　版社,1993年。

石毓智《语法化的动因与机制》,北京大学出版社,2006 年。

石毓智、李讷《汉语语法化的历程》,北京大学出版社,2001 年。

宋绍年《〈马氏文通〉研究》,北京大学出版社,2004 年。

孙良明《中国古代语法学探究》,商务印书馆,2002 年。

孙锡信《汉语历史语法要略》,复旦大学出版社,1992 年。

太田辰夫《中国语历史文法》,日本江南书院,1958 年;蒋绍愚、徐昌华
　　中译本,北京大学出版社,1987 年。

王力《中国语法理论》,商务印书馆,1944 年(上册)、1945 年(下册),中
　　华书局,1954 年。

王力《中国现代语法》,商务印书馆,1943—1944 年,1985 年新版。

王力《汉语史稿》,科学出版社,1958 年;中华书局,1980 年新版。

王力《汉语语法史》,商务印书馆,1989 年。

王力主编《古代汉语》,中华书局,1962—1964 年,1983—1984 新版。

王海棻《马氏文通与中国语法学》,安徽教育出版社,1991 年。

魏德胜《〈睡虎地秦墓竹简〉语法研究》,首都师范大学出版社,2000 年。

杨伯峻《文言语法》,北京大众出版社,1955 年。

杨伯峻《古汉语虚词》,中华书局,1981 年。

杨伯峻、何乐士《古汉语语法及其发展》,语文出版社,1992 年。

杨剑桥《实用古汉语知识宝典》,复旦大学出版社,2003 年,2008 年
　　新版。

杨剑桥、杨柳《枫窗语文札记》,复旦大学出版社,2009 年。

杨树达《高等国文法》,商务印书馆,1930 年,1984 年新版。

杨树达《词诠》,中华书局,1954 年,1972 年新版。

杨树达《马氏文通刊误》,中华书局,1962 年。

易孟醇《先秦语法》,湖南大学出版社,1989 年,2005 年新版。

殷国光《〈吕氏春秋〉词类研究》,商务印书馆,2008 年。

于富章《古代汉语语法新编》,东北师范大学出版社,1987 年。

张赪《汉语介词词组词序的历史演变》,北京语言文化大学出版社,
　　2002 年。

张世禄《古代汉语》,上海教育出版社,1978 年。

张世禄主编《古代汉语教程》,复旦大学出版社,1991 年,2008 年新版。

张玉金《西周汉语代词研究》,中华书局,2006 年。

张玉金《甲骨文语法学》,学林出版社,2001 年。

郑奠、麦梅翘《古汉语语法学资料汇编》,中华书局,1964 年。

周法高《中国古代语法·称代编》,台北,中研院历史语言研究所,
    1959 年。

周法高《中国古代语法·造句编》,台北,中研院历史语言研究所,
    1961 年。

周守晋《出土战国文献语法研究》,北京大学出版社,2005 年。

词 语 索 引

图书在版编目（CIP）数据

古汉语语法讲义/杨剑桥著. —上海：复旦大学出版社，2010.8（2023.6 重印）
（复旦博学·语言学系列）
ISBN 978-7-309-07339-3

Ⅰ. 古… Ⅱ. 杨… Ⅲ. 汉语-语法-古代 Ⅳ. H141

中国版本图书馆 CIP 数据核字（2010）第 109551 号

古汉语语法讲义
杨剑桥 著
责任编辑/宋文涛

复旦大学出版社有限公司出版发行
上海市国权路 579 号 邮编：200433
网址：fupnet@ fudanpress.com http://www.fudanpress.com
门市零售：86-21-65102580 团体订购：86-21-65104505
出版部电话：86-21-65642845
上海新艺印刷有限公司

开本 787×960 1/16 印张 22.5 字数 317 千
2010 年 8 月第 1 版
2023 年 6 月第 1 版第 4 次印刷
印数 8 801—10 400

ISBN 978-7-309-07339-3/H · 1503
定价：48.00 元